Wissenschaft und Ethik

Herausgegeben von
Hans Lenk

Philipp Reclam jun. Stuttgart

Umschlagabbildung: Proportionsfigur des Menschen, nach
Vitruv. Zeichnung von Leonardo da Vinci, um 1485–90.
(Venedig, Accademia)

Universal-Bibliothek Nr. 8698 [5]
Alle Rechte vorbehalten
© 1991 Philipp Reclam jun. GmbH & Co., Stuttgart
Gesamtherstellung: Reclam, Ditzingen. Printed in Germany 1991
RECLAM und UNIVERSAL-BIBLIOTHEK sind eingetragene
Warenzeichen der Philipp Reclam jun. GmbH & Co., Stuttgart
ISBN 3-15-008698-1

Inhalt

Institutionenethik und Institutionenverantwortung

Generelle Probleme angewandter Wissenschaft

Ethische Spezialprobleme einiger Wissenschaften

Anhang

Moralische Herausforderung der Wissenschaft?

Von Hans Lenk

> Vor jedem Schritt, welchen Wissenschaft und
> Technik nach Vorwärts machen, müssen die
> Menschen drei Schritte zur Vervollkommnung
> ihrer Ethik nach Innen tun.   *Novalis*

Am 27. Dezember 1967 veröffentlichte die *New York Times*
ein Interview mit Prof. Dr. Louis Frederic Fieser, der während des Zweiten Weltkriegs eine Forschungsgruppe von
Harvard-Wissenschaftlern geleitet hatte, die das Napalm entwickelte. Befragt nach Verantwortlichkeit und Schuld angesichts dieser furchtbaren Brandwaffe, lehnte er mit Hinweis
auf den technischen Charakter der Aufgabe und Arbeit jede
persönliche Schuld ab: »Man weiß nicht, was kommt. Das
war nicht meine Aufgabe, das ist eine Angelegenheit für
andere Leute. Ich arbeitete an einem technischen Problem,
das als dringlich angesehen wurde. [...] Ich unterscheide
zwischen der Entwicklung irgendwelcher Munitionen und
ihrem Gebrauch. Man kann nicht den Hersteller des Gewehrs
schuldig sprechen, das den Präsidenten getötet hat. Ich würde
es wieder tun, wenn ich gerufen würde – zur Verteidigung des
Landes.« Auf den Einsatz von Napalm im Vietnamkrieg –
verbrannte Zivilisten, Kinder, Dörfer – angesprochen, wich
Fieser aus: »Ich weiß nicht genug über die Situation in Viet-
nam. Es ist nicht meine Angelegenheit, politische oder moralische Fragen zu beantworten. Das ist eine sehr verzwickte
Sache. Die bloße Tatsache, daß ich eine Rolle bei der technologischen Entwicklung des Napalm spielte, bedeutet nicht,
daß ich irgendwie mehr qualifiziert wäre, Kommentare über
dessen moralische Aspekte abzugeben.«
Das Beispiel wurde hier nicht in erster Linie wiedergegeben,

um moralische Entrüstung zu provozieren, sondern um an einem drastischen Fall die nachträglichen Ausweich- und Rechtfertigungsversuche von Wissenschaftlern vor Augen zu führen, die in Ausnahmezeiten, wie etwa bei einer Waffenentwicklung im Krieg, in Rollenkonflikte geraten, denen sie gelegentlich weder moralisch noch juristisch noch publizistisch rechtfertigend gewachsen sind. Die hier offenbare moralische Hartherzigkeit und »Verantwortungslosigkeit« läßt auf eine subjektiv hilflose Reaktion bei einem Entwicklungsprojekt schließen, in die der einzelne Forscher sich gezwungen sieht und deren Konflikte, Schwierigkeiten, ja Paradoxa er nicht mehr übersehen, geschweige denn lösen kann. Hier soll keine moralisch verantwortungslose Abschiebung der Mitverantwortung entschuldigt werden, sondern eher das Bewußtsein für die verzwickten Schwierigkeiten in solchen Konflikten, in die Forscher in Ausnahmezeiten geraten können, aufgezeigt werden. Nur so sind Ansatzpunkte für das Auffinden von Faktoren und zur Lösung der psychischen und moralischen Konflikte zu finden.

Das Beispiel ist keineswegs nur für amerikanische Rüstungsforscher kennzeichnend. Der berühmte Chemiker Fritz Haber, der die Ammoniak-Synthese, durch das später so genannte Haber-Bosch-Verfahren, entwickelt hatte, bereitete im Ersten Weltkrieg unter dem Motto »Im Frieden der Menschheit, im Kriege dem Vaterlande« Kampfgase technologisch bis zum ersten Einsatz durch die Deutschen in Flandern vor und leitete bzw. ›begleitete‹ diesen persönlich. Haber rechtfertigte später den schnellen Gifttod gar noch als eine »Humanisierung« in der kriegerischen Auseinandersetzung.[1] Hatte Leonardo da Vinci seine Erfindung des U-Bootes noch verschwiegen, um »Meuchelmorde auf dem Meeresgrund« zu verhindern[2] – obwohl Leonardo durchaus als Waffeningenieur, der er auch war, »die Freiheit durch Offensiv- und Defensivwaffen zu schützen« für nötig hielt, aber er lehnte eben heimtückische Tötung im Kriege ab –, so kann man fragen, ob nicht spätestens mit dem Gaseinsatz in Flandern »die Wissenschaft«, vertreten durch einen ihrer großen Forscher, ihre moralische Unschuld endgültig verlor. Max Born, ebenfalls Nobelpreisträger, aber am Ende seines Lebens sehr nachdenklich und hoffnungslos geworden, erwähnt, daß Rutherford, einer der ersten und größten Kernphysiker, sich geweigert hat, »eine Einladung in mein Haus zusammen mit Haber anzunehmen, weil er dem Erfinder des Gaskrieges nicht die Hand geben wollte«.[3] Rutherford unterschied ähnlich wie Leonardo zwischen annehmbaren Waffen (er selbst hatte an der Entwicklung solcher mitgearbeitet) und »Vernichtungsmitteln«. Born meint: »Diese Ansicht hat recht behalten, der Gaskrieg war eine entscheidende moralische Niederlage der Menschheit.«[4]

Deutlich wurde natürlich der Zwiespalt der beteiligten Forscher auch beim Manhattan-Projekt, der Entwicklung der ersten Atombombe, einem Scheinwettrennen der Waffenentwicklung, bei dem man glaubte, einer Nuklearwaffe der Nazis zuvorkommen zu müssen. Selbst der Leiter des Projekts, Robert Oppenheimer, wich in seinem späteren Anhörungsverfahren wegen angeblicher kommunistischer Untergrundverbindungen vor der ihm insinuierten Verantwortung für die erste Atombombe und deren Einsatz mit dem Ausfluchtargument aus: Es habe sich »nur um Forschungsarbeit« gehandelt, nicht aber um »die Entwicklung einer Waffe«, um »einen Versuch«, »herauszufinden, was überhaupt machbar sei«[5]. Er wunderte sich darüber, daß manche Kernphysiker sich auf eine »seltsam persönliche Weise dafür verantwortlich« fühlten, daß sie den Bau von Atomwaffen angeregt, befürwortet und im weiten Umfang durch ihre Arbeit verwirklicht hatten, obwohl die Bombe eigentlich aus der »freien Forschung« hervorgegangen sei. Immerhin betont auch Oppenheimer in einem berühmt gewordenen Satz, die Forscher hätten dabei »eine Erfahrung der Sünde gemacht, die sie nie wieder verlassen kann«.[6] Besonders Edward Teller, leitender Konstrukteur der amerikanischen Wasserstoffbombe, hat immer wieder betont, der Wissenschaftler sei nur verantwortlich für das Wissen und dessen Entwicklung und Erklärung, aber nicht dafür, »wie man es anwendet«.[7] Jedoch wurde ein früher Brief Tellers an Leo Szilard vom 2. Juli 1945, also kurz vor dem ersten Bombentest am Trinity Site von New Mexico, bekannt, in dem Teller jede »Hoffnung« aufgibt, »jemals mein Gewissen läutern zu können. So schrecklich sind ja unsere Forschungen, daß unsere Seelen weder durch Proteste noch durch politische Einmischungsversuche gerettet werden können. [...] Und ich kann auch nicht behaupten, daß ich lediglich meine Pflicht zu erfüllen suchte, im Gegenteil: echtes Pflichtgefühl hätte mich doch von solcher Arbeit abgehalten [...].«[8] Trotz bohrender innerer Gewissenskonflikte öffentlich eine betonte Ablehnung jeder Verantwortung und Mitverantwortlichkeit? Der Brief zeigt, daß es sich nicht einfach um moralische Bewußtseinsspaltung handelt, sondern eher um Ratlosigkeit und eben um eine Feigenblatt-Strategie verbal forcierter Ablenkung – Ausflucht oder Alibirechtfertigung nach außen? Innerliche Rationalisierung scheidet nach dem Brief als Reaktion aus. Konnten die Rollen-, Verantwortungs- und Gewissenskonflikte der Wissenschaftler in dieser Zwangssituation überhaupt noch persönlich gelöst, geregelt oder verarbeitet werden? War die Dynamik des Geschehens nicht über jede Dimension ethischer Verantwortbarkeit hinausgewachsen? Die Wissenschaft war – und zwar durchaus auch die Grundlagenforschung oder die sehr grundlagenforschungsnahe angewandte Wissenschaft – auf kurzem Wege so nahtlos an die Entwicklung der Rüstungsmaschinerie von Vernichtungswaffen angebunden, daß das faustische Drama des Wissenschaftlers in diesem Jahrhundert geradezu zwangsläufig eine unüberbietbare weltgeschichtliche Zuspitzung an Dramatik und Realistik gewann. Wurde so der faustische Pakt zu einem satanischen? Für die drastischen Beispiele aus der Waffenentwicklung in Kriegszeiten dürfte diese Metapher gelten. Doch findet sich keineswegs die Wissenschaft generell in einer solchen Zwangslage wie in Kriegszeiten mit ihren sogenannten Sachzwängen. Die drastischen Beispiele sind zugegebenermaßen provozierend ausgewählt, um auf Konflikte aufmerksam zu machen, in die Wissenschaftler geraten können. Die Frage ist, ob nicht heute auch in manchen Bereichen friedlicher Forschung – z. B. in der Genbiologie und der Gentechnik, aber auch bei der Entwicklung bestimmter Informationstechnologien – die Grundlagenforschungen in der Tat so nahtlos an die durch sie ermöglichten Anwendungen heranreichen, daß die von Werner Heisenberg und Carl Friedrich von Weizsäcker nach dem Bombenabwurf von Hiroshima in ihrem Gespräch im englischen Internierungslager konzipierte Trennung zwischen dem Typ des »Erfinders« und dem des »Entdeckers« fließend oder obsolet geworden ist: »Der Entdecker kann in der Regel vor der Entdeckung nichts über die Anwendungsmöglichkeiten wissen, und auch nachher kann der Weg bis zur praktischen Ausnützung noch so weit sein, daß Voraussagen unmöglich sind. [...] Hahns Experiment über die Spaltung des Atomkerns war eine Entdeckung, die Herstellung der Bombe eine Erfindung.«[9] Ist diese Unterscheidung nur eine idealtypische, die zwar analytisch die Extreme voneinander zu unterscheiden, aber nicht mehr die Realität zwischen den Extremen zu beschreiben gestattet? Mit dem Flüssigwerden der Trennung stellt sich die Frage, ob der »Entdecker« von jeglicher Mitverantwortung für Entwicklungsmöglichkeiten, Folgen, Anwendungschancen und -modalitäten freizusprechen ist. Interessant, daß selbst die leitenden Konstrukteure der amerikanischen Atombomben, Oppenheimer und Teller, für Verantwortungsfreiheit der Forscher plädieren, der eine, weil es sich um bloße Grundlagenforschung über das Machbare gehandelt habe, der andere, weil nur der Anwender, aber nicht der Wissenschaftler die Verantwortung trage. Oder handelt es sich in der Tat nur um die öffentlichen Exkulpationsversuche innerlich und moralisch zutiefst getroffener Persönlichkeiten? Kann man sich generell noch mit der Berufung auf das Forschersein jeglicher Verantwortungsdebatte oder gegebenenfalls einer Mitverantwortung entziehen?

Die Atomphysiker selbst haben Gegenbeispiele gesetzt: Schon der Franck-Report von 1945 hatte gefordert, die Atombombe nicht über Städten mit Zivilbevölkerung abzuwerfen, sondern eine Demonstrationsexplosion »in einer geeignet ausgewählten unbewohnten Gegend« vorzusehen. Leo Szilard, der um 1933 die erste Idee einer

Nuklearbombe durch Kettenreaktion entwickelte, wie übrigens auch die des Zyklotrons,[10] initiierte in den kritischen Monaten Juni und Juli 1945 eine Petition gegen den geplanten direkten Bombeneinsatz, die immerhin 69 Unterschriften wichtiger beteiligter Wissenschaftler (freilich nicht Oppenheimers und Tellers) erhielt. 46 Prozent der Befragten bei einer von Arthur Compton und Farrington Daniels durchgeführten Umfrage im Metallurgischen Laboratorium, dem berühmten Entwicklungslaboratorium in Chicago, das wesentlich bei der Bombenentwicklung mitarbeitete, votierten für eine militärische Demonstration in Japan mit anschließender Gelegenheit zur Kapitulation, 26 Prozent zogen eine Demonstration in den USA in Gegenwart japanischer Vertreter vor; nur 15 Prozent waren für den militärisch effektivsten Weg zur prompten Kapitulation Japans unter minimaler Aufopferung eigener Truppen.[11] Schon gegen Ende 1945 formierten sich Bewegungen der Wissenschaftler in den Forschungszentren in Gestalt der Atomic Scientists of Chicago, der Association of Oakridge Engineers and Scientists sowie der Association of Los Alamos Scientists, die sich zur Federation of Atomic Scientists zusammenschlossen, welche 1946 mit der Federation of American Scientists fusionierte. Aufgrund britischer Initiativen wurde auch die World Federation of Scientific Workers 1946 gegründet. 1949 bildete sich auf eine Initiative des österreichischen Emigranten und Ingenieurwissenschaftlers Viktor Paschkis, mit Einsteins Unterstützung, die Society for Social Responsibility in Science. Diese Vereinigung betont besonders die Gewissensorientierung, die persönliche Mitverantwortlichkeit für voraussehbare Konsequenzen der eigenen wissenschaftlichen Arbeit und die Abstinenz von voraussehbar schädlichen Entwicklungen. Eine entsprechende Gesellschaft für Verantwortung der Wissenschaft entstand in der Bundesrepublik erst Mitte der sechziger Jahre.

Für die Bundesrepublik muß freilich auf die Initiative der Göttinger Achtzehn im Jahre 1957 hingewiesen werden: Das vor allem moralisch motivierte Engagement dieser Atomwissenschaftler gegen die atomare Ausrüstung der Bundeswehr wurde im wesentlichen politisch gewertet – so etwa auch später von einigen der Unterzeichner selbst (Heinz Maier-Leibnitz z. B. hat im Rückblick die Aktion sehr selbstkritisch bewertet). Doch führte dieses Engagement der Wissenschaftler später zur Gründung der Vereinigung Deutscher Wissenschaftler, in der ähnlich wie auf den internationalen Pugwash-Konferenzen manche konkreten Projektanalysen und -kritiken – z. T. auch von beachtlicher politischer Brisanz – ausgearbeitet und diskutiert wurden. Weniger jedoch führten diese Tagungen zu einer allgemein-ethischen oder moralphilosophischen Debatte über den ethischen Status oder die Neutralität wissenschaftlicher Sätze, Theorien und Aktivitäten bzw. der Wissenschaftler in ihrer Tätigkeit und persönlichen Verantwortungen oder auch über die Voraussetzungen, Grundsätze und Methoden einer solchen ethischen Analyse. Allenfalls wurde an Beispielen wie den oben erwähnten meist recht undifferenziert die Frage der Verantwortung »der Wissenschaft« oder »des Wissenschaftlers« so pauschal gestellt und meist auch dahingehend beantwortet, daß der Wissenschaftler (außer für sorgfältige Arbeit und präzise zutreffende Informationen, für Wissen und Wahrheit) gar nicht für Folgen verantwortlich zu machen sei. So argumentierte etwa neben Teller auch der Biochemiker Ernest Chain in einem vielbeachteten Artikel.[12] Oder man denke an Wissenschaftler wie Oppenheimer, der die Entwicklung der Bombe als technisch »so süß« bezeichnete, daß er sich der Mitarbeit nicht habe entziehen können, oder an Fermis Ausspruch: »Geht mir weg mit euren Skrupeln, es ist so schöne Physik!« (Mit Ausdrücken wie »Fachverbrecher« rügte der holländische ehemalige Physiker und heutige Politiker S. A. Quispel solche Stellungnahmen.[13])

Auch unter Philosophen findet sich diese wissenschaftsethische Neutralitätshaltung: So hält Jeanne Hersch die Wissenschaft für »ethisch neutral« und demgemäß »die Wissenschaftler« nicht für verantwortlich für eventuelle schädigende Wirkungen ihrer Erfindungen (die Gesellschaft habe diese Verantwortung zu tragen).[14] Dagegen wendet sich der analytische Sprachphilosoph Max Black vehement gegen die traditionelle Neutralitätsthese der Wissenschaft. Diese sei weder logisch zu begründen noch mit einer fragwürdigen Theorie der Subjektivität aller Normen und Werte zu verteidigen, noch gar sinnvoll auf die Wissenschaft als System menschlicher Aktivitäten zu beziehen. Jede Aktivität und jeder wissenschaftliche Wissensgewinn seien selektiv, somit orientiert an Auswahlkriterien und -methoden sowie an Zielen; dasselbe gelte auch für die Mittel. »Der einzige Weg, moralische Fragen über die Werte der Wissenschaften zu umgehen, wäre der, daß man die Ziele und Verfahren der Wissenschaft entweder für praktisch folgenlos oder für unumstritten gut« halte.[15] Das letztere wird von Wissenschaftlern allerdings oft vertreten: so behauptete beispielsweise der Freiburger Biologe Hans Mohr, »echte, objektive Erkenntnis«, »wahre wissenschaftliche Sätze« seien »gut im ethischen Sinne«.[16] Für Black setzt gerade auch Neutralität die Möglichkeit der Wahl zwischen zwei Seiten voraus; wesentliche wissenschaftliche Neutralität sei also von wertgeleiteten oder normativen Entscheidungen übergeordneter Art abhängig – wie jede Auswahl und jede bewußte Neutralitätsentscheidung.[17]

In der Tat scheint das Neutralitätsproblem recht verwickelt zu sein und keine generelle Pauschalantwort zuzulassen, sondern beträchtliche begriffliche Differenzierung zu erfordern. Das berühmte, seit Max Weber[18] diskutierte Problem der Werturteilsfreiheit in den Wissenschaften, besonders den Sozialwissenschaften, ist nicht so zu verstehen, daß von den reflektierten Vertretern der Wertfreiheitsthese behauptet würde, wissenschaftliche Forschungsziele und -tätigkeiten sowie deren Regeln und Normen seien unabhängig von jeglichen Wertungen (wissenschaftliches Wahrheitsstreben und die Wertfreiheitsthese selbst sind durchaus normen- und wertgebunden) und daß man Werte nicht wissenschaftlich untersuchen könne (Sozialwissenschaftler untersuchen systematisch Wertsysteme). Sondern die Wertfreiheitsthese bezieht sich (wie ich meine) auf die Objektsprache der Theorie einer beschreibenden Realwissenschaft. In einer physikalischen Theorie dürfen innerhalb ihrer Objektsprache keine normativen Sätze vorkommen (schon aus Gründen der Sicherung größtmöglicher Überprüfbarkeit). »Die Wissenschaft«

als soziales Subsystem der Gesellschaft bzw. als Forschungs-
organisation oder System menschlicher Aktivitäten ist natürlich wie jede menschliche Aktivität oder jedes soziale System
durchaus abhängig von Werten und Bewertungen, von Regelungen und Normen. Man muß also deutlich zwischen »Wissenschaft« als Aussagensystem bzw. Theorie im engeren
Sinne und »Wissenschaft« als Handlungssystem bzw. soziales System unterscheiden. Entsprechend werden sich dann
die Thesen der Werturteilsfreiheit bzw. der Neutralität der
Wissenschaft differenzierter beantworten lassen. Die hoch-
gespielte Problematik der Wertfreiheit oder Neutralität der
Wissenschaft erweist sich somit entweder als eher akademisch
und nur differenziert zu beantworten oder als ideologisch
interessengeprägt. Natürlich können die Wertfreiheitsthese
und auch das Wissenschaftsfreiheitsgebot unserer Verfassung
absolut gesetzt und so verstanden sowie ideologisch verwendet werden, um unbequeme Fragen und Verantwortlichkeiten zu umgehen. (Doch wäre dies gegen den Geist der
Verfassung, die keine Verletzung anderer übergeordneter
Grundrechte – etwa der Menschenwürde – im Dienste der
Wissenschaftsfreiheit zuläßt.)
Eine ähnlich zu Pauschalierungen oder relativ sterilen Antworten verführende Fragestellung ist die nach der speziellen
Theorie und dem Status einer Disziplin, genannt »Wissenschaftsethik«. Zwar erscheint dieser Ausdruck neuerdings in
wissenschaftstheoretischen und ethischen Lexika und Hand-
büchern, doch führen die Fragen, ob »Wissenschaftsethik«
als »Ethik der Wissenschaft« mit Genitivus subiectivus,
obiectivus oder partitivus zu verstehen ist, ob es sich also nur
um Ethik »für Wissenschaftler« oder um eine allgemeine
Ethik, die aus den Normen und Umgangsformen der Wissenschaftler (m. E. nur zirkulär) hergeleitet werden könnten,
oder ob Wissenschaftler bei ethischen Fragen zu beteiligen
sind (etwa in Ethikkommissionen) oder ob es sich um eine
eigene theoretische Disziplin oder um eine »Theorie der
moralischen Regeln für die wissenschaftliche Arbeit«[19] han-

delt, in der Regel nicht sehr weit. Die Frage klingt in der Tat
rein akademisch und ist wohl so zu beantworten, daß es keine
theoretische Sonderdisziplin »Wissenschaftsethik« als unabhängige oder als theoretisch durch eigene Axiome, grundlegende Prinzipien und Kriterien gekennzeichnete Disziplin
gibt. Es gibt keine Sondermoral für Wissenschaftler, sondern
die übliche Moral ist nur auf die Theorien und Problemge-
biete, besonders aber auf die Anwendungsbereiche, die Ein-
bettung in soziale Zusammenhänge sowie auf die Organisation und die Institutionen der Wissenschaften zu beziehen.
Rein theoretisch-akademisch gibt es zwar keine Sonderdisziplin »Wissenschaftsethik«. Praktisch-faktisch hat sich in
manchen Bereichen freilich eine Art von Sonderdisziplin entwickelt, z. B. in der Ethik der biomedizinischen Forschung,
in der sogenannten medizinischen Ethik, Bioethik oder biomedizinischen Ethik. Organisatorisch haben sich in den Vereinigten Staaten hier Subdisziplinen und eigene Institute her-
ausgebildet, was sich auch durch die spezifische Lagerung
von Problemfällen (z. B. der Intensivmedizin an der Grenze
zwischen Leben und Tod oder etwa der sogenannten verbrauchenden Embryonenforschung) rechtfertigt. Ethische
Probleme der biomedizinischen Forschung müssen natürlich
einerseits von der ärztlichen (therapeutischen) Ethik noch
unterschieden, andererseits dem allgemeinen Problembereich
der Ethik wissenschaftlichen Forschens eingeordnet werden.
»Ethische Probleme in der Wissenschaft« wäre sicherlich eine
bessere Formulierung als »Wissenschaftsethik«, obwohl der
letztere Name durchaus ohne grundlegende Mißverständnisse als Kürzel für den ersten Untersuchungsbereich Verwendung finden kann, ohne daß er als eigene theoretische
Disziplin unabhängig von der Ethik generell aufgefaßt werden müßte oder dürfte.
Wichtiger ist m. E. zu betonen, daß eine solche Untersuchung ethischer Fragen in der Wissenschaft einerseits pra-
xisorientiert sein muß, andererseits nicht ohne zugeordnete
beschreibende und erklärende Studien – etwa moralsoziolo-

gischer und -psychologischer Art sowie besonders wissen-
schaftshistorischer Art – vorgenommen werden sollte. Dies
ist um so wichtiger, als ein charakteristischer Übergang vom
klassischen Ideal des allein seinem Wissensstreben hingege-
nen Privatgelehrten zur gesellschaftlichen Großveranstaltung
»Wissenschaft«, ja, sogar zu einer sogenannten Produktivkraft größten Stils und größter Konsequenzen zu verzeichnen
ist. Viele der traditionellen ethischen Fragestellungen der
Wissenschaft waren noch am klassischen, individualistischen
reinen Wissensideal der Wissenschaft ausgerichtet und nicht
an Big-science-Projekten und Großforschungseinrichtungen, in denen heute Hunderte, manchmal Tausende von Wissenschaftlern als angestellte Spezialisten, meist in engum-
grenzter Projektforschung weisungsabhängig ihrem Broter-
werb nachgehen. Hier stellen sich eher ethische Fragen und
Konflikte ein, wie sie für die Arbeitswelt der industriellen
Angestellten oder auch für die Konflikte zwischen dieser
abhängigen Tätigkeit und dem Ethos der akademischen freien
Berufe kennzeichnend sind. Wenn Wissenschaft weitgehend
zur Angestelltenarbeit wurde, hat dieser Wandel natürlich
erhebliche Konsequenzen für soziale und moralische Pro-
blem- und Konfliktfelder. Dies gilt um so mehr, je umfassen-
der nach Aufwand und gesellschaftlich bedeutsamen Ergebnissen, je weiter reichend die Konsequenzen der Forschungen und ihrer Anwendung sind. Hier eröffnen sich auch neue
Probleme für die schon traditionell wichtigsten Fragen der
Ethik in den Wissenschaften, jene der Verantwortlichkeit
(vgl. ausführlicher S. 54 ff).

Unter dem hohen wirtschaftlichen und gesellschaftlichen
Aufwand organisierter Großforschung und angewandter
Wissenschaft stellen sich die Verantwortungsprobleme in der
Regel natürlich komplizierter und differenzierter dar als
bei einem klassischen Ein-Mann-Entdecker-Wissenschaftler
vom Typ eines Galilei oder Newton. Insbesondere die Fragen
der Verantwortungsbeteiligung und Mitverantwortung, der
Gruppen- und Gremienverantwortung bzw. der institutio-

nellen Verantwortlichkeit von Organisationen, Vereinigungen und Korporationen sowie Probleme der Beziehung zwischen Wissenschaftlern, Managern, Planern und politischen Entscheidern und der Gefahren der Verantwortungsverwischung in komplexen Systemzusammenhängen erstrecken sich hier in neuartige Dimensionen. Ich bin sicher, daß solche Fragen sich künftig als zentrale ethische Probleme in den Wissenschaften profilieren, gar dramatisieren werden. Für den bisherigen Stand der Diskussion scheint kennzeichnend, daß wissenschaftsethische Arbeiten sich noch recht individualistisch und eng an dem traditionellen Idealbild des Einzelwissenschaftlers und der Ein-Mann-Forschung orientieren, während die gesellschaftliche und historische Realität der Wissenschaftsentwicklung bei geradezu rasanter organisatorischer Entwicklung der wissenschaftlichen Forschung auch in sozialen und ethischen Hinsichten z. T. schon ganz andere Dimensionen angenommen hat. Die herkömmlichen Untersuchungen der Verantwortungsprobleme in den Wissenschaften bleiben meist pauschal dem traditionellen individualistischen Modell verhaftet. Wenn Ernst-Joachim Mestmäcker z. B. schreibt: »Der Kern der Wissenschaftsfreiheit besteht in der Freiheit, die Fragestellung zu wählen. Für diese Wahl ist der Wissenschaftler moralisch verantwortlich; eine Verantwortung, die ihm nicht von Dritten abgenommen werden kann«,[20] so wird durch solche Formulierungen den Verhältnissen in der geradezu industriell organisierten Großforschung und den spezifischen Abhängigkeits- und Verantwortlichkeitsproblemen der angestellten Wissenschaftler kaum differenziert Rechnung getragen.

Angesichts der Entwicklungsdynamik, der Orientierungs- und Bewertungsschwierigkeiten besteht eine Möglichkeit, sich den künftigen ethischen Herausforderungen gewachsen zu zeigen, darin, die moralische Bewußtheit in wissenschaftsethischen Fragen zu fördern – besonders bei (angehenden) Wissenschaftlern und vorwiegend auch in konkreten, auf die einzelnen Forschungsprojekte bezogenen Zusammenhängen.

Die Entwicklung einer Sensibilität für Probleme der Ethik in der Wissenschaft ist vordringlich – und ebenso die entsprechende Ausbildung: Ethik sollte daher nicht nur als Schulfach gefordert und gefördert werden, sondern auch als wissenschaftsethisches »Bewußtmachungsfach« zur moralischen Gewissensschulung im Bereich der Forschung, zumal in der auf sie ausgerichteten Ausbildung. Das letztere forderte schon vor über einem Jahrzehnt in Haifa die sogenannte internationale »Mount-Carmel-Erklärung über Technik und moralische Verantwortlichkeit« (1974).[21] Viele international bekannte Wissenschaftler unterschrieben: Da den Wissenschaftlern und Technikern »eine besondere, aber nicht ausschließliche Verantwortung« obliegt, empfahl man die Entwicklung und Ausbreitung der wissenschafts- und technologieorientierten ethischen und sozialwissenschaftlichen »Wächterdisziplinen«, mit deren Hilfe die wissenschaftlichen und besonders die technischen »Neuordnungen, vor allem im Hinblick auf ihre möglichen moralischen Auswirkungen beobachtet und bewertet werden sollen«. Dies läßt sich aber gerade bei grundlagenwissenschaftlichen Entwicklungen – wie erwähnt – nicht einfach und eindeutig durchführen. Und die Wissenschaftler sollten ja auch nicht der Moralzensur von Ethikexperten unterworfen werden, sondern selbst sensibler und bewußter moralisch über ihre eigene Tätigkeit und Verantwortung urteilen. Besonders wichtig ist daher die ethische Bewußtseinsschulung der angehenden Wissenschaftler, der Studenten. Insbesondere in der Lehre an den Universitäten, in den verschiedenen Fakultäten, auch auf den entsprechenden Fachveranstaltungen und besonders in Vorlesungen und praxisnahen projektbezogenen Seminaren wäre es nötig, immer wieder die differenzierte Behandlung von Verantwortungsproblemen einzuplanen. Carl Friedrich von Weizsäcker forderte in einer Rede anläßlich der 600-Jahr-Feier der Heidelberger Universität die Hochschullehrer dazu auf, fünf Prozent der Lehrveranstaltungen dem Verantwortungsproblem im eigenen Fache zu widmen. Eine beherzigenswerte

Idee! Der Hochschullehrer sollte in entsprechenden Veranstaltungen auch wirklich persönlich Stellung beziehen. Es wäre am günstigsten, wenn man eine relativ nah an Projekten orientierte ethische Begleitanalyse ins Wahlpflichtprogramm des Studiums aufnehmen könnte, unter Mitwirkung vielleicht von Ethikern oder Philosophen, die gemeinsam mit den Fachleuten der verschiedenen Einzelwissenschaften ethische Problemanalyse und Beurteilungen oder gar Lösungen ausarbeiten.

Stellungnahmen, Begriffs- und Problemanalysen, wie sie in diesem Band gesammelt sind, können für diese Zwecke hilfreiche Anregungsmaterialien bieten.

Anmerkungen

1 Haber (1927) S. 17 z. B.
2 Vgl. Luck (1976) S. 224 f.
3 Born/Born (1969) S. 224 f.
4 Ebd.
5 Oppenheimer (1954) S. 229, 235.
6 Oppenheimer (1955) S. 50 f., 87 f.
7 Zuletzt im *F. A. Z.-Magazin* vom 8. Juli 1988.
8 Zit. nach: *Zeitmagazin* vom 25. Februar 1983, S. 18.
9 v. Weizsäcker in Heisenberg (1969) S. 266, 267 f.
10 Er ließ sich dies durch ein geheimes Patent der britischen Admiralität von 1936, also lange vor Hahns Spaltungsexperiment, bestätigen.
11 Smith (1971) S. 88.
12 Chain (1970). Vgl. zu dieser Diskussion im vorliegenden Band z. B. S. 58.
13 Quispel (1969).
14 Hersch (1980).
15 Black (1979) S. 47.
16 Mohr (1979) S. 50, (1977) S. 157.
17 Um einen wichtigen Punkt erweitert Ladd (1981) die Diskussion

um die Neutralität der Wissenschaft. Zunächst bestimmt er (S. 385) »moralische Neutralität« (oder »Indifferenz«) als Negation moralischer Richtigkeit *und* Falschheit. Falls Wissenschaft direkt moralisch gerechtfertigt werde, dann wäre es u. U. »möglich, eine moralische Rechtfertigung für ein Tun zu haben, das zum Fortschritt der Wissenschaft beiträgt und das die Verletzung von bestimmten üblichen Geboten der Moral erfordert« (S. 386). Beweispflichtig für die Richtigkeit oder Falschheit einer Behauptung sei immer derjenige, der diese macht; falls der Beweis nicht gelinge, gelte Neutralität (S. 387). Da Begründungen, die sich auf den allgemeinen Nutzen und den intrinsischen Wert der Wissenschaft beziehen, nicht gelängen, sei Wissenschaft per se moralisch neutral (d. h. manchmal nützlich, manchmal nicht; einen besonderen Wert, den sie von anderen Unternehmungen unterscheidet, habe Wissenschaft auch nicht – S. 389 ff.). Da in der Wissenschaft »Erfolg alles« sei, was zähle, »der Zweck die Mittel« heilige und Personen »eher als bloße Mittel als als Zwecke an sich selbst« behandelt würden, fehlten wesentliche »Elemente« der Ethik (S. 399 f.). Die »Anmaßungen der Wissenschaftler hinsichtlich ihrer Immunität« und hinsichtlich ihres eigenen (Rollen-)Handlungsethos gemäß dem wissenschaftlichen Imperativ (»Tue alles in Deiner Macht stehende, um die wissenschaftlichen Kenntnisse zu maximieren«; S. 376) seien insofern »nochmals zu prüfen« und erfordern geradezu eine moralische Beurteilung (S. 400). »Wenn Wissenschaft moralisch neutral« sei, dann sei »sie, wie alle anderen moralisch neutralen Aktivitäten, Gegenstand« moralischer »Einschränkungen« (S. 398). Überdies schließe die alleinige Verfolgung der Mehrung wissenschaftlicher Erkenntnisse – gemäß einem wissenschaftsinternen Verhaltenskodex – »soziale Verantwortung« aus – dies sei jedoch »etwa so unverantwortlich, wie wenn man Zeitbomben herumliegen« lasse (S. 400).

18 Weber (1973).
19 Krüger (1985) S. 89.
20 Mestmäcker (1985) S. 209.
21 Vgl. in Lenk/Ropohl (1987) S. 181–184.

22   Hans Lenk

Literatur

Baumgartner, Hans Michael / Staudinger, Hansjürgen (Hrsg.): Entmoralisierung der Wissenschaften? Physik und Chemie. München / Paderborn 1985. (Ethik der Wissenschaften. Bd. 2.)

Belsey, Andrew: The Moral Responsibility of the Scientist. In: Philosophy 53 (1978) S. 113–118.

– Scientific Research and Morality. Beitrag zum 6. Internationalen Kongreß für Logik, Methodologie und Wissenschaftstheorie. Sektionsvorträge, Sektion 14. Hannover 1979. S. 211–215.

Black, Max: Is Scientific Neutrality a Myth? In: Joan Lipscombe / Bill Williams: Are Science and Technology Neutral? London / Boston 1979. S. 40–53.

Born, Hedwig / Born, Max: Der Luxus des Gewissens. Ergebnisse und Einsichten im Atomzeitalter. München 1969.

Born, Max: Von der Verantwortung des Naturwissenschaftlers. München 1965.

Chain, Ernest: Social Responsibility and the Scientist. In: New Scientist 48 (1970) S. 166–170.

Galtung, Johann: Wissenschaftsethik. In: Josef Speck (Hrsg.): Handbuch wissenschaftstheoretischer Begriffe. Bd. 3: R–Z. Göttingen 1980. S. 761–767.

Haber, Fritz: Aus Leben und Beruf. Berlin 1927.

Heisenberg, Werner: Der Teil und das Ganze. München 1969.

Hersch, Jeanne: Die Verantwortung des Wissenschaftlers in der Sicht der Philosophen. In: Universitas 35 (1980) S. 1291–96.

Höffe, Otfried: Wissenschaftsethik. In: Otfried Höffe (Hrsg.): Lexikon der Ethik. München 1977. S. 269–271.

Hoffmann, Robert: Scientific Research and Moral Rectitude. In: Philosophy 50 (1975) S. 475–477.

Krüger, Lorenz: Ethik der Wissenschaft – Was könnte das sein? Ein Plädoyer für einige Unterscheidungen. In: Hans-Michael Baumgartner / Hansjürgen Staudinger (Hrsg.): Entmoralisierung der Wissenschaften? Physik und Chemie. (Ethik der Wissenschaften. Bd. 2.) München / Paderborn 1985. S. 88–91.

Kurtz, Paul: The Ethics of Free Inquiry. In: Sidney Hook / Paul Kurtz / Miro Todorovich (Hrsg.): The Ethics of Teaching and Scientific Research. Buffalo (N. Y.) 1977. S. 203–207.

Ladd, John: Are Science and Ethics Compatible? In: Daniel Callahan / H. Tristram Engelhardt (Hrsg.): The Roots of Ethics. New York 1981. S. 373–402.

Lenk, Hans / Ropohl, Günter (Hrsg.): Technik und Ethik. Stuttgart 1987. ²1989.

Lipscombe, Joan / Williams, Bill: Are Science and Technology Neutral? London / Boston 1979.

Luck, Werner A.: Homo investigans. Der soziale Wissenschaftler. Eine Orientierungshilfe. Darmstadt 1976.

Mestmäcker, Ernst-Joachim: Einleitung zu »Verantwortung in den Geistes- und Sozialwissenschaften«. In: Verantwortung und Ethik in der Wissenschaft. Symposium der Max-Planck-Gesellschaft, Schloß Ringberg (Tegernsee), Mai 1984. Stuttgart 1985. S. 206 bis 210.

Mohr, Hans: Lectures on Structure and Significance of Science. New York / Heidelberg / Berlin 1977.

– The Ethics of Science. In: Interdisciplinary Science Reviews 4 (1979) S. 45–53.

Oppenheimer, J. Robert: In the Matter of J. Robert Oppenheimer. Transcript of Hearing Before Personnel Security Board, Washington April 12, 1954 through May 6, 1954. Washington (D. C.) 1954.

– The Open Mind. New York 1955.

Quispel, S. A.: Ethiek en zelfbehoud. In: Acta et Agenda. 20. Februar 1969. S. 5–11.

Sachsse, Hans: Technik und Verantwortung. Freiburg i. Br. 1972.

Smith, Alice K.: A Peril and a Hope. The Scientists' Movement in America 1945–47. Cambridge 1970.

Universität Karlsruhe: Fridericiana. H. 35: Zum Gedenken an Fritz Haber (1868–1934). Karlsruhe 1984.

Weber, Max: Der Sinn der ›Wertfreiheit‹ der Sozialwissenschaften. In: M. W.: Soziologie. Universalgeschichtliche Analysen. Politik. Hrsg. von Johannes Winckelmann. Stuttgart 1973. S. 263–310.

Weizsäcker, Carl Friedrich von: Wahrnehmung der Neuzeit. München 1983.

MANFRED EIGEN

»Wir müssen wissen, wir werden wissen«

Ethik im Wandel?

Wissen ist *nicht* wertfrei!
Noch bei Otto Hahns Tod lautete die Überschrift eines Artikels in der *Zeit*: »Eine Entdeckung ist weder gut noch böse.« Die Gefährlichkeit einer solchen Argumentation liegt darin, daß sie trivialerweise so offensichtlich richtig ist, daß man übersieht, daß jede Entdeckung – und ich wüßte nicht, welche ich ausnehmen könnte – gute oder böse Folgen haben kann. Ich halte es aber für ebenso gefährlich, zu glauben, dieses Problem sei dadurch zu lösen, daß man Grundlagenforschung einfach abschafft, verbietet oder wesentlich einschränkt, statt zu lernen, mit erworbenem Wissen *vernünftig* umzugehen. Ob gerade wir eine Wahrheit ans Licht fördern oder nicht, sie existiert so oder so und wird deshalb von irgend jemandem eines Tages entschleiert.
Paradebeispiel, das im oben zitierten Artikel angesprochen wird, ist die Atombombe. Eine in unseren Tagen weit verbreitete Meinung wurde von Klaus M. Meyer-Abich folgendermaßen formuliert: »Die Atombombe war die erste Anwendung eines wissenschaftlichen Wissens, in der zwischen der sogenannten Grundlagenforschung und der technischen Entwicklung kein Schritt mehr lag, der es rechtfertigen könnte, die erste dieser beiden Phasen von der Verantwor-

tung für die nach der zweiten Phase eintretenden Folgen zu entlasten. Die Tragweite der wissenschaftlich-technischen Entwicklung für die menschlichen Lebensbedingungen war zwar seit den Anfängen der Industrialisierung bekannt, aber bisher hatte man gemeint, jenseits der Grundlagenforschung über die Anwendung noch frei entscheiden zu können.« Und er kommt zu der »unausweichlichen Einsicht«: »Die Atombombe war ein direktes Resultat der Grundlagenforschung. *Also gibt es keine Grundlagenforschung* im Sinn eines verantwortungsfreien Raums, sondern wer zur Entdeckung der Kernspaltung beigetragen hat, ist mitverantwortlich für die Toten von Hiroshima und Nagasaki.«[1]

Ich teile mit jedem, der sich mit dieser Meinung identifiziert, das Entsetzen über die Existenz solcher *und anderer* Waffen. Ich bin – vermutlich wie er – der Meinung, daß alle Kraft, alle List, alles Wissen dafür eingesetzt werden sollte, diese Waffen abzurüsten, damit auch jeder versehentliche Einsatz ausgeschlossen werden kann. Ich bin aber – vermutlich abweichend von vielen – der Überzeugung, daß uns gar nichts anderes übrigbleibt, als mit diesem Wissen zu leben und *diese Einsicht* zur Grundlage unserer weiteren Bemühungen zu machen.

Wissen kann nicht *zurückgenommen* werden – wie uns Friedrich Dürrenmatt in seiner Parabel von den Physikern eindrucksvoll vor Augen führt. Die Menschheit besitzt seit der Erfindung des Feuers *zuviel an Wissen*, als daß sie je hätte in Sicherheit leben können. Andererseits verfügen wir über *zu wenig* Wissen – nicht nur über die uns umgebende Natur, sondern vor allem über uns selber –, um den Mißbrauch des Zuvielwissens ausschließen zu können. Selbst wenn sämtliche Atomwaffen abgeschafft wären, würde im Falle eines Krieges ihre Anwendung lediglich verzögert, aber keineswegs verhindert werden können. Die Gefahr eines Kriegs*ausbruchs* würde unter Umständen sogar erhöht, weil die Hemmschwelle niedriger wäre. Eine Abrüstung der Atomwaffen wäre dennoch sinnvoll, indem sie die Kurzschlußhandlung eines versehentlich ausgelösten Atomkrieges, wenngleich nicht ganz ausschließt, so doch erheblich unwahrscheinlicher macht. Eine solche Abrüstung müßte *allseitig* erfolgen. Der *einseitige* Besitz jeder Waffe führt – wie gerade Hiroshima und Nagasaki (und analoge Beispiele aus dem Ersten Weltkrieg) zeigen – mit nahezu unausweichlicher Konsequenz zu ihrem Einsatz. Vertragliche Vereinbarungen und deren Absicherung bieten zwar keine Garantie, sind jedoch der erste Schritt zu einer möglichen Lösung. Solche Vereinbarungen brauchten dann auch nicht mehr auf Atomwaffen beschränkt zu bleiben.

Ungleichgewicht auf der Wissensseite ist das größte Hemmnis für Abschluß und Einhaltung eines Vertrages. Viele sehen auf der Wissensseite die Hauptursache für vergangene und zukünftige Katastrophen. Ich sehe sie eher in den Wissenslücken. Einschränkungen oder Moratorien für den *Erwerb* von Wissen müßten ja ebenso wie die Verhinderung des möglichen *Mißbrauchs* vertraglich abgesichert sein. Wenn erst einmal gewährleistet wäre, daß Verträge überhaupt eingehalten werden, könnten sich diese auf den Ausschluß eines Mißbrauchs beschränken. Der Erwerb von Wissen müßte allerdings untrennbar mit der Pflicht zur *Verbreitung* der gewonnenen Erkenntnis verkoppelt werden. Auch das geht nicht ohne Verträge, nicht ohne eine hohe Moral derjenigen, die in der Lage sind, neue Erkenntnisse zu gewinnen. Der vorzeitige einseitige Erkenntnisverzicht – etwa aus moralischer Verantwortung – birgt große Gefahren in sich. Das Wissen möchte nur allzuleicht fehlen, wenn es darum geht, einem Mißbrauch zu begegnen.

In einer Welt, in der Verträge eingehalten würden, machte es kaum einen Unterschied, ob man über Wissen, das sich (auch) kriegstechnisch anwenden läßt, verfügt oder nicht. In einer Welt ohne Vertragsmoral dagegen wäre es höchst gefährlich, wenn die moralischere Seite (ob es sie nun gibt oder nicht) über weniger Wissen verfügt und damit denen ausgeliefert ist, die das Wissen mißbrauchen wollen. (Das war Einsteins Dilemma bei seiner Empfehlung an Präsident Roosevelt, die Atombombe zu entwickeln.)

Es kommt somit in erster Linie auf die Vertragsmoral an. Nehmen wir einmal an, dieses Problem würde vorerst keine Lösung finden – der Weg scheint in der Tat noch weit und beschwerlich. Könnten wir dann diesen Mangel durch Einschränkungen im Wissenserwerb kompensieren, etwa indem wir einen Katalog aufstellen, der ausweist, welches Wissen erlaubt oder gar wünschenswert ist?

Wir dürften, wenn wir einer Wissenseinschränkung zustimmen würden, schon heute praktisch gar nichts mehr erforschen, und wir müßten darüber hinaus das meiste, was wir bereits wissen, wieder vergessen. Es dürfte keine Astrophysik geben, denn jedes Wissen über die Energieerzeugung der Sterne wäre in höchstem Maße gefährlich. Die Erkenntnisdistanz zwischen Otto Hahns Uranspaltungsexperiment im Jahre 1938 und der Fähigkeit, größere Mengen eines Bombenmaterials (Uran-235 oder Plutonium) herzustellen, ist – gedanklich und technisch – so groß wie der Erkenntnisabstand zwischen einer Silvesterrakete und der V2. Einsteins Erkenntnisse der Äquivalenz von Energie und Masse,[2] Nernsts Abschätzung der Massendifferenzen in Isotopen und seine Frage nach dem »Streichholz«, mit dem man dieses schon in den zwanziger Jahren als existent erkannte »Brennmaterial« entzünden könnte,[3] sind in dieser Hinsicht nicht anders zu bewerten als die schließliche Bestätigung der Richtigkeit solcher Überlegungen.[4] Otto Hahn hat seine Resultate in der Zeitschrift *Die Naturwissenschaften* veröffentlicht und damit der gesamten Welt zugänglich gemacht – wohlgemerkt in einem Land, das sich anschickte, über seine Nachbarn herzufallen. Er hat sich an keinen Arbeiten beteiligt, die die Entwicklung einer Bombe zum Ziel hatte. Und *kurz* war der Weg von Hahns Experiment zum Bau der Bombe keineswegs. In Deutschland gab es sicherlich genug Wissenschaftler, die »dürfen schon gewollt« hätten, aber »können sich nicht getraut« haben. Der Aufwand von der Idee zur Anwendung war bei der Atombombe auf gar keinen Fall geringer als bei irgendeiner anderen Entdeckung. Er war weit größer, wenn man an die dafür notwendigen riesigen Isotopentrennanlagen in Oak Ridge oder an die Laboratorien in Los Alamos und Livermore denkt.

Trifft nicht das gleiche wie für Otto Hahns Experimente auch für Hans Bethes[5] und Carl Friedrich von Weizsäckers[6] Überlegungen zur Energieerzeugung in der Sonne zu, von denen aus sich ebenso gradlinig eine Ereigniskette bis hin zu Edward Tellers Superbombe konstruieren ließe? Glücklicherweise gibt es kein Hiroshima oder Nagasaki für die Wasserstoffbombe, vielleicht gar dank Edward Teller oder Klaus Fuchs oder anderen, die für eine Gleichverteilung auf der Wissensseite gesorgt haben.

Was darf dann überhaupt noch erforscht werden? Vor allem aber: *Wer* soll entscheiden, was erforscht werden darf?

Der Forscher ist bei seinem Suchen zunächst allein der Wahrheit verpflichtet. Es gilt: Kein Zweck heiligt ein Mittel. Weder Methoden noch Ergebnisse sind tabu. Wie in allen Fragen des Lebens muß es jeweils zu einer sorgfältigen Güterabwägung kommen. Der Forscher haftet nicht für den Gegenstand seiner Erkenntnis. Aber er muß verantworten, *wie* er zu den Ergebnissen gelangt, er muß Aufwand an Geldmitteln und Arbeitskräften rechtfertigen, und er muß sich darum kümmern, was mit den Erkenntnissen geschieht. Hier *gibt* es eine Bringschuld. In einer Demokratie hat der, der besondere Einsichten besitzt, besondere Pflichten. Pflicht des Wissenschaftlers ist es, seine Einsichten, und die daraus abzuleitenden Notwendigkeiten zu vertreten, gleichgültig ob diese politisch opportun oder populär sind, und zwar nicht, weil er Wissenschaftler ist, sondern weil er – und ausschließlich dort, wo er – Einsichten besitzt, die anderen Menschen nicht zugänglich sind. Ein Politiker muß darüber hinaus berücksichtigen, ob seine Vorschläge von einer Mehrheit getragen werden.

Ethik ist nichts Endgültiges und Rationalität nichts Vorläu-

figes, und keines von beiden ist einfach qua Mehrheits-
entscheid festzulegen. Wir haben in unserem Lande schon
schlimme Mehrheiten erlebt, wobei dahingestellt sei, ob jede
sich in der Öffentlichkeit gerierende Mehrheit eine solche
tatsächlich ist. Das Töten eines Tieres bedarf in jedem Falle
einer Entscheidung, die sorgfältiger Güterabwägung unterzogen sein muß. Das gilt für das Forschungslabor wie für den
Schlachthof. Ehrfurcht vor dem Leben kann nicht bedeuten, daß wir Krankheitserreger und Ungeziefer in unserem
Lebensraum tolerieren, wenngleich wir uns darüber im klaren sein müssen, daß wir – indem wir den Ausdruck »Ungeziefer« verwenden – einen höchst parteiischen Standpunkt
einnehmen.

Die Frage nach der moralischen Legitimation der Forschung
hat eine nicht zu übersehende menschlich parteiische Kom-
ponente. Wir können sie nicht von neutraler Position aus –
sozusagen aus der Position eines Besuchers von einem anderen Stern – beantworten. Ebensowenig können wir uns einfach von unserer Vergangenheit abkoppeln.

Wissenschaft muß sich der Öffentlichkeit stellen. Die Diskussion, die wissenschaftliche Erkenntnis mit gesellschaftlicher Realität konfrontiert, wird an unseren Universitäten zu
wenig gepflegt. Es ist in der Tat so: Je mehr wir können, um
so weniger dürfen wir. Je weniger wir dürfen, um so mehr
müssen wir wissen. Nachfolgende Generationen werden uns
anklagen, wenn wir nicht um Lösungen ringen, wenn wir
einfach weiter sorglos in den Tag leben oder die Probleme
dem Kahlschlag der Ideologien überlassen.

Grundlagenforschung muß sich darüber hinaus – diesseits des
ethischen Kalküls – im Sinne einer Kosten-Nutzen-Frage legitimieren.

In den USA wird zur Zeit eine hitzige Debatte über Nutzen
und Kosten des sogenannten *Superconducting Supercollider*,
kurz SSC genannt, geführt.[7] Es würde der größte Partikelbe-
schleuniger, den es bisher gab – wenn er gebaut wird. Sein
Ring wäre rund dreiundachtzig Kilometer im Durchmesser.

Auf einer solchen Kreisbahn würden mit Hilfe supraleitender Magnete – sie müssen über eine Pipeline mit flüssigem Helium versorgt werden – zwei Protonenstrahlen in entgegengesetzter Richtung beschleunigt und miteinander zur Kollision gebracht. Die Energie, die bei einer solchen Kollision zwischen zwei Protonen freigesetzt würde, wäre zwanzigmal so groß wie die Energien, die in den größten gegenwärtig existierenden Anlagen erzeugt werden: vierzig Teraelektronenvolt (TeV) oder 4×10^{13} Elektronenvolt. Die Kosten für diese Maschine werden auf vier Milliarden Dollar (Stand 1986) geschätzt. SSC könnte 1995 bereits seinen Betrieb aufnehmen.

In einer in der Zeitschrift *Scientific American* veröffentlichten Diskussion macht der Physiker Sheldon Glashow geltend: »Who knows what surprises SSC will reveal? If we did we wouldn't need the machine.«[8] Ein anderer Leser fragt, wo die Grenze für zukünftige Beschleunigung liege, und verweist darauf, daß der Erdumfang immerhin 40000 km betrage. Sicher ist – wie Glashow ausführt –, daß die Maschine – allein vermittels der zu erwartenden Überraschungen – der Theorie völlig neue Impulse zu geben vermag. Es bleibt jedoch die Frage, ob neuartige Impulse nicht auch von ganz anderer Seite kommen könnten. Keineswegs geklärt ist – eben wegen der genannten Unsicherheiten –, *wo* die Grenze für das Kosten-Nutzen-Verhältnis liegt. Glashow macht geltend, daß man »strange particles« nunmehr seit vierzig Jahren kenne, »and they are still entirely useless.«

Hier liegt ein *echtes* Dilemma. Denn wir wissen nicht, ob die neuen Einsichten über den Kosmos nicht gleichzeitig die Lösung eines Problems ermöglichen, das irgendwann einmal für unser Überleben von großer Bedeutung ist. Einsteins Energie-Masse-Relation war ein Ergebnis des Nachdenkens über den Kosmos. Oder, wenn wir über den Ursprung des Lebens nachdenken – und dazu teure Experimente ausführen –, so mag dabei am Ende durchaus etwas für unser Wohlergehen Relevantes herauskommen, beispielsweise

Medikamente oder Nahrungsmittel, die nach den Regeln der Natur evolutiv erzeugt und optimal unseren Bedürfnissen angepaßt sind.[9]

Auch im Rahmen der neuen Biologie ist *big science* keineswegs mehr *science fiction.* Hier geht es nicht darum, in noch größere oder noch kleinere Dimensionen unserer Raum-Zeit-Welt vorzudringen, sondern die Komplexität des Lebens beherrschen zu lernen, das bedeutet: in die unermeßlichen Dimensionen des Informationsraumes vorzudringen. Was für den Elementarteilchenphysiker die Energie ist, ist für den Molekularbiologen die Information. Angesichts der unübersehbaren Komplexität, die wir auf jeder, sogar der primitivsten Lebensstufe, vorfinden, ist *big science* geradezu zwangsläufig vorprogrammiert.

Ein Großforschungsprojekt in der Biologie wurde kürzlich von Renato Dulbecco in der amerikanischen Zeitschrift *Science* angeregt: die Aufklärung und Katalogisierung des gesamten menschlichen Genoms.[10] Das Genom des Menschen ist einem Schriftwerk vergleichbar, das etwa vier Milliarden Buchstaben umfaßt. Diese Buchstabenmenge entspricht einer ansehnlichen Bibliothek. Lediglich ein Teil dieser Schrift repräsentiert Information, andere Abschnitte sind repetitiv und dienen zur Verarbeitung der Information, beispielsweise zur Ablesung oder zum Austausch von Genen im sexuellen Vererbungsprozeß. Genbibliotheken sind derzeit keine Zukunftsvision mehr. Dennoch, um das menschliche Genom zu erforschen, muß man die Sequenzen von vielen Tausenden von Genen bestimmen. Für eine solche – formidable – Aufgabe errechnet Dulbecco einen Zeitaufwand von fünf Jahren, vorausgesetzt, es ist möglich, die Technologie so weit zu verbessern, daß die DNA-Sequenzbestimmung etwa fünfzigmal so schnell wie zum gegenwärtigen Zeitpunkt ausgeführt werden kann. *Mega-sequencing machines* sind schon in der Konstruktion. Der Kostenaufwand ist sicherlich ein bescheidener Bruchteil dessen, was für SSC veranschlagt wurde –, ich schätze ihn weit unter hundert Millionen Mark. Der Nutzen? Dulbecco legt in seinem Artikel dar, daß auf diese Weise eine wichtige Frage der Tumorentstehung geklärt werden könnte.

Die beiden Kräfte: *curiositas* (Neugier) und Relevanzdruck sind nicht ohne weiteres miteinander vergleichbar und daher nicht in ein Ordnungs-(oder Unterordnungs-)verhältnis ein-

zureihen. Spielerische Neugier ist das Wie der Grundlagenforschung, ihre Methode. Sie kann nicht für das, was Relevanz fordert, bürgen. Entsprechend stellt sich Relevanz in der Grundlagenforschung erst ein, nachdem die Ergebnisse vorliegen, vor allem dann, wenn die Antriebskraft der Forschung allein *curiositas* war. Niemand wird bereit sein, *curiositas* per se zu finanzieren, schon gar nicht, wenn es um Summen der genannten Größenordnungen geht. Der Politiker ist im Recht, wenn er auf Relevanz besteht. Er kann nicht das Privatvergnügen einer relativ kleinen Kaste Privilegierter aus Steuermitteln finanzieren. Hier schließt sich der Kreis zwischen den beiden Fragen: »Was heißt?« und »Zu welchem Ende?«. Es handelt sich um eine Rückkopplungsschlaufe: Relevanz muß durch Leistung legitimiert werden. Fortune, nicht Zufall, ist Voraussetzung. Dann löst sich die Inkompatibilität von Neugier und Relevanz auf, und es gilt: Qualität in der Forschung = Relevanz der Ergebnisse. Ein Restrisiko wird immer bleiben, so wie nichts, was auf dieser Welt von Menschenhand geschieht, vollkommen sein kann. Wir Wissenschaftler werden uns an Leistungskontrolle gewöhnen müssen, so wie in den USA das – uns noch als Zumutung erscheinende – *peer review system* allgemein akzeptiert ist.
Zu welchem Ende betreibt man Forschung?
Zu welchem Ende essen wir? Oft: weil es uns schmeckt! Vor allem aber: weil man satt werden muß und nicht verhungern will. Die Natur hat dies weise eingerichtet: nämlich, daß es für alles, was für das Leben notwendig ist, Anreiz und Motivation gibt. Neugier ist ein Erbe der Evolution. Sie kam zur Selektion, weil sie für das Überleben der Menschheit von Vorteil war. Ohne forscherische Neugier wären wir eine Episode, eine Laune der Natur.

Wissen – Können – Dürfen?

Wissen und Können haben einen ethischen Aspekt: Darf man das, was man weiß und kann, auch wirklich anwenden? Ja, dürfen wir überhaupt alles, was erforschbar ist, wirklich erforschen? Ist nicht gelegentlich Zurückhaltung angezeigt, gibt es nicht gar absolute Tabus?

Die Molekularbiologen haben zu Beginn der Ära der Gentechnologie, nämlich in dem Augenblick, als man die Enzyme gefunden hatte, mit deren Hilfe sich Gene transplantieren lassen, diese Frage gestellt. Auf der Asilomar-Konferenz in Kalifornien sind sie selber für ein Moratorium eingetreten.[11] Die Handhabung der neuen Technik sollte so lange eingeschränkt bleiben, bis die Fragen nach möglichen Gefahren und Auswirkungen beantwortet werden konnten. Anfängliche Befürchtungen ließen sich sehr bald entkräften, vor allem, nachdem klar geworden war, daß Genübertragung in der Natur Routine ist. Das Moratorium war damit überholt. Als man erkannte, welch wertvolle Erkenntnisse, zum Beispiel über das Krebsproblem oder über das Immunsystem, auf diesem Wege zu gewinnen waren, wurde die Forschung auf diesem Gebiet erheblich intensiviert. Ohne Wissen sind Entscheidungen dieser Art nicht zu fällen. Das Können ist die Drehscheibe zwischen Wissen und Dürfen.

Ob wir etwas können oder nicht, müssen wir ausprobieren. Gerade das ist nicht immer problemlos, vor allem im Bereich der Biologie. Man darf nur dann etwas ausprobieren, wenn die Konsequenzen überschaubar sind. Wissen, Können und das Anwenden dessen, was man kann, werden in der öffentlichen Diskussion nicht klar genug auseinandergehalten. Die ethische Fragestellung bezieht sich in erster Linie auf das Dürfen. Wie sieht es damit in der Biotechnologie aus?

Dürfen wir Gene verpflanzen, dürfen wir das Informationsrepertoire der Natur erweitern? Dürfen wir lebende Organismen, und seien es Mikroorganismen oder Pflanzen, manipulieren und in die Umwelt einschleusen? Dürfen wir gar neuartige Organismen, Chimären, kombinieren? Dürfen wir, was wir können?

Die generelle Antwort lautet: nein! Eine Pauschalantwort ist aber keine gute Antwort. Jeder einzelne Fall muß sorgfältiger Bewertung unterzogen werden. Es lassen sich lediglich allgemeine Leitgedanken entwickeln, und davon soll nun noch die Rede sein.

Die Natur ist in stetigem Wandel begriffen, die Umwelt verändert sich, die Arten verändern sich, entstehen und vergehen. Der Mensch, indem er pflanzt, züchtet und kreuzt, indem er Ungeziefer vernichtet und Antibiotika einsetzt, greift ständig in dieses Geschehen ein. Der Mensch ist selber Teil der Natur. Indem die menschliche Population sich ausbreitet, verändert sie unseren Planeten, und zwar in unüberschaubarer und unkontrollierter Weise.

Wollen wir die Rückwirkungen dieser Veränderung auf den Menschen einer natürlichen Auslese überantworten? Wollen wir – nachdem wir kraft unseres Verstandes diese Situation heraufbeschworen haben – nunmehr den Verstand ausklammern und hoffen, daß sich alles von selber regeln möge? Ein gezieltes Eingreifen – nach Abwägung von Nutzen und Risiko – ist besser als ungezieltes Probieren. So ist weder etwas dagegen einzuwenden, daß wir Naturstoffe mit Hilfe natürlicher Methoden gezielt herstellen, noch macht es einen Unterschied, ob wir eine Pflanze durch Kreuzung oder durch Genmanipulation an unsere Bedürfnisse anpassen.

Die US-amerikanische Nationalakademie hat kürzlich eine Denkschrift zur Frage möglicher Gefahren bei der Einschleusung genetisch veränderter Organismen in unsere Umwelt herausgegeben.[12] Hier werden Fragen aufgegriffen wie:

- Ist es gefährlich, Gene zwischen verschiedenen Organismen auszutauschen?
- Sind derartig manipulierte Organismen unnatürlich?
- Könnten auf diese Weise neue Pflanzenschädlinge entstehen?

- Könnten wichtige Mikroorganismen im Ackerboden unter Umständen verdrängt werden?
- Könnte aus einem nicht-pathogenen Mikroorganismus zufällig ein pathogener entstehen?
- Können übertragene Gene von harmlosen auf gefährliche Mikroben übergehen und diese stimulieren?

Die Detailantworten, die aus einer Gegenüberstellung von Manipulation und natürlichem Prozeß resultieren, machen klar, daß man zwischen potentiell pathogenen und nicht-pathogenen Organismen unterscheiden kann (und muß), daß man – wie in der natürlichen Umwelt – ein Ökosystem nicht mit einer fremden, sich robust ausbreitenden Art überlasten darf, ja, daß der Mensch, der eine Mutation vornimmt (die auch natürlicherweise hätte erfolgen können), die Pflichten übernehmen muß, die in der Evolution der natürlichen Auslese zugefallen wären.

Man kann diesem Problem auf keinen Fall gerecht werden, wenn man es nicht vor dem Hintergrund einer von Hunger und Seuchen bedrohten Menschheit und einer total übervölkerten Erde betrachtet.

Nehmen wir als aktuelles Beispiel die sich rapide ausbreitende Immunschwäche Aids. Sichtbar ist bisher bloß die Spitze eines Eisbergs. Die uns zugänglichen Fakten allein bieten hinreichend Anlaß zu Beunruhigung und Sorge.[13] Andererseits gibt es kein Beispiel in der Geschichte der Medizin, wo in so kurzer Zeit so viel Detailwissen über eine neu entdeckte Krankheit und über die Möglichkeiten ihrer Bekämpfung zusammengetragen werden konnte.[14]

Wir wissen, daß es sich bei dem Erreger von Aids um ein – für unser Auge selbst in mikroskopischer Vergrößerung unsichtbares – Retrovirus handelt. Dieses vermag seine in einem RNA-Molekül gespeicherte Information in DNA umzuschreiben und in das DNA-Genom einer somatischen menschlichen Zelle einzubauen. Diese Fähigkeit teilt das sogenannte HIV-Virus mit einer Reihe von anderen Tumorviren. HIV ist selber in vielen Fällen, besonders im Zentralnervensystem, auch als Tumorvirus wirksam. Seine wesentliche Angriffsfläche ist das Immunsystem des Menschen, dessen Kontrollzentrale es abschaltet. Der vom HIV-Virus befallene Patient ist damit schutzlos allen – sogar normalerweise harmlosen – Infektionen ausgeliefert. Nicht nur die Ereigniskette der Aids-Infektion ist genau bekannt, man kann auch alle Komponenten des Virus identifizieren, und man kennt die gesamte RNA-Sequenz des Virusgenoms und weiß um ihre ungeheure Variabilität. Dieses Wissen ermöglicht es uns, mit einem direkten Test das Virus in einer infizierten Zelle in kürzester Zeit zu identifizieren.[15] Ohne die Methoden der Molekularbiologie und speziell der Gentechnologie müßten wir vor einem solchen Problem kapitulieren. Daß wir dennoch zur Zeit hilflos sind, liegt an der unglaublichen Wandelbarkeit des Virus, das stets in der Lage ist, sich einer Immunabwehr zu entziehen. Hier mag die evolutive Biotechnologie weiterhelfen, die Grenzen der Wandelbarkeit zu finden und das Virus schließlich doch in die Enge zu treiben. Das ist eine Hoffnung auf die Zukunft, sie ist allein begründet in den noch weitgehend ungenutzten Chancen der neuen Technologien.

Dies ist nur eines von vielen Beispielen. Die menschliche Gesellschaft kann es sich nicht leisten, auf die Möglichkeiten der Gentechnik zu verzichten, wenn sie Hunger und Krankheiten wirksam bekämpfen, wenn sie ihre Existenz sichern will. Nichts ist ohne Risiko zu haben – das ist niemals anders gewesen, seit es Leben gibt.

Ohne Zweifel: je mehr wir wissen, um so weniger davon dürfen wir anwenden. Gerade aus diesem Grunde müssen wir eben noch mehr wissen. Es ist notwendig, bei jedem Schritt, den wir tun, zu überlegen, welches Risiko wir eingehen. Doch ebenso notwendig ist es, zu fragen, was geschehen würde, wenn wir diesen Schritt nicht tun. Wir sollten allen mißtrauen, die uns überreden wollen, etwas Bestimmtes zu tun oder es zu unterlassen, wenn sie nicht vorher eine saubere Bilanz für *beide* Möglichkeiten aufgestellt haben. Warum hört man allenthalben, die Wissenschaftler sind sich nicht einig? Weil man für oder gegen »alles« ein sogenanntes »wissenschaftliches« Gutachten erhalten kann. Ein Gutachten aber, das bloß eine Seite der Medaille betrachtet und nicht Nutzen und Schaden objektiv gegeneinander abwägt, ist nicht als wissenschaftlich zu bezeichnen. Das schließt ein, daß eine Empfehlung, die gestern richtig war, heute oder morgen anders ausfallen kann. Ethik in einer im Wandel begriffenen Welt ist nichts Endgültiges. Sie baut auf Wissen, das sich ständig erweitert, und sie reagiert auf die sich ständig verändernde Wirklichkeit.

Auf David Hilberts Grabstein auf dem Göttinger Stadtfriedhof sind die Worte eingemeißelt: »Wir müssen wissen, wir werden wissen.«

Anmerkungen

1 Klaus Michael Meyer-Abich, »Die Idee der Universität im öffentlichen Interesse«, in: Manfred Eigen [u. a.], *Die Idee der Universität. Versuch einer Standortbestimmung*, Berlin/Heidelberg 1988, S. 23 ff.

2 Albert Einstein, »Ist die Trägheit eines Körpers von seinem Energiegehalt abhängig?«, in: *Annalen der Physik* 18 (1905) Nr. 13, S. 639 ff.

3 Walter Nernst, *Das Weltgebäude im Lichte der neueren Forschung*, Berlin 1921 (siehe vor allem »Ergänzungen«, S. 39 ff.).

4 Otto Hahn / Fritz Straßmann, »Über die Entstehung von Radiumisotopen aus Uran durch Bestrahlen mit schnellen und verlangsamten Neutronen«, in: *Naturwissenschaften* 26 (1938) S. 755 f.

5 Hans Bethe, *Energy Production in Stars. Nobel lecture*, Stockholm 1968.

6 Carl Friedrich von Weizsäcker, »Über Elementänderungen im Innern der Sterne. I«, in: *Physikalische Zeitschrift* 38 (1937) S. 176 ff.

7 J. David Jackson / Maury Tigner / Stanley Wojicicki, »The Superconducting Supercollider«, in: *Scientific American* 254 (1986) Nr. 3, S. 56 ff.

8 Leserbrief von Sheldon L. Glashow in: Ebd.

9 Manfred Eigen, *Stufen zum Leben. Die frühe Evolution im Visier der Molekularbiologie*, München 1987.

10 Renato Dulbecco, »A Turning Point in Cancer Research: Sequencing the Human Genom«, in: *Science* 231 (1986) S. 1055 f.

11 Paul Berg [u. a.], »Potential Biohazards of Recombinant DNA Molecules«, in: *Science* 185 (1974) S. 303.

12 National Academy of Sciences, *Introduction of Recombinant DNA-Engineering Organisms into the Environment*, Washington (D. C.) 1987.

13 Peter Piot [u. a.], »Aids. An International Perspective«, in: *Science* 239 (1988) S. 573 ff. Siehe auch: Gerhard Hunsmann/ Manfred Eigen, »Zur Epidemiologie von Aids«, in: *Klinische Wochenschrift* 63 (1985) S. 616 f.

14 Robert C. Gallo, »Das Aids-Virus«, in: *Spektrum der Wissenschaft*, 1987, Nr. 3, S. 82.

15 Chin-Yih Ou [u. a.], »DNA Amplification for Direct Detection of HIV-1 in DNA of Peripheral Blood Mononuclear Cells«, in: *Science* 239 (1988) S. 295 ff.

HUBERT MARKL

Freiheit der Wissenschaft, Verantwortung der Forscher

Daß Wissenschaft und Forschung höchst eindrucksvolle Erfolge vorzuweisen haben, bezweifelt heute niemand mehr. Am wenigsten sollten es wohl jene bezweifeln, die von diesen Erfolgen leben. In einer wissenschaftlich-technischen Industriegesellschaft heißt dies aber: alle Bürger. Doch mit diesen Erfolgen wuchsen nicht weniger unübersehbar auch die Folgen, die sich aus diesen Erfolgen der Wissenschaft und wieder für uns alle ergeben. Wohlstand und langes Leben sind ja immer deutlicher nur eine, die schönere Seite dieser Ergebnisbilanz: Übervölkerung, Übernutzung, Überschwemmung mit Abfall aller Art vom weiten Meer bis in die Stratosphäre sind die furchterregenden Posten auf der dunklen Seite der Bilanz. Das alles ist so wohlbekannt, daß es hier nicht noch weiter ausgemalt zu werden braucht.

Zu den Erfolgen von Wissenschaft und Forschung und dem unerschöpflichen Erfindungsgeist, den sie beflügeln, gehört daher auch die Verantwortung für ihre Folgen, im guten – deren man sich immer gerne rühmt – wie auch im schlechten, die man allzugern verdrängt.

Wenn von Verantwortung von Wissenschaft und Forschung die Rede ist, so muß allerdings sofort auch von der Freiheit der Forschung die Rede sein, denn es gibt keine Verantwortung – weder beim einzelnen noch in der organisierten Gemeinschaft – ohne die Freiheit der Entscheidung zum Handeln oder zum Unterlassen. Genausowenig aber ist Wissenschaft und Forschung ohne Freiheit denkbar: Nur wer die Freiheit hat, sich Fragen zu stellen, auf die es noch keine Antwort gibt, und Wege zu suchen, die eine Antwort verheißen, kann sagen, daß er wissenschaftlich forscht. Nicht unstillbare Neugier allein oder gar angebliche Rücksichtslosigkeit der Forscher begründen ihren Freiheitsdrang in der Erkenntnissuche, sondern die schlichte, fast triviale Tatsache, daß nichts finden wird, wer gar nicht suchen darf.

Diese Freiheit des Forschens umfaßt mehrere verschiedene Aspekte, und jeder Aspekt der Freiheit geht mit einem nicht davon abzutrennenden Aspekt der Verantwortung einher:

Das beginnt bei der Freiheit der Wahl des Forschungsgegenstands, bei der es sich nicht im eigentlichen Sinne allein um eine wissenschaftliche Frage handelt: Wissenschaftlich begründet ist daran allenfalls die Feststellung, ob es um ein offenes, beantwortbares und erkenntnisträchtiges Problem geht; ob es hingegen auch unter ethischen wie unter ökonomischen Gesichtspunkten untersuchungswürdig ist, das bleibt nach Wertmaßstäben zu prüfen und zu entscheiden, die man nicht wissenschaftlich nennen kann.

Die Freiheit der Methodenwahl ist sicher weitestgehend nach wissenschaftlichen Maßstäben zu begründen und somit konstitutiv für Forschungsfreiheit; sie findet allerdings ihre Beschränkung dort, wo Forschungsmethoden Rechte anderer oder das Sittengesetz verletzen: Dies ist vor allem bei der Forschung am Menschen zu bedenken, genauso aber auch beim forschenden Umgang mit anderen Lebewesen oder mit Objekten der Kultur mit anerkanntem Eigenwert.

Die Freiheit der Methodenwahl ist somit ebenfalls der verantwortlichen Begründung unterworfen.

Die Freiheit der Mitteilung des Erforschten und als zutreffend Erkannten gehört nicht minder zur Freiheit von Wissenschaft und Forschung: Hier kehrt sich allerdings der Verantwortungsaspekt in aller Regel um: Wer das, was er erkannt, verheimlicht, muß sich fragen, ob er dies mit vertretbaren Gründen tut (oder aus Faulheit oder Eigensucht).

Bleibt schließlich noch die Freiheit der Anwendung dessen, was man erforscht, entdeckt, erfunden hat: Daß sie ganz unabhängig von der Freiheit *zu erforschen, zu entdecken, zu erfinden* beurteilt werden muß, sollte eigentlich keinem

Zweifel unterliegen. Wie könnten sich die Menschen sonst dazu verstehen, der Forschung und den Forschern umfassende Freiheit zu gewähren, auch Wissen zu erlangen und Erfindungen zu machen, die sich als schädlich oder gefährlich für das Gemeinwohl erweisen könnten, wenn alles, was entdeckt und erfunden wird, auch eben deshalb zur Anwendung gelangen soll? Freiheit der Forschung schließt den Anspruch auf automatisch folgende Freiheit zur Anwendung von Entdeckungen kategorisch aus. Ein anderer Standpunkt wäre für die Gesellschaft unerträglich und deshalb für Wissenschaft und Forschung längerfristig tödlich. Der Wissenschaftler selbst hat allen Grund, dies klarzustellen.

Deshalb muß jeder Forscher auch zweimal überlegen, ob er das, was er – in aller Regel mit Mitteln der Gemeinschaft – entdeckt hat, für seine *private* Nutzausbeutung reservieren, d. h. in aller Regel patentieren darf: Gefährdet er dadurch doch den guten Willen der Gemeinschaft, ihm die materiellen Voraussetzungen für sein freies Forschen zu gewähren. Andererseits ist es im Interesse der Gemeinschaft, daß freie Wissenschaftler unabhängig von privatwirtschaftlichen Interessen forschen können: Woher sonst sollte der Bürger Kenntnis über die tatsächliche Wirklichkeit, in der er lebt, erlangen, wenn nicht von jenen Erkenntnisspezialisten, die frei von Sonder-, vor allem Eigeninteressen allein der wissenschaftlichen Zuverlässigkeit ihrer Erkenntnisse verpflichtet forschen?

Ohne Freiheit der Wissenssuche kann also von Forschung gar nicht gesprochen werden. Das Ja zur Forschung, das Ja zur wissenschaftlichen Erkenntnis schließt daher zugleich – unausgesprochen oder ausgesprochen – die Bereitschaft ein, dabei auf neue Erkenntnisse zu stoßen, die wir besser unentdeckt gelassen hätten. Dies ist das Risiko des Vorstoßes in geistiges wie in jedes Neuland. Wir müßten ja schon wissen, was wir durch weitere Forschung künftig wissen werden, um zu wissen, was wir besser nicht wissen sollten. Deshalb ist die Freiheit der Forschung – unabdingbar, wenn es um wirkliche

Erkenntnisfortschritte gehen soll – von ihrem Ursprung wie von ihren Folgen her unentrinnbar ambivalent. Von ihrem Ursprung: weil sich der Wunsch nach neuen Einsichten und neuen Problemlösungen immer mit der Furcht vor der Enthüllung eines Medusenantlitzes schrecklicher Überraschungen verbindet. Von ihren Folgen: weil sich ja nur zu oft erwiesen hat, daß anfangs noch so nützlich erscheinende Entdeckungen später, vor allem wenn sie massenhafte Verbreitung und Anwendung erfahren, mit Spät- und Nebenfolgen belasten, die man nicht vorhersehen konnte oder aus habgieriger Kurzsichtigkeit nicht sehen wollte.

Sogar in dritter Hinsicht gibt die Freiheit des Forschers Anlaß zu Vorsicht und zu verantwortungsvoller Selbstprüfung des einzelnen Wissenschaftlers wie der Wissenschaft als organisierter Institution: Freiheit zum Forschen schließt nämlich unabwendbar auch die Freiheit des Forschers zum Irrtum ein, was dem Forscher mit der Freiheit zur Suche zugleich die Pflicht zum Zweifel an vermeintlichen eigenen Erkenntnissen oder denen anderer Wissenschaftler auferlegt (zumal es ja auch wissenschaftliche Betrüger zu entlarven gilt). Dadurch verbindet sich – auf den ersten Blick wohl etwas überraschend – mit der Freiheit der Wissenschaft zugleich die Notwendigkeit einer strikten sozialen Kontrolle des Gebrauchs, den Wissenschaftler von dieser Freiheit machen. Dies ist der tiefere Grund dafür, warum sich Wissenschaftler und Wissenschaften oft so vehement dagegen verwahren und zur Wehr setzen, wenn beliebige – heute meist »alternativ« genannte – Meinungen und weltanschaulich motivierte Phantasiegebilde sich das Mäntelchen einer Wissenschaftlichkeit umzuhängen suchen, um ihren Lehren öffentlich mehr Anerkennung zu verleihen – vom Kreationismus bis zur Scientology mangelt es nicht an Beispielen dafür. Niemand will solchen Bekenntnissekten die Freiheit der Meinungsäußerung, geschweige denn die des religiösen Bekenntnisses verweigern. Auf die Freiheit der Wissenschaft wie auf den Geist der Wissenschaft selbst können sie sich jedoch *nicht* berufen. Sie könnten es nur dann, wenn sie sich der ständigen, für alle Gegenargumente offenen, kritischen Überprüfung all ihrer Behauptungen oder Schlußfolgerungen unterwürfen, der sich Wissenschaft, die diese Bezeichnung verdient, in Anbetracht ihrer unüberwindlichen Irrtumsanfälligkeit immer aussetzen muß. Nicht also weil Wissenschaft einen absoluten Wahrheitsanspruch erheben will, grenzt sie sich scharf von solchen pseudowissenschaftlichen Bekenntnislehren ab, sondern weil sie nur das als wissenschaftlich gelten lassen kann, was sich im Bewußtsein eigener Fehlbarkeit der Infragestellung durch ständige Überprüfung an nachweisbaren Tatsachen unterwirft: Nicht uneinsichtige Starrheit läßt Wissenschaft an dem festhalten, was sie als zuverlässiges Wissen erkannt hat, sondern weil dieses Wissen bisher jeder Überprüfung standgehalten hat.

Freiheit von Wissenschaft und Forschung und Verantwortung von Wissenschaftlern und Forschern für das, was sie tun und lassen, sind also untrennbar verbunden. Man muß dies klar vor Augen haben, wenn man die rechtliche Garantie betrachtet, mit der unser Staat diese Freiheitsansprüche gewährleistet. Es gibt gar keinen Zweifel daran, und deutsche Wissenschaftler haben allen Grund, nach der zum Teil sogar selbstverschuldeten Unterdrückung der Freiheit von Wissenschaft und Forschung unter dem Terrorregime des Nazistaates besonders dankbar dafür zu sein, daß sich die Verfassung der Bundesrepublik Deutschland so eindeutig wie kaum eine andere zur Freiheit von Wissenschaft und Forschung bekennt – und das heißt, da die Verfassung alles staatliche Handeln zwingend verpflichtet, daß sie die Forschungs- und Wissenschaftsfreiheit zugleich in vollem Umfang garantiert.

Artikel 5, Absatz 3 des Grundgesetzes für die Bundesrepublik Deutschland faßt die wichtigste Voraussetzung eines lebendigen geistigen Lebens im Rahmen unserer Gesellschaftsordnung in einen einzigen, unmißverständlich klaren Satz: »Kunst und Wissenschaft, Forschung und Lehre sind frei«, wobei die Freiheit der Lehre im Nachsatz allein dadurch eingeschränkt wird, daß sie »nicht von der Treue zur Verfassung entbindet«.

Hingegen scheint das Grundgesetz auf den ersten Blick für Kunst, Wissenschaft und Forschung überhaupt keine Schranken zu setzen: sie sollen frei sein, ohne Wenn und Aber. Ein solches unumschränktes Bekenntnis des höchsten Gesetzgebers zur Wissenschaftsfreiheit, diese grundgesetzliche Garantie der Geistesfreiheit – der in Artikel 4 und 5 (1) die ebenso uneingeschränkte Garantie der Freiheit des religiösen Bekenntnisses und der Meinungsäußerung entspricht – gehört zu den tragenden Säulen einer menschenwürdigen, freiheitlichen Verfassungsordnung. Wenn Wissenschaftler und Forscher sich auf sie berufen, tun sie dies also nicht aus maßloser Eigensucht, aus eitler Selbstüberschätzung ihrer Bedeutung und auch nicht, um ihrem gesellschaftlichen Stand ein überkommenes Privileg zu sichern: Sie tun es, und sie dürfen sich dabei nicht nur auf unser Grundgesetz, sondern auf alle wirklich freiheitlichen Verfassungen berufen, weil das Streben nach wissenschaftlicher, d. h. zuverlässiger Erkenntnis über die Tatsachen der Welt, um ihr wie jeden, ein so natürlicher Anspruch, ja eine solche Lebensnotwendigkeit für den Menschen ist, daß ein Leben in Freiheit und Menschenwürde ohne dieses Recht auf freie Erkenntnissuche gar nicht denkbar ist. Nicht nur daß der Mensch von Natur aus wie kein anderes Lebewesen dazu befähigt und darauf begierig ist, nach Wissen zu streben. Seine Überlebensfähigkeit hängt von nichts anderem so sehr ab wie von seiner Erkenntnisfähigkeit, seiner Erfindungskraft und seinem Einsichtsvermögen – in weitestem Sinne also von seiner Fähigkeit zu Wissenschaft und Forschung.

Das klingt nun freilich so, als könne der Wissenschaftler und Forscher, wenn er sich mit dem Anspruch auf Wissenschaftlichkeit seines Handelns betätigt, alle sittlichen und rechtlichen Fesseln abschütteln, als sei er – sogar durch das Grundgesetz selbst – zu absoluter Willkür ermächtigt, frei seinem

Wissensdrang zu folgen, was immer dessen Folgen wären. Kann es denn sein, daß der Gesetzgeber dies wirklich will? War er sich denn der möglicherweise gefährlichen Folgen solcher schrankenlosen Freiheit nicht bewußt? Ich meine, daß dies ein profundes Mißverständnis wäre. Solch eine Schrankenlosigkeit folgt nämlich keineswegs aus dem statuierten Freiheitsrecht von Wissenschaft und Forschung. Freiheit von Kunst und Wissenschaft und Forschung bedeutet erstens nur, daß niemand, insbesondere nicht die staatliche Gewalt, die auf das Grundgesetz verpflichtet ist, diese Freiheit des Bürgers – und auch der Wissenschaftler ist vor dem Grundgesetz ein Bürger wie jeder andere auch – nach Belieben beschneiden und verkürzen darf. Das Grundrecht auf Forschungsfreiheit sichert also zuallererst einen Freiraum dessen, der es in Anspruch nimmt, auf eigene Entscheidung. Freiheit zur eigenen Entscheidung ist aber alles andere als Freiheit zu beliebigem, von aller ethischen Verantwortung freigestelltem Verhalten. Im Gegenteil: zusammen mit dem Recht auf Ausübung der Freiheit zur Suche nach Erkenntnis ist jedem, der diese Freiheit in Anspruch nimmt, zwingend auferlegt, auch die Verantwortung dafür zu tragen, daß das, was er tut, nach Sittengesetz und Rechtsordnung vertretbar ist. Es gibt keine Freiheit ohne die Last der Verantwortung für ihren Gebrauch; auch dem Wissenschaftler und Forscher kann das Grundgesetz eine solche Freiheit *von* Verantwortung nicht gewähren, es kann lediglich die Freiheit *zur* Verantwortung sichern – doch diese Freiheit ist ein großartiges Gut unserer Verfassungsordnung, mit dem die Wissenschaftler, denen es gewährt wird, mit großer Sorgfalt umzugehen haben.

Nun wird man freilich sofort fragen, nach welchen Maßstäben sich diese Verantwortung des Wissenschaftlers und Forschers zu richten hat – kann er sie etwa doch nach Belieben selbst bestimmen? Der Forscher als sein eigener Gesetzgeber – ist das vielleicht gemeint? Das machte ja die Last der Verantwortung recht leicht, wenn jeder sie nach Gutdünken wählen könnte. Auch das trifft keineswegs zu. In einer weltanschaulich neutralen und pluralen, d. h. der Weltanschauungs- und Bekenntnisfreiheit des einzelnen verpflichteten Gesellschaft kann es zwar keine für alle Bürger gleichermaßen gültigen Moralvorschriften geben, doch heißt dies erstens erneut nicht, daß eine solche Gesellschaft deshalb ganz ohne die Beachtung moralischer Gebote auskommen kann. Das ist mit Sicherheit ganz undenkbar. Tatsächlich überläßt sie es ihren Bürgern nur, selbst zu entscheiden, welchen sittlichen Normen sie sich unterwerfen wollen. Als gemeinsamer Rahmen für alle aber, die diesen weitgespannten Freiraum selbstbestimmter Moralgesinnung – z. B. in freiwilliger Verpflichtung zur Mitgliedschaft in einer Religionsgemeinschaft – nutzen dürfen, dient die Verfassung selbst, gleichsam als Minimum dessen an Gesetzen, denen sich *jeder* Bürger unserer Rechtsgemeinschaft unterwerfen muß. Moralbegründungen mag es viele geben, darin ist jeder Bürger frei zu wählen: doch die Verfassung hat für alle Geltung; sie nimmt den Bürger unter sorgfältig begrenzten Normenzwang.

Daraus folgt nun sehr direkt, daß dem freien Forschen – als einem erkenntnissuchenden Handeln – schon durch das Grundgesetz selbst weit engere Grenzen gezogen sind (obwohl Artikel 5, Absatz 3 nach erstem Schein davon nicht spricht) als etwa der Wissenschaft im allgemeinen als einer zunächst rein geistigen Tätigkeit des erkennenden Denkens, des Wissensaustauschs und der Wissensvermittlung. Wissenschaftliches Denken und Argumentieren mögen in weitestem Sinne frei sein. Wer aber forschend handelt, wer also Eingriffe auf seine Umwelt ausübt, um neues Wissen zu erlangen, hat eine lange Liste recht- und freiheitssichernder Bestimmungen des Grundgesetzes und der in ihm begründeten verfassungsmäßigen Rechtsordnung zu beachten, ohne daß er sich deshalb schon in seiner Forschungsfreiheit verletzt sehen könnte. Er hat insbesondere die ganz ausdrücklich grundgesetzlich und in abgeleiteten einfachen Gesetzen garantierten Freiheits-, Persönlichkeits- und Besitzrechte seiner Mitbürger peinlich genau zu respektieren. Niemand kann sich auf seine Forschungsfreiheit berufen, wenn er seine Mitbürger ohne deren ausdrückliches Einverständnis ausforschen, überwachen, analysieren oder wie auch immer zum Gegenstand seines noch so wissenschaftlich begründeten Wissensdurstes machen wollte!

Dies gilt in noch viel schärferem Maße, wenn der Forscher – zum Beispiel als Arzt, Psychologe, Pädagoge, Anthropologe oder Humangenetiker – Mitmenschen Eingriffen unterwirft oder Prozeduren unterzieht, die sie gleichsam zum Objekt, zum bloßen Gegenstand seiner Forschung machen könnten. Es kommt hier auch nicht auf die gute und sei es noch so menschenfreundliche Absicht an, die diese Forschungen begründen mag. Vor allem die Artikel 1 und 2 des Grundgesetzes enthalten hierzu absolute Normen, die zwar – wie alle Normen aller Zeiten, das gilt ja selbst für die Zehn Gebote – vor Anwendung im Einzelfall der Auslegung bedürfen, deren Gültigkeitsanspruch aber streng und uneingeschränkt und daher auch für jeden Forscher zwingend bindend ist. »Die Würde des Menschen ist unantastbar« und »Jeder hat das Recht auf Leben und körperliche Unversehrtheit« lauten diese Normen, die das Recht auf einen unantastbaren Verfügungsbereich der Selbstbestimmung sichern. Aus dem Anrecht der Bürger auf Leben und körperliche Unversehrtheit folgt nicht nur, daß sie nicht ohne ihre – zumindest mit gutem Grunde vorauszusetzende – Zustimmung lebens- oder gesundheitsgefährdenden Behandlungen oder Untersuchungen unterworfen werden dürfen – auch wenn diese wissenschaftlich erkenntnisfördernd wären; aus diesem Anrecht folgt genauso, daß der Forscher nicht in Kenntnis möglicher Gefahren wissenschaftliche Arbeiten durchführen darf, die seine Mitmenschen oder deren Lebensbedingungen gefährden oder beeinträchtigen können, ohne daß diese Mitmenschen ihm dazu die Erlaubnis gegeben haben. Gesetze, die der Forschung zur Sicherheit der Bürger oder der Umwelt, in der sie leben und auf deren Wohlbehaltenheit sie angewiesen sind, Beschränkungen auferlegen, können also durchaus begründet sein und verletzen die Freiheit von Wissenschaft und Forschung jedenfalls dann nicht, solange sie ihnen nur solche Einschränkungen auferlegen, die der Abwehr nachweislich drohender Gefährdungen dienen. Dem können Wissenschaftler auch nicht widersprechen. Im Gegenteil: ihr eigenes Interesse an Unversehrtheit von Leben und Gesundheit stimmt ja mit dem ihrer Mitmenschen ganz und gar überein. Wie sollten sie dafür nicht sorgen wollen?

Ganz anders ist es jedoch dann, wenn lediglich vermutete, nicht aber mit guten Gründen anzunehmende Gefährdungen, die von Forschungen ausgehen können, zum Anlaß genommen werden sollen, um Einschränkungen der Forschungsfreiheit zu fordern. Da es nämlich das Wesen wissenschaftlicher Forschung ausmacht, immer Neues, bisher Unbekanntes zu entdecken, dessen nützliche oder schädliche Folgen daher auch nicht im voraus beurteilt werden können, müßte eine Gesetzgebung, die Forschung wegen möglicher, aber noch unbekannter Gefahren, die sich aus ihren Ergebnissen ergeben könnten, einschränken oder verbieten wollte, sehr bald dabei enden, die Forschung selbst, als Mittel der Gewinnung neuer Erkenntnisse, zu verbieten. Dies aber verletzte ganz bestimmt die Grundrechtsgarantie der Forschungsfreiheit. Gewiß hat kein Forscher das Recht, sehenden Auges erkennbare Schadensrisiken heraufzubeschwören, die nicht nur er selbst, sondern auch andere Menschen und andere Mitlebewesen mitzutragen hätten, und deshalb ist es ihm auch zuzumuten, sich bei seinem Forschen ausreichenden Sicherheitsvorkehrungen zu unterwerfen – etwa wenn er mit krankheitserregenden Keimen oder mit brand- oder vergiftungsgefährdenden Stoffen experimentiert. Aber solange er die notwendigen Sicherheitsvorkehrungen einhält, ist es sein Recht, in freier eigener Entscheidung seine Forschungen zu verfolgen. Die Staatsgewalt darf ihm dieses Recht auch nicht dadurch faktisch rauben, daß sie – bei grundsätzlicher Bejahung der Forschungsfreiheit – so kleinlich-bürokratische, zeitraubende oder unnötig kostspielige Bedingungen an eine Genehmigung knüpft, daß international konkurrenzfähige Forschung praktisch unmöglich wird. Ein solch bürokratischer Weg übertriebener und nicht durch Sicherheitsbelange wohlbegründeter Forschungserschwernis unterschiede sich nur in Graden von einem freiheitsberaubenden staatlichen Forschungsverbot; dies wäre sogar eine besonders ärgerniserregende Vorgehensweise des machtausübenden Staates, da sie den Schein der Freiheit wahrte, ohne ihre Substanz zu sichern, wie es dem Auftrag des Grundgesetzes entspricht.

Besonders schwierige Fragen der Einschränkung der Forschungsfreiheit ergeben sich auf dem Gebiet des Tier-, Natur- und Umweltschutzes. Der Forscher wird die vorherrschenden Moral- und Rechtsvorstellungen der Gemeinschaft, in der er lebt und die ja häufig sein Forschen erst ermöglicht, indem sie die notwendigen Mittel dafür bereitstellt, selbst dann sehr sorgfältig zu beachten haben, wenn er dafür gute Gründe vorzubringen hat, warum er bestimmte Tierversuche oder Eingriffe ins Naturgeschehen für ethisch vertretbar oder vielleicht gar für unerläßlich hält. Es wäre ein oberflächlich-formales Verständnis des Rechts auf Forschungsfreiheit, sich den zur Abwägung konkurrierender Rechtsgüter und Moralbegriffe notwendigen öffentlich-argumentativen Auseinandersetzungen dadurch zu entziehen, daß man sich einfach auf die scheinbar schrankenlose Forschungsgarantie des Grundgesetzes beruft. Auch Wissenschaft und Forschung können nicht losgelöst von den gesellschaftlichen und kulturgeschichtlichen Zusammenhängen existieren, aus denen sie hervorgegangen sind und in die sie eingebettet bleiben. Versuchten sie es, würden sie scheitern. Forschung, von deren gutem Sinn und wohlbegründeter Notwendigkeit selbst sorgfältig unterrichtete Bürger – und deren hoffentlich besonders umfassend unterrichtete politische Vertreter – nicht überzeugt werden können, hat keine Zukunftschancen, selbst wenn sie objektiv betrachtet durchaus im Rahmen moralisch und rechtlich verantwortbarer Forschungsfreiheit bleibt. Dagegen hilft auf die Dauer kein Klagen – unter Umständen nicht einmal das Klagen vor Gerichten –, dagegen hilft nur intensives öffentliches Argumentieren und die der Wissenschaft ja wesenseigene Hoffnung darauf, daß Vernunft auf lange Sicht nicht unterliegen wird. Doch ist das alles andere als ein Freibrief für politisch-gesellschaftliche Willkür gegen unliebsame – wenn auch rechtgemäße – Forschung: Dem Grundgesetz hat sich nämlich zuallererst die Staatsmacht selbst zu unterwerfen. Sie hat daher die Forschungsfreiheit von sich aus zu sichern und zu fördern und nicht etwa erst unter dem Druck von Wissenschaftlern, die um ihre Rechte kämpfen müssen.

Ich habe diese Ausführungen damit begonnen, daß ich die scheinbar unumschränkte grundgesetzliche Norm der Wissenschafts- und Forschungsfreiheit als ein hohes Zeugnis staatlicher Garantie der Geistesfreiheit rühmte. Die nähere Betrachtung zeigt, daß dieser Freiheit dennoch – aus sich selbst heraus, als Freiheit *zur* Verantwortung – moralische und gesetzliche Schranken der Verantwortung gezogen sind, die jeder Forscher zu beachten hat. Doch sind dies Schranken, die ein weites freies Feld der wissenschaftlichen Erkenntnissuche eher sichern als begrenzen sollten. Sie sichern es, weil freie Bürger ihre Wissenschaftler nur dann mit einigem Zutrauen in ihre Vertrauenswürdigkeit ihrem Handwerk der Erkundung im Neuland der Erkenntnis nachgehen lassen werden, wenn sie gewiß sein können, daß die Wissenschaftler selbst die ihnen gewährte Freiheit nicht als Freibrief zur Verantwortungslosigkeit mißdeuten. Die so gewährte Freiheit ist ein viel zu wertvolles, ein für jede Wissenschaft und Forschung unersetzliches Gut, als daß die Forscher es aus Eigensinn oder gar Eigensucht gefährden dürften. Der maßvolle und richtige, dem Gemeinwohl förderliche Gebrauch der Forschungsfreiheit sollte den Wissenschaftlern besonderes Anliegen sein. Sie sollten sich an die ihnen gesetzten und von ihnen selbst zu bejahenden Verantwortungsnormen halten und zugleich den dann immer noch gegebenen weiten Freiraum zwar nicht für moralische Bedenkenlosigkeit, sehr wohl aber für das grenzenlose Fortschreiten wissenschaftlicher Erkenntnis am besten dadurch nutzen, daß sie dafür sorgen, daß das Erforschbare und unbestritten Erforschungswürdige unserer Einsicht immer mehr erschlossen wird. Je zuverlässiger und bedachter ihr Forschen und seine Ergebnisse, je offener die Erörterung ihrer Befunde – auch möglicher Probleme und Gefährdungen, die ihnen entspringen könnten oder auf die sie uns hinweisen –, um so weiter der Raum der Freiheit, den Wissenschaft und Forschung unter dem Schirm des Grundgesetzes und im Vertrauen der Bürger nutzen können. Verantwortliches wissenschaftliches Handeln sichert das Vertrauen, das seinerseits Garant der Forschungsfreiheit ist. Der Bürger weiß, wenn er es wohl bedenkt, genau, daß er nur freie, von keinem Machthaber gelenkte Forschung brauchen kann, die für zuverlässige Antworten auf offene Fragen sorgt und die mit neuen Entdeckungen Probleme löst, die uns bedrängen. Je verantwortlicher Forscher mit dieser Freiheit umgehen und je geduldiger und offener sie erklären, was sie tun, um so gewisser ist ihnen auch künftig, was sie selber brauchen: Freiheit zu Wissenschaft und Forschung und die Mittel, die der Bürger gibt, um sie zu nutzen.

Wer ehrlich ist, wird nicht bestreiten können, daß Wissenschaft und Forschung oft genug neue Probleme schaffen, indem sie alte Probleme lösen – Erkenntnisprobleme, Anwendungsprobleme, Probleme unerwarteter Folgen des mit Hilfe der Wissenschaft Entdeckten, Erfundenen, Produzierten und millionenfach Genutzten. Ein Skeptiker wird sich fragen, ob die wissenschaftliche Forschung nicht am Ende mehr Probleme schafft, als sie mit besten Kräften selbst wieder zu lösen vermag. Die Erfahrungen der Vergangenheit haben dies nicht bestätigt, doch wird dies gerade den wissenschaftlich vorgebildeten Skeptiker nicht beruhigen können: weiß er doch nur zu gut, daß eine grundsätzlich offene, unvorhersagbare Zukunft der Preis unserer Freiheit des Wollens und Handelns ist. Aber sie ist zugleich die Hoffnung dafür, daß es niemals zu spät sein kann, mit besseren Kenntnissen und tieferer Einsicht neue Handlungspfade einzuschlagen. Der Unüberschaubarkeit dessen, was uns künftig noch bevorsteht, entspricht die Freiheit, was wir nicht wünschen, zu verhindern, wenn wir uns unserer Freiheit zu Wissen und Einsicht, zu Wissenschaft und Forschung mit Klugheit und Zuversicht bedienen. Daß uns dies möglich bleibt, das garantiert mit ihrer Zusicherung von Freiheit die Verfassung. Es ist nicht immer der der beste Freund, der uns am glaubwürdigsten Schrecken auszumalen und vorherzusagen weiß. Kassandra ist zwar populär, aber ihr Ruf ist auf ein scheinheiliges Kalkül begründet: Trifft das Unglück, das sie vorhergesagt hat, ein, so hat sie recht; ereignet es sich nicht, so hat sie es eben mit ihrer Warnung erst verhindert. Daran ist nur das eine richtig, daß man das, was man nicht eintreten lassen will, ebenso sorgfältig analysieren soll wie den Weg zu den erwünschten Zielen. Aber man kann nicht vorwärtsschreiten und die Zukunft nicht gewinnen, wenn man sich ausschließlich darauf konzentriert, auf welche Abwege uns die Freiheit unseres Erkenntnissuchens und Forschens führen könnte. Die grundgesetzliche Garantie der Forschungsfreiheit in bewußter Verantwortung ist Ausdruck der Überzeugung einer freien Gesellschaft, daß freie Menschen imstande sind, von ihrer Freiheit so vernünftig Gebrauch zu machen, daß es sich lohnt, sie ihnen soweit wie möglich zu gewähren.

HANS LENK

Zu einer praxisnahen Ethik der Verantwortung in den Wissenschaften

> Niemand bestreitet die Wunder der modernen Wissenschaft. Jetzt wäre es Zeit, daß sie auch für ihre Monster die Verantwortung übernimmt. *Jakob von Uexküll*

Die zentralen ethischen Probleme in den Wissenschaften sind jene der Verantwortlichkeit der Wissenschaftler bzw. »der Wissenschaft« (repräsentiert durch deren Institutionen und Vereinigungen, darunter die sogenannte Scientific Community und die wissenschaftlichen Gesellschaften, aber auch durch Forschungsinstitute und Universitäten). Die meisten herkömmlichen wissenschaftsethischen Arbeiten diskutieren den Verantwortungsbegriff in bezug auf die Handlungen und Handlungsfolgen bei wissenschaftlicher Tätigkeit, ohne eine differenziertere Untergliederung unterschiedlicher Typen, Ebenen und Interpretationsperspektiven des jeweiligen Verantwortungsbegriffs zu berücksichtigen. Es unterbleibt sogar fast stets die zentrale Unterscheidung zwischen Ethik als Disziplin, Universalmoral, Moral als kultur- oder gruppenbedingtes System mehr oder minder sanktionierter Sitten und Berufs- oder Standesethos. Dies gilt übrigens auch für angelsächsische Arbeiten. Hieraus ergeben sich bemerkenswerte Defizite der Verantwortungsdiskussion in bezug auf die Trennschärfe begrifflicher Analysen und in bezug auf deren Praxisangemessenheit sowie hinsichtlich unterschiedlicher Verantwortungstypen, verschiedener Bezugsglieder des Beziehungsbegriffs »Verantwortung« und seiner unterschiedlichen Deutungsperspektiven. Die typischen Verantwortungskonflikte zwischen verschiedenen solchen Bezugsgliedern, Maßstäben und Interpretationsaspekten angesichts unterschiedlicher Rollenanforderungen und differierender

Verpflichtungen können so nicht deutlich genug artikuliert werden. Eine klare Herausarbeitung und zergliedernde Analyse von Verantwortungskonflikten sowie deren theoretische Aufbereitung für eine mögliche Lösung ist auf diese Weise nicht möglich. So verharren etwa auch die wissenschaftsethischen Schriften zur Verantwortung bisher allgemein bei einer pauschalen Erörterung »*der* Verantwortung«, ohne einer nötigen Differenzierung, die sich durch überlappende Verpflichtungen und Loyalitäten sowie durch unterschiedliche Interessen, Rollen und Traditionen ergibt, gerecht werden zu können.

Sechs Punkte sind für künftige Untersuchungen einer praxisnahen Ethik der Verantwortung in den Wissenschaften besonders wichtig:

1. die Unterscheidung von interner gegenüber externer Verantwortlichkeit des Wissenschaftlers (und Technikers), allgemeiner die von Ethos und Ethik;

2. die Frage nach einem hippokratischen Eid für Wissenschaftler;

3. die Beschreibung und Untersuchung von verschiedenartigen Verantwortungstypen und von deren Konflikt(möglichkeit)en;

4. Prioritätsprinzipien und Verantwortungskonflikte;

5. das Problem der Existenz und gegebenenfalls der Untersuchung der Verantwortung von bzw. für Institutionen und Korporationen;

6. die Analyse von ethischen Problemen der Wissenschaft (und Technik) als Sonderfälle der sogenannten Berufsethiken (Professional Ethics).

Diese Punkte sollen im folgenden hinsichtlich der ethischen Probleme in den Wissenschaften umrissen werden.

1. Interne und externe Verantwortung

Das Thema »Verantwortung des Wissenschaftlers« enthält zwei Teilaspekte: erstens die Frage der wissenschaftsinternen Verantwortung und zweitens die einer externen Verantwortung des Wissenschaftlers. Die interne Verantwortung trägt der Wissenschaftler gegenüber seiner Zunft; sie umfaßt die Beachtung der Regeln sauberen wissenschaftlichen Arbeitens und fairer Konkurrenz unter dem Höchstwert der bestmöglichen objektiven Wahrheitssuche und -sicherung. Schon in den vierziger Jahren untersuchte der Wissenschaftssoziologe Robert K. Merton diesen Normen-Kodex der Wissenschaftler und sah in den Grundsätzen der Verallgemeinerbarkeit (»Universalismus«), des systematischen Zweifels (»organisierter Skeptizismus«), der persönlichen Nichtinteressengebundenheit (»Desinteressiertheit«) und der öffentlichen Gemeinschaftsorientierung (»communalism«) die leitenden Regeln. Später meinte man (Cournand u. a.) die Werte Ehrlichkeit, Objektivität, Toleranz, Zweifel an der Gewißheit und uneigennütziges Engagement bestimmen die Normen des wissenschaftlichen Handelns. Natürlich handelt es sich hier um Idealnormen des wissenschaftlichen Ethos, die der Wissenschaftler nur bei Gefahr ernsthafter Folgen für seine Stellung oder sein Ansehen (Reputationsverlust) mißachten könnte (z. B. fällt ein wissenschaftlicher Plagiator im allgemeinen bei der Scientific Community in Ungnade und Isolierung, so daß seine wissenschaftliche Karriere beendet ist). Hans Mohr versuchte, konkretere Verhaltensregeln zu fassen: »Sei fair! Manipuliere nie die Daten! Sei präzise! Sei fair hinsichtlich der Priorität von Daten und Ideen deines Rivalen! Mache keine Kompromisse, sondern versuche ein Problem zu *lösen*!«[1] Bestimmtere ›Gebote‹ hinsichtlich der Sicherung von Forschungsfreiheit, Freiheit von Zensur (»Es gibt keinen Code für verbotenes Wissen«), Unparteilichkeit, Flexibilität (Berücksichtigung anderer Alternativen und Bereitschaft, eine Theorie, wenn nötig, zu ändern), Definitionsgenauigkeit, Vertrauen und Verläßlichkeit für und bei den Kollegen, Einfachheit werden gefordert. Alle diese Regeln betreffen freilich das wissenschaftliche *Ethos* des Wissenschaftlers, seine Verantwortung für die bestmögliche objektive Erkenntnis und beziehen sich durchaus auch auf seine eigenen Interessen und Anerkennungswünsche. Sie sind nicht im engeren Sinne »*ethisch*« oder universalmoralisch, betreffen nicht die Unversehrtheit anderer. Der Normenkodex des Wissenschaftlers in diesem Sinne ist *Ethos*, Standesethos, nicht eigentlich *Ethik* oder externe Universalmoral des Wissenschaftlers.

Ethos und Ethik müssen sauber voneinander getrennt werden, obwohl sie sich oft auch im Handeln des Wissenschaftlers überlappen – bei Anwendungen und besonders bei Versuchen mit Menschen (und auch Tieren). Die bereichsinterne Verantwortung des Wissenschaftlers hat zweifellos ihre ethischen Probleme, weil die Verteilung wissenschaftlichen Erfolgsprestiges nach rigoroser Konkurrenz zugemessen wird: Der Erste zu sein, das allein zählt hier – beim wissenschaftlichen Wettrennen gibt es, anders als im Sport, keine Silbermedaillen. Die Versuchung, durch Unfairneß einen Vorteil zu gewinnen, ist auch hier groß. Sie hängt u. a. von der Wahrscheinlichkeit und dem Risiko der Entdeckung sowie von Funktionsmängeln des Reviewer-Systems ab. Es ist fraglich, ob der *mögliche* Reputationsverlust nach der Entdeckung einer Fälschung als abschreckende Kontrollmaßnahme wirklich so gut greift, wie Mohr anscheinend meint. Wissenschaftshistorische und wissenschaftsjournalistische Recherchen nähren einige Zweifel.

Die externe Verantwortung des Wissenschaftlers gilt es in bezug auf die möglicherweise von seinen Ergebnissen, etwa unmittelbar vom Forschungsprozeß, Betroffenen zu untersuchen. Bei Experimenten mit Menschen, sogenannten Humanexperimenten, werden unmittelbar Menschen in den Forschungsprozeß einbezogen, sie werden sozusagen Objekte der Forschung. Die externe Verantwortung der Wis-

senschaftler bzw. der Wissenschaft ist aber nicht auf diesen
Bereich beschränkt. Die Ansichten über sie gehen noch sehr
weit auseinander. Man hat gesagt – besonders prononciert
z. B. der Biochemiker Ernest Chain[2] –, daß Wissenschaft als
beschreibende Untersuchung der Naturgesetze keine ethische oder moralische Qualität habe, ethisch neutral sei.
Daher könne der Wissenschaftler nicht für eventuell schädigende Wirkungen seiner Erfindungen verantwortlich gemacht werden, sondern allein die Gesellschaft sei verantwortlich, der natürlich jeder Wissenschaftler auch wie jeder
Bürger verpflichtet ist. Demgegenüber hat man hervorgehoben – z. B. Belsey[3] –, daß bei aller auf den ersten Blick als
allgemeines Leitprinzip gegebenen Freiheit der Forschung
dennoch Einschränkungen und besondere Verantwortlichkeiten angesichts gefährlicher Forschungsbereiche, die zum
Beispiel besondere Risiken für die Menschheit einschließen,
bestünden. Zumal dann, wenn der Wissenschaftler gute
Gründe hat, zu glauben, daß seine Entdeckung in der Weise
verwendet werden kann, die sich schädigend auf die Menschheit auswirkt, und daß beispielsweise eine Regierung wahrscheinlich diese Entwicklung in solch mißbräuchlicher Weise
benutzen würde, sollte er diese Entdeckung nicht in die
Hände dieser Regierung legen. Der Wissenschaftler könne
(und das wird heute wohl besonders brisant im Bereich der
Biotechnik und der Gentechnologie) nicht einfach seine
Hände öffentlich in Unschuld waschen, wenn er etwas entdeckt, das katastrophal für die Menschheit sein könnte.
Die interne Verantwortung des Wissenschaftlers besteht gegenüber seiner eigenen Wissenschaftlerzunft: Sie umfaßt die
Regeln sauberen wissenschaftlichen Arbeitens, fairer Konkurrenz und bestmöglicher Wahrheitssuche und -sicherung.
Sie muß gerade angesichts der gehäuft auftretenden Betrugs-
fälle in der Wissenschaft genauer untersucht werden.[4] Die
interne (Ethos) und die externe Perspektive (Ethik) müssen
bei Verantwortlichkeitsfragen deutlicher als bisher unterschieden werden. Diese Trennung ist freilich eine analytische

Unterscheidung. Beide Aspekte müssen wieder aufeinander bezogen werden. Man kann den Wissenschaftler nicht von jeglicher externen Moral, von jeglicher Verantwortung freisprechen, wenn er sich an technischen Entwicklungen und Erfindungen beteiligt. Man muß also nach internen *und* externen Aspekten der Verantwortung des Wissenschaftlers und der ähnlich gelagerten Verantwortlichkeit des Technikers fragen.

2. Ein hippokratischer Eid für Wissenschaftler?

Oft wurde zur Stärkung der externen Verantwortung und des Gewissens der Wissenschaftler – zumal in den angewandten Naturwissenschaften – vorgeschlagen, eine Eidesverpflichtung nach dem Vorbild des hippokratischen Eides der Mediziner einzuführen. Unter dem Eindruck der Atombombenabwürfe wurde 1946 von Gene Weltfish ein Eid vorgeschlagen, es folgten Reinhold Fürth, Johannes Dullaart u. a. mit anderen Formulierungen. Auch der Wissenschaftstheoretiker Karl Popper unterstützte die Idee eines solchen Eides. Zuletzt sprach sich 1988 ein internationaler Wissenschaftlerkongreß in Buenos Aires per Resolution für einen Wissenschaftlereid aus (s. S. 402).

Viele der Eidesformulierungen klingen jedoch ein wenig idyllisch-betulich, ohnmächtig mahnend, beschränken sich auf schöne Appelle. Appelle allein nützen nicht viel. Man denke daran, daß bei den meisten Doktorprüfungen auch früher schon ein solches Versprechen schriftlich abgegeben wurde, zum Teil wohl auch heute noch geleistet wird. Man bedenke auch, daß der hippokratische Eid der Mediziner längst abgeschafft wurde.

Die Crux des zum hippokratischen analogen Wissenschaftlereides bleibt wohl die geringere Wirksamkeit, Kontrollierbarkeit, Durchsetzbarkeit. Es handelt sich um eine zu allgemein-abstrakte, zu wohlfeil annehmbare Idee. Das Problem der ethischen Kontrolle ist durch einen Eid allein nicht zu lösen – zumal in das Karrieresystem der Wissenschaften Anreize zur Verletzung ethischer Normen geradezu eingebaut sind. Dies wurde in der medizinischen und pharmakologischen Experimentalforschung mit Menschen deutlich: Wie eine amerikanische Untersuchung von Barber ergab, neigen etwa ehrgeizige, nicht so erfolgreiche Wissenschaftler dazu, beim sogenannten Humanexperiment ethische Rücksichten beiseite zu schieben und im Interesse ihrer eigenen wissenschaftlichen Karriere aufsehenerregende Experimente und Ergebnisse recht schnell zu ›produzieren‹.[5] Die Einberufung von sogenannten Ethikkommissionen zur Vorabprüfung aller möglicherweise mit Schädigungsgefahren verbundenen Humanexperimente ist hierauf zurückzuführen. Diese Idee ist zweifelsohne gut, die Praxis teilweise noch umstritten: Manche bezweifeln die Wirksamkeit und Kontrollwirkungen der Kommissionen, manche fürchten bürokratische Einschränkungen und Auflagen für die Forschung. Eine rechtliche – zumindest so etwas wie eine ›standesrechtliche‹ – Regelung auch zur Sicherung der Unabhängigkeit der Kontrolle scheint unerläßlich – wird derzeit auch auf nationaler und europäischer Ebene entwickelt –, führt aber wahrscheinlich zu gesteigerten bürokratischen Schwerfälligkeiten des Antrags-, Überprüfungs- und Kontrollverfahrens. Aus ethischen Gründen sollten um der betroffenen Menschen willen solche Einschränkungen sehr wohl in Kauf genommen werden. Doch dürfen, ebenfalls aus ethischen Gründen, Humanexperimente nicht generell verboten oder übermäßig erschwert und damit der Fortgang der Forschung behindert werden; denn Humanforschung – gerade auch im biomedizinischen Bereich – dient im engeren Sinne dem Wohl der Menschen (meist freilich dem anderer als der vom Experiment betroffenen). Ein Dilemma zwischen der möglichen Förderung des Gesamtwohls und dem Interesse des einzelnen Betroffenen bleibt allemal. Ethische Appelle allein – ohne Stützung durch institutionelle Maßnahmen oder wenigstens ideelle Sanktionen – bleiben jedenfalls ziemlich unwirksam. Zu hoffen, daß ethische Ideale an sich und allein – ohne greifbare institutionelle Unterfütterung – etwas ändern, ist illusorisch. Andererseits geht jede Institutionalisierung schon über die bloße Ethik hinaus in Richtung einer Verrechtlichung oder Quasiverrechtlichung der Moral.

3. Verantwortungstypen und -konflikte

Es ist Aufgabe eines analytischen Philosophen, gewisse vorbereitende Versuche zu unternehmen, um zu Differenzierungen des zu pauschal und global verwendeten Verantwortungsbegriffs[6] zu gelangen. Ein Ansatz dazu soll im folgenden skizziert werden.

Verantwortungsbegriffe sind Beziehungs- oder *Relationsbegriffe*.[7] Man ist gegenüber jemandem, für etwas, vor einer Instanz, in bezug auf Standards und ein Normensystem verantwortlich. Verantwortung ist daher ein mindestens fünfstelliger Beziehungsbegriff – und moralische Verantwortung ist nur eine Sonderform.

Zur ersten Untergliederung versuchte ich Verantwortungsbegriffe nach vier Dimensionen oder Ebenen zu unterscheiden:[8] *erstens* Handlungs(ergebnis)verantwortung, *zweitens* Aufgaben- und Rollenverantwortung, *drittens* universalmoralische Verantwortung, *viertens* rechtliche Verantwortlichkeit; letztere soll hier nicht eigens behandelt werden. Die Unterscheidung ist analytisch, d. h. zur Orientierung und begrifflichen Einteilung gedacht. Die Dimensionen können sich und werden sich in der Wirklichkeit fast stets überlappen. Verantwortungskonflikte bestehen typischerweise in oder entstehen aus solchen Überschneidungen von Verantwortlichkeiten unterschiedlicher Dimensionen und Typen. Fritz Haber beispielsweise versuchte den beim Gaswaffenprojekt auftretenden Konflikt zwischen der moralischen Verantwortung für die Menschheit und der Rollenverantwortung als Staatsbürger gegenüber seinem Vaterland dadurch zu lösen, daß er die Verantwortlichkeit aufteilte: im Frieden galt ihm die allgemeine humanitäre, im Kriege dagegen die patriotische als vorrangig.

Die bekannteste Art der Verantwortlichkeit ist die Verantwortung für die kausalen Konsequenzen des eigenen Handelns (Handlungs(ergebnis)verantwortung): Ich spreche hier näher von *Kausalhandlungsverantwortung*. Der Wissenschaftler, der ein Humanexperiment plant, ist nicht nur für das wissenschaftliche Ergebnis seines Versuchs und seine Messungen und Berechnungen verantwortlich, sondern auch für die physischen und psychischen direkten Folgewirkungen auf die Probanden. – Verantwortung wird oft weniger durch Fälle der positiven Kausalhandlungsergebnisverantwortung, sondern vielfach eher durch negative Beispiele spektakulär, also durch Fälle des Typs der negativen Kausalhandlungsverantwortung oder der Unterlassungsverantwortung oder der Verantwortungsvermeidung von schädlichen, risikoreichen oder gar katastrophenträchtigen Unterlassungen. Man denke etwa an eventuelle Beispiele unzureichender Sicherheitsvorkehrungen bei genbiologischen Laborforschungen der Sicherheitsstufe 4!

Daneben ist auch eine *aktive Verhinderungsverantwortung* zu beachten: Der Genetiker muß bei der Benutzung des Sicherheitslabors – etwa der höchsten Sicherheitsstufe – eben präventiv vorgehen und schon bei der ersten Versuchsplanung im voraus aktiv und systematisch nach möglichen Schwachstellen suchen.

Handlungs- oder Unterlassungsverantwortung kann auch (wie die Rollenverantwortung) *stellvertretend* repräsentativ übernommen werden: Der Institutschef hat die Handlungsweisen seiner untergebenen Mitarbeiter in gewisser Weise mitzuverantworten; er ist insoweit mitverantwortlich auch für Handlungen, die er nicht selbst durchgeführt oder direkt veranlaßt hat.

Eine weitere Unterart der Handlungsverantwortung ist die *institutionelle Handlungsverantwortung*, die selbst wiederum Unterarten hat und bei der sich vor allem die Frage nach den Handlungsfolgen und der sekundären Handlungsverantwortung von Institutionen und Korporationen und von deren Instanzen stellt (vgl. S. 66 ff.). Die Einführung einer neuen Prüfungsordnung für akademische Titel ist eine *institutionelle* Handlung der Fakultät, des Senats der Universität und des zuständigen Ministeriums.

Der erste hier erörterte Typ, die allgemeine Handlungsverantwortung, ist zunächst noch eher schematisch umrissen; sie muß durch konkrete Aufgabenverantwortung oder durch moralische oder rechtliche Interpretation erst näher konkretisiert, mit Inhalt angefüllt werden. Handlungsverantwortung kann je nach Instanz und Bereich auf spezifische Aufgaben und Rollen bezogen oder allgemein moralisch wahrzunehmen sein. Dementsprechend können die unterschiedlichen Unterarten der Handlungsergebnisverantwortung aufgaben- und rollenspezifisch oder moralisch konkretisiert und gedeutet werden.

Die zweite Dimension, die ich hier kurz erwähnen möchte, bezieht sich auf solche Rollen- und Aufgabenverantwortlichkeiten. Man braucht hier keine Beispiele anzuführen, weil jeder mit Rollen und Aufgaben vertraut ist. Es handelt sich etwa um alle Arten der formellen Verantwortung im Rahmen einer Institution, also um eine Zuordnung im Sinne eines rechtlichen bzw. vertraglich-beruflichen Verantwortlichseins. Diese Verantwortlichkeit kann allerdings mehr formell, gar rechtlich fixiert oder eher informell sein. Jeder angestellte Wissenschaftler ist seinem Vorgesetzten, seiner Firma oder (privaten oder öffentlichen) Organisationen (auch etwa seiner Standesorganisation) gegenüber im Sinne der Rollenerwartung, Stellenbeschreibung usw. für Handlungen, Unterlassungen und vorsorgende Aufmerksamkeit verantwortlich. Es gibt daneben eine institutionelle Rollenverantwortung für repräsentative Rollen als Teil etwa einer berufsspezifischen Aufgabenverantwortung, die natürlich als ein Unterfall der Rollenverantwortung zu sehen ist.

Besonders wichtig für unser Thema ist auf der dritten Dimension die (universal)moralische Verantwortlichkeit. Sie betrifft insbesondere Fälle, in denen das Handeln das leibliche und psychische Wohlergehen von anderen Personen oder allgemeiner Lebewesen betrifft. Doch es gibt natürlich auch das Phänomen der Selbstverantwortung im Handeln und Urteilen. Selbstverantwortung kann in zweierlei Hinsicht verstanden werden: einmal der Rücksicht und Achtung für mich selber als Person – und zum zweiten mit Bezug auf mich selber als beurteilende Instanz. Diesen Doppelsinn muß man auch hier beachten.

Was die moralische Verantwortung gegenüber anderen betrifft, so gibt es einerseits die direkte, handlungsorientierte moralische Verantwortung, die in einer bestimmten Situation aktiviert ist; man denke etwa an das Beispiel des barmherzigen Samariters. Andererseits existieren indirekte Verantwortlichkeiten, die nicht unmittelbar an die Nahhandlungssituation gebunden sind – dafür gibt es eine Reihe von Beispielen aus dem Bereich der letztlich über die technisch-industrielle Anwendung auch wissenschaftsinduzierten Fernwirkungen; denken wir z. B. an das Umweltproblem in industriellen Ballungsgebieten oder an das Ozonloch über der Antarktis.

Die höherstufige Verantwortung zur Erfüllung von vertraglichen oder formellen Pflichten ist auch eine *moralische* Verantwortung. Ich bin auch *moralisch* verpflichtet, Gesetze einzuhalten oder Versprechen zu halten, Pflichten, die ich eingegangen bin, auszuführen. Eine solche höherstufige moralische Verantwortlichkeit besteht jeweils. Man muß also berücksichtigen, daß das Phänomen der moralischen Verantwortlichkeit mehrstufig ist und dementsprechend differenziert nach Stufen analysiert werden muß. Natürlich gilt die Verpflichtung, Verabredungen einzuhalten, nicht absolut; es können überragende andere Pflichten mich davon abhalten, zum Beispiel eine Kaffeeverabredung einzuhalten, das ist völlig klar. (Insofern begründen alle Verantwortlichkeiten zunächst Prima-facie-Verpflichtungen.) Die noch umstrittene erwähnte moralische Verantwortung von Institutionen und Korporationen wäre natürlich wiederum ein anderer Typ als die persönlich-moralische. Die *moralische* Fürsorge- und Vorsorgeverantwortung etwa im Sinne der »Seinsverantwortung« bei Hans Jonas kommt natürlich auch in der moralischen Perspektive an zentraler Stelle vor.

Die (universal)moralische Verantwortung ist durch bestimmte Eigenschaften gekennzeichnet: Zunächst dadurch, daß das Wohl und Wehe anderer, unter Umständen aber auch meiner eigenen Person, betroffen ist. Sie ist zudem nicht von vornherein auf spezifische Bereiche eingeschränkt, sondern sie gilt grundsätzlich universell, gleich für jedermann in vergleichbarer Situation (dies bedeutet zunächst keine Beschränkung der Allgemeinheit, was die Betroffenen angeht). Sie gestattet keine Aufschiebung, keine Delegierung, keine Abschiebung, sie ist im ursprünglichen Sinne stets persönlich.

4. Prioritätsprinzipien und Verantwortungskonflikte

Generell sind die entwickelten Typen der Verantwortung geeignet, eine differenzierte Diskussion der unterschiedlichen Verantwortlichkeiten auch des Wissenschaftlers zu ermöglichen, Überlappungen und Nuancenunterschiede darzustellen und Verantwortungskonflikte zu analysieren. Man kann natürlich nicht einfach mit diesen Typen der Verantwortlichkeiten auf den verschiedenen Ebenen operieren und schlicht konstatieren: Dies ist ein Fall der bloßen negativen Kausalhandlungsverantwortung, jenes einer der indirekten moralischen Mitverantwortung. All das ist wichtig, führt aber noch nicht sehr weit. Man braucht auch Regeln, wie man mit diesen verschiedenen Typenzuschreibungen umgehen kann. Dafür sind Prioritätsregeln auszuarbeiten, die unseren moralischen Grundintuitionen entsprechen.

Man kann gestufte Prioritätsprinzipien zur moralischen Lösung von (Rollen-)Konflikten, z. T. mit absteigender Priorität, in folgender – sicherlich noch zu ergänzender – Übersicht zusammenstellen:[9]

(a) »Moralische Rechte jedes betroffenen Individuums abwägen«; diese gehen vor Nutzenüberlegungen (prädistributiv).

(b) Einen »Kompromiß suchen, der jeden gleich berücksichtigt« – im Falle eines unlösbaren Konflikts »zwischen gleichwertigen Grundrechten«.

(c) »Erst nach Abwägung der moralischen Rechte jeder Partei darf und sollte man für die Lösung votieren, die den geringsten Schaden für alle Parteien mit sich bringt«.

(d) Erst nach ›Anwendung‹ der Regeln a, b, c Nutzen gegen Schäden abwägen.

(e) Nichtaufgebbare moralische Rechte gehen vor Schadensabwendung und -verhinderung und diese vor Nutzenerwägungen. Bei unlösbaren Konflikten sollte man faire Kompromisse suchen. (Faire Kompromisse sind z. B. annähernd gleichverteilte oder gerechtfertigt proportionierte Lasten- bzw. Nutzenverteilung.)

(f) Allgemeine (höherstufige) moralische Verantwortung geht vor nichtmoralischen, beschränkten Prima-facie-Verpflichtungen.

(g) (Universal)moralische Verantwortung geht in der Regel vor Aufgaben- bzw. Rollenverantwortung.

(h) Direkte primäre moralische Verantwortung ist meistens vorrangig gegenüber indirekter Fern- oder Fernstenverantwortung (wegen der Dringlichkeit sind aber Abstufungen nach Folgenschwere und -nachhaltigkeit nötig) und gegenüber sekundärer korporativer Verantwortung.

(i) Das öffentliche Wohl, das Gemeinwohl soll allen anderen spezifischen und partikularen Interessen vorangehen.

Auch in technischen Regelwerken sind für die angewandte Wissenschaft wichtige Prioritätsprinzipien formuliert. Mit DIN 31 000 läßt sich z. B. folgende Regel aufstellen:

(j) »Bei der sicherheitsgerechten Gestaltung ist derjenigen Lösung der Vorzug zu geben, durch die das Schutzziel technisch sinnvoll und wirtschaftlich am besten erreicht wird. Dabei haben im Zweifel die sicherheitstechnischen Erfordernisse den Vorrang vor wirtschaftlichen Überlegungen.«

5. Verantwortung von bzw. für Institutionen und Korporationen

Besonders die (moralische) Verantwortung von Unternehmen (und Unternehmern) und Korporationen bzw. Institutionen ist zur Zeit in den USA, aber auch zunehmend in der Bundesrepublik ein aktuelles Thema (vgl. Maring im vorliegenden Band, S. 135 ff.). Bezüglich der Verantwortung von Institutionen allgemein und speziell von Organisationen in den Wissenschaften lassen sich folgende Thesen vertreten: Institutionen können durchaus (als ›sekundär‹ Handelnde) moralisch verantwortlich sein; sie sind sozusagen intentionale Handlungssysteme mit zugeschriebenen Intentionen, und insoweit sie eine in Gruppen und Gremien differenzierte interne Entscheidungsstruktur aufweisen, ist auch ihnen nicht nur juristische, sondern auch eine Art moralischer oder quasimoralischer Verantwortung zuzuschreiben;[10] manch-

mal werden sie überdies gar (m. E. fälschlich) als moralische
Personen (French) aufgefaßt. Institutionen sind – im Rahmen
der Sozialvertragstheorie – moralisch ›sekundär‹ Handelnde, aber sie sind nicht moralische Personen. Betont wird
bei dieser Auffassung vor allem die korporationsexterne, ver-
pflichtende Relation zur Gesellschaft. (Für die rechtliche
Sicht ist es dabei unerheblich, ob Institutionen bzw. Korporationen moralische Personen oder moralische Akteure sind –
sie sind ja juristische Personen –; entscheidend ist vielmehr,
daß sie mit Sanktionen und Anreizen zu einem gesellschaftlich akzeptablen Verhalten ›gebracht‹ werden (können).
Wesentlich in dieser Sicht ist der Kontroll- und Sanktions-
aspekt und die Frage, ob man und wie man kontrollieren
bzw. sanktionieren kann.
Auch nach Patricia Werhanes Ansicht sind Korporationen/
Institutionen durchaus moralisch verantwortlich Handelnde, sie sind sekundäre moralische Akteure; das Handeln
von Korporationen ist nicht das bloße Aggregat individueller
Handlungen, es ist ›mehr‹ – eben sekundäres Handeln, ein
Handeln auf höherer, abstrakterer, sozial fingierter und
sozial konventionalisierter Ebene.[11]
Zusammenfassend meine ich (obwohl diese These noch weithin als kontrovers gilt): Institutionen und Korporationen
haben eine spezifische Art von sekundärer moralischer Verantwortung (›neben‹ der rollen- bzw. aufgabenspezifischen,
der rechtlichen und der ebenfalls ›sekundär‹ zu verstehenden
Handlungsverantwortung). Diese institutionelle moralische
Verantwortung ist in der Tat ›sekundär‹, sie ist irgendwie
andersartig als die unmittelbar zu tragende direkt persönliche
Verantwortung. Institutionen und Korporationen handeln
im sekundären Sinne, auf einer fingierten, symbolisch-
semantisch strukturierten und interpretierten, aber nichtsde-
stoweniger sozial beachteten und beachtlichen Ebene als Personen; ihre Handlungen haben reale – z. B. aber nicht nur
– gesellschaftliche und auch Individuen betreffende Wirkungen. Eine solche korporative Verantwortung kommt neben

Institutionen auch dem Staat und z. B. Sonderinstitutionen wie den Techniker- und Wissenschaftlergesellschaften zu. Die korporative Verantwortung ist klar (wenigstens analytisch) zu unterscheiden von der Verantwortung des Leiters einer Korporation und/oder der Mitverantwortung der Korporationsmitglieder; sie ist nicht auf diese reduzierbar, steht aber im näher zu erforschenden Zusammenhang mit dieser. Im wissenschaftlichen Bereich ist diese institutionelle Verantwortlichkeit etwa darin zu sehen, daß die Wissenschaftlervereinigungen inhumane Experimente (wie die KZ-Versuche der Naziärzte) durch Sanktionsandrohungen verhindern sollten und ihre Ethik-, Verhaltens- oder Berufskodizes für Wissenschaftler dementsprechend fassen.

6. Ethische Probleme der Wissenschaft als Sonderfälle der sogenannten Berufsethiken

Wissenschaftler, Ingenieure und Techniker waren ursprünglich großenteils Selbständige, Unternehmer oder freie Berater – vergleichbar den Angehörigen anderer freier Berufe wie der Ärzte, Apotheker, Anwälte. Diese freien Berufe sind gekennzeichnet dadurch, daß sie der Gesellschaft wichtige, für einzelne und die Gesellschaft manchmal gar überlebenswichtige Dienstleistungen anbieten, für die eine anspruchsvolle Expertenkompetenz und zumeist akademische Ausbildung erforderlich sind. Zum Angehörigen dieser freien Berufe wird man zumeist aufgrund eines Bestallungs- oder Approbationsverfahrens ernannt. Solche Freiberuflichen besitzen nicht nur entsprechend der beruflichen Stellung Selbständigkeit, sondern sie gestalten auch ihre Experten- oder Beratungstätigkeit autonom, also selbständig und eigenverantwortlich. Oft gehören sie Kammern oder Berufsvereinigungen an, die halböffentliche Aufgaben in Selbstverwaltung wahrnehmen. Im Englischen gibt es den treffenden Ausdruck der »professions«, der sich im Deutschen nicht ganz

bedeutungsgleich durch »freie Berufe« wiedergeben läßt;
denn neben dem selbständigen Experten gibt es natürlich
unselbständige Angehörige der »professions«. In der Berufsethik akademischer Experten (»professional ethics«)[12] werden Pflichten und Verantwortlichkeiten der Mitglieder dieser
freien Berufe und der akademischen Experten in unterschiedlichen Bezügen untersucht. Im Vordergrund steht natürlich
die Verantwortung gegenüber den Kunden und Klienten,
gegenüber den Betroffenen, gegenüber der Gesellschaft,
gegenüber den Kollegen. Doch es gibt auch Verpflichtungen
und Verantwortlichkeiten der Berufsgruppen als ganzen, die
weder mit den Verantwortlichkeiten der einzelnen Mitglieder
zu verwechseln noch auf diese zusammenzustreichen sind. So
gehört es zur kollektiven (Selbst-)Verpflichtung der Berufsgruppen, denen die rechtliche Vertretung bzw. die medizinische Versorgung anvertraut ist, jedem entsprechend Bedürf-
tigen Rechtsbeistand bzw. medizinische Hilfe zu gewähren,
obwohl einzelne Rechtsanwälte bzw. Mediziner keine Verpflichtung haben, allen, die in Not sind, zu helfen. (Freilich
entsteht eine solche Verpflichtung etwa beim Mediziner, der
auf einen akuten Notfall stößt.) Berufsexperten werden also
als Treuhänder tätig. Sie unterliegen Normen des Vertrauens
von seiten der Klienten und solchen der Vertraulichkeit
gegenüber Öffentlichkeit und Dritten. Verantwortlichkeiten, Verpflichtungen und Tätigkeitsberechtigungen werden
hieraus bereits deutlich. Angehörige der Expertenberufe
haben besondere Pflichten, Rechte und Verantwortlichkeiten
gegenüber Klienten, der Öffentlichkeit, Auftraggebern und
Kollegen. Meist werden diese Rechte, Pflichten und Verantwortlichkeiten durch einen Berufskodex[13], ein Standesstatut
oder Regelsystem für das Berufsverhalten umschrieben und
von der entsprechenden Vereinigung überwacht.
Deutlich wird, daß das Thema »Pflichten und Verantwortung
der Wissenschaftler und Techniker, allgemeiner: der Experten« mindestens zwei Teilaspekte aufweist, die sich je wieder untergliedern: Neben der Frage der externen Verant-

wortung gegenüber Betroffenen und der Gesellschaft sowie dem Gemeinwohl ist die interne Verantwortung des Experten gegenüber seinem Stand, seiner Zunft und seinen Kollegen zu nennen. Diese interne Verantwortung umfaßt nicht nur Regeln für das Verhalten gegenüber Mitarbeitern, sondern etwa auch gegenüber konkurrierenden Kollegen. Auch die Erhaltung und Förderung des Ansehens der Berufsgruppe nach außen ist gefordert. Letztlich handelt es sich bei den Regeln des internen Umganges und der Sicherung des Standesprestiges eher um das Standes- und Zunftethos als um Ethik im engeren Sinne.

Natürlich gibt es auch geradezu unvermeidliche Konflikte zwischen den Interessen des Klienten und des Experten. Im allgemeinen ist freilich der Wissenschaftler (außer etwa dem Mediziner, dem praktizierenden Psychologen oder dem gutachtenden Natur- oder Wirtschaftswissenschaftler usw.) kein freiberuflicher Experte, der unmittelbar Serviceleistungen für Kunden und Klienten erbringt. Doch gibt es allgemeinere Zusammenhänge der Dienstleistung der Wissenschaftler bzw. der Wissenschaft (besonders der wissenschaftlichen Zunft bzw. auch der wissenschaftlichen Gesellschaften) gegenüber der Gesellschaft und ihren Teilinstitutionen und Mitgliedern, die beträchtliche Ähnlichkeiten zum erwähnten »Professional«-Verhältnis aufweisen und noch der näheren Analyse harren.

Programmatische Thesen zur Ethik in den Wissenschaften

1. Verantwortungsprobleme werden dringlicher, je mehr wissenschaftliches Wissen und technische Macht wachsen und je mehr die Welt technisch – also besonders auch durch Anwendung wissenschaftlicher Forschungsergebnisse – geformt wird. Macht *und* Wissen machen uns verantwortlich. Was die Neuorientierung oder nur die Situationsangemessenheit der ethischen Diskussion angesichts der Herausfor-

derungen von Wissenschaft und Technik angeht, so stehen wir leider immer noch am Beginn. Es gehört keine prophetische Fähigkeit dazu, die These aufzustellen: *Wir können es uns schon heute und besonders künftig nicht mehr leisten, die drängenden ethischen Probleme der Wissenschaft und besonders der angewandten Wissenschaften zu vernachlässigen.*

2. Totale Neutralität des Wissenschaftlers oder der Technik oder der Wissenschaft als Institution bzw. der entsprechenden Wissenschaftlervereinigungen ist ebenso unrealistisch, wie es eine Alleinverantwortung des Wissenschaftlers und Technikers als Individuum wäre.

3. Analytisch sollte man so weit möglich weiterhin zwischen den modellhaften Polen reine Grundlagenforschung und technische Anwendung, dazwischen aber auch angewandte Wissenschaft oder anwendungsorientierte Grundlagenwissenschaft, zwischen Entdeckung und Entwicklung unterscheiden.

4. Beteiligungsmodelle müssen weiterentwickelt werden, um die äußere Mitverantwortlichkeit der Wissenschaftler und Techniker gegenüber der Gesellschaft und der Menschheit oder angesichts der Idee der Menschheit und um Gruppen- und Mitverantwortung verständlicher und greifbarer zu machen. Sie müssen handhabbar gemacht werden.

5. Unterschiedliche Arten und Typen von Verantwortlichkeiten (wie die oben angegebenen) sind analytisch zu unterscheiden – ebenfalls verschiedene Ebenen und Stufen.

6. Prioritätenregelungen von Verantwortlichkeiten müssen entworfen und geprüft werden durch öffentliche Diskussion, sozial- und geisteswissenschaftliche und philosophische Analysen usw.

7. Ethikkomitees und Institutional Review Boards (IRBs) sollte es nicht nur im Krankenhaus und in der medizinischen Forschung geben, sondern überall, wo in der Forschung eine *direkte* Verbindung mit Menschen stattfindet, also in allen Humanexperimenten und auch bei Tierversuchen, die ja Sonderprobleme stellen.

8. Ethikkodizes und Berufs- und Standeskodizes sind zu entwickeln, auch über die unmittelbaren wissenschaftlichen Gremien hinaus, z. B. besonders bei Technikervereinigungen. (In Deutschland haben wir da noch einen Rückstand.)

9. Rechtliche Regelungen besonders bei institutionellen Fragen, bei technischen, bei angewandt-wissenschaftlichen Großprojekten und Anwendungen und insbesondere auch in der politischen Implementierung sind weiterzuentwickeln. In der Bundesrepublik ist in dieser Hinsicht noch recht wenig geschehen. Die Berufskodizes müßten in Gesetzgebung und Rechtsprechung berücksichtigt und angepaßt werden. Ob dazu nun die entsprechenden Modelle der Wissenschaftsgerichte oder der parlamentarischen Anhörungen, Enquête-kommissionen oder eigenen Kommissionen geeignet sind, ist zunächst nicht so entscheidend und noch nicht abzusehen.

Anmerkungen

1 Mohr (1977), Kap. 11; Mohr (1979).
2 Chain (1970).
3 Belsey (1978).
4 Das schöne Buch von William Broad und Nicholas Wade *Betrug und Täuschung in der Wissenschaft* (dt. 1984) bezeugt dies an dramatischen Beispielfällen.
5 Barber (1976).
6 Zur Problematik der Verantwortung gibt es nur wenige monographische Darstellungen, die z. T. auch älteren Datums sind – z. B. Weischedel (1933), Ingarden (1970) und Jonas (1979). – Auch Werner A. Luck erörtert in seinem Buch *Homo investigans. Der soziale Wissenschaftler* (1976) im wesentlichen eine globale Verantwortung des Wissenschaftlers, ohne etwa unterschiedliche Verpflichtungen von Rollenverhalten oder moralischer Bewertung unter dem Gesichtspunkt der Verantwortungsthematik auseinanderzuhalten oder in unterschiedlichen Kategorien aufzufassen.

7 Zunächst unterschied der Sozialwissenschaftler und Soziologe Alfred Schütz (1971, S. 256 ff.) bewußt zwischen den Aussagen, jemand sei *für etwas* verantwortlich und jemand sei *gegenüber jemandem* verantwortlich. Dieses seien ganz verschiedene Gesichtspunkte. Weil er aber offensichtlich von Relationenlogik nichts wußte, schloß er daraus fälschlich, daß es sich um zwei verschiedene Verantwortungsbegriffe handele. Zuerst hat meines Wissens Joseph M. Bocheński (1987, S. 142) den Verantwortungsbegriff als Beziehungsbegriff, als Relationsbegriff bezeichnet. Bocheński meinte allerdings, wenn *jemand für etwas gegenüber jemandem* verantwortlich ist, so handele es sich allenfalls um einen drei-, wenn nicht nur um einen zweistelligen Relationsbegriff. In der Tat hat Bocheński insofern recht, als Verantwortungsbegriffe tatsächlich Relationsbegriffe sind.

8 Vgl. Lenk (1987) S. 118 ff.

9 (a)–(d) nach Werhane (1985) S. 72 f.

10 Vgl. Lenk / Maring (1990) S. 100.

11 Werhane (1985) S. 49 ff.

12 Vgl. z. B. Bayles (1981).

13 Vgl. zu den Ethikkodizes der Ingenieure und Technikwissenschaftler Lenk / Ropohl (1987) S. 194 ff., 222 ff., 279 ff.

Literatur

Barber, Bernard: The Ethics of Experimentation with Human Subjects. In: Scientific American 234 (1976) S. 25–31.

Bayles, Michael D.: Professional Ethics. Belmont (Cal.) 1981.

Belsey, Andrew: The Moral Responsibility of the Scientist. In: Philosophy 53 (1978) S. 113–118.

Black, Max: Is Scientific Neutrality a Myth? In: Joan Lipscombe / Bill Williams: Are Science and Technology Neutral? London / Boston 1979. S. 40–53.

Bocheński, Joseph M.: Über den Sinn des Lebens und die Philosophie. Freiburg i. Br. 1987.

Broad, William / Wade, Nicholas: Betrug und Täuschung in der Wissenschaft. Übers. von Michael Martin. Basel 1984.

Chain, Ernest: Social Responsibility and the Scientist. In: New Scientist 48 (1970) S. 166–170.

Cournand, André / Zuckerman, Harriet: The Code of Science. Analysis and some reflections on its future. In: Studium Generale 23 (1970) S. 941–962.

French, Peter A.: Collective and Corporate Responsibility. New York 1984.

Heisenberg, Werner: Der Teil und das Ganze. München 1969.

Hoffmann, Robert: Scientific Research and Moral Rectitude. In: Philosophy 50 (1975) S. 475–477.

Ingarden, Roman: Über die Verantwortung. Stuttgart 1970.

Jonas, Hans: Das Prinzip Verantwortung. Frankfurt a. M. 1979.

Lenk, Hans: Zu ethischen Fragen des Humanexperiments. In: H. L.: Pragmatische Vernunft. Philosophie für die Wissenschaft und Praxis. Stuttgart 1979. S. 50–76.

– Verantwortung in Wissenschaft und Technik. In: Herbert Wendt / Norbert Loacker (Hrsg.): Kindlers Enzyklopädie Der Mensch. Bd. 7: Philosophie, Wissenschaft und Technik. Zürich / München 1984. S. 463–487.

– Verantwortung und Gewissen des Forschers. In: Otto Neumaier (Hrsg.): Wissen und Gewissen. Arbeiten zur Verantwortungsproblematik. Wien 1986. (Conceptus-Studien. 4.) S. 35–55.

– Über Verantwortungsbegriffe und das Verantwortungsproblem in der Technik. In: H. L. / Günter Ropohl (Hrsg.): Technik und Ethik. Stuttgart 1987. ²1989. S. 112–148.

– / Fulda, Ekkehard: Zur ethischen Problematik von Humanexperimenten in der sozialpsychologischen Grundlagenforschung. In: Lenelis Kruse / Martin Kumpf (Hrsg.): Psychologische Grundlagenforschung: Ethik und Recht. Bern / Stuttgart / Wien 1981. S. 263–301.

– / Maring, Matthias: Autoren in der Interdisziplinaritätsfalle? In: Ethik und Sozialwissenschaften 1 (1990) S. 97–105.

– / Ropohl, Günter (Hrsg.): Technik und Ethik. Stuttgart 1987. ²1989.

Lipscombe, Joan / Williams, Bill: Are Science and Technology Neutral? London / Boston 1979.

Luck, Werner A.: Homo investigans. Der soziale Wissenschaftler. Eine Orientierungshilfe. Darmstadt 1976.

Merton, Robert K.: Entwicklung und Wandel von Forschungsinteressen. Aufsätze zur Wissenssoziologie. Übers. von Reinhard Kaiser. Frankfurt a. M. 1985.

Mohr, Hans: Lectures on Structure and Significance of Science. New York / Heidelberg / Berlin 1977.

– The Ethics of Science. In: Interdisciplinary Science Reviews 4 (1979) S. 45–53.

Popper, Karl Raimund: Die moralische Verantwortlichkeit des Wissenschaftlers. In: Klaus Eichner / Werner Habermehl (Hrsg.): Probleme der Erklärung sozialen Handelns. Meisenheim (Glan) 1977. S. 294–304.

Quispel, S. A.: Ethiek en zelfbehoud. In: Acta et Agenda, 20. Februar 1969. S. 5–11.

Sass, Hans-Martin (Hrsg.): Medizin und Ethik. Stuttgart 1989.

Schütz, Alfred: Gesammelte Aufsätze. Bd. 2: Studien zur soziologischen Theorie. Den Haag 1971.

Weischedel, Wilhelm: Das Wesen der Verantwortung. Frankfurt a. M. ³1972. (¹1933).

Werhane, Patricia H.: Persons, Rights, and Corporations. Englewood Cliffs (N. J.) 1985.

HANS MOHR

Homo investigans und die Ethik der Wissenschaft

Prolog

»Ethik der Wissenschaft ist ein dankbares Thema für Lang-
zeitprojekte und akademische Festreden; die Wirklichkeit
sieht [...] anders aus« (Konrad Adam im Feuilleton der
Frankfurter Allgemeinen Zeitung vom 22. Februar 1990,
Nr. 45, S. 31).
Der Feuilletonist verwechselt in seiner Philippika das Ethos
der Wissenschaft mit jenen Spielregeln, die im politischen
Diskurs gelten und denen auch Wissenschaftler häufig nach-
geben, wenn sie sich in der Öffentlichkeit zu umstrittenen
Fragen äußern. Auch der Stellenwert ethischer Reflexion
wird falsch eingeschätzt: Natürlich ist die Ethik der Wissenschaft ein Thema für Festreden – ein leuchtendes Beispiel ist
die berühmte Rektoratsrede von Max Planck aus dem Jahr
1913; aber in erster Linie ist die ›Ethik der Wissenschaft‹ ein
Teil unserer täglichen Praxis.
Welche Gründe sind es, die einen Doktoranden dazu bringen, Tage, Wochen, ja Monate seines Lebens dafür hinzuge-
ben, bestimmte Größen solange zu messen, bis er sicher sein
kann, daß die gesuchte Funktion ›objektiv‹ geworden ist?
Damit ist gemeint, daß sich die Funktion von ihm gelöst hat,
weil jeder, der die methodischen und intellektuellen Voraussetzungen des Meßvorgangs nachvollziehen kann, zu demselben Resultat gelangen wird.
Warum folgt der Novize der wissenschaftlichen Tradition,
unbeirrt von äußeren Rücksichten auf ›objektives‹ Wissen
hinzuarbeiten? Warum begnügt er sich nicht mit geschickt
formulierten Mutmaßungen, Gefühlen und Vorurteilen?
Sieht doch auch er, wie trefflich sich *mit Worten* streiten läßt,

und weiß er doch, daß *seine* Zielsetzung von der Mehrheit der Menschen weder geteilt noch respektiert wird.

Wie begründet ein junger Mensch, der sich gerade anschickt, aus der Wissenschaft einen Beruf zu machen, seine Zielsetzung, und wie lernt er das implizite Ethos und die expliziten Verhaltensregeln seiner künftigen Subkultur?

Was ist Wissenschaft?

Wissenschaft ist systematische, also disziplinierte und an Methoden gebundene Suche nach Erkenntnis.

Die wissenschaftliche Methode lernt der Novize nicht nur durch theoretische Belehrung, sondern vor allem dadurch, daß er beispielhafte Forschung mitvollzieht. Die dazugehörigen moralischen Regeln lernt er informell, falls die entscheidende Voraussetzung, das Vertrauen in die Kompetenz und Integrität des akademischen Lehrers, gewährleistet ist. Alle Erfahrung zeigt, daß das Vorbild, das Rollenmodell, als Schlüsselfaktor durch keine formalisierte Unterweisung zu ersetzen ist. Mit Recht hat mein Kollege Heath kürzlich einen bemerkenswerten Aufsatz über »Professional ethics for research biologists« mit dem Satz beschlossen: »[. . .] the major professor instills in the student a sense of scientific integrity, more often through example than preaching.«

Was macht den Wissenschaftler aus?

Es sind zwei Momente: Das Vertrautsein mit der wissenschaftlichen Methode und die unbedingte Loyalität gegenüber dem wissenschaftlichen Ethos.

Aber welches sind die Motive hinter der Entscheidung, die rigiden Rahmenbedingungen der Scientific Community, die ›Gelübde‹ der wissenschaftlichen Subkultur, auf sich zu nehmen?

Es gibt tatsächlich, auch wenn es gelegentlich überbetont wird, das »wissenschaftliche Interesse«, das kultivierte Interesse an der Natur und an ihren Gesetzen. Es gibt die mächtige, einsame Freude an der gescheiten Konjektur und am gelungenen Experiment. Es gibt das unbeschreibliche Glücksgefühl, das einen Menschen überkommen kann, wenn er eine Entdeckung macht, also einen bedeutsamen Zusammenhang sieht, den noch keiner gesehen hat.

Albert Einstein hat über seine Motivation einmal geschrieben:

»Was mich zu meiner wissenschaftlichen Arbeit motiviert, ist kein anderes Gefühl als das unwiderstehliche Verlangen, die Geheimnisse der Natur zu verstehen. Meine Liebe zur Gerechtigkeit und mein Streben, einen Beitrag zur Verbesserung der menschlichen Lebensbedingungen zu leisten, sind völlig unabhängig von meinen wissenschaftlichen Interessen.«

Dies gilt sicher nicht allgemein. Es gibt derzeit viele junge Wissenschaftler, die glaubhaft versichern, daß sie sich zur Wissenschaft deshalb entschlossen haben, weil sie einen Beitrag zur Verbesserung der menschlichen Lebensbedingungen leisten möchten.

So verschiedenartig die Motivation der Wissenschaftler auch sein mag, in einem sind sie sich alle gleich: Sie sind ehrgeizig, sie wünschen Anerkennung durch das jeweils zuständige Kollektiv, durch die Scientific Community. Anerkennung bedeutet: Bestätigung durch die kompetenten Kollegen, daß die eigene Arbeit gut gemacht und wichtig ist für das Fortschreiten der Wissenschaft.

Der Wunsch nach Anerkennung, die Bedeutung des Erfolgserlebnisses ist bei den Großen in der Wissenschaft ebenso mächtig ausgeprägt wie beim Fußvolk. Bertrand Russell, einer der mächtigsten Geistesheroen unserer Zeit, schrieb noch 1967: »Ich kann keine harte Denkarbeit leisten aus reinem Pflichtgefühl heraus. Ich brauche offensichtliche Erfolge von Zeit zu Zeit, sonst fehlt mir der Antrieb.« Wird die Anerkennung verweigert, oder bleibt sie hinter der Erwartung zurück, so kommt es nicht selten zu bösen Reaktionen. Streitigkeiten, manchmal wilde und unerbittliche Kämpfe um Priorität und Anerkennung, durchziehen die Geschichte der Wissenschaft.

Wir können aus zahllosen Fallstudien lernen, daß die Idee falsch ist, Wissenschaftler würden ausschließlich von dem Wunsch getrieben, als anonyme Mitglieder einer Scientific Community zum Erkenntnisprogreß beizutragen. Was sie in Wirklichkeit zu Höchstleistungen treibt, ist Ehrgeiz, der Wunsch nach Anerkennung, die Sehnsucht nach wissenschaftlichem Ruhm. Dies ist eine großartige Sache! Es hat mich immer fasziniert, daß das Ringen um Anerkennung, das zur menschlichen Natur gehört, von der Scientific Community durch die Verfeinerung des wissenschaftlichen Ethos derart kultiviert werden konnte, daß Erkenntnis, das wertvollste Gut der kulturellen Evolution neben Kunst und Poesie, entstehen konnte.

Das wissenschaftliche Ethos

Das wissenschaftliche Ethos läßt sich als ein Kodex von Verhaltensregeln beschreiben, dem sich der Wissenschaftler unterwirft, wenn er sich das Ziel gesetzt hat, Erkenntnis zu gewinnen. Der Wissenschaftler muß nur *eine* Vorentscheidung treffen: Er muß Erkenntnis (zuverlässiges Wissen) als terminalen Wert respektieren. So er dies tut, unterwirft er sein weiteres Handeln einem bestimmten Verhaltenskodex, dem wissenschaftlichen Ethos. Die strikte Befolgung der Regeln des wissenschaftlichen Ethos ist, wie der erfahrene Wissenschaftler genau weiß, die Voraussetzung dafür, daß er sein Ziel – nämlich Erkenntnis – auch tatsächlich erreicht.

Es ist erstaunlich, daß der normative Verhaltenskodex wissenschaftlichen Tuns, das wissenschaftliche Ethos, bis in unsere Tage weder explizit formuliert noch systematisch untersucht wurde, obgleich dieser normative Kodex das Verhalten der Wissenschaftler an der Laborbank, am Schreibtisch und am Rednerpult seit jeher bestimmt hat. Prinzipien wie intellektuelle Redlichkeit oder Objektivität wurden von den Wissenschaftlern zwar stets als unabdingbar angesehen; die sittlichen Grundlagen wissenschaftlichen Tuns wurden aber schlicht als gegeben betrachtet und unreflektiert und intuitiv befolgt. Erst um die Mitte unseres Jahrhunderts formulierte Robert Merton einige Prinzipien als die »allgemeinen Normen wissenschaftlichen Tuns«: »Universalism, a principle of organized scepticism, the principle of disinterestedness and communalism« (um der Genauigkeit willen bleiben diese Prinzipien unübersetzt).

Später haben dann André Cournand und seine Mitautoren die normativen Grundlagen wissenschaftlicher Arbeit von neuem formuliert und dabei dem Verhalten des individuellen Wissenschaftlers besondere Beachtung geschenkt. Cournand hält Ehrlichkeit, Objektivität, Toleranz, disziplinierte Skepsis und selbstlose Hingabe an das gesteckte Ziel für besonders wichtig.

Meine eigenen Untersuchungen zielten auf eine umfassende und möglichst explizite Post-factum-Rekonstruktion des vom modernen Wissenschaftler tatsächlich befolgten normativen Kodex. Dabei ergab sich, daß der normative Kodex ein heterogener Komplex ist. Er besteht zumindest aus zwei Teilen: Grundannahmen und Grundvoraussetzungen, die von allen Mitgliedern der globalen Scientific Community emphatisch geteilt werden, und den eigentlichen Geboten.

Zu den Grundvoraussetzungen gehören:

- Gedankenfreiheit (intellektuelle Freiheit),
- Freiheit der Forschung (das Resultat einer wissenschaftlichen Forschung darf nicht von Faktoren bestimmt werden, die von außerhalb der Wissenschaft stammen),
- Erkenntnis ist gut, d. h. zuverlässiges Wissen ist unter allen Umständen besser als Ignoranz. Anders formuliert: Er-

kenntnis ist ein überragender Wert, das höchste Gut für einen Menschen, solange er Wissenschaft betreibt (Primat der Erkenntnis).

Zu den Geboten gehört, wohl als oberstes, die intellektuelle Redlichkeit: In der Wissenschaft darf es keine Lüge geben. Wer dieses Gebot, ob vorsätzlich oder fahrlässig, verletzt, wird aus dem Kreis der Wissenschaftler ausgeschlossen, er verliert seine Anerkennung als Wissenschaftler. Von diesem Gebot, das dem einzelnen lange Übung, große Sorgfalt und äußerste Selbstdisziplin abverlangt, lebt die Wissenschaft. Es läßt sich leicht zeigen, daß es keine Erkenntnis, also kein zuverlässiges Wissen geben kann, wenn sich die Wissenschaftsgemeinschaft nicht bedingungslos dem Gebot der intellektuellen Redlichkeit unterwirft.
Eine weitere wichtige Regel besagt, daß ich als Wissenschaftler verpflichtet bin, einen Sachverhalt so präzise und kurz wie möglich zu formulieren; es dürfen nicht mehr Worte verloren werden, als unbedingt nötig sind, damit die eigentliche Aussage nicht in einem diffusen Dunstschleier verbaler Bekenntnisse verlorengeht. Dieses Prinzip der sprachlichen Ökonomie geht auf den 1347 in München verstorbenen englischen Philosophen Wilhelm von Ockham zurück und wird nach ihm auch »Ockham's razor« genannt. Um diesem Gebot gerecht zu werden, hat man in der Physik, aber auch in der Biologie, detaillierte Vorschriften der Theorienbildung entwickelt.

Das wissenschaftliche Ethos in der täglichen Praxis

Der Wissenschaftler unterliegt stets einer strengen sozialen Kontrolle. Die Gruppe, der er angehört, die jeweilige Scientific Community, mißt sein Verhalten an den Forderungen des wissenschaftlichen Ethos. Da die Anerkennung durch die Scientific Community für den Wissenschaftler das höchste berufliche Ziel darstellt, akzeptiert er das normative Wertsystem der Wissenschaft als verbindlich.

Das wissenschaftliche Ethos wird in der Praxis straff gehandhabt. Die Sanktionen sind streng. Wer beispielsweise gegen das Gebot der intellektuellen Redlichkeit verstößt – fälscht, betrügt, lügt oder (schwere) Fehler macht –, verliert seine Vertrauenswürdigkeit und damit seinen Status als Wissenschaftler. Auch wenn der Betreffende seinen Arbeitsplatz behält, so verliert er doch die Achtung und das Vertrauen seiner Kollegen und scheidet damit mehr oder minder schnell aus dem engeren Kreis der Wissenschaft aus. Das wissenschaftliche Ethos sichert somit die Zuverlässigkeit der wissenschaftlichen Aussagen.

Natürlich tun wir uns alle mit dem wissenschaftlichen Ethos schwer, jeder von uns hat sein Sündenregister. Aber glücklicherweise gilt auch für das wissenschaftliche Ethos die Regel, daß ein Ethos dann funktioniert, wenn ein hinreichend großer Prozentsatz einer Community, unbeirrt vom (gelegentlichen) eigenen Versagen, daran festhält.

Die Wertgebundenheit der Wissenschaft

Es wird immer wieder die These vorgebracht, Wissenschaft habe wertfrei zu sein. Gemeint ist damit, daß die *Resultate* der Forschung nicht von außerwissenschaftlichen Faktoren beeinflußt oder gar bestimmt werden dürfen. Natürlich ist dieses Postulat berechtigt und sogar unabdingbar. Manche verbinden mit »Wertfreiheit der Wissenschaft« auch das Gebot, der Wissenschaftler dürfe nicht vom ›Sein‹ auf das ›Sollen‹ schließen; es dürften aus Sachaussagen keine moralischen Aussagen werden. Auch diese Beschränkung ist richtig. Der sogenannte »naturalistische Fehlschluß« wird (in der Regel) vom erfahrenen Wissenschaftler sorgfältig vermieden.

Aber andererseits kann kein Zweifel bestehen, daß Wissen-

schaft als Betrieb der Erkenntnisgewinnung extrem wertgebunden ist. Für den Wissenschaftler ist zuverlässiges Wissen
das höchste Ziel, der überragende terminale Wert, nach dem
er strebt. Erkenntnis ist das leitende Ideal, die richtung-
gebende Determinante. Von diesem Wert lebt die Wissenschaft. Insofern ist Wissenschaft eine moralische Institution,
denn in dem Augenblick, wo ich Wissenschaft betreibe,
ordne ich alles andere diesem Wert »zuverlässiges Wissen«
unter; als Wissenschaftler praktiziere ich einen ethischen
Kodex, der sich konsequent aus der Akzeptanz des terminalen Werts ergibt. Genau dieser Umstand hat mich als Student
bewogen, mich von der Philosophie ab- und den Naturwissenschaften zuzuwenden.

Wissenschaft ist nicht der Maßstab aller Dinge

Wenn für den Naturwissenschaftler zuverlässiges Wissen,
Erkenntnis, der höchste Wert ist, dem alles andere unterge-
ordnet wird, bedeutet dies in der Konsequenz, daß der Wissenschaftler alles tun und lassen darf, was er will, solange sein
Tun dem Ziel der Erkenntnisgewinnung dient? Natürlich
nicht!
Die menschliche Wirklichkeit umfaßt nicht nur die Welt des
Wissenschaftlers. Wissenschaft ist eine Subkultur. Dies bedeutet, daß es andere Werte gibt als die des Wissenschaftlers. Diese Werte können in der Konfrontation mit dem Wert
der Erkenntnis konkurrieren, ein Wertekonflikt kann entstehen. Ich meine, daß das Streben nach Erkenntnis durch
gewisse Grundüberzeugungen gezügelt wird, etwa durch die
Vorstellungen, die ich von der Würde des Menschen habe.
Der Respekt vor der Würde des Menschen begrenzt die Forschung am Menschen in einer Weise, wie sie bei einem Kri-
stall oder einer Pflanze nicht gegeben ist. Als Wissenschaftler
muß ich damit rechnen, daß ich mir selbst in bezug auf
bestimmte Forschungsvorhaben einen Forschungsverzicht

auferlegen muß, weil andere Werte dem Wert Erkenntnis in einer nicht auffangbaren Weise entgegenlaufen.

Es gibt aus meiner Sicht keine absolute Forschungsfreiheit! Und ich kenne auch niemanden, der so etwas fordert. Spätestens in dem Augenblick, wo durch die wissenschaftliche Forschung die Würde des Menschen angetastet wird, ist für den Wissenschaftler eine Grenze erreicht, an der der terminale Wert Erkenntnis zurücktritt. Für viele Wissenschaftler gibt es auch noch andere Grenzen. Bei der Diskussion um Tierversuche, um ethologisches Vorgehen oder etwa bei der Diskussion von Forschungsstrategien innerhalb der Psychologie gibt es zwischen den Wissenschaftlern verschiedenartige Auffassungen, an welchem Punkt die Loyalität gegenüber dem wissenschaftlichen Ethos hinter der Loyalität gegenüber anderen Werten zurückzustehen hat.

Am Schluß seines einflußreichen Buches *Zufall und Notwendigkeit* macht der berühmte Molekularbiologe Jacques Monod folgende weitreichende Ausführung:

»Wo sonst will man die Quelle der Wahrheit und die moralische Inspiration eines wirklich wissenschaftlichen sozialistischen Humanismus finden, wenn nicht bei den Quellen der Wissenschaft selbst – in der Ethik, welche die Erkenntnis dadurch begründet, daß sie sie in freier Entscheidung zum höchsten Wert, zum Maß und Garanten aller übrigen Werte macht? Diese Ethik begründet die moralische Verantwortlichkeit auf der Freiheit jener grundsätzlichen Entscheidung. Allein die Ethik der Erkenntnis wird, wenn man sie als Basis der gesellschaftlichen Institutionen und damit als den Maßstab ihrer Wahrheit und ihrer Geltung akzeptiert, zum Sozialismus führen können.«

Ich teile die Ansicht Monods nicht, daß das wissenschaftliche Ethos geeignet ist, das moralische Fundament einer zukünftigen Gesellschaftsordnung zu begründen. Mit seinen Extrapolationen geht Monod über das, was wissenschaftlich begründbar ist, weit hinaus, indem er seine private Lebensphilosophie mit erkenntnistheoretischen und metaphysischen Elementen vermischt. Ich bin der Meinung, daß das Vorgehen Monods unstatthaft ist und darüber hinaus auch keine Lebensweisheiten zutage fördert. Monod versucht, das wissenschaftliche Ethos auf andere Bereiche der sozialen und kulturellen Wirklichkeit zu übertragen, auf andere Subkulturen, wo es aber keine brauchbaren Handlungsnormen abgeben kann, weil die terminalen Werte, die das wissenschaftliche Ethos voraussetzt, hier nicht gelten. Das wissenschaftliche Ethos ist ein Komplex von operationalisierten Handlungsrichtlinien, die man akzeptiert, um ein bestimmtes Ziel – wissenschaftliche Erkenntnis, zuverlässiges Wissen – zu erreichen. Im übrigen Leben, im individuellen wie auch im gesellschaftlichen, sind ganz andere terminale Werte relevant, dort geht es nicht primär um wissenschaftliche Erkenntnis. Folglich können aus dem wissenschaftlichen Ethos auch keine brauchbaren Handlungsrichtlinien abgeleitet werden, die zum Erreichen dieser Ziele dienen könnten.

Monods Anschauung ist extrem, für ihn ist objektive Erkenntnis der Wert schlechthin. Alle anderen Werte stehen hinter diesem einen zurück. Das halte ich nicht für richtig. So sehr ich Wissenschaftler bin und so sehr ich der Erkenntnisgewinnung mit meinem ganzen Leben verbunden bin, so sehr respektiere ich für meine eigene Person, für andere Menschen und für die gesellschaftliche Wirklichkeit andere terminale Werte, die mit dem Wert Erkenntnis konkurrieren. Ich muß einfach akzeptieren, daß es andere, gleichberechtigte terminale Werte innerhalb der menschlichen Wirklichkeit gibt als die des Wissenschaftlers. Andere Werte erfordern aber auch andere Verhaltensrichtlinien als die, nach denen der Wissenschaftler sich bei seinem Tun zu richten hat.

Das wissenschaftliche Ethos – ein Partialethos

Der Wissenschaftler als Person lebt moralisch in mehreren Welten. Das Ethos der Wissenschaft, das seiner wissenschaftlichen Arbeit selbstverständlich und unverrückbar zugrunde liegt, ist im allgemeinen nicht identisch mit den Determinanten seiner privaten und politischen Existenz, es ist in der Regel auch nicht maßgebend für die zwischenmenschlichen Beziehungen der Wissenschaftler. Das wissenschaftliche Ethos ist ein ›Partialethos‹. Die Anerkennung des wissenschaftlichen Ethos bedeutet nicht, daß für den Wissenschaftler »Güte«, »Schönheit«, »Mysterium«, »Gott« Gegenwerte darstellen, noch braucht der Wissenschaftler Liebe und Furcht, Bewunderung und Haß, Triumph und Verzweiflung, Zärtlichkeit und Leidenschaft aus seinem emotionalen Repertoire zu eliminieren. Der leidenschaftslose, nur der Erforschung der Wahrheit hingegebene Wissenschaftler ist eine Karikatur, und eine schlechte Karikatur dazu, weil sie den wahren Sachverhalt nicht trifft.

Die herausragenden Wissenschaftler waren in der Regel auch eigenwillige und herausragende Menschen, verbunden mit der Welt, eingefügt in die Kultur ihrer Zeit, ebensoviel oder ebensowenig wie andere Bürger interessiert, zuweilen vital interessiert, an den ideologischen und politischen Spannungen und Kämpfen ihrer Zeit.

Kürzlich wurde mir die Frage gestellt: »Würden Sie mir zustimmen, daß die Eigenschaften Sachlichkeit, Vorurteilslosigkeit und Selbstlosigkeit Tugenden sind, die einen Wissenschaftler auszeichnen sollten?« – Meine Antwort: Die Selbstlosigkeit würde ich nicht akzeptieren. Ich sehe keinen Grund, weshalb ein Wissenschaftler selbstlos sein sollte. Der Wissenschaftler kann durchaus selbstsüchtig sein, er kann extrem ehrgeizig sein, er kann seine Erkenntnisgewinnung auf Kosten anderer Menschen vollziehen – das gibt es jeden Tag in der Wissenschaft –, und dennoch kann dieser Wissenschaftler einen exzellenten Beitrag zur Weiterentwicklung der Wissenschaft leisten. Wir müssen uns von der Illusion verabschieden, daß der Naturwissenschaftler in seinem ganzen Verhalten, in seinem individuellen Leben ein Super-Mensch sein muß. Dieses Bild vom Wissenschaftler ist einfach ein Unsinn! Genau dieses Bild hat in der Öffentlichkeit zu jener skurrilen Auffassung geführt, Wissenschaftler seien – wie Hieronymus im Gehäuse – Leute, die völlig selbstlos der Wahrheit dienten. Davon kann überhaupt nicht die Rede sein! Wissenschaftler sind nicht selten maßlos ehrgeizig. Und sie werden gelegentlich von Motiven getrieben, die moralisch eher suspekt sind, aber: sie gehorchen dem wissenschaftlichen Ethos, d. h. in dem Moment, wo es um Erkenntnis geht, weichen sie kein Jota von dem intellektuellen Methodenarsenal und den moralischen Rahmenbedingungen der Erkenntnisgewinnung ab.

Krise des Expertentums?

Erkenntnis ist nicht unmittelbar praxisfähig. Erkenntnis bedarf der Vermittlung. Es ist der Experte, der aus theoretisch-kognitiver Erkenntnis Verfügungswissen formt und in das öffentliche Bewußtsein, in die Wirtschaft, die Industrie und in die wissenschaftliche Politikberatung einbringt. Expertentum ist das Ergebnis langfristig erworbener Kompetenz, das Resultat eines wirklichen Vertrautseins mit Erkenntnis. Wenn irgend jemand angesichts eines akuten Problems zur Stellungnahme, auch zu einer Ad-hoc-Stellungnahme fähig ist, dann der Experte. Auch er kann sich täuschen, aber die Irrtumswahrscheinlichkeit ist bei ihm am geringsten.

Für das Verfügungswissen brauchbare Sätze haben in der Regel die Struktur von »Wenn-dann-Sätzen«, zum Beispiel: Wenn man das Ziel Y erreichen will, muß man die Maßnahme X treffen. Und komplementär dazu: Wenn man die Zielsetzung Y realisiert, sind die Nebenfolgen Z zu erwarten, oder: wenn man die Folgen Y vermeiden will, dann muß man die Faktorenkonstellation X vermeiden. Sätze wie »die Konstellation X ist gut«, haben erst dann eine wissenschaftliche Bedeutung, wenn man sie in die Form bringt »Ich sage voraus, daß die Faktorenkonstellation X als gut befunden wird, um die Folgen Y zu erreichen«. Ob es moralisch gut oder gerecht ist, das Ziel Y anzustreben, ist in den »Wenn-dann-Sätzen« des Verfügungswissens nicht ausgesagt. Dies ist Sache der Entscheidungsfindung. Und dies ist, sofern es sich um kollektive Entscheidungen handelt, die Domäne der Politik.

Solange wir in einer pluralistischen Demokratie leben, werden mit Recht die Ziele im Streite liegen; es ist deshalb nicht Sache der Experten, der politischen Entscheidung vorzugreifen. Für den Experten mag es ein Schock sein – und seinerzeit, als ich zum ersten Mal in diese Dimensionen hineingeriet, war es für mich ein Schock –, zu erkennen, wie unsicher fast alle politischen Entscheidungen sind, weil die rein rationale Begründung nicht ausreicht (Heinz Maier-Leibnitz). Aber der Wissenschaftler muß sich innerlich darauf einstellen, wenn er auf den ihm zufallenden Part am politischen Entscheidungsprozeß nicht ganz verzichten will. Es gibt, im Unterschied zur wissenschaftlichen Wahrheit, keine politische Wahrheit, es gibt nur die Handlungsentscheidung aufgrund der jeweiligen politischen Konstellation.

Wo liegen die objektiven Schwierigkeiten, also jene Schwachpunkte, die auch dem moralisch integren Experten zu schaffen machen? Verfügungswissen ist seiner Natur und Herkunft nach unterschiedlich verläßlich! Ein Gutachten über die Konjunktur ist aus triftigen Gründen weniger zuverlässig als ein Gutachten über die Thermodynamik einer Verbrennungsmaschine. Die Wettervorhersage ist aus prinzipiellen Gründen weniger genau als die Vorhersage einer Mondfinsternis. Aussagen über das Aids-Virus sind ihrer Natur nach zuverlässiger als Aussagen über die Epidemiologie der Krankheit.

Auch die abgestufte Seriosität der Aussagen darf der Öffentlichkeit nicht unterschlagen werden. Was in der Phantasie des Experten stimmt, zum Beispiel die solare Wasserstoffwelt, stimmt noch lange nicht auf dem Papier. Und was auf dem Papier steht, funktioniert noch lange nicht in der Praxis.

Der verantwortungsbewußte, der vertrauenswürdige Experte wird keinen Zweifel daran lassen, was »bewiesen« ist, was ihm als »gesichert« erscheint, was »möglich« ist und was »vielleicht möglich« ist. Meine Erfahrung sagt mir, daß die meisten Experten vertrauenswürdig sind. Wären sie es nicht, würde unser auf Technologie und Vertrauen gegründetes Zusammenleben längst nicht mehr funktionieren.

Die Krise des Expertentums darf nicht als moralische Schwäche der Wissenschaft ausgelegt werden (wie es Konrad Adam immer wieder versucht); das Phänomen hat andere Gründe. Bis vor kurzem war man auch in unserem Land nur dann ein Experte, also Fachmann für Verfügungswissen, wenn man auf einem bestimmten Fachgebiet durch lange Erfahrung sachverständig war und wenn diese Kompetenz von Fachkollegen auch international bestätigt und ständig kontrolliert wurde. Heute genügt das Engagement für ein vermeintlich höheres Ziel. Man ernennt sich entweder selbst zum Experten oder wird von der jeweiligen Interessengruppe nominiert. Fundierte Sachkenntnis ist dabei eher hinderlich und wird allmählich zu einem negativen Wert. Mit dieser zynischen Praxis haben wir die Öffentlichkeit völlig verwirrt. Ein Experte wird heute in der Regel nicht mehr als neutraler Sachverständiger betrachtet, sondern als Interessenvertreter. Die Krise des Expertenwesens ist nicht zu leugnen.

Ein in der Freiburger Region einflußreicher Journalist kommentierte Ende Mai 1986 eine einschlägige Expertenbefragung vor dem Freiburger Gemeinderat mit dem lapidaren Statement: »Kein Zweifel, die Wissenschaft hat nach Tschernobyl durch ihre Inkompetenz noch mehr Kredit und Vertrauen verspielt als die Politik. – Die Expertenmeinungen der Wissenschaftler sind in ihrer Widersprüchlichkeit wertlos.«

Aus meiner Erwiderung an den Journalisten – ein paar Tage später – zitiere ich einige Passagen:

»Die widersprüchlichen ›Expertenmeinungen‹ legen in der Tat die Annahme nahe, es gäbe auch in den Naturwissenschaften verschiedene gesicherte Wahrheiten zu ein und demselben Problem. Diese These ›alternativer Wissenschaft‹ ist falsch. Widersprüche zwischen Wissenschaftlern, die als Sachverständige auftreten, hat es allerdings immer gegeben. Wenn es sich um beweisfähige Wissenschaft handelt, kann ein solcher Widerspruch nur dadurch zustande kommen, daß mindestens einer der Kontrahenten mehr behauptet, als er wissenschaftlich beweisen kann. Das Problem wird in der Wissenschaft üblicherweise dadurch gelöst, daß die Gutachter, von denen entgegengesetzte Stellungnahmen vorliegen, zur Zusammenarbeit (z. B. zu einem Punkt-für-Punkt-Vergleich) veranlaßt werden, mit dem Ziel, die Diskrepanzen zu lokalisieren. Solange nur fachlich kompetente und moralisch integre Personen in die Kontroverse verwickelt sind, wird sich stets eine Lösung finden – und sei es der Verzicht auf eine Aussage aus Unkenntnis oder aus prinzipiellen Erkenntnisgrenzen –, weil jede Partei weiß, daß in der Wissenschaft einander entgegengesetzte Aussagen nicht gleichzeitig wahr sein können.«

Da die Öffentlichkeit über diese Zusammenhänge nicht viel weiß, ist es kein Wunder, daß es den Medien und den jeweils unterlegenen Interessengruppen immer wieder gelingt, das öffentliche Vertrauen in Expertenaussagen zu erschüttern. Ich muß allerdings auch zugestehen, daß grobes Fehlverhalten, von Wissenschaft und Politik gleichermaßen verschuldet, dazu beigetragen hat, das Prestige des Expertentums zu untergraben.

Homo investigans und Homo politicus

Wissenschaft und Politik sind, dies haben wir mühsam gelernt, getrennte Teilsysteme der gesellschaftlichen Wirklichkeit, mit je eigenen Zielsetzungen und einem jeweils eigenen Verhaltenskodex.

An der Berührungsstelle der beiden Teilsysteme beobachten

wir zwei Flüsse: Wissenschaft ist alimentierungsbedürftig, sie braucht Geld; Politik in der heutigen Welt ist auf das Sachwissen der Wissenschaft unbedingt angewiesen.

Ein Vergleich der Teilsysteme offenbart die Unterschiede und die Voraussetzungen für erfolgreiches Zusammenwirken.

Dazu fünf Thesen:

1. Wissenschaft, auf Erkenntnis zielend, ist ihrer Natur nach unpolitisch. Wissenschaft ist international, ihre Ergebnisse sind unabhängig von den politischen und sozioökonomischen Rahmenbedingungen. Die Maxwellschen Gleichungen der Elektrodynamik werden von allen Physikern akzeptiert und angewandt, unabhängig von ihrer Nationalität, ihrem Herkommen und ihrer politischen Überzeugung. Die Struktur der DNA und die Gesetze der Molekulargenetik gehören allen Biologen.

2. Wissenschaft ist wahrheitsfähig, Politik ist (nur) konsensfähig. Es gibt keine politische Wahrheit, es gibt nur die politische Entscheidung.

3. Bei einer wissenschaftlichen Aussage kommt es nicht auf deren politische Wirkung an, sondern auf ihren Wahrheitsgehalt. Wissenschaftliche Aussagen bedürfen deshalb keiner politischen Erörterung.

4. Nur eine unpolitische Wissenschaft, die auf Distanz zum politischen Tagesgeschäft geht (um »unberührt von äußeren Rücksichten die Wahrheit zu suchen und zu bekennen«, wie es auch heute noch in der Verpflichtungsformel für unsere Doktoranden heißt), kann jene Leistungen an verläßlichem Verfügungswissen erbringen, auf die jede Politik in der modernen Welt angewiesen ist.

5. Das gesunde Verhältnis zwischen Politik und Wissenschaft ist ein reziprokes Vertrauensverhältnis: Das Vertrauen der Politik in die Sachkompetenz und Unbestechlichkeit der Wissenschaft und das Vertrauen der Wissenschaft darauf, daß die Politik das Sachwissen respektiert und auf sachlich begründete Entscheidungen zielt.

Politische Kultur in der modernen, durch Wissenschaft und Technologie geprägten Welt setzt somit eine rigorose Trennung von wissenschaftlicher Aussage und politischer Bewertung voraus: Wissenschaftlich läßt sich unterscheiden, was wissenschaftlich richtig oder falsch ist. Die politische Schlußfolgerung aus dem, was wissenschaftlich richtig ist, kann in einem demokratischen Gemeinwesen aber nicht Sache der Wissenschaft sein.

Wer politische Entscheidungen trifft, ist durch Verfassung, Recht und Gesetz geregelt. Auf dieser Stufe hat in einer Demokratie der Wissenschaftler keine anderen Rechte und Pflichten als jeder andere mündige Staatsbürger auch. Die Verfassung der Bundesrepublik zum Beispiel sieht weder eine »Expertokratie« noch eine »Technokratie« vor, auch keinen »Ökologismus«. Die Verantwortung für die Nutzung von Erkenntnis und Wenn-dann-Sätzen kann eine demokratische Gesellschaft nur als Ganzes übernehmen. Das Votum eines Naturwissenschaftlers hat hier kein besonderes Gewicht.

Natürlich schließt der Homo investigans den Homo politicus nicht aus. Wir sind nicht in unsere Subkultur eingesperrt. Es ist völlig legitim, wenn verschiedene Forscher verschiedenen politischen Ansichten und Ideologien huldigen. Dies darf aber nicht auf das wissenschaftliche Tun abfärben. Wenn ein wissenschaftliches Gutachten, ein wissenschaftliches Buch, eine wissenschaftliche Vorlesung, eine wissenschaftliche Expertise die Parteizugehörigkeit des Wissenschaftlers erkennen läßt, hat der Betreffende seinen Platz im Kreis der Wissenschaft verlassen. Gewiß kann der Wissenschaftler absichtlich und überlegt aus diesem Kreis heraustreten, indem er sich politisch äußert, aber er muß dies klar markieren und deutlich erkennen lassen, wann er als Homo politicus auf politische Zustimmung zielt und wann er als Homo investigans Sachverhalte wissenschaftlich begründen kann. Aus gutem Grund: es ist eine alte Einsicht, daß Wissen und Weisheit häufig nicht Hand in Hand gehen. Auch hervorragende Wissenschaftler haben sich immer wieder mit politischen

Entscheidungsvorschlägen blamiert und haben als Politiker versagt.

Dem Gemeinwohl wäre am besten gedient, wenn Wissenschaft und Politik konsequent als weitgehend getrennte Teilsysteme der gesellschaftlichen Wirklichkeit aufgefaßt würden, und wenn das Zusammenwirken der beiden Teilsysteme durch klare Regeln bestimmt wäre. Viele Schwierigkeiten, mit denen wir zu kämpfen haben, sind erst dadurch entstanden, daß sich immer mehr Leute in Dinge einmischen, von denen sie nichts verstehen. Vordringlich wäre die Entwicklung eines festumrissenen Ordnungsmodells zur Einführung unabhängigen wissenschaftlich-technologischen Sachverstandes in die politische Entscheidungsfindung. Wenn das Parlament seine Gestaltungsaufgaben in einer durch Wissenschaft und Technologie geprägten Zeit ernst nehmen will, kann es auf eine ständige wissenschaftliche Beratungskapazität nicht verzichten. Politisch bestimmte Enquête-Kommissionen sind dafür nicht das geeignete Instrument – das hat die parlamentarische Praxis in der Bundesrepublik bewiesen.

Das Zusammengehen von Wissen und Handeln, die Zusammenarbeit zwischen beweisfähiger Wissenschaft und Technologie einerseits und Politik andererseits, verlangt nicht den überhöhten Idealtyp des Wissenschaftlers und des Politikers, aber sie setzt auf beiden Seiten Vertrauen voraus: Das Vertrauen von Öffentlichkeit und Politik in die Sachkompetenz und Unbestechlichkeit der Experten, und beim Wissenschaftler das Vertrauen darin, daß die Politik mit ihren Handlungsmaßstäben sich nicht über Sachwissen und praktische Vernunft hinwegsetzt.

Epilog

Wir beschließen diesen Essay mit einem weiteren Zitat aus Konrad Adams Strafrede gegen die Wissenschaft: »Auch Forscher verfolgen ihre Interessen, mitunter sogar recht selbstsüchtige. Sich dessen bewußt zu sein und mißtrauisch zu bleiben ist keinesfalls irrational. Es ist, im Gegenteil, ein Zeichen für Vernunft.« Ich stimme diesem Diktum zu, allerdings mit der Einschränkung, daß die Ethik der Wissenschaft es einem Wissenschaftler keineswegs untersagt, seine Interessen zu verfolgen. Er darf zwar nicht gegen das Ethos der Wissenschaft verstoßen, aber es wäre absurd, ihm die Wahrnehmung von »Interessen« zu verbieten. An den Nahtstellen der Subkulturen – Wissenschaft, Politik, Wirtschaft – gibt es moralische Grauzonen. Wer sich hier als Richter aufspielt, muß sehr sorgfältig prüfen, ob er die moralische Struktur der Wissenschaft und die Spielregeln der Koexistenz der Subkulturen wirklich verstanden hat. Mit illusionären Forderungen kann man sich leicht ins Unrecht setzen.

Literatur

Ayala, Francisco José [u.a.]: On Being a Scientist. Washington (D.C.) 1989.

Cournand, André: The Code of the Scientist and its Relationship to Ethics. In: Science 198 (1977) S. 699–705.

Heath, A.: Professional Ethics for Research Biologists. In: BioScience 39 (1989) S. 472–474.

Luck, Werner A.: Homo investigans. Der soziale Wissenschaftler. Eine Orientierungshilfe. Darmstadt 1976.

Merton, Robert K.: The Sociology of Science. Chicago 1973.

Mohr, Hans: The Ethics of Science. In: Interdisciplinary Science Review 4 (1979) S. 45–53.

– Natur und Moral. Ethik in der Biologie. Darmstadt 1987.

Patzig, Günther: Bemerkungen zum Verhältnis von Wissenschaft, Ethik und Politik. In: Naturwissenschaften 72 (1985) S. 393 bis 399.

Spinner, Helmut F.: Das ›wissenschaftliche Ethos‹ als Sonderethik des Wissens. Tübingen 1985.

CARL FRIEDRICH VON WEIZSÄCKER

Moralische Verantwortung in der Wissenschaft

Es gibt eine moralische Einsicht, der ich mich nicht habe
entziehen können. [...] Sie heißt, in einem Satz zusammen-
gedrängt: Die Wissenschaft ist für ihre Folgen verantwortlich.
Der Satz sei zunächst gegen ein paar mögliche Mißverständnisse abgesichert.
Erstens: Der Satz meint nicht, die Wissenschaft selbst sei um
ihrer weltverändernden Folgen willen betrieben worden. Ich
habe meinen eigenen Weg zur Wissenschaft geschildert, um
deutlich zu machen, daß mir bei der Wahl eines Faches wie
Astronomie oder Physik nichts ferner gelegen hat als Weltveränderung. Ich war ein neugieriges Kind; ich wollte wissen,
wie das alles zugeht. Natürlich hatte ich Ehrgeiz; ich wollte
berühmt werden unter denen, die für ihr Wissen berühmt
sind. Ich teilte Keplers Frömmigkeit, Platons Eros; ich hielt
und halte Naturwissenschaft für einen Gottesdienst. Aber
Wissen ist Macht, auch wenn man es nicht um der Macht
willen gesucht hat. Ich lasse hier die tiefenpsychologische
Erwägung beiseite, ob man jemals etwas anderes bekommt,
als was man, dem Bewußtsein uneingestanden, im Grunde
gewollt hat. Jedenfalls aber ist moralische Reife einem Menschen nicht erreichbar, der sich für die faktischen Folgen seines Handelns nicht verantwortlich weiß. Wenn die Eltern
dem dreijährigen Kind zeigen, wie man ein Streichholz an-
zündet, und bei der Rückkehr vom Spaziergang ihr Haus in
Flammen finden, so hat nicht das Kind die Streichhölzer
»mißbraucht«. Das fällt mir immer ein, wenn ich die Rede
vom Mißbrauch der Wissenschaft durch die Inhaber der
Macht höre.
Zweitens: Der Wissenschaftler ist für die Folgen seiner Er-

kenntnis nicht legal, sondern moralisch verantwortlich. Die deutliche Unterscheidung von Legalität und Moralität ist eine der wichtigsten *moralischen* Errungenschaften der politischen Kultur des Abendlands. Der Begriff der legalen Verantwortung entlastet uns von der unlösbaren Aufgabe, unserem Mitmenschen moralisch ins Herz zu sehen. Vor dem Gesetz ist der Unternehmer, der Techniker, unter Umständen auch der Forscher, für diejenigen Folgen seines Handelns verantwortlich, die in einer vom Gesetz zu definierenden Weise von seiner eigenen Entscheidung abhängen. Die Wissenschaft, global gesehen, ist für ihre Folgen nicht legal verantwortlich. Moralische Verantwortung hingegen betrifft in ihrem Kern Vorwürfe, die ich nicht anderen Menschen zu machen habe und die anderen nicht mir, es sei denn als Freunde, als echte Pädagogen, sondern ich mir selbst. Das Unmoralische an Wahlkämpfen und ideologischer Gesellschafts- und Außenpolitik ist die moralische Abwertung des Gegners; ein autokatalytischer Prozeß: man wird so, wie man dem Gegner vorwirft, daß er sei. Wird die Wissenschaft angegriffen, dann stehe ich zu ihr. Aber als Wissenschaftler unter Wissenschaftlern kann ich uns von keiner der guten und schlechten Folgen, die wir ausgelöst haben, freisprechen. Der Grad moralischer Reife der sozialen Gruppe der Wissenschaftler bemißt sich nach der produktiven Verantwortung für die Folgen ihrer Erkenntnisse, die sie praktisch übernimmt.

Drittens: Produktive Verantwortung der Wissenschaft bedeutet also offenbar nicht den Verzicht auf Wissenschaft. Nicht den Verzicht auf Wahrheitssuche; das hieße unserer Kultur das Herz herausoperieren. Auch nicht den Verzicht auf ihre Öffentlichkeitsform. Dürrenmatts *Physiker* ironisieren vortrefflich die Sinnlosigkeit dieses Wegs. Geh ins Irrenhaus, um deine Erkenntnisse zu verbergen, und der Irrenarzt wird sie dir entlocken und verwenden. Die heutige Gesellschaft mit der Privatisierung der Kultur ist eine Spielart dieses Irrenhauses. Die Aufgabe ist schwerer und schöner, als der Verzicht es wäre. Der Wissenschaftler als Staatsbürger und

Weltbürger hat, mit den Gaben, die er als Person jeweils in sich vorfindet, an der Gestaltung der unvermeidlichen Gesellschafts- und Weltveränderung mitzuwirken. Diese Gaben sind verschieden. Nicht jeder Wissenschaftler hat den Mut, die Einsicht, die Schlauheit und die Nüchternheit, ohne die man nicht erfolgreich politisch handeln kann. Aber jeder Wissenschaftler hat den Verstand, die Wichtigkeit dieser Aufgabe sehen zu können. Die Handelnden bedürfen stets des Chors derer, die mitdenken, vernehmlich kritisieren und vernehmlich zustimmen. Die Wissenschaft hat insbesondere die spezifische Verantwortung, ihre eigenen Folgen und Verstrickungen selbst rational zu durchdenken. Von dieser Verantwortung kann sie sich nicht freisprechen, bei Strafe des Untergangs.

GERALD L. EBERLEIN

Wertbewußte Wissenschaft:
Eine pragmatische Alternative zu wertfreier
und parteiischer Wissenschaft

I. *Zur Wertfreiheit als einer historischen Weichenstellung*

Es ist ein Verdienst des früheren Max-Planck-»Instituts zur
Erforschung der Lebensbedingungen der wissenschaftlich-
technischen Welt« in Starnberg, unser Bewußtsein dafür
geschärft zu haben, daß Entstehung und Einführung wertfreier Wissenschaft durch eine historische Entscheidung
begründet sind. Eine Starnberger Forschergruppe konnte
zeigen, daß während der politischen und religiösen Restaura-
tion im England des 17. Jahrhunderts die normative Neutrali-
sierung der empirischen Wissenschaft Hauptbedingung ihrer
Institutionalisierung war. Mit anderen Worten, für die politische Anerkennung der Erfahrungswissenschaften mußte
die neugegründete Königliche Akademie der Wissenschaften einen Preis zahlen. Im Entwurf der Statuten der Royal
Society von 1663 findet sich folgende Eingrenzung: »Gegenstand und Ziel der Royal Society ist es, die Kenntnisse von
natürlichen Dingen, von allen nützlichen Künsten, Produk-
tionsweisen, mechanischen Praktiken, Maschinen und Erfindungen durch Experimente zu verbessern – ohne sich in
Theologie, Metaphysik, Moral, Politik, Grammatik, Rheto-
rik oder Logik einzumischen.«[1] Damit waren alle Geistes-
und Sozialwissenschaften ausgeschlossen und eine wertfreie,
auf Anwendung gerichtete Perspektive eingeführt.

Es ist in wissenschaftshistorischen Untersuchungen der letzten Jahre herausgearbeitet worden, daß diese Zielsetzung eine breite pädagogisch-humanitäre, alle Wissenschaften umfassende Dimension ebenso ausschloß wie auch die mystisch-religiöse Dimension als Chance der Naturerkenntnis. Es war ja zu Beginn der zweiten Hälfte des 17. Jahrhunderts durchaus nicht ausgemacht, ob sich die englischen Forscher für die »Neue Wissenschaft«, beruhend auf Beobachtung und Experiment, entscheiden würden, oder für eine mystisch-hermetische Naturphilosophie, worin Wissenschaft, Philosophie und Teile der Religion hätten aufgehen sollen.[2]

Mit der genannten Einschränkung wird Naturerkenntnis von normativen Überlegungen getrennt, aber auch normative Überlegungen von wissenschaftlichem Handeln. Es gilt nun das Motto: Maximierung der Erkenntnis als solcher, ohne Rücksicht auf deren sozialen Sinn. Mit der Scheidung persönlicher, gesellschaftlicher und epochaler Werturteile von erfahrungswissenschaftlicher Forschung wurde also deren politische Neutralität garantiert und ihr Überleben gesichert. Der dafür bezahlte Preis dringt uns heute in Gestalt alltäglich beobachtbarer Konsequenzen verantwortungsfreier Forschung nachhaltig ins Bewußtsein. Damit erweist sich dieser wertneutrale Wissenschaftsbegriff als historische Weichenstellung, nicht aber als natürliche Gegebenheit. Bildet sich in einem sozialen System eine neue Übereinstimmung, so kann eine neue Weiche gestellt werden.

II. *Zum klassischen Wertfreiheitsmodell*

Die Frage nach der historischen und systematischen Bedeutung von Wertfreiheit liegt natürlich nahe. Historisch hatte diese Forderung den Sinn, Wissenschaft von religiösen Tabus und landes- oder parteipolitischen Forderungen freizustellen. Systematisch gesehen, bedeutet die Forderung nach Wertfreiheit aber mehr, nämlich die Scheidung persönlicher, gesellschaftlicher und epochaler Werturteile, zumindest von der Grundlagenforschung. Während der Werturteilsstreit im »Verein für Socialpolitik« 1913 sich allein auf die Frage der Trennbarkeit persönlicher Werturteile vom Wissenschaftsbetrieb bezog, stand die Scheidung gesellschaftlicher und epochaler Werturteile von wissenschaftlicher Urteilsbildung niemals wirklich zur Diskussion. Man ist immer davon ausgegangen, daß der sich weltweit ausbreitende »wissenschaftliche Fortschritt« kulturelle und epochale Vorurteile ausschalten würde, nämlich im Prozeß der Anhäufung wissenschaftlicher Wahrheit. Max Webers klassische Formulierung des Prinzips Wertfreiheit lautet: »Eine empirische Wissenschaft vermag niemanden zu lehren, was er *soll*, sondern nur, was er *kann* und – unter Umständen – was er *will*.«[3] Wertfreiheit wird üblicherweise verstanden als die absolute Trennung beschreibender von vorschreibenden Aussagen.

III. *Über Probleme und Konsequenzen des Wertfreiheitsmodells*

1. Einige *philosophische* Probleme. Meine erste These lautet: Wissenschaftlicher Arbeit liegen notwendig inner- und außerwissenschaftliche Werturteile zugrunde.
Die herkömmliche Aufspaltung zwischen Sein und Sollen beruht nicht nur auf der umstrittenen Behauptung, man könne aus beschreibenden Aussagen keine vorschreibenden ableiten, sondern noch auf einer tiefer liegenden Voraussetzung. Ich meine die häufig geäußerte Überzeugung, beschreibende Wissenschaft als objektives Unternehmen sei absolut gewiß, während Werturteile als vorschreibende Aussagen subjektiv seien, also völlig ungewiß. Nun ist aber die ›subjektive‹ Grundlage aller Wissenschaft in Erinnerung zu bringen. Erkenntnis- und Wissenschaftstheorie der letzten Jahrzehnte haben gezeigt, daß nicht nur Merkmale ›richtigen Erkennens‹

erforderlich sind. Selbst in den Naturwissenschaften muß als Vorentscheidung auf subjektive Annahmen des ›Fürwahrhaltens‹, Gewichtens von Hypothesen und Theorien zurückgegriffen werden, letztlich also auf mehr oder minder persönliche Wahrscheinlichkeitserwägungen. Damit zeigt sich auch in der Theorie der Erfahrungswissenschaften eine Schwerpunktverschiebung auf Annahmen als Grundlagen wissenschaftlicher Objektivität, eine Subjektivierung.

Diese ›subjektivistische‹ Verschiebung ist keinesfalls als persönliche Irrationalität von Wissenschaftlern zu verstehen. Tatsächlich geht es dabei um Annahmen und Entscheidungen von Forschergemeinschaften, von wissenschaftlichen ›Schulen‹, also um fachlich verschieden weit gespannte Übereinstimmung, um innerwissenschaftliche Normen und Spielregeln. Wie ein deutscher Wissenschaftsphilosoph bemerkt hat, erweist sich damit wissenschaftliche Objektivität als etwas, wofür kein absoluter Rationalitätsbegriff zur Verfügung steht. D. h. aber, Erkenntnis- und Wissenschaftstheorie beruhen ebenso auf Setzung von Kriterien und Fürwahrhalten wie einzelwissenschaftliche Theorien, und ohne gruppenbezogene Annahme ist wissenschaftliche Objektivität nicht möglich. Damit löst sich schon hier die Gegenüberstellung Sein – Sollen auf: Ein kulturell oder auch nur innerfachlich einheitlicher, absolut setzbarer Rationalitätsbegriff läßt sich nicht aufrechterhalten, von seinen historischen Veränderungen ganz zu schweigen.

2. Damit ergibt sich als wesentliche Einsicht meine zweite These: Wissenschaft als soziales Handeln kann nie wertfrei sein, und damit sind wir bei *gesellschaftlichen* Problemen des Ideals der Wertfreiheit angelangt.[4]

Soziologische Wissenschaftsforschung hat gezeigt, daß Wissenschaft nicht im luftleeren Raum der Ideen schwebt, sondern ein Teilsystem moderner Gesellschaften im Wandel darstellt. Damit ist wissenschaftliches Handeln eine Form sozialen Handelns, und soziales Handeln kann eben niemals wertfrei sein. Es richtet sich aus an den Werten von einzelnen Forschern, Gruppen, Organisationen bis hin zu Werten des gesamten Teilsystems Wissenschaft selbst. Dabei muß man allerdings zwischen Wissenschaft als *Institution* und Wissenschaft als *Organisation* unterscheiden. Eine Institution ist ein komplexes Verhaltensmuster, das dauerhaft regelnd und ohne Rechtfertigungszwang funktioniert. In diesem Sinn ist Wissenschaft durch ihre sämtlichen Werte, Normen, Kriterien gekennzeichnet, und diese verwirklichen Wissenschaft als wahrheitsproduzierendes System. Wissenschaft als *Institution* ist also durch Zentralwerte wie Objektivierung, Erklärung, Prognose usw. gesteuert, und diese wieder verweisen auf konkrete Normen wie Präzision, Zuverlässigkeit, Widerspruchsfreiheit, Einheitlichkeit, Prüfbarkeit u. v. a. Die gesellschaftliche Verankerung von Wissenschaft als Institution läßt ihre Einbindung in soziale Zusammenhänge erkennen; daher stellt sich auch die Frage, in welchem Verhältnis diese innerwissenschaftlichen Werte zu außerwissenschaftlichen Wertungen stehen. Konkret bedeutet das: die Ermittlung der Werte anderer gesellschaftlicher Teilsysteme und der Gesamtgesellschaft ist erforderlich.

Doch erst die Analyse von Wissenschaft als *Organisation* läßt ihren Charakter voll ins Blickfeld treten. Werte und Normen der Institution Wissenschaft werden ja erst durch individuelle wie kollektive Träger verwirklicht. Wissenschaft vollzieht sich innerhalb von Forschergemeinschaften als Gruppen, die ihrerseits in formalen Organisationen tätig sind, etwa Forschungsinstituten, Hochschulen usw. Ob und wieweit sich diese Träger an Werten und Normen der Institution Wissenschaft, der wissenschaftsproduzierenden Gruppen und Organisationen orientieren oder auch an ihren eigenen Werten, Bedürfnissen und Interessen – das ist eine Frage, die nur durch wissenschaftssoziologische empirische Forschung zu klären ist. Wieweit die Wahl wissenschaftlicher Standards, Methoden und Begriffe, wieweit aber auch Themen- und Problemwahl innerwissenschaftlich oder außerwissenschaftlich bestimmt ist, auch das ist nur empirisch, also wissenschaftssoziologisch feststellbar.

Richtet man das Augenmerk auf außerwissenschaftliche Werte, die der wissenschaftlichen Arbeit direkt oder indirekt zugrunde liegen, so erweisen sich einige als vertraut. Utilitaristische Werte wurden Wissenschaft ja immer zugeschrieben, heute etwa als ›Nutzenmaximierung‹. Entsprechendes gilt für Werte der ›Aufklärung‹, jüngst besonders als ›Emanzipation‹ von der Frankfurter Schule und Poppers Kritischem Rationalismus eindringlich vorgetragen. Die Wertetafel von ›Freiheit‹ und ›Gleichheit‹ im Sinne der ›Solidarität‹ ist uns aus sozialistischen Gesellschaftstheorien vertraut, während die andere Wertetafel ›Freiheit–Gleichheit–Brüderlichkeit‹ wiederum der Aufklärung zugehört. Der Zentralwert ›Ökonomie/Effizienz‹ ist von utilitaristischen Werten nicht zu trennen. Daß bei den genannten Werten vielfach nach Möglichkeiten zeitgenössischer Verwirklichung zu fragen ist, darauf soll nur hingewiesen werden. So bei ›Freiheit‹ heute etwa: Erweiterung menschlicher Freiheitsgrade, also Entscheidungsspielräume; bei ›Gleichheit‹ heute etwa: Behebung regionaler oder schichtenspezifischer Ungleichheiten; ›Aufklärung‹ bedeutet heute sowohl Wiedergewinnung verlorener wie auch Erschließung neuer Territorien des Geistes, um nur wenige Beispiele zu nennen. Möglicherweise sind heute neue Wertetafeln auszuformulieren, etwa Verwirklichung menschlicher Entfaltungschancen durch systematische Verbesserung gegebener Existenzbedingungen.

Von der Möglichkeit schließlich, scheinbar oder anscheinend transzendente Werte wie ›Erfahrung des Heiligen‹, Erringung persönlicher ›Erlösung‹, aber auch ›Schönheit‹ und ›Gerechtigkeit‹ zu Grundwerten heutiger oder künftiger Wissenschaft werden zu lassen, kann hier nur andeutungsweise die Rede sein.

3. Damit stehen wir schon tief in *ethischen* Problemen des Ideals wissenschaftlicher Wertfreiheit. Selbst wenn man die-

sem voll und ganz verpflichtet ist, muß doch der Wissenschaftler gerade zur Verwirklichung der Wertfreiheit nach den gesellschaftlichen Grundwerten als Rahmenbedingungen fragen; sodann nach eingestandenen wie uneingestandenen persönlichen Bewertungen, die das zu lösende Problem oder Projekt leiten. Er muß weiter fragen nach entsprechenden Vorgaben und Präferenzen des Auftraggebers sowie schließlich nach Wertvoraussetzungen und Erwartungen betroffener Individuen, Gruppen und Organisationen. Zu diesem Zweck wird in der Regel zunächst das Ziel bzw. werden die Ziele der Aufgabenstellung näher zu untersuchen sein; weiter ist nach Erwartungen von Wissenschaftlern, Auftraggebern und Betroffenen zu fragen.

Aus diesen Voraussetzungen wird sich ein relativ enger Spielraum für werthafte Wissenschaftsgrundlagen ergeben, der aber nicht nur Entscheidungsalternativen erlauben, sondern diese häufig überhaupt erst ins Blickfeld bringen wird. Der untrennbare Zusammenhang außerwissenschaftlicher mit innerwissenschaftlichen Werturteilen ist nun keinesfalls so zu verstehen, daß Wertprämissen von Wissenschaftlern, die Wahl von Forschungsproblemen, Methoden und Theorien stets oder auch nur regelmäßig von gesellschafts- oder organisationspolitischen Interessen bestimmt wären. Wer Wissenschaft allgemein als interessenbestimmt versteht, sinkt auf die politische Argumentationsebene der zwanziger Jahre zurück, als von ›totalem Ideologieverdacht‹ (Karl Mannheim) die Rede war, folglich auch von der Frage, wer genügend ›freischwebend‹ sei, um mit seinen Aussagen politischer Interessenbindung entgehen zu können. Die Behauptung eines totalen Ideologie- oder Interessenverdachts wäre also ebenso dogmatisch wie die entgegengesetzte, Wissenschaft könne und müsse stets von vornherein wertfrei verfahren.

Ob wissenschaftliche Aussagen ganz, teilweise oder gar nicht interessengesteuert sind, kann also heute kein philosophisch-ideologisches Problem mehr sein, sondern ist mit den üblichen wissenschaftssoziologischen Verfahren zu lösen. Nur sie geben Aufschluß darüber, wieweit eine wissenschaftliche Behauptung empirisch gestützt ist. Wir können uns aber heute mit einer nur logischen und empirischen Prüfung wissenschaftlicher Aussagen nicht mehr zufriedengeben. In den letzten zehn Jahren hat sich in der Diskussion über Wesen, Grenzen und Konsequenzen der Erfahrungswissenschaften mehr und mehr die Feststellung durchgesetzt, daß Wissenschaft nicht nur erkennenden, sondern auch realisatorischen, d. h. verwirklichenden Charakter hat. D. h., den erfahrungsmäßig oder formal, also logisch und mathematisch vorgehenden Einzelwissenschaften geht es nicht nur um Erkenntnis, sondern mindestens ebensosehr um Herstellung oder Veränderung von Sachverhalten und Situationen. Damit meine ich die Tatsache, daß Natur- und Sozialwissenschaften ständig von der Grundlagen- zur angewandten Forschung übergehen, genauer: daß die Grenzen zwischen beiden immer undeutlicher werden – beispielhaft in der Formulierung: Nicht die Wissenschaft ist es, die die Gesellschaft herumbeutelt, sondern ihre Verwertung und Ausbeutung ... durch die Industrie.[5] Wissenschaftliches Wissen ist keine weltabgehobene Betrachtung, sondern Eingriffs- und Zugriffswissen. Wissenschaftliches Wissen wirkt einerseits auf seine Wertbasis zurück und schafft andererseits eine neue Wirklichkeit, aber auch neue Werte.

Wer den verwirklichenden Charakter von Wissenschaft annimmt, muß zugestehen, daß Wissenschaft weder ein freischwebendes System noch ein wertfreies Unternehmen ist, sondern daß sein Produkt, eben wissenschaftliches Wissen, wertbehaftet und praxisformend ist. Damit wird die Thematik ›Wissenschaft und Verantwortung‹ unabdingbar, und Max Weber konnte die radikale Forderung wertfreier Wissenschaft nur deswegen aufrechterhalten, weil er darauf bauen konnte, daß seine Zeitgenossen hinsichtlich der Wertvoraussetzungen wie auch der Anwendung von Wissenschaft ›anständige Menschen‹ waren, d. h. im großen und ganzen als Mitglieder einer einheitlichen zivilisierten Industriegesellschaft übereinstimmten. Der Bau einer Atombombe stand eben damals nicht zur Diskussion.

Diese Voraussetzung, daß nämlich der gesunde Menschenverstand des ›anständigen‹ Bürgers zur Bewältigung von Wertkonflikten zwischen Wissenschaft und Praxis ausreicht, wird heute weder von allen Wissenschaftlern noch von ihren Auftraggebern oder ›Anwendern‹ geteilt. Weder Szientismus, also Wissenschaft als höchster Wert an sich, noch politischer Dezisionismus, also Entscheidungen ohne Begründung, kommen mehr daran vorbei, daß angewandte Wissenschaften Werte nicht nur in ihrer Grundlage, sondern auch im Zielbereich voraussetzen. Wertfreie angewandte Wissenschaft führt daher günstigstenfalls zu unvorhergesehenen Konsequenzen, ungünstigstenfalls zu unsteuerbaren Katastrophen. Zweifellos treffen die Folgen verwirklichter Wissenschaft den ganzen Menschen und nicht arbeitsteilig aufgespaltene Tätigkeiten von Individuen.

Die Folgelasten einer Auffassung, die Wissenschaft als freischwebendes System betrachtet, bedeutet doch hinsichtlich der Werte dies: Trenne in *inner-* und *außer*wissenschaftliche Werte, diene als Wissenschaftler vor allem den innerwissenschaftlichen Werten, vermeide jegliche Wertvermischung und lege eventuelle Wertvermengungen offen. Hierher gehören zwei Fragen: die eine nach der ethischen Grundlage der Wissenschaft und die andere nach der Tauglichkeit des Modells ›Wissenschaft als Spielwiese‹.

Das Wertfreiheitsmodell verlangt, die Mitglieder der Wissenschaftsrepublik sollten ihr Handeln ausschließlich durch Entscheidungen und Ergebnisse der Forschergemeinschaft bestimmt sein lassen. Die Umwelt des Wissenschaftssystems hat sich dann an das produzierte wissenschaftliche Wissen anzupassen. Nun ist es ja zumindest möglich, daß auf der Spielwiese Wissen und Erkenntnisse produziert werden, die die Umwelt der Wissenschaft, also Teilsysteme und die Gesellschaft, überfordern. Anders ausgedrückt, das Reaktionspotential der Gesellschaft ist vielfach überstrapaziert. Es

ist durchaus denkbar, daß wir – z. B. in bezug auf ›Gentechnologie‹ – derzeit moralisch, psychisch und institutionell
überfordert sind. Wird aber Wissenschaft nicht als geschlos-
senes, freischwebendes System, sondern als offenes System
aufgefaßt, dann hat auch sie sich Gedanken über mögliche
Folgen und Abstimmung ihrer Ergebnisse mit ihrer Umwelt
zu machen. Gerade diese Abstimmungsproblematik wird
vom Wertfreiheitsmodell weitgehend nicht zur Kenntnis
genommen, obgleich sie dringend erforderlich ist und Wissenschaft hierzu einen wertvollen Beitrag leisten müßte.

Andererseits hören wir immer wieder, Wissenschaft habe
auch eine *ethische* Basis. Damit ist gemeint: Die Entscheidung für wissenschaftliche Wahrheit und Objektivität, also
für Rationalität, sei selbst eine ethische Entscheidung. Das
Ergebnis von Wissenschaft sei das einzig wahre Wissen; damit sei die Idee der objektiven Erkenntnis die einzige Quelle
authentischer Wahrheit. Dort, wo die Beschränkung auf
innerwissenschaftliche Werte durchaus angebracht wäre,
wird plötzlich die Trennung zwischen inner- und außerwissenschaftlichen Werten durchbrochen und der absolute,
weltweite Führungsanspruch wissenschaftlichen Wissens betont.

Es erscheint mir für die gegenwärtige Situation verwissen-
schaftlichter Gesellschaften überaus charakteristisch, daß
zuerst in den USA eine unablässig tiefer gehende Diskussion
über ethische Probleme moderner Berufsausübung begonnen
hat. Die Entstehung von Professuren und Fachzeitschriften
für ›Business Ethics‹, Wirtschaftsethik, neuerdings auch in
Europa ist dafür ein ebenso sprechendes Beispiel wie das
Erscheinen eines vierbändigen Nachschlagewerks, das allein
der neuen Disziplin ›Bioethik‹ gewidmet ist.[6] Offensichtlich
bricht sich die Einsicht immer mehr Bahn, daß Probleme der
Wissenschaftsanwendung im persönlichen wie gesellschaftlichen Raum nicht mehr nur einzelwissenschaftlich zu lösen
sind.

Dafür könnten zahlreiche Beispiele genannt werden: So wird

es nach ständiger Klage universitärer wie kommerzieller Markt- und Meinungsforscher immer schwieriger, für Interviews und sozialwissenschaftliche Experimente willige ›Zielpersonen‹ zu finden. Die stillschweigende Wertvoraussetzung derartiger angewandter Forschung, Menschen seien ebenso Objekte einer Versuchsanordnung wie Dinge, trifft hier ja auf reaktive Einstellungen und Verhaltensweisen von Menschen, die eben diese Voraussetzung aus ihrer Erfahrung als ›Versuchsperson‹ oder auch aus ihrer grundsätzlich ablehnenden Haltung ausdrücklich verwerfen. Es ist wohl kein Zufall, daß immer mehr Menschen Human- und Tierexperimente als überaus kontroversen Punkt einer Ethik wissenschaftlichen Experimentierens ansehen. Daß Ärzte in KZs, Gefängnissen und Krankenhäusern mit subjektiv gutem Gewissen klinische Experimente an Menschen durchführten und durchführen, wobei die Unterschiede oft nur im Grad der Un-Freiwilligkeit gesehen werden, beweist hinlänglich, daß ethische Probleme nicht erfahrungswissenschaftlich gelöst werden können. Das Modell wertfreier Wissenschaft hinterläßt hier eine dringend zu schließende ›Rationalitätslücke‹. Nordamerikanische und europäische angewandte Wertforschung zeigen, daß man Werte durchaus *objektiv*, also wissenschaftlich behandeln kann – dies als meine dritte These.

IV. *Arbeit an einem alternativen Wissenschaftsmodell*

1. Synoptische Konsequenzenforschung. Während sich das Modell wertfreier Wissenschaft ganz überwiegend auf die Entdeckung empirischer Regel- und Gesetzmäßigkeiten konzentriert, also auf die Konstruktion erklärender und prognostischer Aussagen, bezieht das Alternativparadigma wertbewußter Wissenschaft eine umfassende, zusammenschauende Folgelastenabschätzung – eben dies bedeutet ›synoptische Konsequenzenforschung‹ – gleichgewichtig mit ein.[7] Das

sogenannte »Technology Assessment« ist nur ein Spezialfall der hier gemeinten synoptischen Konsequenzenforschung. Solche Konsequenzen können *physisch-materieller* Art sein, wobei man zwangsläufig an Kerntechnik, die Umweltkonsequenzen traditioneller Industrien (z. B. »Saurer Regen«), chemische Produktion (Seveso) denken wird, ebenso natürlich an unvorhergesehene Auswirkungen großer Staudammprojekte (Assuan), weitflächige Abholzungen von Urwäldern (Amazonas) u. v. a. m. *Psychosomatische* Folgelasten ergeben sich aus dem Konsum von Massenmedien, aus Architektur und ungeplanten Siedlungen, Verkehrssystemen, natürlich auch aus einer unphysiologischen Lebensführung. *Intellektuelle* Folgelasten entstehen insgesamt aus der von Max Weber beschworenen »Rationalisierung der Welt«, die von blinder Naturbeherrschung bis zu rationalistischer Selbstverengung reicht, eben dem sogenannten »Szientismus«. *Sozioökonomische* Konsequenzen ergeben sich aus dogmatisch erstarrten, miteinander bedrohlich oder gar kriegerisch konfligierenden Gesellschaftsordnungen; ferner aus einer sich immer schneller mechanisierenden und automatisierenden Arbeits- und Kommunikationswelt. Schließlich entstehen aus dem Gesamtprozeß des historischen Wandels *axiologische*, d. h. wertmäßige Folgelasten: Wertwandel durch Erosion überkommener Werte infolge der wiederum von Max Weber scharfsichtig beschriebenen »Entzauberung der Welt«, so das Schwinden von Glaube und Heiligkeit, also übermenschlicher Wertordnungen, zugunsten von technisch verwertbarem Wissen in einer immer stärker ihrer Vielschichtigkeit beraubten Welt. All dies sind Paradebeispiele eines »Science Assessment« als synoptische Erforschung der Konsequenzen unserer verwissenschaftlichten Kultur.

Als Alternativen, Wissenschaft wieder empfindlich zu machen für Werte, die außerhalb des Eigenwerts von Wissen liegen, bietet sich zunächst der Versuch an, Wissenschaft besser zu steuern mittels moralischer Prinzipien, die die Wissenschaftler leiten sollen. In diesem Zusammenhang wurde verschiedentlich der Vorschlag gemacht, Studenten, aber auch ihren Lehrern ein den heutigen Erfordernissen angepaßtes Obligat, ähnlich dem hippokratischen Eid, abzunehmen. Ein Philosoph spricht von einem »akademischen Eid«, der den Wissenschaftler auffordert, so zu handeln, daß die Wissenschaftskriterien zusammen mit dem von ihm so genannten humanistisch-oikologischen Obligat stets gleichzeitig erfüllt sind. Unter einem humanistisch-oikologischen Obligat versteht dieser Philosoph, »menschliche Vorsorge und Fürsorge für sich gleichermaßen wie für alle Menschen [...] anzuerkennen«.[8] Daß solche Obligate auch als letzter Maßstab der Wertung aller wissenschaftlichen Tätigkeit und ihrer Ergebnisse dienen, versteht sich von selbst. Man sollte die Wirksamkeit solcher institutionell abgesicherten Eide nicht voreilig zur reinen Utopie erklären.

Eine Alternative wäre der Versuch, diese umfassenden Obligate durch wissenschaftsinterne positive und negative Sanktionen abzusichern. Ein Mittel zur Selbststeuerung der Wissenschaft stellt *Reputation*, also wissenschaftliches Ansehen, dar. Sie bildet sich u. a. durch Verallgemeinerung wissenschaftlicher Einzelleistungen, durch Zitierkartelle und Anwesenheit an renommierten Plätzen. Das Eintreten etwa für einen Forschungsstopp, wenn ersichtlich wird, daß versteinerte Sozialstrukturen nicht in der Lage sind, Ergebnisse der Wissenschaft ohne extreme Folgen zu verkraften – dieser Mut ist heute eher reputationsschädigend als -fördernd. Ebenso ist an die Errichtung interner Wissenschaftsgerichte zu denken, die bei strittigen ethischen Fragen Empfehlungen zu freiwilliger Selbstbindung des Wissenschaftlers geben. Für den besonders empfindlichen Bereich der biomedizinischen Forschung existieren in USA gerichtsähnliche Institutionen, z. B. das »Bioethic Center«, in Hastings-on-Hudson (N. Y.). Es ist bezeichnend, daß ähnliche Einrichtungen in der Bundesrepublik nicht nur fehlen, sondern grundsätzlich abgelehnt werden.[9] Zu fordern wäre eine ständige Einrichtung, die sich mit der Untersuchung und Beurteilung der ethischen, sozialen und rechtlichen Folgelasten des Fortschritts in den unterschiedlichen Wissenschaften beschäftigt.

Das Modell wertbewußter Wissenschaft geht also davon aus, daß weder in der Theorie noch in der Praxis wertfreie Wissenschaft möglich noch überhaupt wünschenswert ist. Da auch in der Forschung überall massiv gewertet wird, fordert das Alternativmodell, daß Werturteile ausgesprochen werden. Dies bedeutet allerdings keineswegs als Gegenmodell eine *parteiische* Wissenschaft, wie sie heute in politischen und religiösen Orthodoxien weiter existiert. Parteiische Wissenschaften haben sich weltweit ebenso blamiert wie wertfreie Wissenschaft, denn im Namen ideologisch gebundener wissenschaftlicher Bemühungen sind Verbrechen gegen Menschen und Menschlichkeit begangen worden. Allein der Blick auf die neubegründete Disziplin ›Gentechnologie‹ beweist die Notwendigkeit, für konkrete Forschungsprojekte eine Wertetafel auszuformulieren. Wertbewußte Wissenschaft würde hier also von der projektspezifischen Setzung grundlagen- und zielbegründender Werte ausgehen. Danach ist synoptische Konsequenzenforschung zu betreiben, um die bei der Problemlösung auftretenden Folgen zu erfassen und zu bewerten. Dem müßte sich die Erforschung der Konsequenzen anschließen, die sich aus den zu erwartenden Ergebnissen mittelfristig wahrscheinlich einstellen würden. Bei der Gentechnologie wäre das die Tatsache, daß das gleiche Instrumentarium auch »eugenische Zuchtwahl« erlaubt, also eine gezielte Auswahl positiv bewerteten Erbguts bei Individuen und Kollektiven. Dies Alternativmodell wertbewußter Wissenschaft erscheint geeignet, jene Rationalitätslücke auszufüllen, die – von wertfreier Wissenschaft hinterlassen –, bisher von Ideologien oder politisch-technischen ›Sachzwängen‹ überbrückt wird.

2. Abgestufte Verantwortung. Aus dem zuvor Gesagten ergibt sich die Notwendigkeit, daß Auftraggeber und Anwender von Wissenschaft im allgemeinen sowie Wissen-

schaftler im besonderen in ein System abgestufter Verantwortlichkeiten eingebunden werden. Denn wertbewußt kann ja nicht *die* Wissenschaft sein, sondern nur einzelne Wissenschaftler, deren Berufsorganisationen, Auftraggeber, Anwender, usw. Fernziel ist dabei letztlich die wertbewußte Gesellschaft. Institution und Organisation ›Wissenschaft‹ sollen nicht politisiert werden, schon gar nicht im Sinne parteiischer Wissenschaften. Noch sollen sich Wissenschaftler aus ihrer persönlichen und gemeinsamen Verantwortung dadurch lösen können, daß sie sich schlicht auf herrschende Wertetafeln ihrer Verbände oder der Gesellschaft berufen. Der einzelne Wissenschaftler mag und darf parteiisch sein, seine Wert- als Gewissensentscheidung muß er letztlich selbst verantworten, nicht eine Organisation. Er wird damit mündiger Bürger der »Verantwortungsgesellschaft«, um den neuen Jargonbegriff deutscher Politiker zu verwenden.

3. Strukturelles Lernen. Wertfreie wie auch parteiische Wissenschaft, die sich der Problematik einer weltweiten Ausbreitung reinen und angewandten wissenschaftlichen Fortschritts zu entziehen suchen, täten – beabsichtigt oder nicht – den Schritt von verantwortungs*freier* zu verantwortungs*loser* Wissenschaft. Damit setzt das Alternativmodell wertbewußter Wissenschaft, mit Max Weber zu sprechen, Verantwortungsethik anstelle von Gesinnungsethik. »Strukturelles Lernen« (Obermeier)[10] bedeutet nun, daß wir lernen, neuen Situationsstrukturen mit neuen Modellen, Ansätzen und Methoden zu begegnen. Mit der Veränderung früherer Gegebenheiten sind alte Freiheitsgrade erschöpft, daher aufzuheben. Kein rationaler Bürger wird die Einführung der allgemeinen Schulpflicht, die Abschaffung der Selbstjustiz oder die klinisch bzw. gerichtlich angeordnete Bluttransfusion für lebensgefährdete Patienten als Verletzung seiner Grundrechte ablehnen können; ebensowenig die Aufhebung der Leibeigenschaft, also historisch hinfällig gewordene totale Herrschaft von Menschen über Menschen. Andererseits sind

in demokratischen Gesellschaften neue Freiheitsgrade aner-
kannt – neben den klassischen Grundrechten wären hier das
Recht auf Bildung, auf Selbstverwirklichung außerhalb des
Arbeitsplatzes, heute eben auch eine human verpflichtete
Wissenschaft – zu nennen, womit eine Dialektik zwischen
Verfall und Schöpfung von Freiheitsgraden als neuer Inbe-
griff von Aufklärung sichtbar wird.[11]
Sicher klingen heute Vorschläge einer Forscher-Selbstkon-
trolle durch Wissenschaftsgerichtshöfe noch utopisch. Sie
hätten hinsichtlich einer wissenschaftlich wie gesamtgesell-
schaftlich gewünschten Steuerung von Forschungsförderung
willensbildend zu wirken, aber auch über forschungsethische
Probleme zu entscheiden. Dies ist nur dann Forschungszen-
sur, wenn man den hochkomplexen Sachverhalt vordergründig und eindimensional aus der Perspektive allein einer
betroffenen Gruppe, nämlich der Forscher, sieht. Gegenüber
modernem Szientismus und seinen übersteigerten Grundwerten arbeitsteilig begrenzter Forschung will das Modell
wertbewußter Wissenschaft zunächst Weichen aufzeigen, die
dann gestellt werden müssen.
Damit erweist sich das neue Paradigma wertbewußter Wissenschaft als gleichermaßen bewußtseinsverände*rte* wie bewußtseinsverände*rnde* Wissenschaft. Es macht schließlich
auch eine neuartige Alternativstrategie sichtbar: Anstelle
einer blinden Opposition gegenüber wissenschaftlichem
Fortschritt und Forschung überhaupt soll Opposition gegenüber blinder Wissenschaft und blindem Fortschritt treten.

Anmerkungen

1 Zit. nach: Wolfgang van den Daele, »Die soziale Konstruktion
  der Wissenschaft – Institutionalisierung und Definition der positiven Wissenschaft in der zweiten Hälfte des 17. Jahrhunderts«,

in: Gernot Böhme [u. a.]: *Experimentelle Philosophie. Ursprünge autonomer Wissenschaftsentwicklung*, Frankfurt a. M. 1977, S. 129–182.

2 Wolf Schäfer, »Normative Finalisierung. Eine Perspektive«, in: *Starnberger Studien 1: Die gesellschaftliche Orientierung des wissenschaftlichen Fortschritts*, Frankfurt a. M. 1978, S. 407 f.; Allen G. Debus, *Science and Education in the Seventeenth Century*, London/New York 1976, S. 62 f.

3 Max Weber, »Die Objektivität sozialwissenschaftlicher und sozialpolitischer Erkenntnis«, in: M. W., *Gesammelte Aufsätze zur Wissenschaftslehre*, hrsg. von Johannes Winckelmann, Tübingen 1973, S. 151.

4 Gerald L. Eberlein, *Maximierung der Erkenntnisse ohne sozialen Sinn? Für eine wertbewußte Wissenschaft*, Zürich/Osnabrück 1987; bes. Kap. 5.

5 Schon der Begriff einer »anwendungsorientierten Grundlagenforschung« ist ja überaus vielsagend.

6 Das *Journal of Business Ethics* erscheint im Verlag D. Reidel in Dordrecht; 1978 erschien die *Encyclopedia of Bioethics* (hrsg. von Warren T. Reich; New York).

7 Dazu insbes. Otto P. Obermeier, »Wertsensible Wissenschaft als pragmatisches Alternativparadigma zur Neubegründung ›reiner‹ und angewandter Sozialwissenschaften«, in: Helmut Klages (Hrsg.), *Arbeitsperspektiven angewandter Sozialwissenschaft*, Opladen 1985, S. 23 ff.

8 Werner Leinfellner, »Wissenschaftstheorie und Begründung der Wissenschaft«, in: Gerald L. Eberlein [u. a.] (Hrsg.), *Forschungslogik der Sozialwissenschaften*, Düsseldorf 1974, S. 11–35.

9 Vgl. Herbert Paschen / Klaus Gresser / Felix Conrad, *Technology Assessment – Technologiefolgenabschätzung*, Frankfurt a. M. 1978.

10 Vgl. Anm. 7.

11 Gerald L. Eberlein: Aufklärung heute – die andere Emanzipation. In: akademie forum masonicum. Jahrbuch 1987. S. 131–141.

HERBERT KEUTH

Die Abhängigkeit der Wissenschaften von Wertungen und das Problem der Werturteilsfreiheit

Vor einem Jahrhundert begann eine Auseinandersetzung, die 1913 in der *Werturteilsdiskussion* im Verein für Sozialpolitik gipfelte.[1] Vor einem Vierteljahrhundert wurde sie als *Positivismusstreit* in der deutschen Soziologie wiederaufgenommen,[2] und noch heute dauert sie fort. Ihr zähes Überleben verdankt sie der Vermengung verschiedener Probleme und dem Interesse an der politischen Nutzung beruflicher Positionen in der Wissenschaft.

Anlaß der Auseinandersetzung waren gegensätzliche Einstellungen zur *Kathederwertung* (2) und unterschiedliche Meinungen über die Möglichkeit *wissenschaftlichen Wertens* (3). Doch geführt wurde sie auch, vielleicht sogar überwiegend, um verwandte Themen. So mißt die eine Seite, vertreten durch Max Weber, der *deutlichen Unterscheidung von Aussagen und Werturteilen* (5) größte Bedeutung bei, während Vertreter der anderen selbst heute noch behaupten, in den Humanwissenschaften sei die Unterscheidung gar nicht möglich. Diese Fragen werden oft miteinander vermischt unter dem Etikett »Werturteilsfreiheit« oder gar »Wertfreiheit« abgehandelt. Der Hinweis auf die *Abhängigkeit der Wissenschaften von Wertungen* (1) dient meist als Hilfsargument. Er soll plausibel machen, daß sich Aussagen und Werturteile nicht trennen lassen, Kathederwertung also unvermeidlich ist, und daß wissenschaftliches Werten möglich ist. Aber auch wenn es unmöglich ist, müssen Wertungsfragen nicht völlig der moralphilosophischen oder geisteswissenschaftlichen Spekulation überlassen bleiben, sondern können Gegenstände formalwissenschaftlicher und erfahrungswissenschaftlicher Untersuchungen sein (4).[3]

Die öffentliche Diskussion über die *Verantwortung des Wissenschaftlers für die Folgen seiner Arbeit* galt zunächst nur der Beteiligung an der Entwicklung von Atomwaffen. Inzwischen hat sie sich in verschiedener Hinsicht ausgeweitet. Heute schließt sie nicht nur die zivile anwendungsbezogene Forschung ein, sondern auch die Folgen einer nicht vorhersehbaren Verwendung von Ergebnissen der Grundlagenforschung. Dieser Problemkreis kann hier nicht erörtert werden.[4]

1 *Die Abhängigkeit der Wissenschaften von Wertungen*

Befürworter der Kathederwertung, zumal solche, die behaupten, nicht nur persönlich einen moralischen Standpunkt zu haben, sondern auch über praktisches, ethisches Wissen zu verfügen, bedienen sich häufig folgender Diskussionsstrategie. Sie halten ihren Opponenten entgegen, letztlich hänge auch alles, was diese sagen, von Wertungen ab. Das trifft zwar zu, erlaubt aber keine Folgerungen hinsichtlich der Kathederwertung oder der Möglichkeit wissenschaftlichen Wertens bzw. praktischen Wissens.

1.1 Handlungen

In einem bestimmten Sinne ist die Abhängigkeit der Wissenschaft von Wertungen trivial. *Jede* Tätigkeit und jede Äußerung eines Wissenschaftlers ist ja eine *Handlung*. So besteht das Einstellen eines Bunsenbrenners oder die Äußerung »Der Siedepunkt dieser Flüssigkeit ist erreicht« nicht nur in dem jeweils beobachtbaren *Verhalten*. Vielmehr gehört dazu auch das entsprechende *Motiv*. Der Forscher muß *beabsichtigen*, sich so zu verhalten. Er muß also diese Verhaltensweise allen anderen, die er an ihrer Stelle zeigen könnte, und der Untätigkeit *vorziehen*, d. h., er muß sie gegenüber diesen Alternativen höher *bewerten*. Unabhängig von *solchen Wertungen* kann nur zufälliges Verhalten sein, nicht jedoch absichtliches Handeln.

Wie die Beispiele zeigen, *müssen* diese Wertungen aber keineswegs moralischer oder politischer Natur sein, und im allgemeinen *können* sie es auch gar nicht sein, denn die Handlungen sind *Mittel* zu einem gegebenen Zweck, und sie werden unter dem Gesichtspunkt der *Zweckmäßigkeit* gewählt. Ihre Eignung ist eine *Tatsachenfrage*, und die Annahme, sie seien geeignet, kann zwar falsch, aber nicht verwerflich sein.

Doch der Einsatz eines Mittels hängt nicht nur von seiner vermuteten Eignung zu einem Zweck, sondern auch von der *Setzung dieses Zwecks* ab, und die *kann* Gegenstand eines *moralischen Urteils* sein (s. unter 4). In der Forschung sind aber die meisten Zwecke ihrerseits nur Mittel zu weiteren Zwecken. So wird der Bunsenbrenner reguliert, um eine bestimmte Temperatur zu erreichen. Die ist erforderlich, um eine chemische Reaktion in Gang zu setzen. Deren Produkt wird wieder als Ausgangsstoff einer Synthese benötigt, usw. »Letzter« Zweck der Regulierung des Brenners ist die Beantwortung jener Frage, der das ganze Forschungsprojekt gilt (s. unter 1.2).

1.2   Die Fragestellung

Auch die Entscheidung für ein bestimmtes Forschungsvorhaben setzt als Handlung eine *Wahl* und insofern eine *Wertung* voraus. Man muß dieses Vorhaben einer anderen Tätigkeit, die man statt dessen hätte aufnehmen können, *vorziehen* und in diesem Sinne *werten*: »Es gibt *keine* schlechthin ›objektive‹ wissenschaftliche Analyse des Kulturlebens oder [...] der ›sozialen Erscheinungen‹ *unabhängig* von speziellen und ›einseitigen‹ Gesichtspunkten, nach denen sie – ausdrücklich oder stillschweigend, bewußt oder unbewußt – als Forschungsobjekt ausgewählt, analysiert und darstellend gegliedert werden.«[5]

Die Wertung *kann* auch moralischer oder politischer Natur sein. So kann man das o. a. Projekt befürworten, weil es nicht nur der Lösung eines *wirtschaftlichen* (Steigerung der Ernteerträge), sondern zugleich eines *politischen* wie *moralischen* Problems (Ernährung der wachsenden Weltbevölkerung) dient. Andererseits werden gegen Forschungsprojekte der Genetik moralische Einwände geltend gemacht, bei Großforschungseinrichtungen wird nach der »gesellschaftlichen Relevanz« gefragt und bei der Auftragsforschung die Abhängigkeit von »Profitinteressen« gerügt.

Die Wahl der Fragestellung hat auch Konsequenzen für die *Erfassung des Gegenstands* der Untersuchung: Schon die »Qualität eines Vorganges als [z. B.] ›sozial-ökonomischer‹ Erscheinung ist nicht etwas, was ihm als solchem ›objektiv‹ anhaftet. Sie ist vielmehr bedingt durch die Richtung unseres Erkenntnis*interesses* [...].«[6] Weber spricht auch vom »Erkenntnis*ziel*«, und er meint damit jenes Interesse, das der Forscher an einer konkreten Fragestellung bzw. an einer möglichen Antwort hat.

1.3 Werte der Wissenschaft

Es gibt aber auch Werte, von denen Wissenschaft *stets* abhängt, vor allem jener Wert, den man der *Wahrheit* beimißt. Wissenschaft ist »an die Voraussetzung des *Wertes* derjenigen Wahrheit gebunden [...], die das Erfahrungswissen allein uns zu geben vermag«. Und daß man ihr einen Wert beimißt, versteht sich keineswegs von selbst: »Wem diese Wahrheit nicht wertvoll ist – und der Glaube an den Wert wissenschaftlicher Wahrheit ist Produkt bestimmter Kulturen und nichts Naturgegebenes –, dem haben wir mit den Mitteln unserer Wissenschaft nichts zu bieten.«[7] Gemeint ist die *Wahrheit im Sinne der Übereinstimmung mit der Wirklichkeit*. Niemand sollte die Korrespondenztheorie der Wahrheit wörtlich nehmen, aber wer ihren Grundgedanken (ein Aussagesatz sagt über eine von uns verschiedene Realität

»Es verhält sich so und so«, und er ist genau dann wahr, wenn
es sich wirklich so und so verhält) ablehnte, der könnte nicht
empirische Wissenschaft betreiben.

Man spricht auch von der *Objektivität im Sinne der Orientierung an der Wirklichkeit.* Und die *Objektivität im Sinne der
intersubjektiven Prüfbarkeit* ist ebenfalls für die Wissenschaften *unverzichtbar.* Dagegen hat die als Erbteil der
Antike überkommene Hoffnung getrogen, durch »Analyse
des Empirischen auf gesetzliche Zusammenhänge hin zu einer
rein ›objektiven‹, d. h. hier: *von allen Werten losgelösten* [...]
Erkenntnis der gesamten Wirklichkeit [...] zu gelangen«.[8]
*Objektivität im Sinne der Unabhängigkeit von allen Wertun-
gen* ist *unmöglich.* Darüber mußte Habermas den »Erzposi-
tivisten« Max Weber nicht belehren.

1.4   Die Geltung der Aussagen

Auch die *Beurteilung einer Aussage als wahr oder falsch*
involviert die *Wahl* eines dieser Prädikate und *insofern* eine
Bewertung von Alternativen. Trotzdem behauptet man eine
Tatsache und fällt nicht etwa ein Werturteil, wenn man eine
Aussage »wahr« nennt. Denn die Bewertung dieser Alternativen ist bei *empirischen* Sätzen nicht moralischer Natur, vielmehr wird aufgrund von *Sinneseindrücken* das eine Urteil
dem anderen vorgezogen. Wenn der Empiriker sich entschei-
det, die Wahrheit von Aussagen als deren Übereinstimmung
mit der Wirklichkeit zu verstehen und sie anhand von Beob-
achtungen zu beurteilen, so deshalb, weil diese Wahl ihm
zwingend erscheint, denn in Tatsachenfragen kennt er keine
Alternative zur Sinneswahrnehmung. Und die Wahrheit
mathematischer und *logischer* Sätze wird allein aufgrund ihrer
Form beurteilt.

Der *wissenschaftliche Charakter* der Sätze verlangt nicht nur
ihre *intersubjektive Prüfbarkeit,* sondern auch die Unabhängigkeit ihrer Geltung von *manchen,* ja von den weitaus meisten Wertungen. Vor allem *muß die Geltung einer Aussage als*

wahr unabhängig davon sein, ob wir den Sachverhalt, den sie behauptet, schätzen oder ablehnen.

Von solchen individuellen und wandelbaren Wertungen macht auch Habermas die Geltung der Aussagen nicht abhängig, wohl aber von invarianten *Erkenntnisinteressen*, die *quasi-transzendentalen Status* haben.[9] So soll die Geltung empirischer Sätze vom »technologischen Erkenntnisinteresse« abhängen. Doch eine Abhängigkeit von etwas Invariantem wäre empirisch gar nicht feststellbar. Seine Vorstellung davon resultiert allein aus seiner pragmatistischen Interpretation der Wissenschaften, und die ist unhaltbar.

2 Zur Kathederwertung

Bekanntester Gegenstand der Werturteilsdiskussion ist die »Kathederwertung«. Man streitet darüber, »ob man im *akademischen Unterricht* sich zu seinen ethischen, ästhetischen, weltanschauungsmäßigen oder anderen praktischen Wertungen ›bekennen‹ *solle* oder nicht«.[10] Max Weber gilt als ihr härtester Gegner. Dabei hatte er sie in seiner Freiburger Antrittsrede (1895) noch befürwortet, und selbst auf dem Höhepunkt der Werturteilsdiskussion (1913) lehnte er sie nicht völlig ab, vielmehr wollte er sie in sogenannten »Wertungs-Diskussionen« (s. unter 4) selber dezidiert werten. Für ihn ist die Frage der Kathederwertung auch nur von untergeordneter Bedeutung.

Bei dieser Frage geht es also nicht darum, ob der Forscher von Wertungen *frei sein*, sondern darum, ob er sie im akademischen Unterricht *äußern*, ob er dort Werturteile fällen soll. Und *Werturteile* sind »*praktische* Wertungen sozialer Tatsachen als, unter ethischen oder unter Kulturgesichtspunkten« (»oder aus anderen Gründen«), »praktisch *wünschenswert* oder *unerwünscht*«.[11] Dagegen ist die Beurteilung einer Maßnahme als *zweckmäßig* kein Werturteil, sondern, ebenso wie die Beurteilung einer Aussage als *wahr*, eine Tatsachenbehauptung.

Sowohl die Zustimmung zur als auch die Ablehnung der Kathederwertung sind billigende oder mißbilligende und insofern *wertende Stellungnahmen*. Welche *Gründe* werden dafür angegeben? Weber meint, die Frage, ob man auf dem Katheder überhaupt werten solle, lasse sich *nicht* wissenschaftlich beantworten, denn sie hänge selbst gänzlich von praktischen Wertungen ab, insbesondere davon, welche *Aufgaben* der einzelne von seinen Wertungen aus den Universitäten zuweisen möchte. Er selbst weist ihnen die »fachmäßige« Schulung zu und hält »intellektuelle Rechtschaffenheit« für die einzige spezifische Tugend, zu der sie zu erziehen haben.

Er nennt auch Gefahren des *Mißbrauchs* der Lehrtätigkeit für politische Zwecke. So könnten sich nicht alle Parteimeinungen auf dem Katheder Geltung verschaffen, und wer dort werte, könne seinen Wertungen leicht einen falschen Anschein von Berechtigung geben, könne sich herausnehmen, »im Namen der Wissenschaft« zu werten, oder versuchen, die Wertungen »mit seiner Autorität zu legitimieren«.[12] Eben diese Möglichkeit schätzen jene Autoren, die sich im Besitz praktischen, ethischen Wissens wähnen. So entgegnet Leo Strauss, wer auf wertende Stellungnahmen verzichte, unterdrücke sein besseres Wissen und mache sich so der intellektuellen Unredlichkeit schuldig.[13]

3 *Praktisches Wissen und die Werturteilsfreiheitsthese*

Sind wertende Stellungnahmen nur Ausdruck persönlicher *Entscheidung*, oder kann man mit den Mitteln einer Wissenschaft oder der Philosophie *erkennen*, welche Werturteile, Forderungen, Normen richtig sind? Der Anspruch, die *Philosophie* vermittle ethisches, *praktisches Wissen*, ist alt. In der *Werturteilsdiskussion* stritt man nun u. a. darüber, ob

Geisteswissenschaften, insbesondere die Nationalökonomie, eben dies leisten.

Eduard Spranger hielt die Möglichkeit fachwissenschaftlicher Werturteile und Normen sogar für das eigentlich zur Verhandlung stehende Problem. Er versuchte denn auch zu zeigen, wie die Nationalökonomie wissenschaftlich werten kann, und postulierte, sein Verfahren sei auf die anderen Geisteswissenschaften übertragbar. Es kann hier nicht beschrieben werden, aber sein Resultat verdient Beachtung. Denn er fand, nationalökonomische Werturteile seien dann wissenschaftlich, wenn sie nationalistisch sind.[14]

Dagegen verwarf Max Weber den Versuch, eine Geisteswissenschaft, speziell »die Nationalökonomie zur Dignität einer ›ethischen Wissenschaft‹ auf empirischer Grundlage zu erheben.«[15] Er resümiert sein Argument mit einem Satz, der wegen seiner Prägnanz auch als die *Werturteilsfreiheitsthese* (Gerard Radnitzky), als *Wertfreiheitsthese* oder *Wertfreiheitsprinzip* (Hans Albert) zitiert wird: »Eine empirische Wissenschaft vermag niemanden zu lehren, was er *soll*, sondern nur, was er *kann* und – unter Umständen – was er *will*.«[16] (Es hieße wohl besser »These der Unmöglichkeit wissenschaftlichen Wertens« oder ». . . wissenschaftlicher Werturteile«.) Und zu den empirischen Wissenschaften zählt Weber auch die Geisteswissenschaften, soweit sie beschreiben und verstehend erklären. Als These kann dieser Satz wahr oder falsch sein. Aber es gelang bisher niemandem, ihn zu widerlegen.

Im *Positivismusstreit* wurde das Thema wiederaufgenommen. Theodor W. Adorno und Jürgen Habermas vertraten die »Kritische Theorie« der Frankfurter Schule und behaupteten, die »dialektische Gesellschaftstheorie« vermittle ethisches Wissen; dagegen zweifelten die »Kritischen Rationalisten« Karl Raimund Popper und Hans Albert generell an der Möglichkeit ethischen Wissens.

Wie glaubte man denn das praktische Wissen zu gewinnen? Die Gesellschaftstheorie entwirft dialektische Gesetze von

der Art *historischer Bewegungsgesetze*, und diese Gesetze
sprechen auch den *objektiven Sinn* eines historischen Le-
benszusammenhangs aus – seine *Emanzipation* von natur-
wüchsigem Zwang. Habermas wollte diese geschichtsphi-
losophischen Thesen als sozialwissenschaftlich verstanden
wissen, und er hielt sie für um nichts weniger gewiß als er-
fahrungswissenschaftliche.[17] Doch inzwischen meint auch
er, das geschichtsphilosophische Denken resultiere aus einer
»grundbegrifflichen Konfusion«.[18]
Aber auch kein anderer Versuch, ethisches Wissen zu gewinnen, war erfolgreich, gleich ob die als richtig »erkannten«
Werte und Forderungen nun »konservativ« waren, wie bei
der Naturrechtslehre von Leo Strauss, oder »progressiv« wie
bei der »konstruktivistischen Ethik« der Erlanger Schule, bei
Karl-Otto Apels »Transzendentalpragmatik« oder Habermas' damit verwandter »Diskursethik«.
Der Streit um die Möglichkeit praktischen Wissens wäre
längst beendet, wenn irgend jemand zeigte, wie moralische
Fragen wissenschaftlich oder philosophisch richtig beantwortet werden können. Grundsätzlich gibt es zwei Weisen,
das Problem anzugehen, nämlich den Versuch einer *Begründung* von Normen und Werturteilen einerseits und die Berufung auf eine spezifisch moralische *Erfahrung*, etwa eine
göttliche Offenbarung, andererseits.
Unglücklicherweise führt der – rationalistische – Weg der
Begründung schon aus logischen Gründen nicht zum Ziel.
Soll nämlich die Wahrheit einer Aussage oder die Richtigkeit
einer Norm, einer Forderung, eines Werturteils durch zureichende Begründung gesichert werden, so ist auch die Angabe
jedes Grundes ihrerseits zu begründen. In einem solchen
Argument muß also *alles* begründet werden. Und soll die
Begründung nicht voraussetzen, was erst zu begründen wäre,
so muß der Grund auch vom zu Begründenden *verschieden*
sein. Doch jeder Versuch einer solchen Begründung führt in
eine ausweglose Situation, denn man muß wählen zwischen
einem *unendlichen Regreß*, einem *zirkulären Argument* und

einem *Abbruch des Verfahrens*. Hans Albert nannte dies das »Münchhausen-Trilemma«.[19] Auch Apel und Habermas räumen ein, es folge aus der Forderung rein *deduktiver* Begründung. Tatsächlich ergibt es sich aber bei *jeder* Beziehung zwischen Grund und zu Begründendem.

Apel schlägt denn auch vor, den Regreß bei Gründen abzubrechen, die aufgrund von *Erkenntnis-Evidenz* gewiß sind.[20] Wie zuverlässig ist aber die Berufung auf Evidenz? Zwar gilt die *Sinneserfahrung* als relativ zuverlässig, u. a. ist sie nicht, oder nur in sehr geringem Maße, kulturspezifisch. Aber auch die sorgfältigste *Beobachtung beweist nicht* die Wahrheit des entsprechenden Beobachtungssatzes. Das Wahrnehmungsurteil bleibt also *fehlbar*, ist aber *intersubjektiv prüfbar*.

Andererseits ist auch von *moralischen Erfahrungen* die Rede, und die »materiale Wertethik« (Max Scheler, Nicolai Hartmann) stellt sittliche Werte als unwandelbare Wesenheiten dar, die geschaut oder gefühlt werden können. Doch solche Wahrnehmungen haben sich bisher nie als zuverlässig erwiesen. Weder machen verschiedene Personen in derselben Situation die gleiche moralische Erfahrung, noch lassen sich Situationen hinreichend genau bestimmen, in denen dieselbe Person zu verschiedenen Zeiten die gleiche Erfahrung macht. Das Urteil aufgrund moralischer Erfahrungen ist also *nicht intersubjektiv prüfbar* und deshalb bleibt auch *offen, ob man hier überhaupt von einem richtigen oder falschen Urteil sprechen kann*. Solche Versuche, praktisches Wissen zu gewinnen, haben denn auch nur wenige Anhänger.

Dagegen will Apel die »*transzendentalpragmatische Reflexion*« als Quelle der Evidenz nutzen, doch dabei handelt es sich wohl nur um einen säkularisierten Offenbarungsglauben. Auch sonst ist die »*Reflexion*« nur geeignet, Meinungen zu *bilden*, nicht aber, ihre Wahrheit zu *belegen*, denn Philosophen, die sich auf die Reflexion berufen, kommen zu einander widersprechenden Ergebnissen, und höchstens eines davon kann zutreffen.

Sollte es je so etwas wie *praktisches Wissen* geben, so wird sich die Richtigkeit eines moralischen Urteils nicht auf eine zureichende Begründung stützen können, denn die ist wegen des Begründungs-Trilemmas unmöglich, sondern nur auf eine bisher noch unbekannte oder unbeachtete Art der Erfahrung mit diesseitiger oder jenseitiger Quelle. Einstweilen ist aber nicht zu sehen, wie eine solche Erfahrung beschaffen sein könnte; und *da wir nicht wissen können, was wir tun sollen, müssen wir uns damit begnügen, zu entscheiden, was wir tun wollen.*

4　Wertungsdiskussionen

Auch Max Weber will auf dem Katheder »praktisch werten«, falls eine »wirkliche ›Wertungs‹-Diskussion« stattfindet, d. h., falls man »über *praktische Wertungen* der an der Diskussion *Beteiligten*« spricht.[21] Gemeint sind Wertungen, deren *persönlicher* Charakter eingestanden, für die also nicht der Anspruch der Allgemeingültigkeit erhoben wird. Und angesichts des gegenwärtigen Stands der praktischen Philosophie könnte ja auch kein »Diskurs« sie als *allgemeingültig* auszeichnen. Wozu diskutiert man dann aber?

Eigentlicher Sinn solcher Diskussionen ist es, »das, *was der Gegner (oder auch: man selbst) wirklich meint,* d. h. den Wert, auf den es jedem der beiden Teile wirklich und nicht nur scheinbar ankommt, *zu erfassen*«. Es geht aber nicht etwa darum, die Äußerungen des Gegners zu »hinterfragen«, um ihn so zu »entlarven«, ihm also böse Absichten nachzuweisen, sondern darum, »zu diesem Wert eine *Stellungnahme* überhaupt erst *zu ermöglichen*.«[22]

Dazu müssen die Werte und Normen einer Person zunächst *in Erfahrung gebracht* und dann auf ihre *Vereinbarkeit* miteinander und ggf. ihre *Abhängigkeit* voneinander geprüft werden. Letzteres ist sowohl ein logisches als auch ein sachliches Problem. So sind der Wunsch nach einem saftigen Steak und jener, vegetarisch zu leben, *logisch* unvereinbar, während der Wunsch, im Urlaub nach Kenia zu fliegen, und jener, die Umwelt nicht mit vermeidbaren Schadstoffemissionen zu belasten, *faktisch* unvereinbar sind.

Bei diesen banalen Gegenständen unserer *Wertungen* spricht man im allgemeinen noch nicht von Werten. Erst wenn wir vom ›Steak‹ über die ›proteinreiche Ernährung‹ zum ›Überleben‹ kommen, gewinnen sie jenes Gewicht, das sie zum Gegenstand philosophischer Traktate und politischer Stellungnahmen prädestiniert. Der Ordnung »vom ... über ... zum ...« liegt eine Zweck-Mittel-Beziehung zugrunde. Manche Gegenstände schätzen wir allein als Mittel zu bestimmten Zwecken, andere allein um ihrer selbst willen, also nur als Zwecke (Überleben?), wieder andere sowohl als Mittel wie auch als Zwecke (Steak). Jene, die wir allein um ihrer selbst willen schätzen, sind *»letzte« Zwecke,* und sie sind die bevorzugten Kandidaten für den Titel *»Wert«.* Wer auf jede Wertphilosophie verzichtet, unterscheidet hier i. a. nicht mehr, und mancher nennt auch solche Zwecke, die zugleich Mittel sind, Werte. Doch wer darüber philosophiert, mag einen Wert für »eine durch die Fähigkeit des Wertens erkennbare Wesenheit« halten.

Wenn es darum geht, die Werte und Normen einer Person *in Erfahrung zu bringen,* stößt das Gespräch bald an Grenzen. Um sie weiter hinauszuschieben, kann man auf Resultate empirischer Wissenschaften, hier vor allem der Psychologie, zurückgreifen. Doch die Bereitschaft dazu bleibt begrenzt, denn welche Werte jemand teilt, ist wiederum Gegenstand von Bewertungen, und Menschen schätzen eine gute Meinung von sich nun einmal höher als eine wahre. Sie können ihre wirklichen Werte auch leichter realisieren, wenn es ihnen gelingt, die eigenen Zwecke vorteilhaft oder die Zwecke anderer nachteilig darzustellen. Daß beides gern versucht wird, zeigt fast jede parlamentarische Debatte.

Sind die Werte eines Teilnehmers der »Wertungsdiskussion« ermittelt, so müssen sie *zueinander in Beziehung gesetzt* wer-

den. Dazu leisten Entscheidungstheorie, Spieltheorie und
Nationalökonomie logische, die empirischen Wissenschaften
sachliche Beiträge. Doch die Probleme sind beträchtlich.
Zieht man nur einen einzigen »höchsten« Wert oder Zweck in
Betracht, so ist es immerhin denkbar, daß sich seine Beziehungen zu den anderen Werten in der Form eines Baumdia-
gramms darstellen lassen, dessen Wurzel der betrachtete
Wert bildet. Im allgemeinen werden aber sachliche Zusammenhänge auch Querverbindungen zwischen den Ästen herstellen, die Realisierung des einen Wertes wird die des anderen fördern oder beeinträchtigen, und es wird auch eine
Mehrzahl oberster Werte geben. Dadurch kompliziert sich
das Bild erheblich. Es müßte aber auch ermittelt werden, wie
wichtig sie ihm sind, welchen Beitrag ihre Realisierung zu
seinem Wohlbefinden leistet. Und die Beiträge sollten möglichst nicht nur in eine Rangordnung gebracht, sondern quantitativ erfaßt werden. Doch selbst der formale Aspekt des
Problems der »kardinalen Nutzenmessung« ist noch nicht
gelöst.

Wozu treibt man solchen Aufwand? Um Antworten der folgenden Art zu erhalten: »Wenn $Z_1 \ldots Z_n$ die Zwecke einer
Person P sind, M die Maxime ihres Handelns ist, $U_1 \ldots U_m$
die Umstände sind, unter denen sie handeln kann, dann realisieren die Maßnahmen $M_1 \ldots M_0$ ihre Zwecke optimal.«
Dabei sind nicht nur die beabsichtigten Folgen (Herstellung
eines Produkts), sondern auch die unerwünschten Neben-
wirkungen (Umweltverschmutzung) zu berücksichtigen.
Man muß sich auch nicht auf die Zwecke einer einzelnen
Person beschränken. Vielmehr wird der Utilitarist nach den
geeigneten Mitteln zur Realisierung des »größten Glücks der
größten Zahl« fragen. Allerdings läßt sich diese Frage, schon
wegen des Problems der kardinalen Nutzenmessung, (noch?)
nicht beantworten.

Solche Überlegungen mögen mehr oder weniger fundierte
Stellungnahmen zu Mitteln erlauben, aber wie ermöglichen
sie *Stellungnahmen zu Zwecken oder Werten?* Nicht alle

Zwecke lassen sich zugleich realisieren. In manchen Fällen ist das aus logischen, in anderen aus faktischen Gründen ausgeschlossen. Im günstigsten Fall verursacht die Realisierung des einen nur »opportunity costs« in Gestalt der entgangenen Gelegenheit, zu der betreffenden Zeit statt seiner den anderen zu realisieren. Wer die Möglichkeiten und Folgen der Realisierung bestimmter Kombinationen seiner Zwecke kennt, kann jene wählen, die ihm am meisten zusagt. Daraus kann sich eine neue Gewichtung ergeben (»Dies war mir einmal wichtig, aber dann sah ich, daß es jene Folgen hat«). Daß die Werte einer Person nicht unveränderlich sind, sondern man sie erwirbt und aufgibt, ist keine befremdliche »positivistische« Meinung, sondern Voraussetzung jeder Erziehung und auch jedes moralphilosophischen Überzeugungsversuchs.

5 *Zur deutlichen Unterscheidung von Aussagen und Werturteilen*

Webers zentrale Forderung in der Werturteilsdiskussion gilt nicht der Vermeidung von Werturteilen (Kathederwertung), sondern ihrer deutlichen *Unterscheidung* von den Tatsachenbehauptungen. Diese *Minimalforderung* zu erfüllen erscheint ihm als ein Gebot der intellektuellen Rechtschaffenheit.
Den Autoren sozialwissenschaftlicher Fachzeitschriften will er keineswegs verbieten, »die Ideale, die sie beseelen, auch in Werturteilen zum Ausdruck zu bringen«. Doch er meint, daß ihnen daraus zwei wichtige Pflichten erwachsen. »Zunächst die: in jedem Augenblick den Lesern und sich selbst scharf zum Bewußtsein zu bringen, *welches* die Maßstäbe sind, an denen die Wirklichkeit gemessen und aus denen das Werturteil abgeleitet wird, [. . .] und das zweite fundamentale Gebot wissenschaftlicher Unbefangenheit ist es [. . .]: in solchen Fällen den Lesern (und – sagen wir wiederum – vor allem sich selbst!) jederzeit deutlich zu machen, *daß* und *wo* der denkende Forscher aufhört und der wollende Mensch anfängt zu

sprechen [...].« Das gilt ebenso für die Teilnehmer von Wertungsdiskussionen und für den Professor, der es sich auch sonst nicht versagen kann, auf dem Katheder zu werten. Weber wendet sich also gegen die »*Vermischung* wissenschaftlicher Erörterung der Tatsachen und wertender Raisonnements [...], *nicht* etwa gegen das Eintreten für die eigenen Ideale«.[23]

Die Forderung, solche »Vermischung« zu vermeiden, hat aber eine unverzichtbare Voraussetzung. Es muß möglich sein, Tatsachenbehauptungen und wertende Stellungnahmen *sprachlich zu unterscheiden*. Sonst ist die Forderung prinzipiell unerfüllbar und erledigt sich damit, falls man das Prinzip »Sollen impliziert Können« akzeptiert.

Diese Möglichkeit wird von zahlreichen philosophischen und geisteswissenschaftlichen Autoren bestritten. Doch bisher sind alle Argumente, die zeigen sollten, warum sich Beschreibung und Bewertung eines Ereignisses oder Sachverhalts nicht trennen lassen, gescheitert. Zwar *kann* man Begriffe bilden, die beides miteinander verbinden und deshalb die Unterscheidung nicht erlauben. Ein »klassisches« Beispiel ist der Begriff »Fortschritt«, der meist so definiert wird, daß er das Neue positiv bewertet. Weber hat (u. a.) ihn analysiert und darauf hingewiesen, daß man das Element des Fortschreitens von dessen positiver oder negativer Bewertung trennen kann. Und deshalb hat er sich dagegen gewandt, beides in einem Begriff zu verbinden.[24] Diese Verbindung macht die reine Beschreibung des Vorgangs unmöglich, ist aber zu seiner Bewertung unnötig, denn man kann ja dem nur beschreibenden Aussagesatz ein Werturteil hinzufügen. Vorteilhaft kann die Verbindung nur jenen Autoren erscheinen, die den Leser zur unbemerkten Übernahme ihrer Werturteile veranlassen oder gar den Eindruck erwecken möchten, man könne den Vorgang gar nicht anders bewerten, als sie es tun.

Anmerkungen

1 Weber (1913); Spranger (1914).
2 Adorno (1969), darin insbesondere die Aufsätze von Albert und Habermas.
3 Zu diesen Fragen, insbesondere zu (1), (2) und (5), siehe auch Keuth (1989).
4 Siehe dazu andere Beiträge im vorliegenden Band sowie: Lenk (1986), Lenk (1984–89), Spinner (1985).
5 Weber (1904) S. 170.
6 Ebd., S. 161.
7 Ebd., S. 212 f.
8 Ebd., S. 185 (Hervorh.: H. K.).
9 Habermas (1965) S. 162.
10 Weber (1913) S. 103.
11 Ebd., S. 113 (zweite und dritte Hervorh.: H. K.); die hier in Klammern gesetzte Hinzufügung »oder aus anderen Gründen« findet sich erst in: Weber (1917) S. 499.
12 Weber (1913) S. 106, 108; Weber (1917) S. 492, 494.
13 Strauss (1956) S. 54 (vgl. auch Albert/Topitsch, 1971, S. 86 f.; Hervorh.: H. K.).
14 Spranger (1914) S. 52; siehe dazu Keuth (1989) S. 44 ff., bes. S. 51.
15 Weber (1904) S. 148; siehe auch Weber (1895) S. 16.
16 Weber (1904) S. 151; Radnitzky (1981) S. 82; Albert (1966) S. 203.
17 Habermas (1964) S. 255.
18 Habermas (1980) S. 526.
19 Albert (1968) S. 11 ff.
20 Apel (1976) S. 56.
21 Weber (1913) S. 119.
22 Weber (1917) S. 503 (Hervorh.: H. K.); fast gleichlautend: Weber (1913) S. 116.
23 Weber (1904) S. 156 f.
24 Weber (1913) S. 121.

Literatur

Adorno, Theodor W. [u. a.] (Hrsg.): Der Positivismusstreit in der
deutschen Soziologie. Neuwied/Berlin 1969.
Albert, Hans: Theorie und Praxis. Max Weber und das Problem der
Wertfreiheit und der Rationalität. In: Die Philosophie und die Wis-
senschaften. Simon Moser zum 65. Geburtstag. Hrsg. von Ernst
Oldemeyer. Meisenheim (Glan) 1966. S. 246–272. – Wiederab-
gedr. in: Hans Albert / Ernst Topitsch (Hrsg.): Werturteilsstreit.
Darmstadt 1971. S. 200–236.
– Traktat über kritische Vernunft. Tübingen 1968.
– / Topitsch, Ernst (Hrsg.): Werturteilsstreit. Darmstadt 1971.
Apel, Karl-Otto: Das Problem der philosophischen Letztbegründung im Lichte einer transzendentalen Sprachpragmatik. Versuch
einer Metakritik des ›kritischen Rationalismus‹. In: Bernulf Kanit-
scheider (Hrsg.): Sprache und Erkenntnis. Festschrift für Gerhard
Frey. Innsbruck 1976. S. 55–82.
Habermas, Jürgen: Gegen einen positivistisch halbierten Rationalis-
mus. Erwiderung eines Pamphlets. In: Kölner Zeitschrift für So-
ziologie und Sozialpsychologie 16 (1964) S. 636–659. – Wiederab-
gedr. in: Theodor W. Adorno [u. a.] (Hrsg.): Der Positivismus-
streit in der deutschen Soziologie. Neuwied/Berlin 1969.
S. 235–266.
– Erkenntnis und Interesse. In: Merkur 19 (1965) H. 11. S. 1139–53. –
Wiederabgedr. in: J. H.: Technik und Wissenschaft als »Ideolo-
gie«. Frankfurt a. M. [3]1969. S. 146–168.
– Replik auf Einwände. In: J. H.: Vorstudien und Ergänzungen zur
Theorie des kommunikativen Handelns. Frankfurt a. M. 1984.
S. 475–570.
Keuth, Herbert: Objektivität und Parteilichkeit in der Wissenschaft.
In: Zeitschrift für allgemeine Wissenschaftstheorie 6 (1975) S. 19
bis 33.
– Wissenschaft und Werturteil. Zu Werturteilsdiskussion und Positi-
vismusstreit. Tübingen 1989.
Lenk, Hans: Zur Frage der Verantwortung des Wissenschaftlers. In:
Edmund Braun (Hrsg.): Wissenschaft und Ethik. Bern/Frankfurt
a. M./New York 1986. S. 117–143.
– / Staudinger, Hansjürgen / Ströker, Elisabeth (Hrsg.): Ethik der
Wissenschaften. 8 Bde. München/Paderborn 1984–89.
Radnitzky, Gerard: Wertfreiheitsthese: Wissenschaft, Ethik und

Politik. In: G. R. / Gunnar Andersson (Hrsg.): Voraussetzungen und Grenzen der Wissenschaft. Tübingen 1981. S. 47–126.

Spinner, Helmut F.: Das ›wissenschaftliche Ethos‹ als Sonderethik des Wissens. Tübingen 1985.

Spranger, Eduard: Die Stellung der Werturteile in der Nationalökonomie. In: Schmollers Jahrbuch für Gesetzgebung, Verwaltung und Volkswirtschaft im Deutschen Reich 38 (1914) H. 2. S. 33 bis 57. – Nur Abschnitt I und III in: E. S.: Gesammelte Schriften. Bd. 6: Grundlagen der Geisteswissenschaften. Beiträge zur Wissenschaftslehre. Hrsg. von Hans Walter Bähr. Tübingen 1980. S. 120–132.

Strauss, Leo: Naturrecht und Geschichte. Stuttgart 1956.

Weber, Max: Der Nationalstaat und die Volkswirtschaftspolitik. Akademische Antrittsrede (1895). In: M. W.: Gesammelte politische Schriften. Hrsg. von Johannes Winckelmann. Tübingen ⁴1980.

– Die ›Objektivität‹ sozialwissenschaftlicher und sozialpolitischer Erkenntnis (1904). In: M. W.: Gesammelte Aufsätze zur Wissenschaftslehre. Hrsg. von Johannes Winckelmann. Tübingen ⁵1982. S. 146–214.

– Gutachten zur Werturteilsdiskussion im Ausschuß des Vereins für Sozialpolitik (1913). In: Max Weber – Werk und Person. Dokumente. Ausgew. und komm. von Eduard Baumgarten. Tübingen 1964. S. 102–139.

– Der Sinn der ›Wertfreiheit‹ der soziologischen und ökonomischen Wissenschaften (1917). In: M. W.: Gesammelte Aufsätze zur Wissenschaftslehre. Hrsg. von Johannes Winckelmann. Tübingen ⁵1982. S. 489–540.

MATTHIAS MARING

Institutionelle und korporative Verantwortung in der Wissenschaft[1]

Das Reden *von der* Verantwortung oder *über die* Verantwortung hat geradezu inflationäre Tendenzen angenommen. Es ist gleichsam modisch geworden, Verantwortung zu übernehmen – oft ohne faktische Konsequenzen, ganz pauschal, ohne jegliche Differenzierung. So übernehmen etwa Politiker (gelegentlich aber auch leitende Wissenschaftler, Ingenieure und Techniker) »die« Verantwortung und scheinen diese recht leicht zu tragen, da oftmals und solange nichts passiert. Sind überhaupt in Zeiten technisch-wissenschaftlicher Großprojekte und allgemeiner kollektiven Handelns allein individualistische Verantwortungszuschreibungen, traditionelle Maßnahmen politisch-rechtlicher Regelungen der Verantwortlichkeit angemessen und ausreichend? Ist nicht eine Situation »organisierter Unverantwortlichkeit«[2] oder gar »unverschuldeter Verantwortungslosigkeit«[3] – auch in der Wissenschaft – entstanden, wenn aufgrund der komplexen Struktur und systemhaften Verflechtung einzelner Komponenten kein einzelner mehr (allein) sinnvoll zur Verantwortung gezogen werden kann (da schon die Zurechenbarkeit vielfach scheitert)? Entsteht nicht faktisch u. a. durch wissenschaftliche Arbeitsteilung, Systemwechselwirkungen und -verschaltungen, Konkurrenz(druck) usw. geradezu eine kollektive bzw. individuelle Verantwortungslosigkeit? Eine verzweigte Forschung, kollektive Urheber und Entdecker, ›lange Wege‹ von der wissenschaftlichen Entdeckung bis zur Anwendung scheinen eine rein individualistische Ethik unwirksam zu machen. Sind nicht letztlich die rein individualistischen Modelle der Ethik gescheitert? Brauchen wir nicht eine Ethik der Institutionen und Korporationen, des institutionellen und korporativen Handelns?[4] Diese darf aber selbst nicht (total) reduktionistisch im Sinne des methodologischen Individualismus verfahren; denn sonst steht ihr ein erneutes Scheitern bevor. Die heutige Situation – auch in der Wissenschaft – läßt sich dadurch kennzeichnen, daß kollektivem und institutionellem Handeln eine weitaus größere Bedeutung zukommt als je zuvor. Vielleicht haben diese sekundären Arten des Handelns in vielen angewandten Wissenschaften das individuelle Handeln überflügelt – jedenfalls was die Reichweite und das Gewicht von Entwicklungsergebnissen angeht. Die kollektive Entstehung von Forschungsergebnissen, der große Anteil der Industrieforschung und technischwissenschaftliche (Groß-)Projekte prägen die heutige Zeit eher als der isolierte wissenschaftliche Tüftler. Die Wissenschaft ist überdies nicht mehr nur Privatsache und -forschung, sie spielt sich vielmehr in (arbeitsteiligen) Institutionen ab. Die Zeit einer ausschließlich liberalistischen Individualethik, einer moralischen Verpflichtung des Individuums im traditionell liberalistisch-individualistischen Sinne ist vergangen. Das bedeutet nicht, daß nun von individueller Verantwortung nicht mehr geredet werden könnte, sondern nur, daß soziale, institutionelle, strukturelle und systemische Aspekte einbezogen werden müssen. Neben eingehender realwissenschaftlicher System- und Strukturanalyse gilt es, eine Ethik zu entwickeln, die auch eine Sozial- und Institutionethik umfaßt.

Im folgenden soll von kollektiver Verantwortung bzw. von kollektivem Handeln gesprochen werden, wenn mehr als ein einzelner verantwortlich ist bzw. handelt. Unterbereiche kollektiven Handelns sind: unkoordiniertes Handeln mehrerer Handlungssubjekte und koordiniertes Handeln eines korporativen, institutionellen Handlungssubjektes bzw. einer natürlichen Person. Institutionelle/korporative Verantwortung (im engeren Sinne) ist dementsprechend Verantwortung *der* Institution/Korporation. Die Verantwortung *für* Institutionen/Korporationen kann auch von einzelnen als repräsentative oder als Führungsverantwortung getragen werden oder als partizipatorisch zu verteilende Mitverantwortung.

Bestimmt man eine Gruppe »als jede Ansammlung von Personen, deren Handlungen kollektiv« beurteilt werden können, so kann man – mit David Cooper – eine distributive von einer nicht-distributiven Verteilung unterscheiden.[5] Kollektiv und distributiv heiße Verantwortung dann, wenn sie auf (alle) Gruppenmitglieder »ohne Rest« reduzierbar ist:[6] »Gruppenverantwortung« ist für Joel Feinberg dann »einfach die Summe« der individuellen Verantwortungen.[7] Kollektiv und nicht-distributiv sei Gruppenverantwortung dann, wenn sie nicht »äquivalent« mit den individuellen Verantwortungen ist.[8] In letzterem Fall können Gruppen- und Individuenverantwortung in dreifacher Weise verbunden sein:[9] (1.) Gruppen- ohne Individuenverantwortung, (2.) Gruppenverantwortung und die nicht-»ausschöpfende« partielle Verantwortung einiger Individuen und (3.) Gruppenverantwortung, die »mehr ist als die Summe« der individuellen Verantwortungen, und Verantwortung aller Mitglieder der Gruppe.

Zusammenfassend beschreibt Cooper die Voraussetzungen der Zuschreibung nicht-distributiver kollektiver moralischer Verantwortung für Gruppen oder Systeme:[10]

1. Gruppenmitglieder handeln »unerwünscht«,
2. diese Handlungen lassen sich »teilweise« damit erklären, daß sie in Übereinstimmung mit den gruppenüblichen Handlungsprinzipien geschehen, d. h. im Einklang mit den »Regeln, Sitten, Gebräuchen usw. der Gruppe«,
3. diese Handlungsprinzipien sind unterhalb des Niveaus, das man »vernünftigerweise von der Gruppe erwarten« kann, und
4. die Handlungen der Gruppenmitglieder sind »nicht notwendigerweise« unterhalb des Niveaus, das man »vernünftigerweise von Individuen erwarten kann«. So seien dann zwar »die Calleys des Krieges ohne Zweifel moralisch und strafrechtlich verantwortlich«; aber »ein System [...] das nicht das Geschöpf einiger weniger Individuen ist,

sondern dessen Geschöpf eher die meisten Individuen sind – muß seinen Anteil der Verantwortung für die ›nicht-geliebten Umstände‹ des Krieges tragen, [...] die teilweise die Existenz der Calleys erklären«.[11] Ähnliche Probleme der Verantwortungsteilung finden sich auch in der Wissenschaft: Man denke etwa an die – jeweils genauer zu bestimmende – Verantwortung der Wissenschaft(ler) im Dritten Reich oder an Täuschungen und Fälschungen in der Wissenschaft. Sind hierfür die Wissenschaftler individuell oder kollektiv bzw. *die* Wissenschaft oder Wissenschaftlervereinigungen korporativ verantwortlich? Ebenfalls virulent sind die Probleme im Sport (strukturelle Ähnlichkeiten zeigen sich auch in anderen gesellschaftlichen Bereichen): Ist der einzelne Sportler, der foul spielt oder Dopingmittel nimmt, der einzige ›Sünder‹? Oder ist er nicht eher Opfer des Systems oder gar der Sündenbock? Gibt es nicht *neben* der jeweiligen individuellen Verantwortung *auch* eine Art Systemverantwortung der sozialen Subsysteme der Wissenschaft, des Sports usw. und der Gesellschaft als ganzer, die solche Handlungsweisen systematisch fördern, herausfordern oder gar unterstützen und insofern auch Verantwortung zu tragen hätten?

Verantwortlich sind Kollektiv- und Korporationsmitglieder insbesondere für das Dulden, Nicht-Einschreiten bei bestimmten, allgemein verbreiteten Handlungspraktiken, für ein Unterlassen also, das ein Klima (mit)erzeugt, welches das unerwünschte, schädigende Handeln einzelner fördert bzw. nicht behindert.

Die Zuschreibung moralischer Verantwortung wird auch bei Virginia Held nach der Art des Kollektivs differenziert. Handelt es sich um Zufallskollektive (R), so sei die Zuschreibung distributiv: Ist R für ein Unterlassen, A zu tun, verantwortlich, »dann ist jedes Mitglied von R moralisch für das Versäumnis, A zu tun, verantwortlich, wenn vielleicht auch in signifikant unterschiedlichem Maße«, unter der Voraussetzung, daß jeder A tun konnte. Handelt es sich jedoch um eine »organisierte Gruppe« (G), um eine Korporation, so folge aus der Verantwortung von G nicht, »daß jedes Mitglied M von G moralisch verantwortlich für das Versäumnis, A zu tun«, sei. Held begründet diesen Unterschied damit, daß R »als eine Menge äquivalent« etwa »zu M und N und Q dargestellt werden kann«, und aus Rs Verantwortung lasse sich auf Ms, Ns und Qs Verantwortung schließen. Die Reduzierung von G auf M, N und Q und die Distribution der Verantwortung sei deshalb nicht möglich, weil G nicht »einfach äquivalent« mit M, N und Q (beschreibbar) sei, da »die Entscheidungsmethode, durch die Mitglieder als Gruppe handeln«, zu berücksichtigen sei. Das bedeute aber nicht, daß *»niemand* moralisch verantwortlich« sei, wenn die Verantwortungszuschreibung bezüglich G distributiv nicht möglich sei; »denn Entscheidungsmethoden allein ›seien‹ nicht fähig zu handeln«; zusätzliche Informationen seien erforderlich.[12] Dies gelte auch für die Distribution der Verantwortung eines Zufallskollektivs; »Fragen der gerechten Verteilung der Verantwortung bzgl. all der verschiedenen Handlungskomponenten, vorausgesetzt die Handlung kann in Komponenten zerlegt werden«, blieben »offen«.[13] Wenigstens lasse sich aber sagen, »daß jeder im Zufallskollektiv moralisch in einem gewissen Grad verantwortlich« sei.[14]

Am Beispiel der Berufsgruppe der Mediziner untersucht Peter French unterschiedliche Verantwortungsarten und -zuschreibungen;[15] er fragt beispielsweise, ob die Mediziner in ihrer Gesamtheit für die medizinische Versorgung in den Vereinigten Staaten verantwortlich seien oder ob ein Krankenhaus für die Unterversorgung der Intensivstation mit Schwestern (moralisch) verantwortlich sei. Indem er die Unterscheidung Aggregatkollektiv / Konglomeratkollektiv bzw. Korporation (mit interner Entscheidungsstruktur zur Zielauswahl)[16] zugrunde legt, kommt er zu folgendem Ergebnis: Da ein Krankenhaus – ein anderes Beispiel ist eine Fakultät – eine Entscheidungsstruktur und korporative Ziele habe, sei es (sie) als Korporation für negative Folgen moralisch verantwortlich, unabhängig von der Frage, ob ein einzelner oder einzelne moralisch verantwortlich seien.[17] Korporative Verantwortung sei weder »reduktiv, noch distributiv« übertragbar auf einzelne Individuen.[18] Im Gegensatz hierzu sei der Medizinerstand in den Vereinigten Staaten, der nicht mit der Berufsvereinigung, der American Medical Association, identisch ist, ein Aggregatkollektiv.[19] Die Verantwortung eines Aggregatkollektivs – die Mediziner – läßt sich nach French auf die Kausalverantwortung der einzelnen Mitglieder zurückführen; können diese sich nicht exkulpieren, seien sie moralisch verantwortlich:[20] »Der Medizinerstand ist kein Schutzschild, hinter dem sich einzelne Ärzte verbergen können und somit ihrer Verantwortung für den allgemeinen Zustand der Gesundheitsvorsorge ausweichen können. Ganz im Gegenteil: die Verwendung der Bezeichnung ›Aggregat‹ in einer solchen Verantwortungszuschreibung macht jedem einzelnen seine Verantwortung deutlich«.[21] (So ließe sich fragen, ob die rund 7000 Mediziner, die in der letzten Zeit die ehemalige DDR verlassen haben, für die teilweise bestehende medizinische Unterversorgung verantwortlich sind. Falls ja – jeder einzelne, alle . . . ?)

Institutionelle oder korporative Verantwortung (im engeren Sinne) wird im folgenden verstanden als die Verantwortung der Institution als Institution bzw. der Korporation als Korporation; Verantwortung selbst ist ein Interpretationskonstrukt, ein Zuschreibungs- und Beziehungsbegriff.[22] Voraussetzung der Verantwortungszuschreibung ist Handlungsfähigkeit, d. h. Handeln-Können. Das Handeln einer Korporation / Institution kann als sekundäres Handeln auf höherer gesellschaftlich fingierter, symbolisch-semantisch strukturierter und interpretierter Ebene verstanden werden; es ist nicht (in jedem Fall) restlos auf isoliertes Einzelhandeln reduzierbar.

Die Verantwortung von Institutionen läßt sich – wie die individuelle Verantwortung – noch weiter untergliedern; sie kann politisch, rechtlich, rollen- und aufgabenbezogen, handlungs(ergebnis)bezogen, moralisch bzw. moralanalog bestehen. Die Institutionenverantwortung ist nicht, jedenfalls nicht in jedem Fall, reduzierbar auf individuelle Verantwortung(en); ob und wie sie sich in jedem Fall auf individuelle Verantwortung(en) beziehen läßt, ist je gesondert – in Abhängigkeit der konkreten Situation – zu prüfen.

»Die Wissenschaft ist für ihre Folgen verantwortlich. [. . .] Der Wissenschaftler ist für die Folgen seiner Erkenntnis nicht legal, sondern moralisch verantwortlich«, schreibt Carl Friedrich von Weizsäcker (im vorliegenden Band, S. 95 f.). Sowenig wie es aber *die* Verantwortung gibt, gibt es *die* Verantwortung *der* Wissenschaft. Auch hier ist nach den verschiedenen und unterschiedlichen Relata des Beziehungsbegriffs »Verantwortung« zu differenzieren[23] und nach den unterschiedlichen Bedeutungen und Verwendungsweisen von »Wissenschaft«. Im folgenden soll vor allem der Frage nachgegangen werden, ob man von einer institutionellen oder korporativen Verantwortung in der bzw. der Wissenschaft sprechen kann, d. h., ob es neben den individuellen Verantwortungsträgern – den einzelnen Wissenschaftlern (sonstige möglicherweise für die Wissenschaft verantwortlichen natürlichen Personen einmal außer acht gelassen) – auch andere Verantwortungssubjekte gibt.[24]

Voraussetzung für eine differenzierte Erfassung der Rolle der Wissenschaften in der modernen wissenschaftlich-technisch-industriellen Welt ist also ebenfalls eine differenzierte Analyse und Handhabung des Begriffs »Wissenschaft« selbst: Wissenschaft als (1) Institutionengefüge und soziales Subsystem, (2) als reales Handlungs- und Wirkungsgefüge der Forschertätigkeit und Forschergemeinschaft, (3) als das Gesamt idealtypischer Leitnormen und Wertsysteme des Wissenschaftsethos, (4) als theoretische Konzeptionen sowie Aussagensysteme, (5) als Anwendungsergebnisse und materielle Konkretionen und (6) als Produktivkraft und Produktionsmittel selbst – alle diese Deutungen des Wissenschaftsbegriffs müssen sorgfältig voneinander unterschieden werden, damit sich immer noch gängige terminologieinduzierte Mißverständnisse vermeiden lassen.

Als Verantwortungsträger kommt die Wissenschaft sicherlich nur in der ersten und zweiten Bedeutung in Frage. Faßt man sie im Sinne von (1) idealtypisch als Scientific Community, als autonomes gesellschaftliches Subsystem auf, so liegt eine Deutung als Institution/Korporation zwar am nächsten, dennoch sind die Voraussetzungen im strikten Sinne nicht erfüllt (auch stellt sich die Frage, was es für einen Sinn machen kann, Idealtypen Verantwortung zuzuschreiben): Zwar läßt sich eine gemeinsame (standesethische)

Regel- und Zielorientierung vielleicht noch ausmachen, aber diese führt weder zu inhaltlichen gemeinsamen Zielen und Entscheidungsprozessen noch zu Handlungen der Wissenschaftler. Ein Handlungssubjekt oder ein Verantwortungssubjekt »Wissenschaft« wird nicht konstituiert. Legt man die zweite Bedeutung zugrunde, so liegt wohl kaum eine Institution / Korporation vor. Die informellen und formellen Gruppenstrukturen dienen kaum zur Erreichung eines gemeinsamen Zieles. Insofern ist die Wissenschaft auch in diesen Fällen nicht Verantwortungssubjekt, sondern Aggregatkollektiv mit kollektiver und distributiver Verantwortung der Wissenschaftler (mit externer Mitverantwortung in Gruppen ohne (globale) Alleinverantwortung)[25]. Als institutionelle, korporative (moralische) Verantwortungssubjekte kommen aber Universitäten, Fakultäten, Institute, Großforschungseinrichtungen usw. in Frage; diese sind Institutionen bzw. Korporationen: Sie verfügen über Satzungen, Entscheidungsstrukturen, Selbstverwaltungsgremien usw.; sie können – durch ihre Organe – (sekundär) handeln. Korporatives / institutionelles Handeln und entsprechende (nicht-distributive) Verantwortung finden wir jedoch nur bei bestimmten Anlässen und Aufgaben, in je spezifischer Weise und Hinsicht: Während Universitäten als juristische Personen rechtlich verantwortlich sein können (etwa bei der Schließung von Verträgen), dürften gemeinsame inhaltliche Ziele und eine daraufhin orientierte Handlungskoordination und Organisation eher die Ausnahme und nicht (handlungssubjekt-)konstitutiv sein, so daß eine moralische oder moralanaloge Verantwortung für Universitäten per se nicht einschlägig ist. Dies gilt ähnlich für Fakultäten, wobei allerdings in bestimmten Fällen (z. B. Annahme eines Doktoranden, Wechsel der Fakultätsmitglieder usw.) eine korporative / institutionelle Verpflichtung auch moralanaloger Art der Fakultät gegeben sein kann. Dies dürfte allerdings eher die Ausnahme sein; French nennt im übrigen selbst kein Beispiel für die korporative (moralische) Verantwortung einer Fakultät. Institute oder vergleichbare Einrichtungen hingegen können moralanalog verantwortlich sein, wenn die entsprechenden Voraussetzungen (korporatives Handeln usw.) erfüllt sind.

Auch im Hinblick auf wissenschaftliche Vereinigungen und Verbände läßt sich die Frage nach dem Träger der Verantwortung stellen: Die institutionelle Verantwortung von Verbänden, Vereinigungen wie den wissenschaftlichen und technischen Gesellschaften umfaßt kollektive Handlungs-, Aufgaben- und Rollen- und moralische Verantwortung und auch Haftbarkeitsverantwortung. Die entsprechenden Fachvereinigungen haben eine besondere (institutionelle) Verantwortung zur – sachlichen! – Information der Öffentlichkeit – etwa über Risiken, (Neben-)Folgen, Vor- und Nachteile für deren Wohlfahrt, Gesundheit usw. Diese Verantwortung ist verbunden mit und beziehbar auf, aber nicht identisch mit der Repräsentations- und Führungsverantwortung der Leitpersonen, also deren spezieller individueller Aufgaben- und Rollenverantwortung. Die jeweilige persönliche (repräsentative bzw. partizipatorische) Verantwortung, die durch die institutionelle oder korporative Verantwortung nicht ersetzt werden kann, ist abhängig von Einfluß, Macht, Wissen und der mehr oder minder zentralen Stellung des einzelnen[26] und kann neben der Verantwortung der Institution bestehen. Ein einzelner Repräsentant wäre aber total überfordert, wenn er mehr als die äußerlich-formale, gleichsam politische Verantwortung übernehmen sollte. Dies würde auch fälschlich alle Mithandelnden und Mitläufer von jeglicher Verantwortung freisprechen. Grundsätzlich darf eine kollektive, korporative oder institutionelle Verantwortung kein ›Freifahrschein‹ von der Verantwortung in die Verantwortungslosigkeit sein.

Die moralische Verantwortung des Wissenschaftlers ist insbesondere dort aktiviert, wo schädliche Effekte vorausgeschätzt und abgewendet werden können – z. B. bei direkt anwendungsorientierten Projekten. So übernehmen bei gentechnologischen Freilandversuchen die beteiligten Wissenschaftler Mitverantwortung entsprechend ihrer aktiven, potentiellen oder formellen Mitwirkung. (Der erste diesbezügliche Freilandversuch in der Bundesrepublik startete im übrigen Ende Mai 1990 mit 30000 gentechnisch veränderten Petunien in Köln.)[27]

Es gibt auch Verpflichtungen und Verantwortlichkeiten der Berufsgruppen *als* institutioneller Gruppierungen, *als* korporativer Gebilde, die weder mit den Verantwortlichkeiten der einzelnen Mitglieder zu verwechseln noch auf diese zusammenzustreichen sind. So sind etwa technisch-wissenschaftliche Vereinigungen und die entsprechenden Fakultäten und Fachbereiche für die Sicherung des bestmöglichen Ausbildungsniveaus verantwortlich. Ähnliches gilt für die Definition, Wahrung und Fortentwicklung des Begriffs »Stand von Wissenschaft und Technik«.

Ob es auch eine moralische Verantwortung der Profession, des Berufszweiges, des Standes insgesamt bzw. stellvertretend der Berufsvereinigung[28] für das Gemeinwohl oder für Sicherheit, Gesundheit und Wohlfahrt der Öffentlichkeit oder der Gesellschaft gibt, läßt sich nicht pauschal beantworten. Entscheidend ist zunächst auch hier, ob es sich um ein Aggregatkollektiv bzw. eine Korporation (mit gemeinsamen Entscheidungen, Handlungskoordination usw.) handelt: Berufszweige dürften in der Regel keine Institutionen/Korporationen sein, da diese kaum versuchen, gemeinsame Ziele koordiniert zu erreichen. Bei Berufsvereinigungen bzw. -verbänden handelt es sich hingegen um Institutionen/Korporationen mit entsprechender Verantwortung. Die Verantwortung der Profession ist jedoch *mehr* als die Verantwortung der einzelnen Mitglieder; letztere kann an Schwellenwerte gekoppelt sein, wird beim Über- bzw. Unterschreiten eines Schwellenwertes aktualisiert, besteht potentiell (als Verantwortlichkeit). Beispielsweise ist die Sicherstellung des Niveaus des gesamten Ausbildungsganges oder die technische oder medizinische Versorgung der Allgemeinheit kaum eine einklagbare Pflicht des einzelnen Vereinigungsmitglieds.

Am Beispiel der Wahrheitsorientierung[29] – einer normativen Zielvorgabe für Wissenschaftler und Wissenschaft – läßt sich der Zusammenhang von individueller und kollektiver Verantwortung der Wissenschaft bzw. von Wissenschaftlergesellschaften verdeutlichen: Der einzelne Wissenschaftler ist (u. a.) vom wissenschaftlichen Ethos her dazu verpflichtet, mit bestem Wissen und Gewissen wahre Konstatierungen, d. h. singuläre Sätze über Fakten beispielsweise, zu ›produzieren‹. Insofern ist er für seine Aussagen verantwortlich. Insbesondere darf er keine (wissenschaftlich) falschen oder unbegründeten Sätze als wissenschaftlich gerechtfertigt oder bewährt bezeichnen. Darüber hinaus ist er angehalten, zur Erhöhung des Wahrheitsgenerierungspotentials von Theorien beizutragen. (Denn Theorien sind um so besser, je höher ihr Wahrheitsgenerierungspotential ist, d. h., je mehr wahre Sätze sie erzeugen und zu gewinnen gestatten, falls sie überhaupt empirischen Gehalt besitzen, also an der Erfahrung scheitern können.) Die Wissenschaft und Wissenschaftlergesellschaften haben eine (kollektive bzw. korporative) unabdingliche Pflicht, zu einem möglichst hohen Wahrheitsgenerierungspotential beizutragen. Diese Muß-Norm für Aggregatkollektive und Institutionen korrespondiert mit der Soll-Norm für den Einzelwissenschaftler.

Wissenschaften und Techniken stellen letztlich keine unbeeinflußbaren sachzwangmäßigen Eigendynamiken dar, sondern sind von Menschen initiiert, müssen dementsprechend von Beteiligten, einzelnen Gruppen und Institutionen, nämlich den potentiell Betroffenen, gegenüber humanitär und möglichst naturschonend verantwortet werden. »Unverschuldete Verantwortungslosigkeit«[30], unverschuldete Unverantwortbarkeit oder Unverantwortlichkeit kann und darf angesichts menschengemachter kritischer Entwicklungen kein Ausredeklischee sein.

Generelle Fortschrittsverweigerung, ein totales Stillstellen der technologischen und wissenschaftlichen Entwicklung würde aber auf der anderen Seite zu inhumanen Folgen, ja zu

Katastrophen führen. Wir sind vom wissenschaftlich-technischen Fortschritt abhängig geworden, allerdings sicherlich nicht vom Wildwuchs der Disziplinen. Und das gilt gerade auch angesichts der durch eskalierte Bevölkerungsentwicklungen und Naturausbeutung forcierten kritischen Situation, etwa in den Ballungsgebieten und Ländern der Dritten Welt. Es kann nicht um die Einstellung oder die drastische Zügelung des wissenschaftlichen, technischen oder wirtschaftlichen Fortschritts gehen, sondern um dessen weise Regulierung, um vernünftige Abmessung und Mäßigung sowie um eine gerechtigkeitsorientierte Bescheidung. Ziel muß es sein, Strukturen herzustellen, Systeme so zu gestalten und zu organisieren, daß Verantwortung deutlich und tragbar wird. Hierzu sind Diskussions- und Abstimmungsverfahren unter Berücksichtigung der Interessen aller potentiell Betroffenen ebenso zu entwickeln wie Rahmenrichtlinien, Kodizes usw.

Als resümierende These sei formuliert: »Wissenschaft« bezeichnet ein Aggregatkollektiv mit kollektiver – fallweise individualisierbarer – Verantwortung der Wissenschaftler. Wissenschaftliche Korporationen und Institutionen haben eine spezifische Art von moralischer oder eine moralanaloge Verantwortung. Eine solche korporative/institutionelle Verantwortung kommt je spezifisch neben Universitäten, Fakultäten usw. auch solchen Institutionen wie den Techniker- und Wissenschaftlergesellschaften zu. Sie besteht (unter Umständen) neben der Verantwortung der Korporationsmitglieder. Modelle der Verantwortungsverteilung sind in Abhängigkeit von Organisationsformen und -graden und Hierarchie- und Systemebenen zu entwickeln.

Anmerkungen

1 Der Aufsatz entstand im Rahmen des Projekts »Verantwortungstypen und -konflikte in Technik und Naturwissenschaft« im
Schwerpunktprogramm »Philosophische Ethik – Interdisziplinärer Ethikdiskurs« der Deutschen Forschungsgemeinschaft.

2 Beck (1988).

3 Hammer (1983) S. 21.

4 Institutionen sind aufgaben- und zielorientierte, strukturierte,
arbeitsteilige soziale Gebilde und Einrichtungen (Organisationen) mit Regeln, Innen-/Außendifferenzierung usw.; mit Institutionen sind nicht bestimmte gewohnte, relativ stabile Verhaltensmuster gemeint. Korporationen sind zielgerichtete, intentionale
Handlungssysteme und -subjekte mit (festgelegten) Entscheidungsstrukturen und -prozeduren. Unterscheidungs-/Identifika-
tionskriterien für korporatives bzw. nicht-korporatives Handeln
ist die Frage nach der Etablierung von Herrschaft.

5 Cooper (1972) S. 85 f.

6 Ebd., S. 86.

7 Feinberg (1970) S. 243.

8 Cooper (1972) S. 86.

9 Ebd.

10 Ebd., S. 90 f.

11 Ebd., S. 100. (Der US-amerikanische Offizier William Calley gab
während des Vietnamkriegs den Befehl zur Ermordung einiger
hundert unbewaffneter südvietnamesischer Zivilisten in dem
Dorf My Lai.) In bezug auf das Dritte Reich schreibt Jaspers
(1965, S. 145 f.): Es gebe »Verbrechen des Staates, die immer zugleich Verbrechen bestimmter einzelner Menschen sind«. Auch
gebe es »so etwas wie eine moralische Kollektivschuld in der Lebensart einer Bevölkerung, an der« der einzelne teilhat (S. 111),
wenn er sich dieser Lebensart anpaßt oder unterwirft. Moralische
»Schuld« zeige sich auch – so schreibt Jaspers (S. 107) zu Recht
– »im äußeren Mitgehen«, im *»Mitläufertum«*. Es kann also
eine kollektive Verantwortung einer Bevölkerung, Gesellschaft,
Gruppe usw. geben, die nicht identisch mit der individuellen Verantwortung einzelner für bestimmte Handlungen ist. – Der Zusammenhang zwischen der Moral (in) einer Gesellschaft und der
individuellen Moralentwicklung läßt sich ebenfalls aus sozialwissenschaftlicher und psychologischer Sicht verdeutlichen: »Die in-

dividuelle moralische Entwicklung« verlaufe »zwar *intrapsy-
chisch*, doch die Erreichbarkeit moralischer Stufen« hänge »nicht
zuletzt von *gesellschaftlichen* Strukturen ab. Jede Gesellschaft«
besitze »das Niveau kollektiver Moralität, das sie zuläßt« (Hartmann, 1988, S. 131).

12 Held (1972) S. 115.
13 Ebd., S. 115 f.
14 Ebd., S. 116.
15 French (1984) S. 120 ff.
16 Nach French (1984, S. 5) lassen sich Aussagen über Aggregatkollektive auf gleichartige Aussagen über Kollektivmitglieder
zurückführen. Wenn sich etwa eine Menschenmasse auflöst, so
könne man auch sagen, daß die einzelnen Personen weggehen
(S. 20 ff.). Aussagen über Aggregatkollektive können »erschöp-
fend« durch konjugierte Aussagen über Kollektivmitglieder wiedergegeben werden (S. 13). Für Konglomeratkollektive bzw.
Korporationen gelte diese Reduktion nicht (ebd.).
17 Ebd., S. 13, 124.
18 Ebd., S. 124.
19 Ebd., S. 121 f.
20 Ebd., S. 123.
21 Ebd., S. 128.
22 Vgl. Lenk (1989) S. 482; zur Verantwortung von Korporationen
vgl. Maring (1989).
23 Vgl. Lenk (1987) S. 115 ff.
24 Für das Grundgesetz ist »*Träger des Grundrechts der Wissenschaftsfreiheit [...] jeder, der wissenschaftlich tätig ist oder tätig
werden will* [...] BVerfGE 15, 256 (263 f.)« (Rupert Scholz in
Maunz/Dürig/Herzog, 1987, zu Art. 5 III GG, Rz. 119). Hierzu
zählen an den »wissenschaftlichen Hochschulen [...] *der Hochschullehrer*«, der »eigenverantwortlich Wissenschaft« betreiben-
de »*wissenschaftliche Mitarbeiter*« und »Student« (ebd., Rz. 122)
und kollektive Grundrechtsträger »*im Rahmen des Art. 19
Abs. III*« (ebd., Rz. 123) (»Die Grundrechte gelten auch für
inländisch juristische Personen, soweit sie ihrem Wesen nach auf
diese anwendbar sind«). Letzteres »sind vor allem die *Universität*, die ihr *zugehörigen Fakultäten* oder *Fachbereiche* sowie die
ihr zugehörigen *Institute* bzw. *Wissenschaftlichen Einrichtungen*« (ebd., Rz. 124).
25 Problematisch ist z. B., ob die Mediziner oder die Juristen bei-

spielsweise im Dritten Reich wegen der strikte(re)n Organisationsform eine Korporativ- bzw. Kollektivverantwortung als Berufsstand, als Profession hatten, die nicht distribuierbar (vgl. Cooper) bzw. nicht reduzierbar ist (entgegen Frenchs Auffassung bezüglich der Verantwortung der Mediziner in den Vereinigten Staaten). Dabei geht es nicht darum, moralische Verantwortung oder persönliche Rollenverantwortung durch kollektive Verantwortung zu ersetzen oder zu verwässern (vgl. auch Anm. 11).

26 Vgl. Lenk (1985).

27 Vgl. z. B. *Frankfurter Rundschau* vom 14. Februar 1990.

28 Wäre es im übrigen sinnvoll, für Wissenschaftler – je nach Disziplinen gegliedert (?) – Kammern (berufsständische Selbstverwaltungskörperschaften) einzurichten, in die Studenten, nach Ablegung des Diploms oder bei Berufsbeginn, einzutreten hätten, die – eine nicht nur berufsständische – Selbstkontrolle auszuüben hätten (ähnlich den Rechtsanwalts- und Ärztekammern; man denke aber auch an die Ingenieurkammern des Landes Hessen). Jedes (Pflicht-)Mitglied wäre gegenüber und vor der Kammer (intern) verantwortlich für die Einhaltung und Beachtung des Standesethos usw. Die Kammer selbst wäre als Institution/Korporation gegenüber und vor der Gesellschaft und Öffentlichkeit, auch für die Standards der Vereinigung selbst verantwortlich.

29 Vgl. ausführlicher Lenk (1989).

30 Hammer (1983) S. 21.

Literatur

Beck, Ulrich: Gegengifte. Die organisierte Unverantwortlichkeit. Frankfurt a. M. 1988.

Cooper, David E.: Responsibility and the »System«. In: Peter A. French (Hrsg.): Individual and Collective Responsibility. Cambridge (Mass.) 1972, S. 81–100.

Feinberg, Joel: Doing and Deserving. Princeton (N. J.) 1970.

French, Peter A. (Hrsg.): Individual and Collective Responsibility. Cambridge (Mass.) 1972.

– Collective and Corporate Responsibility. New York 1984.

Hammer, Felix: Selbstzensur für Forscher. Osnabrück/Zürich 1983.

Hartmann, Hans A.: Moralität und Moral in sozialwissenschaftlicher und psychologischer Perspektive. In: Ludwig Siep (Hrsg.): Ethik als Anspruch an die Wissenschaft oder: Ethik in der Wissenschaft. Freiburg i. Br. 1988. S. 105–137.

Held, Virginia: Moral Responsibility and Collective Action. In: Peter A. French (Hrsg.): Individual and Collective Responsibility. Cambridge (Mass.) 1972. S. 101–118.

Jaspers, Karl: Die Schuldfrage. In: K. J.: Hoffnung und Sorge, Schriften zur deutschen Politik 1945–1965. München 1965. S. 67–149.

Lenk, Hans: Verantwortung in Wissenschaft und Technik. In: Herbert Wendt / Norbert Loacker (Hrsg.): Kindlers Enzyklopädie Der Mensch. Bd. 7: Philosophie, Wissenschaft und Technik. Zürich / München 1984. S. 463–487.

– Mitverantwortung ist anteilig zu tragen – auch in der Wissenschaft. In: Hans Martin Baumgartner / Hansjürgen Staudinger (Hrsg.): Entmoralisierung der Wissenschaften. München / Paderborn 1985. (Ethik der Wissenschaften. Bd. 2.) S. 102–109.

– Zur Frage der Verantwortung des Wissenschaftlers. In: Edmund Braun (Hrsg.): Wissenschaft und Ethik. Bern / Frankfurt a. M. / New York 1986. S. 117–143.

– Über Verantwortungsbegriffe und das Verantwortungsproblem in der Technik. In: Hans Lenk / Günter Ropohl (Hrsg.): Technik und Ethik. Stuttgart 1987. S. 112–148.

– Pragmatismus – Philosophie der Verantwortung. In: Herbert Stachowiak (Hrsg.): Pragmatik – Handbuch pragmatischen Denkens. Bd. 3. Hamburg 1989. S. 460–491.

Maring, Matthias: Modelle korporativer Verantwortung. In: Conceptus 23 (1989) S. 25–41.

Maunz, Theodor / Dürig, Günter / Herzog, Roman: Grundgesetz-Kommentar. München 1987.

Siep, Ludwig (Hrsg.): Ethik als Anspruch an die Wissenschaft oder: Ethik in der Wissenschaft. Freiburg i. Br. 1988.

HELMUT F. SPINNER

Die Wissenschaftsethik
in der philosophischen Sackgasse:
Ein Reformvorschlag
mit geänderter Fragestellung

I. *Der gegenwärtige Ethikdiskurs ist am Ende,* *weit vom Ziel entfernt*

Der naturwissenschaftlich-technische Fortschritt hat außerwissenschaftliche, techniküberschreitende *Folgen*, bestehend aus einem Gemenge von Haupt-, Neben-, Rück- und Gegenwirkungen. Was davon für die Menschen ein *Fortschritt* und was für die Gesellschaft eine *Folgelast* ist – oder beides zusammen in einem mehr oder weniger günstigen Mischungsverhältnis –, das ist die kontrovers diskutierte Frage. Im Hinblick auf den Beitrag der Wissenschaft bezieht sie sich vor allem auf die *außerwissenschaftlichen Folgen der innerwissenschaftlichen Forschung* und die *Verantwortlichkeit* des einzelnen Wissenschaftlers wie der gesamten Wissenschaft dafür.
Die Diskussion der Folgenproblematik hat die *Verantwortungsfrage*[1] aufgeworfen, neuerdings mit Ausstrahlungen sogar auf davon scheinbar längst abgekoppelte, moralfreie und ethikfremde Betätigungsfelder einer ›entfesselten‹ Wirtschaft, Technik, Politik. Heute hat die Ethik wieder Konjunktur. Die alles andere als autonome Auslösung, der bisherige Verlauf und die unbefriedigenden Ergebnisse der Ethikdiskussion legen freilich die ernüchternde Deutung nahe, daß es sich hier um ein weiteres *Kompensationsphänomen* jener Art handelt, welche die Geisteswissenschaften zwar »unvermeidlich« macht,[2] aber nur zum folgenlosen ideellen Ausgleich der Fortschrittsbilanz durch einen nicht realisierbaren moralischen Buchgewinn. So gesehen und mit Bert Brechts

auf die »Ordnung« gemünzten Worten beschrieben, ist Ethik dort, wo sonst nichts ist. Ihr unbestrittener Platz in der öffentlichen Diskussion ist da, wo es kein besseres Regulativ gibt – oder geben darf –, um auf den Gang der Dinge *wirklich* Einfluß zu nehmen. Ethik ist eine Mangelerscheinung, die das Fehlende nur durch kontrafaktische Gegenpositionen im weichen Material des Sollens, Wollens, Wünschens zu einem rein normativen Ausgleich bringt, der ›kompensiert‹, ohne zu korrigieren.

Die entscheidende Frage ist: *Was* wird *wie*, *wo*, *wodurch* kompensiert, und was bleibt dabei *unkorrigiert*? Das wird sich erweisen, wenn die Einwirkungskraft der Ethiken anhand der *Härteskala des menschlichen Verhaltensrepertoires* überprüft wird, durch Anwendung darauf in ganzer Bandbreite: von den weichen *Meinungen* auf der luftigen Ideenebene über die zäheren *Einstellungen* der eingefahrenen Gewohnheiten bis zum zweckgerichteten *Handeln* nach hartnäckig verfochtenen Interessenlagen. Gegenüber ethischen Forderungen sind die Ideen entgegenkommend, die Attitüden zurückhaltend, die Interessen unnachgiebig. Wenn es um Gruppen statt Individuen geht, ist die ganze Skala um einen, bei Staaten sogar um zwei Härtegrade nach rechts verschoben. Gruppen, Verbände, Parteien stellen ihre Positionen nicht der Kritik zur Disposition, als wären es persönliche Meinungen oder wissenschaftliche Hypothesen. Und für die Staatsräson gibt es sowieso nur noch Interessen, auf deren Wahrung gelegentlich allenfalls aus Opportunitätsgründen verzichtet wird.

Wo liegt der Fehler der gegenwärtigen Ethikdiskussion, der sie zu einem Irrläufer macht, welcher auf diesem Wege nie zum Ziel kommen kann? Eigentlich nirgends, denn die Diskussion ist ungemein wichtig, die Argumentation zumeist richtig, und die inkriminierten Verhältnisse sind »für Vernunft und Sittlichkeit« oft so »sonnenklar«[3], daß es darüber nichts zu streiten gibt. Es geht also mitnichten um irgendwelche Fehler in der moralischen Beurteilung, in der ethischen

Argumentation oder in den praktischen Ergebnissen, sondern um den *verfehlten Ansatz*.

Die Fortschritte des Ethikdiskurses sind beachtlich, aber vergeblich, weil die Richtung nicht stimmt. Die besten Antworten nützen nichts, wenn die Frage falsch gestellt ist. Daß bei der Wissenschafts- und Technikethik *die Fragestellung geändert werden muß*, wenn man in der Forschung weiterkommen will, ist die Hauptthese dieses Beitrags, der für die *Überprüfung der Wissenschaftsethik als Steuerungsinstrument* einen neuen Ansatz mit differenzierter Problemstellung vorschlägt. Dabei geht es auch um Ethik, aber in dem Rahmen, in den sie hineingehört. Das ist die *Ordnungspolitik*, speziell für die *Wissensordnung*.[4]

Das bisher höchst unbefriedigende Ergebnis ist eine ebenso intensive wie isolierte, zur Frage des »moralischen Maßes« für Wissenschaft und Technik verselbständigte, ansonsten aber *selbstgenügsame Ethikdiskussion*, die durch folgende Merkmale gekennzeichnet ist und ihr eigenes Zentralproblem der Forschungs- und Technikfolgenbewertung unlösbar macht:

(1) Dem faktischen »Dominantwerden technischer Kategorien«[5] mit ihrer globalen »sozialen Prägekraft«[6] wird die *normative Dominanz ethischer Kategorien* entgegengestellt, vor allem aus dem universalistischen Werte- und Normenkatalog »erweiterter« Verantwortungsethiken im Sinne eines maßgeblichen »Prinzips« (wie zum Beispiel Hans Jonas' »Prinzip Verantwortung«). Ethik wird damit zu einer philosophischen Prinzipienfrage im Sinne einer »von kontingenten Fakten unabhängigen und insofern unbedingt verbindlichen *Grundnorm* des Handelns«[7].

(2) Angesichts des in der öffentlichen Meinung eingetretenen Reputationsverfalls des Expertenwissens – unter dem Stichwort »Entzauberung der Entzauberer«[8] vor allem der einschlägigen fachwissenschaftlichen »Expertisen« zum naturwissenschaftlich-technischen Fortschritt – und Vertrauensverluste für Wissenschaftsethiken der »reinen Forschung«

ohne Rücksicht auf deren außerwissenschaftliche Folgen besteht neuerdings eine verstärkte Tendenz zum *Rückgriff auf allgemeinethische Überlegungen*, welche aus dem normativen Fundus philosophischen Denkens als *idées générales* von außen in die Wissenschaft (wieder) eingeführt werden.[9]

(3) Dieser Rückgriff auf Allgemeinethiken anstelle von fachspezifischen Sonderethiken der Reinen (= THEORIE), Angewandten (= PRAXIS), Realisierten Wissenschaft (= TECHNIK) bewirkt oder verstärkt die *Abkopplung des philosophischen Ethikdiskurses über den naturwissenschaftlich- technischen Fortschritt von dessen wissenschaftlichen Regulativen* (Wissenschaftsethik, Forschungsmethodik, soweit vorhanden auch Standesethik und Standesrecht der Professionen). Der Rückzug auf allgemeinethische Überlegungen ›von außen‹ und zumeist auch ›von unten‹, aus dem Umkreis der Betroffenen oder der Gesamtgesellschaft, kommt zwar den gegenwärtigen Deprofessionalisierungs- und Entinstitutionalisierungstendenzen der Wissenschaft einerseits und den außerwissenschaftlichen Bewegungen gegen die »Expertenherrschaft« andererseits entgegen, setzt aber tendenziell damit für die Technikfolgendiskussion die innerwissenschaftlichen ›Hebel‹ (Regulierung durch Reputation, u. a.) außer Kraft und verstärkt wider Willen die schon vorhandene Steuerungsresistenz der Wissenschaft und Technik.[10]

(4) So produziert der philosophische Ethikdiskurs anstelle von wissenschafts- und technikverbundenen Steuerungsinstrumenten *freischwebende Prinzipienethiken mit allenfalls kompensatorischer Funktion*, aber ohne Hebelwirkung auf den tatsächlichen Gang der Dinge. Damit ist noch kein Wissenschaftler zur Verantwortung gezogen, noch keine Technik ausgehebelt worden – nicht einmal deren totgeborene Fehlversuche, wie die Beispiele des Überschallverkehrsflugzeugs Concorde oder der Wiederaufbereitungsanlage Wackersdorf zeigen, vom militärischen Bereich ganz zu schweigen. Das wird beklagt, aber nicht untersucht, weil die ›un-

ethische‹ Frage nach der Steuerungsleistung der ethischen
Ideen für die Ethikphilosophie kein Thema ist. Im vorherrschenden Ethikdiskurs kommt die Begründungsforderung
vor der Steuerungsfrage und Funktionsprüfung.
(5) Was der gegenwärtigen Ethikdiskussion aber noch mehr
fehlt als der Einwirkungshebel zur Mitsteuerung des naturwissenschaftlich-technischen Fortschritts, ist ein *Außenkriterium zur Kontrolle ihrer selbst durch unabhängige Instanzen*, als Korrektiv gegen die unter (1) genannte Dominanz
technischer Kategorien. Ohne Außenkriterium fällt das kon-
trafaktisch stabilisierte normative Denken auch der kritisch-
sten Ethik in jene Selbstgenügsamkeit zurück, die für das
Problemlösungsverhalten von der Wissenspsychologie als
»Bestätigungsfehler« thematisiert wird.[11] So wird jede Katastrophe für diese Art von Ethik ebenso zur Bestätigung ihrer
Richtigkeit wie für den Militärstrategen eine siegreiche
Schlacht, obwohl der faktische Eintritt beider Ereignisse von
den theoretischen Annahmen völlig unabhängig sein kann.

II. *Wo die Ethik endet, führt Technikfolgenabschätzung auch nicht weiter, denn sie hat dieselben Schwächen*

Wie die Ethik, so steht auch die als zweites Gegengewicht
zum rasanten technischen Fortschritt mit wissenschaftspolitischen Kraftakten – wie beispielhaft in Baden-Württemberg
– aufgebaute ingenieur-, moral- und sozialwissenschaftliche
Technikfolgenforschung[12] zur Zeit in einer Scheinblüte,
deren Früchte nicht reifen wollen. Das ist kein Wunder, weil
wissenschaftlich gesehen beide Kompensationsunternehmen
in einem schwankenden Boot sitzen, das nicht viel tragen
kann und dem mit der modernen Hochtechnologie teils bild-
lich, teils buchstäblich Kriegsschiffe gegenüberstehen.
Drei *kognitiv-technische Wachstumsprozesse* – das exponen-
tielle Wissenschaftswachstums seit Beginn der Neuzeit, die

Informationsexplosion und gleichzeitige Informationsimplosion der Gegenwart – haben in den höchstentwickelten Industriegesellschaften der Ersten Welt des Westens ohne politische Revolution die Dinge nachhaltiger in Bewegung gebracht als die revolutionären Umbrüche in der Zweiten Welt des Ostens und in der Dritten Welt des Südens.

Das alles wirft die Frage der *Steuerbarkeit* des naturwissenschaftlich-technischen Fortschritts im Hinblick auf seine Akzeptierbarkeit, Verantwortbarkeit und Vernünftigkeit auf. *Ethiken* dürfen im Konzert der Steuerungsinstrumente nicht fehlen, aber ihr vorherrschendes Selbstverständnis vernachlässigt nicht nur die Steuerungsproblematik des naturwissenschaftlich-technischen Fortschritts – darunter nicht zuletzt das eigene ethische Steuerungspotential, verstanden als ein vielgestaltiges Lenkungsinstrumentarium der Wissenschafts-, Standes-, Allgemeinethik –, sondern *verunmöglicht praktisch jede wissenschaftliche Lösung des Verantwortungsproblems*, welche die ›starken Seiten‹ der Wissenschaft zum Tragen bringt.[13] Denn die Stärken der wissenschaftlichen Methode liegen nun einmal in der wertfreien Kausalanalyse zum Zwecke der Beschreibung, Erklärung und Prognose empirischer Tatbestände, im Gegensatz zu ihrer wertenden Beurteilung nach moralischen Maßstäben, ethischen Prinzipien oder alltäglichen Beurteilungsgesichtspunkten.

Das Ergebnis ist die bereits geschilderte Lage der philosophischen Ethikdiskussion, die sich auf dem eingeschlagenen Wege von ihrem eigentlichen Gegenstand immer mehr entfernt. Wissenschaftlich gesehen, ist sie u. a. deshalb unterlegen, weil sie nicht imstande zu sein scheint, in ihre Lösungsvorschläge das ganze Erkenntnispotential des nach wie vor *kognitiv* überlegenen Expertenwissens aus den fachwissenschaftlichen Beiträgen zur Steuerungsproblematik voll zum Tragen zu bringen. Wer auf die Schwächen der Wissenschaft setzt, macht sich selber schwach.

In dieser Hinsicht ist die vorherrschende Art der Technikfolgenforschung kaum besser. Als Kombination von *Abschät-*

zung der künftigen Auswirkungen sowie *Abwägung ihrer positiven und negativen Aspekte* kann sie das wissenschaftliche Erkenntnisvermögen ebenfalls nur partiell einsetzen, vorzugsweise mit jenen Fähigkeiten, welche von altersher am schwächsten ausgebildet sind und durch die neuesten Erkenntnisfortschritte, Verfahrensregeln, Verarbeitungstechniken (Wissenschaftswachstum, Überprüfungsmethoden, elektronische Datenverarbeitung, künstliche Intelligenz, Expertensysteme usw.) kaum verbesserungsfähig sind: zum einen die notorisch schwachen, mit steigender Komplexität der Problemlagen eher noch abnehmenden *Prognoseleistungen*[14] beim »Abschätzen« der längerfristigen Technikfolgen; zum anderen, mit kumulativer Fehlervergrößerung, die mangels Objektivierbarkeit systematisch schwachen *Bewertungsmöglichkeiten* der zumeist sowieso schon fehlerhaft geschätzten ›Zukünfte‹ (Szenarien, Wirkungssyndrome, Risiken usw.).

Methodik, im Dienste der Voraussage und Ethik zum Zwecke der Bewertung eingesetzt, aktiviert anstelle des wissenschaftlichen Erkenntnisprivilegs von Sachverstand, Expertenwissen, Theoriebildungs- und Überprüfungskapazitäten die beiden größten strukturellen Schwachstellen der Wissenschaft. Dieser Umstand dürfte zur gleichzeitigen Intensivierung und Isolierung des gegenwärtigen Ethikdiskurses über Naturwissenschaft und Technik, aber weitgehend *ohne diese*, geführt haben. Ethik und Technikfolgenabschätzung bewegen sich damit, den ebenso schlecht prognostizierbaren und evaluierbaren Tatbeständen des kreativen und innovativen Handelns vergleichbar, in einem wenig wissenschaftlichkeitsfähigen Meinungsfeld »zwischen Unwissenheit und der Anmaßung von Wissen«[15].

Für die Wissenschaftsethik und Technikfolgenforschung wird daraus hier die Konsequenz gezogen, mit einer anderen Arbeitshypothese Steuerung und Verantwortung wechselseitig zu verbinden, und zwar hauptsächlich im außermoralischen Sinne eines empirischen Wirkungszusammenhangs mit überprüfbaren Interventionsmöglichkeiten. An die Stelle der *alten Abschätzungs- und Bewertungsformel* der vorherrschenden Technikfolgenforschung:

> *»Der wissenschaftlich-technische Fortschritt ist insoweit verantwortbar, als seine Folgen im wesentlichen voraussehbar und per Saldo positiv bewertbar sind«*

tritt als *neue Akzeptanzformel* die weit weniger prognose- und werturteilsabhängige, dafür aber besser überprüfbare Richtlinie:

> *»Wissenschaft und Technik sind so weit und so lange verantwortbar, als sie steuerbar bleiben!«*

Eine natürlich immer nur vorläufige, auf den bestmöglichen Erkenntnisstand bezogene und immerhin *weitgehend wissenschaftliche* Antwort ist unabhängig von der zuverlässigen Voraussicht, vollständigen Bilanzierung und einhelligen Bewertung der künftigen, kontroversen Technikfolgen möglich. Die Untersuchung der neuen Verantwortungsthese erfordert mehr Grundlagen- statt bloßer Folgenforschung. Vor allem aber können die damit befaßten philosophischen und fachwissenschaftlichen Disziplinen *mit ihren Stärken und dem vollen Stand des Wissens* eingesetzt werden, wenn im Hinblick auf die Verantwortungsfrage das gesamte Spektrum der Steuerungsmöglichkeiten von Wissenschaft und Technik untersucht wird, gemäß einem mehrdimensionalen Kriterienkatalog, der vom Maßstab der moralischen Substanz bis zu dem der empirischen Effizienz reicht.

Wie das darauf abgestellte, im vorangehenden Abschnitt skizzierte Überprüfungsprogramm der Steuerungsspektrums zeigt, werden die spezifisch ethischen Fragestellungen – der Wissenschaftsethik wie der Allgemeinethik – keineswegs marginalisiert oder eliminiert. Ganz im Gegenteil rücken sie im Rahmen des gesamten Steuerungspotentials in den Mittelpunkt der Aufmerksamkeit und werden zum bevorzugten Gegenstand einer über moralische, evaluative, normative Aspekte hinausgreifenden Untersuchung, welche geeignet erscheint, die Selbstisolierung eines abgekoppelten Ethikdiskurses zu durchbrechen.

Die *Überprüfung der Wissenschaftsethik* im gesamten Problemzusammenhang von Wissenschaftswachstum, Techniksteuerung, Verantwortung und Rationalität geht über den von Philosophie und Theologie, neuerdings sogar von der Politik und Wirtschaft angemeldeten ›Ethikbedarf‹ hinaus, indem folgende Befunde zur Grundlage gemacht werden:

Erstens: Für alle Überlegungen zum naturwissenschaftlich-technischen Fortschritt bildet das Wachstum von Wissenschaft und Technik – in Gestalt des *naturwissenschaftlichen Erkenntnisfortschritts und seiner technischen Realisationen* – zur kognitiven Führungsinstanz der gesellschaftlichen Entwicklung den Ausgangs- und Ansatzpunkt, der die zu untersuchenden Folgetatbestände hauptsächlich ausgelöst hat, einschließlich der Reaktionen darauf.

Zweitens: Es handelt sich im Hinblick auf die hypothetisch angenommen »neuen Problemlagen« bei den damit verbundenen Um-, Neu- und Desorientierungen letztlich weniger um eine moralische Sinn- oder politische Zielkrise als um ein offenes, auf breiter Front untersuchungsbedürftiges Steuerungsproblem.[16]

Drittens: Mit dem Machtpotential der Technik muß *ihre Kontrolle Schritt halten*, und angesichts einer möglicherweise außer Kontrolle geratenden Entwicklung[17] *ist die Verantwortungsfrage neu zu stellen* und in einer nicht von vornherein zur Unmöglichkeit verurteilten Weise zu lösen – auch durch Wissenschaftsethik im Rahmen der neuen Wissensordnung.

Viertens: Der gegenwärtige Übergang vom ›entfesselten Prometheus‹ zum ›gebundenen‹, d. h. gesteuerten und verantwortbaren Wachstum von Wissenschaft und Technik schließt einen tiefgreifenden *Rationalitätswandel* ein, bei dem es nicht nur um die Auflösung und eventuelle Wiederherstellung einer normativen Prinzipienethik und Regelbindung geht,

sondern um den Einsatz aller Kritik- und Kontrollmöglich-
keiten: angesichts der Durchsetzungsschwäche von Moralen
vor allem auch der Steuerungsmittel im außermoralischen
Sinne.

III. *Die alte Wissenschaftsethik ist in Ordnung,*
     löst aber die neuen Probleme nicht

Von den überkommenen Konzepten für ein wertorientiertes
und regelgeleitetes ›gebundenes‹ Wachstum der Wissenschaft
– mit abnehmender Bindungswirkung von der reinen Theo-
rienwissenschaft über die angewandte Wissenschaft der verwissenschaftlichten Praxis bis zur realisierten Wissenschaft
der Technik – soll im folgenden nur die *Wissenschaftsethik*
behandelt werden. Ihr Paradigma ist Robert K. Mertons wissenschaftssoziologische Rekonstruktion des »*wissenschaftlichen Ethos*« mit dem inzwischen kaum veränderten allenfalls
erweiterten »CUDOS«-Katalog der vermeintlich verhaltens-
leitenden wissenschaftsethischen Grundwerte: Communalism, Universalismus, Desinteressiertheit, Organisierter
Skeptizismus.[18] Gemeint ist damit ganz im Sinne der durch
Art. 5, Abs. III des Grundgesetzes der Bundesrepublik
Deutschland garantierten *freien Forschung und Lehre*:

– der »Wissenskommunismus« der im frei zugänglichen
  Gemeinbesitz befindlichen wissenschaftlichen Erkenntnisse, im Gegensatz zum Privateigentum an sonstigen Gütern;
– die Beurteilung der wissenschaftlichen Wahrheitsfrage
  nach allgemeinen, unpersönlichen, überparteilichen Kriterien;
– die Uneigennützigkeit der nicht interessegeleiteten oder
  zweckgebundenen Wahrheitssuche;
– die kritische Einstellung der Wissenschaft(ler) zu den eigenen Ergebnissen.

Daraus ergibt sich als Standardbehandlung dieser Probleme eine *thematisch eingeschränkte Teillösung durch »moralische« Maximen* für die ethische Seite der Vierfachfrage nach dem Wachstum, der Steuerung, Verantwortung und Rationalität wissenschaftlicher Forschung. Zusammen mit der anderen Teillösung durch »methodische« Regeln für die verfahrenstechnische Seite ist das die tradierte Gesamtlösung, allerdings unter Beschränkung auf das *wissenschaftliche* Wachstum des Erkenntnisfortschritts, die *Selbststeuerung der Wissenschaft*, die Verantwortung *nur für die Menge und Güte des produzierten Wissens* und die Rationalität der Wissenschaft *als Erkenntnisunternehmen* für Wissenschaft als Beruf und Betrieb im sozialen Sondermilieu freier Forschung und Lehre. Es ist eine *Ethik des Wissens*, nicht des Handelns.[19]
Mit diesen grundsätzlichen Einschränkungen auf den engeren Wissenschaftsbereich soll die Wissenschaftsethik, in Parallelaktion zur Forschungsmethodik, ›funktional‹ sein, d. h. die Gewähr liefern für

– *optimales Wissenswachstum* der Wissenschaft im Sinne des wissenschaftlichen Erkenntnisfortschritts durch Erzeugung der bestmöglichen Menge und Güte des »wissenschaftlichen« Wissens;
– *wirksame Selbststeuerung* der Forschungsgemeinschaft nach Art einer autonomen Gelehrtenrepublik;
– *wissenschaftliche Verantwortung* für die Objektivität, Zuverlässigkeit, Überprüfung, etc. der produzierten Forschungs*resultate*;
– *wissenschaftliche Rationalität* im abendländischen »Sinne der Innehaltung fester Grundsätze«[20] durch Beachtung der methodischen, technischen, ethischen und sonstigen dafür geltenden Regeln.

Ob, empirisch gesehen, das wissenschaftliche Ethos all das zu leisten imstande ist, braucht hier nicht geprüft zu werden.[21] Denn das, worauf es hier ankommt, gewährleistet diese Wissenschaftsethik auf keinen Fall – und hat dies auch nie beansprucht, mit keinem einzigen Wort: nämlich irgendeine *weitergehende Verantwortung für die außerwissenschaftlichen Folgen der wissenschaftlichen Forschung!*

Nach der bisherigen Regelung wird die Verantwortung für den naturwissenschaftlich-technischen Fortschritt im wesentlichen zwei Instanzen zugeschrieben, welche sie – sozusagen offiziell, aber möglicherweise nicht effektiv – zu tragen haben. In der Wissenschaft haftet der Forscher für den Fortschritt mit seiner persönlichen *Reputation* als Wissenschaftler, während die Wissenschaft insgesamt von der Gesellschaft durch Verleihung oder Entzug der *Legitimation* zur Verantwortung gezogen werden kann. Aber beide Arten der Verantwortungsübernahme haben *systematische Lücken* und *strukturelle Schwächen.*

Die *individuelle Verantwortung des Wissenschaftlers* bezieht sich nur auf die Güte des Wissens, welches er als seinen Beitrag zum Erkenntnisfortschritt erarbeitet. Eine persönliche Verantwortlichkeit für die außerwissenschaftlichen Folgen der Forschung besteht nicht. Davon ist der Wissenschaftler durch die Entlastung der freien Forschung und Lehre vom unmittelbaren Handlungszwang und rechtlicher Folgehaftung abgeschnitten, infolge der institutionellen Trennung von Theorie und Praxis.

Die *kollektive Verantwortung der Wissenschaft* für ihre Forschungsergebnisse schließt zwar deren außerwissenschaftliche Folgen grundsätzlich ein, aber nur lückenhaft und wirkungsschwach. Einerseits kann die *Haftung durch Entzug der Legitimationsgrundlage* lediglich diejenigen Folgen der Forschung erfassen, welche bereits ins öffentliche Bewußtsein gedrungen sind – zu Recht oder zu Unrecht und zumeist zeitlich verschoben. Außerdem kann die Legitimationsgrundlage einer Wissenschaft nur global entzogen werden, als Kollektivstrafe für Gerechte und Ungerechte, seien es Personen, Institutionen oder Schulen. Andererseits würde eine *Steuerung des naturwissenschaftlich-technischen Fortschritts* durch positive Legitimationszuweisung schon deswegen von vornherein ihren Sinn verfehlen, weil sie nur im nachhinein, mit großer Verzögerung, zur Wirkung kommen könnte. Für die Lösung der Verantwortungsfrage durch den Legitimationshebel gilt: zu grob! Für die dadurch eventuell bewirkte Kurskorrektur gilt in der Regel außerdem: zu spät!

Im einzelnen auf ihre Tauglichkeit zur besseren Lösung des Verantwortungs- und Steuerungsproblems zu prüfen sind angesichts der offenkundigen Unzulänglichkeit der ›alten‹ Wissenschaftsethik und -politik die vielfach ›andiskutierten‹, aber kaum ausgearbeiteten neueren Vorschläge

erstens einer *neuen Wissenschaftsethik*, die mit moralischen Mitteln mehr Verantwortlichkeit durch *Versittlichung der Forschung* schaffen will (»hippokratischer Eid« für die Wissenschaft, u. ä.);

zweitens eines *neuen Wissenschaftsrechts*, das mit juristischen Maßnahmen mehr Verantwortlichkeit durch *Verrechtlichung der Forschung* gewährleisten soll (von Verfassungsgrundsätzen und Wissenschaftsgerichtshöfen bis zu Forschungsverboten);

drittens einer *neuen Wissenschaftspolitik*, die mit der sichtbaren Hand des Staates durch *Finalisierung der Forschung* oder mit der unsichtbaren Hand des Marktes durch *Verbesserung der Randbedingungen* mehr Verantwortlichkeit erreichen möchte.

Das wissenschaftliche Ethos dient einem doppelten, aber beiderseitig eingeschränkten Zweck: zum einen in seiner Ausrichtung nach innen auf die Forschungsgemeinschaft der *Motivation der Wissenschaftler*; zum anderen in seiner Ausrichtung nach außen auf die Gesellschaft der *Legitimation der Wissenschaft*. Soweit es tatsächlich funktioniert, sichert es für die Wissenschaft deren *Autonomie gegenüber* sowie *Alimentierung durch* die Gesellschaft.

Das ist nicht wenig, aber *nicht das*, was heute in erster Linie gefordert wird: *Steuerung* des naturwissenschaftlich-technischen Erkenntnisfortschritts; *Verantwortlichkeit* für die außerwissenschaftlichen Folgen; *Vernünftigkeit* der Ergebnisse und Entwicklungen im überwissenschaftlichen Sinne, der über die Menge und Güte des produzierten Wissens hinausgeht.

So – meines Erachtens richtig! – gesehen, ist das wissenschaftliche Ethos

erstens eine *Ethik der Führungslosigkeit* des wissenschaftlichen Fortschritts, der ohne Ethikbindung moralisch ungesteuert verläuft, allenfalls methodisch gesteuert ist;
zweitens eine *Ethik der Verantwortungslosigkeit* für die gesamte außerwissenschaftliche Folgeproblematik des wissenschaftlichen Fortschritts, dem gegenüber Wissenschaftler nur für Erkenntnismängel haften;
drittens eine *Ethik der Vernunftlosigkeit* hinsichtlich der Sinnfrage des wissenschaftlichen Fortschritts.

Unter diesen Umständen, die man nach dem Wegziehen des Ideologieschleiers apologetischer Wissenschaftsphilosophien wie kompensatorischer Ethiken so klar und deutlich konstatieren muß, mag meine zweifache *These* die Verteidiger dieser Wissenschaftsethik überraschen und ihre Kritiker schokkieren:

(1) *Das wissenschaftliche Ethos* als Sonderethik des Wissens *ist so, wie es ist, in Ordnung!*
(2) Trotzdem ist es, und mit ihm die ganze Wissenschaftsethik dieser Art, *vom wissenschaftlich-technischen Fortschritt überholt* und als Relikt der »alten« Wissensordnung (dazu später) *für die neuen Problemlagen obsolet geworden.* An ihre Stelle treten, sozusagen als funktionale Äquivalente, Steuerungskonzepte, deren empirische Leistung und philosophische Beurteilung allerdings auch von ethischen Faktoren abhängt.

Beides will aber richtig verstanden sein. Dazu müssen die ›Geschäftsbedingungen‹ des wissenschaftlichen Ethos in

Betracht gezogen werden, welche die klassische Wissensordnung ausmachen, innerhalb deren auch die Wissenschaftsethik ›in Ordnung‹ ist und deren Wandel für sie zum Wegfall der Geschäftsgrundlage führt.

Das tradierte wissenschaftliche Ethos ist

(1) im akademischen Sondermilieu freier Forschung und Lehre *abgekoppelt von den sozialen Randbedingungen der Gesellschaft*, also des umgebenden und nährenden ›Wirts‹ der Wissenschaft. Das sind aber nichts weniger als die zentralen Strukturbedingungen des menschlichen Zusammenlebens, die zum Beispiel das normale Handeln – im Gegensatz zum wissenschaftlichen Denken und symbolischen ›Forschungshandeln‹ – mit Entscheidungzwang, Folgehaftung, Kostentragung usw. belegen;

(2) *abgeschnitten von der Verantwortung* für die außerwissenschaftlichen Folgen der wissenschaftlichen Forschung, soweit die ›Verantwortlichkeit des Wissenschaftlers‹ über die Haftung für Wissensmängel, Forschungsfehler, Verfahrensverstöße u. dgl. hinausgeht. Denn das wissenschaftliche Ethos ist, wie gesagt, eine Sonderethik des Wissens, *keine Allgemeinethik des Handelns* für das Verhalten in allen Lebenslagen unter den gesellschaftlichen Normalbedingungen;

(3) *eingebaut in und abhängig von der klassischen Wissensordnung* mit ihren vier großen Abkopplungen:

(a) *Abkopplung der »Wissensgüter«* von den Gegenständen der normalen Güterwirtschaft durch *Trennung von Erkenntnis und Eigentum*;

(b) *Abkopplung der Wissenslage und Wahrheitsfrage wissenschaftlicher Forschung* von der »unsachlichen« Interessenlage der Erzeuger, Vermittler, Verwender durch *Trennung von Ideen und (nichtkognitiven) Interessen*;

(c) *Abkopplung der Wissenschaft als Beruf und Betrieb professioneller Forschung* von außerwissenschaftlichen Vorbedingungen (Finanzierung, etc.) und Folgen (Verantwortung,

u. dgl.) der wissenschaftlichen Forschung durch *Trennung von Theorie und Praxis*;

(d) *Abkopplung der von externen Bindungen freien Forschung und Lehre* durch *Trennung von Wissenschaft und Staat*.

In diesem Rahmen sind die reduzierten ›Haftungsregelungen‹ des wissenschaftlichen Ethos der Sachlage angemessen, für die Wissenschaft zweckmäßig und für die Gesellschaft akzeptabel – kurz: für alle Beteiligten und Betroffenen billig und gerecht.

Unter diesen Bedingungen ist Wissen *nicht* Macht und braucht nicht – wie alle Macht – kontrolliert zu werden. Darauf ist die *alte* wissenschaftliche Ethik der Führungs-, Verantwortungs- und Vernunftlosigkeit eingestellt. Und dafür ist sie auch voll angemessen zur Regelung dessen, was es hier zu regeln gibt. Mit dieser klassischen Wissensordnung steht und fällt das alte wissenschaftliche Ethos.

Wenn nun wegen neuerer Entwicklungen, die aufgrund der Verschmelzung von Wissen und Technik zur Entstehung von *Kognitiv-Technischen Komplexen* mit ›nichtklassischen Funktionsbedingungen‹ führen,

(a′) anstelle des Wissenskommunismus der abgekoppelten wissenschaftlichen Erkenntnis zunächst de facto, beim Datenwissen inzwischen schon de jure *Volleigentum* an vorher ›freien Wissensgütern‹ tritt, insbesondere bei den technisierten Wissensarten;

(b′) statt sorgfältig getrennter Ideen- und Interessenlage ein inniger *Ideen/Interessen-Verbund* entsteht, mit ungefiltertem Einfluß ›interessierter‹ Zwecksetzungen auf den nunmehr enggeführten Erkenntnisprozeß;

(c′) statt der Abkoppelung der Wissenschaft durch Entlastung (und Entmachtung) der Erkenntnistätigkeit es zur voll belasteten, mächtig gewordenen *Theorie/Praxis-Verschmelzung* kommt;

(d′) an die Stelle des hegenden und pflegenden, aber nicht

mitbestimmenden der *interventionistische Staat* mit einer in die inneren Angelegenheiten der Wissenschaft ›eingreifenden‹ Hochschul- und Forschungspolitik tritt (wie zugleich vorbildlich und abschreckend bei dem von Max Weber kritisierten »System Althoff« im wilhelminischen Deutschland);

dann sind das die ersten Schritte zur Einführung der *neuen Wissensordnung hochtechnisierter Informationsgesellschaften*[22], die der alten Wissenschaftsethik die Geschäftsgrundlage entzieht, zunächst im Bereich der Großforschung und -technik, der *Science plus Purpose*, die vom abgekoppelten Problemlöser zum eingebundenen Zweckverfolger wird.
Das ist die heutige Lage, an der sich – in vager Ahnung des Kommenden – das gegenwärtige »Ethik-Fieber«[23] entzündet, ohne sie meistern zu können. Auf diese Herausforderung sind bislang zwei Antworten gegeben worden, welche allerdings mehr der kompensatorischen Symptombehandlung dienen: *Technikfolgenabschätzung* und *neue Ethiken*. Das eine ist die gängige Antwort der Erfahrungswissenschaften, das andere die kühnere Antwort der Philosophie. Beide kranken an demselben oben aufgezeigten Mangel, der sie schwach erscheinen läßt, weil ihre durchaus vorhandenen *partiellen Stärken zur Mitsteuerung des wissenschaftlich-technischen Fortschritts* so nicht zum Tragen kommen können. Sie wenigstens in den Blick zu bringen, ist das Ziel des im Schlußabschnitt skizzierten Überprüfungsprogramms für ethische und andere Steuerungsmodelle.

IV. *Überprüfung der Wissenschaftsethik,*
   im Vergleich mit anderen Steuerungskonzepten
   für den wissenschaftlich-technischen Fortschritt

Angesichts des wachsenden Kognitiv-Technischen Komplexes gilt für die neue Wissenslage ihre geänderte Wissensordnung: Die Größe der wissenschaftlichen Einrichtungen und technischen Realisationen, die Dynamik des naturwissenschaftlich-technischen Fortschritts und seiner ökonomischen Verwertung, die mit jeder Anwendung dieses Ausmaßes irreversibel geschaffenen Faktizitäten mit unübersehbaren Folgen bis in die ferne Zukunft machen die Frage ihrer *Kontrollierbarkeit* zum Angelpunkt aller Überlegungen, welche auf eine unseren Bedürfnissen und Möglichkeiten *angepaßte*, vor künftigen Generationen *verantwortete* und nach bestem menschlichen Wissen *vernünftige* Entwicklung abzielen.

Da unter den Freiheitsbedingungen eines pluralistischen Verfassungsstaats niemand für etwas verantwortlich gemacht werden kann, auf das er keinerlei Einfluß hat, sind das Verantwortungsproblem und das Steuerungsproblem in beiden Richtungen wie folgt aufeinander bezogen:

(1) Ohne objektive Steuerungsmöglichkeit des naturwissenschaftlich-technischen Fortschritts gibt es keine subjektive Verantwortungsnotwendigkeit dafür.
(2 Steuerbare Technik ist kontrollierbare und damit auch grundsätzlich verantwortbare Technik.
(3) Steuerbarkeit ermöglicht Verantwortung, gewährleistet sie aber damit noch nicht.

Damit werden die *Steuerungsmöglichkeiten von Wissenschaft und Technik* zu notwendigen – allein allerdings noch nicht hinreichenden! – Randbedingungen für jede Lösung des Verantwortungs- und Vernunftproblems der modernen Wissenschaft und Technik. Da ihre Erfüllung bei der ›entfesselten‹ Großforschung und Hochtechnologie besonders problematisch ist und neuerdings aus guten Gründen bestritten wird, verschärft sich dafür das Steuerungsproblem derart, daß aus Randbedingungen seiner Lösung *Hauptbestimmungen* für alle weiteren Überlegungen werden.
Diesem Problemzusammenhang von *kognitivem Wachstum* zu neuen Größenordnungen, *effektiver Steuerung* der beschleunigten Entwicklung, *tragbarer Verantwortung* für die schwerwiegenden Folgen und *fragwürdiger Vernünftig-*

keit der möglicherweise veränderten oder veränderungsbe-
dürftigen Orientierungen kann meines Erachtens dadurch
Rechnung getragen werden, daß eine *Systematik der Steuerungsmöglichkeiten und -mechanismen* für ›freies‹ oder
›gebundenes‹ Wachstum von Wissenschaft und Technik aus-
arbeitet und durch *komparative Analyse der Steuerungskonzepte* untersucht wird.

Dieser *Versuch mit neuer Fragestellung* steht unter folgenden
Leitannahmen:

(1) Die Verantwortungsfrage für Wissenschaft und Technik
ist neu zu stellen als Frage nach ihrer *Steuerbarkeit*.
(2) Unbeschadet ihres moralischen Anspruchs auf unbedingte
Geltung auch bei noch so schweren und häufigen Normbrü-
chen, stellt sich in diesem Rahmen auch das Problem einer auf
den naturwissenschaftlich-technischen Fortschritt einwir-
kenden Ethik *als Steuerungsfrage* nach der ethischen *Mitsteuerung* der Entwicklungen *von Anfang an*, anstelle der
nachträglichen ›Kompensation‹ ihrer Folgen.
(3) Zum Zwecke ihrer eigenen Überprüfung sind die ethischen Werte und Normen ›funktional‹ zu verstehen – und
entsprechend umzuformulieren[24] *als kausale Hypothesen*
über funktionale (d. h. zieldienliche) oder dysfunktionale
(kontraproduktive) Steuerungseffekte von Ethiken im Hinblick auf die dadurch erreichbare Kontrollierbarkeit bzw.
Verantwortbarkeit der fraglichen Tatbestände.

Im Sinne dieser Überlegungen muß ein konkretes *Überprüfungsprogramm für die Wissenschaftsethik* aufgestellt werden, welches die neue Fragestellung auf ihre Brauchbarkeit
untersucht. Die Leitfrage zur Steuerungs- und Verantwortungsproblematik heißt: *Ist der naturwissenschaftlich-technische Fortschritt überhaupt noch steuerbar und insoweit auch
verantwortbar?*
Die Zusatzfrage lautet: *Welche Rolle spielen unter den einschlägigen Regelwerken insbesondere die Normen der Wissenschaftsethik?* (Desgleichen wäre weiterführend zu fragen

nach der Rolle von Allgemein-, Technik-, Organisations-
ethiken.)

Im Hinblick auf die Steuerungsmöglichkeiten und -mittel der
Wissenschaftsethik in ihrer vierfachen Ausprägung:

- in der engsten Fassung als *Forschungsethik* für die ›reine‹
  (akademische) Wissenschaft;
- in der erweiterten Fassung als *Standesethik* für die Profession, d. h. die Standesorganisation derjenigen, die ›Wissenschaft als Beruf‹ betreiben;
- in ihrer weitesten Fassung als *Allgemeinethik* für die ›sozial
  gebundene‹ (›normativ finalisierte‹) Wissenschaft;
- sowie in der neuesten Fassung als *Organisationsethik* für
  die Industriewissenschaft;

ist zu prüfen, wie es mit der wissenschaftlichen Verantwortung für die außerwissenschaftlichen Folgen der Forschung
nach geltender Ethiklage aussieht.

Das ließe sich durch eine hier nicht durchführbare Untersuchung aller oben aufgeführten wissenschaftsbezogenen
Ethikregelungen klären. Wie immer das Ergebnis ausfallen
mag, es führt mit der neuen Fragestellung über die überkommene, formell noch geltende, aber faktisch von den Entwicklungen in Wissenschaft, Technik und Gesellschaft längst
überholte *Nichtlösung der Verantwortungsfrage für die Wissenschaft* durch die keineswegs primär verantwortungsorien-
tierte Manipulation der nichtmateriellen Ressourcen *Reputation und Legitimation* ebenso hinaus wie über die totgebo-
renen Vorschläge neuer Ethiken, Rechtsvorschriften oder
Sozialbindungen.

Anmerkungen

1 Vgl. Hans Lenk / Günter Ropohl (Hrsg.), *Technik und Ethik*, Stuttgart 1987; darin insbesondere den weiterführenden Beitrag Lenks, »Über Verantwortungsbegriffe und das Verantwortungsproblem in der Technik«, S. 112 ff.

2 Vgl. Odo Marquard, »Über die Unvermeidlichkeit der Geisteswissenschaften«, in: O. M., *Apologie des Zufälligen. Philosophische Studien*, Stuttgart 1986, S. 98 ff.

3 Hans Jonas, *Technik, Medizin und Ethik – Zur Praxis des Prinzips Verantwortung*, Frankfurt a. M. 1985, S. 10. Jonas spricht hier vom atomaren Holocaust.

4 Ordnungspolitisches Denken spielt seit jeher eine große Rolle in der Politischen Ökonomie, aber bislang so gut wie gar nicht in der Wissenschaftsphilosophie, die sich um die auch von der Politischen Ökonomie noch nicht zur Kenntnis genommene, für die Informationsgesellschaft zentrale *Wissensordnung* kümmern sollte.

Um der »neuen, durch die modernen Informationstechniken bedingten Wissenslage mit den sich daraus ergebenden neuen Wissensarten, Denkformen und Verhaltensnormen« (so sinngemäß übernommen im offiziellen *Abschlußbericht der Kommission Forschung Baden-Württemberg 2000*, Stuttgart 1989, S. 185) gerecht werden zu können, habe ich in Analogie zur Rechts-, Wirtschafts-, Sozialordnung das Konzept der »Wissensordnung« für die kognitive Verfassung der Gesellschaft vorgeschlagen. Der Aufbau und derzeitige, vor allem technikindizierte Wandel der Wissensordnung vom klassischen »Wissenskommunismus« zur modernen »Wissenseigentumsordnung« ist Untersuchungsgegenstand eines vom Verfasser geleiteten Forschungsprojekts der Volkswagen-Stiftung.

Das Leitkonzept wird skizziert in Helmut F. Spinner, »Liberalismus ohne liberales Vorurteil – Zur neuen Wissensordnung der Informationsgesellschaft«, in: Hans G. Nutzinger (Hrsg.), *Liberalismus im Kreuzfeuer*, Frankfurt a. M. 1986, S. 195 ff. Aufbau und Wandel der Wissensordnung werden genauer erläutert bei H. F. Spinner, »Der Wandel der Wissensordnung durch die Informationstechnik«, in: *GI / Gesellschaft für Informatik – 20. Jahrestagung »Informatik auf dem Weg zum Anwender«*, Bd. 1: *Proceedings*, hrsg. von Andreas Reuter, Berlin/Heidelberg/New York 1990, S. 257 ff. Zum Zusammenhang von Wissensordnung und

Wissenschaftsethik vgl. die weiterführenden Überlegungen bei H. F. Spinner, »The Silent Revolution of Rationality in Contemporary Science and Its Consequences for the ›Scientific Ethos‹«, in: William R. Shea (Hrsg.), *Revolutions in Science – Their Meaning and Relevance*, Canton (Mass.) 1988, S. 192 ff.

5 Vgl. Hans Freyer, *Herrschaft, Planung und Technik*, Weinheim 1987, S. 117 ff.

6 Vgl. Hans Lenk, *Zur Sozialphilosophie der Technik*, Frankfurt a. M. 1982, S. 11 ff.

7 Karl Otto Apel, »Das Problem der Begründung einer Verantwortungsethik im Zeitalter der Wissenschaft«, in: Edmund Braun (Hrsg.), *Wissenschaft und Ethik*, Bern / Frankfurt a. M. / New York 1986, S. 27.

8 Vgl. Franz E. Weinert, *Sozialwissenschaftliches Alltagswissen und Expertenwissen*, Preprint-Paper 16/86 des Max-Planck-Instituts für Psychologische Forschung, München 1986, S. 3 ff.

9 Repräsentativ für diese weitverbreitete Tendenz der gegenwärtigen Wissenschafts- und Technikkritik, dem wissenschaftlichtechnischen Fortschritt eine *neue externe Allgemeinethik statt der alten internen Wissenschaftsethik* aufzuerlegen, ist Hans Jonas' einflußreicher ›Versuch einer Ethik für die technologische Zivilisation«, wie der Untertitel seines Buches heißt: *Das Prinzip Verantwortung*, Frankfurt a. M. 1984.

10 Vgl. Wolfgang van den Daele / Wolfgang Krohn, »Theorie und Strategie«, in: Peter Weingart (Hrsg.), *Wissenschaftsforschung*, Frankfurt a. M. 1975, S. 213 ff.; W. van den Daele / Peter Weingart, »Resistenz und Rezeptivität der Wissenschaft«, in: *Zeitschrift für Soziologie* 4 (1975) S. 146 ff.

11 Zum Stand der Diskussion vgl. David Faust, *The Limits of Scientific Reasoning*, Minneapolis 1984, Kap. 4.

12 Zu diesen drei ›Generationen‹ der Technikfolgenforschung, denen als Alternative eine vierte Art gegenübergestellt wird, vgl. Helmut Spinner, »Technikfolgenforschung im Überblick«, in: *Der Hochschullehrer* 2 (1989) Nr. 2, S. 1 ff.

13 Zum Rückgriff des ethischen Denkens auf die Schwächen der Wissenschaft – nämlich das Voraussagen und Bewerten von Folgen – anstelle ihrer Stärken (Untersuchung von kausalen Wirkungszusammenhängen u. dgl.) vgl. Spinner, »Technikfolgenforschung im Überblick« (s. Anm. 12), S. 5.

14 Wie wenig sich bislang schwache Prognoseleistungen auch durch

höchsten wissenschaftlichen Einsatz steigern lassen, zeigt der kurzfristige Wetterbericht, dessen Verbesserung »mit einem Wert von 0,1 % pro Jahr« extrem langsam verläuft (nach Horst Malberg, »Über die Güteentwicklung der Kurzfristwettervorhersage bis zu 42 h in Berlin«, in: *Naturwissenschaften* 75 (1988) S. 341 ff., hier: S. 345). Wie schlecht sieht es dann erst bei langfristigen »Abschätzungen« von weit in der Zukunft liegenden Technik-spätfolgen aus, von ihrer höchst gegensätzlichen Bewertung ganz zu schweigen?

15 So in anderem Zusammenhang: Manfred E. Streit, »Innovations-politik zwischen Unwissenheit und Anmaßung von Wissen«, in: *Hamburger Jahrbuch für Wirtschafts- und Gesellschaftspolitik* 29 (1984) S. 35 ff.

16 In diesem Sinne auch Hermann Lübbe, *Zeit-Verhältnisse*, Graz/ Wien/Köln 1983, S. 133 ff.

17 Vgl. Langdon Winner, *Autonomous Technology*, Cambridge (Mass.) 1977.

18 Zur genaueren Beschreibung des wissenschaftlichen Ethos vgl. Robert K. Merton, *Entwicklung und Wandel von Forschungs-interessen*, übers. von Reinhard Kaiser, Frankfurt a. M. 1985, insbes. Kap. 3; zur empirischen Überprüfung und kritischen Diskussion aus heutiger Sicht meine beiden Studien: *Das ›wis-senschaftliche Ethos‹ als Sonderethik des Wissens*, Tübingen 1985; »Moral oder Methode«, in: *Dialektik* 14 (1987) S. 75 ff.

19 Dazu genauer Spinner, *Das ›wissenschaftliche Ethos‹* (s. Anm. 18).

20 Max Weber, *Wirtschaft und Gesellschaft*, Tübingen ⁵1976, S. 486. Zur Rekonstruktion dieser »Prinzipiellen Rationalität« im Sinne des Weberschen »okzidentalen Rationalismus« vgl. Helmut F. Spinner, »Weber gegen Weber«, in: Johannes Weiß (Hrsg.), *Max Weber heute*, Frankfurt a. M. 1989, S. 250 ff.

21 Empirische Überprüfungen mit überwiegend negativem Ergeb-nis werden diskutiert in Spinner, »Moral oder Methode?« (s. Anm. 18).

22 Zur Ausbildung des Kognitiv-Technischen Komplexes vgl. Hel-mut F. Spinner, »Die Besteigung des Informationsberges als neue Aufgabe der Philosophie«, in: *Zeitschrift für allgemeine Wissen-schaftstheorie* 19 (1988) S. 328 ff.; zum Vergleich von alter, klassi-scher und neuer, moderner Wissensordnung siehe Spinner, »Der Wandel der Wissensordnung durch die Informationstechnik« (s. Anm. 4).

23 Vgl. Werner Becker, »Moral als Notration – Die trügerische Konjunktur der Ethik«, in: Frankfurter Allgemeine Zeitung vom 20. November 1986.

24 Eine derartige Umformulierung des ›wissenschaftlichen Ethos‹ bringt Spinner, »Moral oder Methode?« (s. Anm. 18).

EARL R. MACCORMAC

Die Wissenschaft und die Gerichte*

Einleitung

Soll einem Kernkraftwerk die Betriebsgenehmigung erteilt werden? Soll der Start einer durch ein nukleares Triebwerk angetriebenen Raumsonde verhindert werden? Soll die Förderung von vor der Küste gelegenen Gas- und Ölvorkommen genehmigt werden? Sollen genetisch manipulierte Pflanzen in die Umwelt freigesetzt werden dürfen? Diese und eine Vielzahl anderer Fragen sind in unserem zunehmend technologischen Zeitalter nicht nur gestellt worden, sondern werden häufig letztlich von Gerichten entschieden. Die Gerichte jedoch haben sich andere Beweisstandards und Ermittlungsmethoden zu eigen gemacht, als es die Verfahren zur Wahrheitsermittlung sind, die in Wissenschaft und Technik zur Anwendung kommen. Ein Wissenschaftler, der ein Problem

* Wissenschafts- und Technikgerichte werden vielfach in der vor allem angelsächsischen Literatur vorgeschlagen, um strittige Fragen und Konflikte in Wissenschaft und Technik zu klären und zu regeln. Dieses durchaus auch für die Wissenschaft in Deutschland wichtige Regelungsinstrument wird im vorliegenden Aufsatz erörtert. Je nach Art des Prozeßgegenstandes kämen hierfür in Deutschland Berufs- und (verbandliche) Schiedsgerichte in Frage; es könnten aber auch spezielle Kammern bei den jeweiligen Gerichten eingerichtet werden. Über »Wissenschaftsgerichtshöfe« ist auch in unserem Lande bereits eine Diskussion geführt worden, bei der verschiedene Typen von Hearings von Bundestagsausschüssen und Enquête-Kommissionen bis hin zu speziellen Kammern von Wissenschaftsgericht(shöf)en bzw. einem »Science Court« als eigenem Gerichtshof erörtert werden (vgl. den von Edgar Michael Wenz herausgegebenen Band *Wissenschaftsgerichtshöfe*, Frankfurt a. M. / New York 1983).

untersucht, wägt positive und negative Erfahrungen gegeneinander ab und wird vermutlich eine vorläufige Theorie aufgrund statistischen Materials erstellen. Im Gegensatz hierzu versucht ein Rechtsanwalt, eine Beweisführung hauptsächlich auf positive Beweise aufzubauen, indem er negative Beweise ignoriert und vor statistischen Ermittlungen zurückschreckt. Er überläßt der gegnerischen Partei die Aufgabe, durch Kreuzverhör die Unsicherheiten einer wissenschaftlichen Position herauszufinden. Vor Gericht wird die Wahrheit durch Argumente und Gegenargumente, die überzeugen sollen, ermittelt. In einer solchen kontroversen Situation sehen sich Wissenschaftler, die als Experten gehört werden, hin- und hergerissen zwischen der wissenschaftlichen Verpflichtung, *alle* Erkenntnisse, ob positiv oder negativ, zu präsentieren, und den Anforderungen eines widerstreitenden Kontextes, der es erfordert, daß lediglich positive Beweise unter Auslassung der negativen angeführt werden. Das erste Dilemma zwischen Wissenschaft und Gerichten erwächst aus einem grundsätzlichen Konflikt zwischen zwei völlig unterschiedlichen Wahrheitskonzeptionen.

Richter oder Geschworene fällen die Entscheidungen bei Gerichtsverhandlungen, und oft genug verfügen sie nicht über ein ausreichendes technisches Hintergrundwissen, um die strittigen wissenschaftlichen Fragen, die in dem Verfahren behandelt werden, zu verstehen. Falls der Anwalt des Klägers einen Sachverständigen benennt, der Wissenschaftler ist, und der Anwalt der Gegenseite einen gleichermaßen glaubwürdigen Wissenschaftler präsentiert, der für das genaue Gegenteil Gründe anführt, könnten der Richter oder die Geschworenen verunsichert sein, wem sie denn nun Glauben schenken sollen, und sie können ihre Entscheidungen aufgrund von Umständen fällen, die eher davon abhängen, welcher Wissenschaftler aufgrund seiner Darlegung des Falles glaubwürdiger erscheint, als von einer Bewertung des beigebrachten wissenschaftlichen Beweismaterials. Es gibt sogar Fälle, in denen unbekannte Risikofaktoren so groß sind, daß nicht einmal

ernstzunehmende Wissenschaftler sich über die damit verbundenen Wahrscheinlichkeiten einigen können. In vielen
Fällen jedoch kann ein grundsätzliches Verständnis der Wissenschaft einen Richter oder die Geschworenen in die Lage
versetzen, eine Entscheidung zu fällen. Das zweite Dilemma
zwischen der Wissenschaft und den Gerichten entsteht aus
der weitverbreiteten Unkenntnis der Grundlagen der Wissenschaft und sogar der wissenschaftlichen Methoden, welche die Öffentlichkeit oft mißversteht, indem sie meint, diese
könnten absolute Antworten auf technische Fragen geben.
Diese zwei Dilemmata in der Beziehung zwischen der Wissenschaft und den Gerichten, nämlich (1) zwei unterschiedliche und potentiell konfliktträchtige Methoden der Beweisführung und (2) Entscheidungsgremien, die größtenteils aus
wissenschaftlich ungenügend vorgebildeten Richtern und
Geschworenen zusammengesetzt sind, haben dazu geführt,
daß manche Autoren die Bildung sogenannter »Wissenschaftsgerichte« vorschlugen. Solche Gerichte würden außerhalb der ordentlichen Gerichtsbarkeit anzusiedeln sein und
haben in den USA ihre Vorläufer in Verwaltungsgerichten,
wie etwa jenen des Bundesamts zur Regelung der Beziehungen zwischen Arbeitgebern und Arbeitnehmern (»National
Labor Relations Board«), den Verwaltungsrichtern der
Umweltschutzbehörde und der Militärgerichte. Die Einrichtung dieser besonderen Gerichte war aufgrund der spezifischen Informationen gerechtfertigt, die zu juristischen Entscheidungen benötigt wurden. Sie sind nicht völlig losgelöst
von der ordentlichen Gerichtsbarkeit, da das sie ermächti-
gende Gesetz festlegt, daß unter bestimmten Bedingungen
Kläger oder Angeklagte die ordentlichen Gerichte anrufen
können. Befürworter der Wissenschaftsgerichte führen ähnliche Argumente an, daß nämlich Wissenschaft und Technik
so esoterisch seien, daß sie ihr eigenes Gerichtswesen benötigten, um angemessene Verfahren und Richter zu gewährleisten, um so gerechte Urteile zu erreichen.
Ich möchte im folgenden einen spezifischen Vorschlag für ein

Wissenschaftsgericht vorstellen und Argumente dafür und dagegen in Betracht ziehen, und dann meine eigene Version eines Wissenschaftsgerichts unterbreiten, die mir im Interesse der Gerechtigkeit notwendig scheint. Meine Studie wird nicht nur auf einer Untersuchung der Vor- und Nachteile eines Wissenschaftsgerichts beruhen, sondern auch auf einer kurzen Analyse des gesetzlichen und politischen Zusammenhangs, in denen sich wissenschaftliche Fragen ergeben.

Das Wissenschaftsgericht

Mitte der siebziger Jahre wurde in den USA durch die Beratergruppe des Präsidenten zur Vorhersage und Erwartung von Fortschritten in Wissenschaft und Technologie ein Sonderstab für das sogenannte Wissenschaftsgerichts-Experiment eingesetzt. Arthur Kantrowitz saß dieser Gruppe vor und faßte ihre Empfehlungen in einem vieldiskutierten Artikel in *Science* zusammen.[1] Kantrowitz gab als die Empfehlung dieses Arbeitsstabs an, daß ein Wissenschaftsgericht gebildet werden solle, um strittige Fragen bezüglich wissenschaftlicher Tatsachen getrennt von Wertproblemen in den noch bei Regierungsstellen anhängigen Streitfragen zu entscheiden. Eine öffentliche Anhörung sollte vor wissenschaftlichen Richtern, die aus benachbarten Wissenschaftsgebieten ausgewählt wurden, stattfinden. Die Anhörung sollte von einem unvoreingenommenen wissenschaftlichen Schiedsrichter geleitet werden. Jede an der Auseinandersetzung beteiligte Partei sollte von einem Anwalt (»case manager«) vertreten werden, ausgewählt nach Sachkenntnis und als Repräsentant einer rechtmäßigen Wählerschaft. Um eine ausreichende Finanzierung beider Seiten zu gewährleisten, sollten Geldmittel für die Anwälte von einer nicht direkt in den Fall verwickelten Regierungsstelle, zum Beispiel der National Science Foundation, bereitgestellt werden.
Einige strittige Fragen, die zu einer Entscheidung vorgeschla-

gen wurden, waren: »Sollten FCKW-Stoffe wegen ihrer Auswirkungen auf die Ozonschicht verboten werden? Ist der rote Farbstoff Nr. 40 sicherer als der Farbstoff Nr. 2? Sollte das Trinkwasser mit Fluor versetzt werden?«[2] Der für das Experiment verantwortliche Arbeitsstab sollte die anstehenden Fragen nach folgenden drei Kriterien auswählen:

»(1) Die Fragen müssen politisch relevant sein und technische Komponenten enthalten, die sowohl wichtig als auch offensichtlich umstritten sind.

(2) Fragen, die eine einfache Unterscheidung von Tatsachen und Werten ermöglichen, werden für die Experimente bevorzugt.

(3) Diejenigen Fragen werden bevorzugt behandelt, für die glaubwürdige Anwälte gefunden werden können. Um den Prozeß zu vereinfachen, wird es nützlich sein, eine Frage auszuwählen, für die zwei Anwälte angemessen und fair alle Aspekte der Kontroverse darstellen können«.[3]

Das Bemühen, Tatsachen von Werten zu unterscheiden und eine Gerichtsentscheidung eher auf ersteren aufzubauen, beruht auf der Ansicht, daß Wissenschaft eine »objektive« Disziplin sei, die nicht voreingenommenen, wertbeladenen subjektiven Interpretationen unterworfen sei.

Der Wunsch, Entscheidungen aufgrund wissenschaftlicher Erfahrungsdaten anstelle von rechtlichen Beweisfindungsregeln zu erbringen, war ein entscheidendes Motiv für diesen Vorschlag zugunsten eines Wissenschaftsgerichts.

»Der Prozeßverlauf wird damit beginnen, daß ein Anwalt seine Argumente für eine angefochtene Behauptung in Form von experimentell ermittelten Daten und theoretischen Kalkulationen vorbringt. Dieses Beweismaterial wird einer genauen Untersuchung unterzogen werden, die nach den traditionellen Gepflogenheiten einer wissenschaftlichen Tagung geführt werden muß, jedoch mit der zusätzlichen Regel, daß man sich genauestens an die in Frage gestellten Punkte hält. Es muß angemerkt werden, daß die angewandten Regeln zur Beweisfindung die des wissenschaftlichen Nachweises sind und nicht die der rechtlichen Verfahren. So können Ad-hominem-Argumente und -Angriffe ausgeschlossen werden. Es wird nicht nötig sein, die Sachkenntnis eines Zeugen unter Beweis zu stellen, da seine Aussagen für eine weitere detaillierte Kritik zur Verfügung stehen. Wir sind uns nicht im klaren über irgendwelche standardisierten Festlegungen wissenschaftlicher Nachweisregeln, und möchten zu Anfang von der einfachen Aussage ausgehen, daß wir diejenigen Regeln befolgen werden, die traditionell in der wissenschaftlichen Gemeinschaft beachtet werden.«[4]

Obwohl die Beweisführungsregeln wissenschaftliche sein müßten, würden die Anwälte einander ins Kreuzverhör nehmen. Nach der Anhörung einer umstrittenen Frage hätten die Richter ihr Urteil zu fällen, das aber gesetzlich nicht bindend wäre, jedoch dennoch bei Regierungsstellen und normalen Gerichten Überzeugungskraft ausüben würde. Bei einer guten Ausführung dürfte die Öffentlichkeit die Arbeit des experimentellen Gerichts als rechtmäßig und fair anerkennen und daraufhin das Urteil annehmen. In der Tat meint Kantrowitz, daß der Wert eines Wissenschaftsgerichts daran gemessen werden könnte, wie wirksam es Meinungen über eine umstrittene Frage beeinflussen könnte.

Im Mittelpunkt der Diskussion um Kantrowitz' Vorschlag für ein experimentelles Wissenschaftsgericht steht die Frage, ob Tatsachen von Werten getrennt werden können. Barry Casper, einer von Kantrowitz' Kritikern, argumentiert, daß wissenschaftliche Tatsachen selten ein Streitpunkt in einer solchen öffentlichen politischen Auseinandersetzung gewesen seien, in die die Wissenschaft verwickelt war, und daß es ein Fehler wäre, Werte und politische Fragen von wissenschaftlichen und technologischen Fragen zu trennen.[5]

»Für größere öffentlich-politische Streitfragen mit technischen Aspekten sind die politischen und sozialen Wertfragen fast unausweichlich weitaus bedeutender als die mit Wissenschaft und Technologie verbundenen Fragen. Wenn die wissenschaftlichen und technologischen Fragen für eine gesonderte Erwägung durch ein Wissenschaftsgericht getrennt behandelt werden, ist es wahrscheinlich, daß sie einen größeren politischen Einfluß ausüben, als ihnen eigentlich zusteht.«[6]

Casper macht außerdem geltend, daß Wissenschaftsgerichte die »mutmaßliche oder präsumptive Gültigkeit/Richtigkeit« in öffentlich-politischen Fragen gegen Kritik und Alternativen schützen könnten – das sei aber eine der Demokratie entgegenlaufende Entwicklung. Er ist der Meinung, daß in einer Demokratie eher das Volk als die Experten Entscheidungen über Wissenschaft und Technologie fällen sollte. Ist dies jedoch möglich, wenn »das Volk« über techn(olog)ische Angelegenheiten weitgehend uninformiert ist?

Wissenschaftliche Tatsachen und Werte sind nicht nur in der öffentlich-politischen Diskussion untrennbar verquickt; schon bei der Aufstellung wissenschaftlicher Theorien selbst können sie nicht voneinander getrennt werden. Allein die Wahl, welche Theorie akzeptiert werden soll und was gültige wissenschaftliche Nachweise ausmacht, sind wertbeladene Entscheidungen, die von Wissenschaftlern gefällt werden.[7] Die Wahl einer grundlegenden Metapher für eine wissenschaftliche Erklärung umfaßt wertbeladene Entscheidungen des Wissenschaftlers in bezug auf signifikante Teile der Theorie. Vom 18. Jahrhundert bis heute haben Biologen, die ihre Aufgabe in der Beschreibung von Phänomenen durch die Konstruktion von Kategorien und in der Einordnung von Organismen in diese sahen, nicht nur die grundlegende Metapher »Die Welt ist Taxonomie« gewählt, sondern darin auch bestimmte Werte dargestellt gesehen. Forscher, die dieser grundlegenden Metapher folgen, sehen Eleganz und Schönheit darin, daß ein Organismus in eine Kategorie paßt, die selbst in einer Hierarchie von Kategorien angeordnet ist, deren übergeordnete Kategorien mehr Organismen und breitere Definitionen von Zugehörigkeit aufgrund größerer Ähnlichkeit enthalten. Wissenschaftler, welche dagegen die grundlegende Metapher »Die Welt ist mathematisch« annehmen, suchen eher algorithmische Zusammenhänge anstelle von Kategorien und sehen Eleganz und Schönheit in mathematischen Gleichungen und Anwendungen von Variablen in bezug auf die physische Welt. In diesen zwei konkurrierenden Methodologien der Wissenschaft finden wir unterschiedliche Werte durch Beispiele belegt. Und diese zwei unterschiedlichen Wertsysteme beeinflussen die Art der hervorgebrachten wissenschaftlichen Erkenntnisse; was eine Erklärung für den Taxonomie-Systematiker ausmacht, genügt dem Molekularbiologen nicht als angemessene Darstellung.

Man könnte diese Verschmelzung von Werten und Tatsachen hinnehmen, ohne die Idee eines Wissenschaftsgerichts aufzugeben. Bevor wir eine Entscheidung bezüglich des Gerichts treffen, möchte ich jedoch das Argument, daß die Notwendigkeit eines Wissenschaftsgerichts durch eine Verbesserung der naturwissenschaftlichen Allgemeinbildung ausgeschlossen werden könnte, betrachten.

Naturwissenschaftliche Allgemeinbildung

Das niedrige Niveau naturwissenschaftlicher Allgemeinbildung in einer Demokratie wie den Vereinigten Staaten enthält Bürgern einschließlich der Richter die Fähigkeit vor, fundierte Entscheidungen über öffentlich-politische Fragen von Wissenschaft und Technologie zu treffen. Naturwissenschaftliche Allgemeinbildung kann bezeichnet werden als ›angemessener‹ Wortschatz wissenschaftlicher und technischer Begriffe – zum Beispiel die Fähigkeit, den Begriff und Aufbau eines Moleküls zu erläutern – zusammen mit einem grundlegenden Verständnis vom Ablauf des wissenschaftlichen Denkens. Ergebnisse nationaler Stichproben aus den Jahren 1979 und 1985 geben einen alarmierenden Überblick über den geringen Anteil der amerikanischen Erwachsenen, die beanspruchen können, über naturwissenschaftliche Allgemeinbildung zu verfügen.[8] 1979 erfüllten nur 7% der amerikanischen Erwachsenen die oben erwähnten Kriterien; 1985 fiel dieser Wert auf 5%. Es ist wichtig, den engen Zusammenhang zwischen herkömmlicher Schulbildung und naturwissenschaftlicher Allgemeinbildung zu beachten. 1985 wurden mehr als zweitausend Amerikaner befragt, und von diesen wurde keiner, der keinen High-School-Abschluß besaß, als naturwissenschaftlich allgemeingebildet eingestuft. Nur 3% der High-School-Absolventen, 12% der Bakkalaureaten und 18% derjenigen, die einen philosophischen Doktortitel erworben hatten, erfüllten die Anforderungen.

Richter rekrutieren sich aus Collegeabsolventen, die anschließend ein Jurastudium absolviert haben und selten eine umfassendere naturwissenschaftliche Ausbildung mitbringen, als dies die nationalen Umfrageergebnisse zeigen. Die Erkenntnis dieses Mangels war ein Grund für den Vorschlag zur Bildung eines Wissenschaftsgerichts. Wie sollten Richter in einem Streitfall entscheiden, der die Wirkungen von Chemikalien betrifft, wenn sie nicht einmal relativ einfache Begriffe wie »Toxizität« und »Konzentration« verstehen? In North Carolina hat man sich an die Justiz gewandt, um festzustellen, ob ein durch die Legislative erlassenes Gesetz, das für Abwässer einer chemischen Verarbeitungsanlage einen Verdünnungsfaktor von einem Tausendstel vorschreibt, für die öffentliche Gesundheit erforderlich ist. Die meisten Anwälte, die sich mit dieser Frage auseinandersetzen, folgen ihrem intuitiven Wissen, daß eine Verdünnung Chemikalien ungefährlich mache, ohne deren Toxizität oder Konzentration zu beachten. Wenn es bei Streitfragen darum geht, ob man geringen Mengen von Radioaktivität ausgesetzt werden dürfte, glauben auch einige gut ausgebildete Anwälte und Richter den übertriebenen Behauptungen von Umweltschützern, daß eine solche Strahlungsmenge nicht nur tatsächlich gefährlich sei, sondern daß wir außerdem zu einer strahlungsfreien Umwelt zurückkehren sollten. Sie wissen nicht einmal, daß natürliche Formen der Radioaktivität vom Sonnenlicht, vom Boden und vom Wasser kommen. Eine solche Unkenntnis grundlegender wissenschaftlicher Fakten sollte die Notwendigkeit eines irgendwie gearteten Wissenschaftsgerichts rechtfertigen, jedoch wird ein solcher Bedarf immer wieder bestritten.

David M. O'Brien hat kürzlich die Rolle der Gerichte in wissenschaftspolitisch strittigen Fragen untersucht und festgestellt, daß Richter keinerlei wissenschaftliche Sachkenntnisse benötigten, um angemessene Entscheidungen zu treffen.[9] Er stellt folgendes fest:

>»Im Gegensatz zu der Meinung vieler Sozialkritiker behaupte ich, daß es weder die Komplexität oder gar die Unsicherheiten der wissenschaftlichen Grundlage sind, die den Richtern beispiellose Unannehmlichkeiten bereiten. Auch der Mangel an spezieller Ausbildung oder beruflicher Kompetenz in naturwissenschaftlichen Disziplinen ist nicht das Hauptproblem. Richter müssen ähnlich komplexe Fragen, die andere sozialpolitische Fragen treffen, entscheiden, obwohl sie in Sozialwissenschaften, Wirtschaftswissenschaften oder Moralphilosophie auch nicht besser ausgebildet sind. Das Besondere an wissenschaftspolitischen Streitgegenständen ist, daß sie oft polyzentrische oder ›vielseitige‹ Fragen betreffen, die Verhandlungen und Kompromisse außerordentlich schwierig, wenn nicht gar unmöglich machen. Tatsächlich führen die wissenschaftspolitisch strittigen Fragen deswegen zu Prozessen und werden die Richter gezwungen, sie zu entscheiden, weil Verhandlungen und politische Kompromisse scheitern.«[10]

O'Brien sieht die Wurzel für die »polyzentrischen« Fragen wissenschaftspolitisch strittiger Fälle in dem Konflikt zwischen den Kulturen der Wissenschaft, des Rechts und der demokratischen Politik. Umweltfragen werden zum Beispiel entschieden durch gesetzliche Parameter wie die Gesetze über die Reinhaltung von Luft und Wasser (Clean Air and Clean Water Acts), durch wissenschaftliche Definitionen von krebserregenden Stoffen, von Umweltverschmutzung und Toxizität, und durch die öffentliche Meinung, die politischen Druck ausübt sowohl durch ihre Abgeordneten, die Gesetze entwerfen und verabschieden, als auch durch Richter, die diese interpretieren. Die Komplexität der wissenschaftspolitischen Streitfälle vergrößerte sich nicht nur durch die große Anzahl an Umwelt-, Gesundheits- und Sicherheitsgesetzen, die während der letzten zwanzig Jahre verabschiedet wurden, sondern auch durch zunehmende behördliche Rechtsverordnungen, denen richterliche Überprüfungen folgten. Diese Regulierung ist derart angewachsen, daß ein bedeutender Teil unseres Bruttosozialprodukts dafür aufgewendet werden muß. Laut O'Brien »schätzt der Rat für die Qualität der Umwelt, daß die Vereinigten Staaten 1979 136,9 Milliarden US-Dollar, also ungefähr 1,5 % des Bruttosozialprodukts, ausgegeben haben, um Bundesvorschriften zu erfüllen.«[11] O'Brien argumentiert durchweg, daß wissenschaftspolitische Streitfälle nur sehr selten wissenschaftliche Tatsachenfragen betreffen. Er hält die zunehmende Tendenz für falsch, eine richterliche Überprüfung von behördlichen Rechtsverordnungen aufgrund der Annahme vornehmen zu lassen, daß solche Auseinandersetzungen wissenschaftliche Tatsachenbestimmungen einschließen.

»Die Verrechtlichung der behördlichen Vorgänge beruht auf der falschen Annahme, daß wissenschaftspolitische Streitfälle auf rein wissenschaftliche Kontroversen zusteuern. Tatsächlich sind nur in einem kleinen Prozentsatz dieser Streitfälle Meinungsverschiedenheiten rein wissenschaftlicher Natur verwickelt. Jene Streitfälle sind zudem außerordentlich eingeschränkt und meist nur am Rande mit der Festlegung regulativer Maßnahmen verbunden.

Die eigentliche Streitursache machen hauptsächlich normative, politische Entscheidungen aus, die ohne vollständige wissenschaftliche Nachweise getroffen werden müssen. Sogar wenn angeblich ausreichende Nachweise vorhanden sind, liegen den Entscheidungen über Verordnungen grundlegende politische Urteile zugrunde. Kommentatoren wie Robert Crandall und Lester Lave vom Bookings Institut weisen korrekterweise darauf hin, daß wissenschaftliche Beweisfakten allein nicht die bestimmenden Faktoren bei Gesundheits-, Sicherheits- und Umweltverordnungen sein können. Dennoch deuten sie irreführenderweise darauf hin, daß wissenschaftliche Unsicherheiten notwendigerweise die Rechtmäßigkeit von Behördenverordnungen untergraben. Nach ihrer Formulierung ist es ›nicht die Schwierigkeit, daß die Wissenschaft nichts anzubieten habe; eher ist so: weil Wissenschaft keine eindeutigen Schlüsse ergibt, wird sie als nicht hilfreich angesehen.‹ Tatsächlich hängen die meisten Vorschriften jedoch nicht von vollständiger wissenschaftlicher Sicherheit ab (und es wäre unrealistisch, eine solche zu erwarten).«[12]

Die Tatsache, daß Verordnungen und gerichtliche Entscheidungen, die diese überprüfen, selten auf wissenschaftlichen Nachweisgrundlagen basieren, spiegelt den Mangel wissenschaftlicher Kenntnisse derjenigen wider, die im rechtlichen Bereich tätig sind, sowie der meisten anderen Bürger. O'Briens Beobachtung dieser Tatsache rechtfertigt allerdings nicht die Schlußfolgerung, daß dies auch so sein müsse. Wenn alle wissenschaftspolitischen Streitfragen anhand von geringem oder völlig fehlendem Verständnis für die betreffende Wissenschaft entschieden werden, dann werden diese Entscheidungen fast unvermeidlich ernstlich fehlerhaft sein. Dies soll nicht bedeuten, daß solche rechtlichen Entscheidungen ohne Bezugnahmen auf Recht und Politik beschlossen werden sollten; es bedeutet vielmehr, daß solche Entscheidungen auf gewissen Kenntnissen der grundlegenden Beschaffenheit der entsprechenden Wissenschaft oder Technik beruhen sollten. Wie kann jemand entscheiden, ob genetisch veränderte Organismen in die natürliche Umwelt freigesetzt werden dürfen, ohne Kenntnisse darüber zu besitzen, wie Gene verändert werden und wie groß die Wahrscheinlichkeit ist, daß gerade dieser Organismus die Umwelt negativ beeinflussen würde? Ohne eine solche vorsichtige Abschätzung und Bewertung werden die Entscheidungen stark vereinfacht ausfallen – im Extremfall entweder nur einen Ausweg auf der Grundlage offenlassen, daß die Experten wissen, was sie tun, oder aber jeglichen Ausweg aus dem Grund versperren, daß die Vorsicht es erfordert, den Status quo zu erhalten, weil wir nicht wissen, was alles passieren wird.

Die Forderung, daß die Wissenschaft völlig zuverlässige Antworten zu liefern habe und, wenn sie das nicht könne, entsprechende Beweisgrundlagen eben nicht zu Entscheidungen in wissenschaftspolitischen Streitfällen herangezogen werden dürften, zeigt einen Mangel an Verständnis der Wissenschaft. Jene, die über die moderne wissenschaftliche Methode nicht Bescheid wissen, glauben an den Mythos der völligen Objektivität der Wissenschaft. Sie neigen dazu, Wissenschaft von Werten zu trennen, wie es auch Kantrowitz in seinem Vorschlag für ein Wissenschaftsgericht getan hat. Ähnlich O'Brien, der wissenschaftliche Fakten von gesellschaftlichen und politischen Werten trennt, indem er annimmt, daß Entscheidungen in wissenschaftspolitischen Streitfällen, gerade weil sie heutzutage ohne eingehenden Rückgriff auf eine Abschätzung und Bewertung wissenschaftlicher Tatsachen gefällt werden, deshalb hauptsächlich auf rechtlichen und politischen Werten beruhen *müssen*. Da Richter das heute tun, warum sollte es dann geändert werden? Gerade um zu erreichen, daß bessere Entscheidungen getroffen werden, sachlich begründete statt völlig unbegründeter, müssen alle an wissenschaftspolitischen Streitfällen Beteiligten – Anwälte, Richter und die allgemeine Öffentlichkeit – eine bessere Ausbildung in Fragen der Wissenschaft, der Technik und der Technologie erhalten.

Wenn die wissenschaftliche und techn(olog)ische Allgemeinbildung in den Vereinigten Staaten wesentlich verbessert werden könnte, wäre es dann immer noch notwendig, ein besonderes Gerichtssystem einzuführen, um wissenschaftspolitische Streitfälle zu klären? Könnten Richter und Geschworene, welche die Natur wissenschaftlicher Methoden verstehen und über Kenntnisse der meisten fundamentalen Konzepte moderner Wissenschaft verfügen, Fragen der Wissenschaftspolitik entscheiden? Zweifelsohne würde ein derartig verbessertes Hintergrundwissen die Lösung vieler Fragen vereinfachen und verbessern. Richter und Geschworene könnten Übertreibungen leichter durchschauen. Sie wären auch besser in der Lage, festzustellen, wer als kompetenter, sachverständiger Zeuge fungieren könnte und wer nicht.

Doch kann gerade die gegenwärtige Gerichtsbarkeit, die bei der »Wahrheits«findung auf einem widerstreitenden System aufbaut, ohne den Wert negativer Beweise anzuerkennen, einen angemessenen Urteilsspruch in besonderen Streitfällen, die eine außerordentlich gründliche Kenntnis von Wissenschaft und Technologie erfordern, noch verhindern. Selbst wenn ein Gericht über ein grundlegendes Verständnis der Wissenschaft verfügt, könnte es, wenn es mit der Frage konfrontiert wird, ob es die Freisetzung genetisch veränderter Organismen in die Umwelt genehmigen soll, durch widersprüchliche Aussagen scheinbar kompetenter und legitimierter Zeugen verwirrt werden. In solchen Fällen wird auch ein Kreuzverhör selten nützlich sein, um die Beschaffenheit der Beweisgrundlagen beider Seiten zu entwirren und zu klären. Tatsächlich werden die das Kreuzverhör durchführenden Anwälte versuchen, die Glaubwürdigkeit der sachverständigen Zeugen der Gegenseite durch eine Folge von Standardtricks zu unterminieren. Chesler, Sanders und Kalmuss führen die folgenden Strategien für ein Kreuzverhör an, wie sie bei Gerichtsverfahren zur Rassentrennung in Schulen angewandt wurden, um die Glaubwürdigkeit der Experten der jeweiligen Gegenseite zu unterminieren:

> »(1) Die Referenzen der Zeugen, die Unabhängigkeit und den Gehalt ihres Wissens anzweifeln, (2) die Vertrautheit der Zeugen mit lokalen Ereignissen in Frage stellen, (3) ein besonderes (materielles) Interesse oder Voreingenommenheit unterstellen, (4) nach einer Rechtfertigung für die Gegenmeinung suchen und (5) Widersprüche in der Zeugenaussage aufdecken.«[13]

Eine wissenschaftliche Theorie, die Widersprüche enthält, kann als beste verfügbare dennoch geeignet sein, ein Phänomen zu erklären. Ein sachverständiger Zeuge jedoch, der diese inneren Widersprüche zugibt, *unterminiert* in den Augen des Gerichts die Glaubwürdigkeit seiner Aussage. Das Gericht verlangt ein stärkeres Maß an Übereinstimmung, als das im Bereich der Wissenschaft der Fall ist, und, um die Sache noch komplizierter zu machen, es können sogar die Vorstellungen von Übereinstimmung in den beiden Bereichen sehr unterschiedlich sein.

Die kontroverse Struktur und die Voraussetzung verschiedener Beweisformen, die im rechtlichen System vorkommen, veranlassen mich dazu, die Einrichtung eines Verwaltungsgerichts für die Wissenschaften vorzuschlagen, das ich im folgenden kurz skizzieren möchte.

Ein Wissenschaftsgericht für das 21. Jahrhundert

Ich schlage die Bildung eines Systems von Verwaltungsgerichten für Wissenschaft und Technologie vor, das vom Kongreß durch ein Gesetz zur Wissenschafts- und Technologiepolitik autorisiert werden könnte. Diese Gerichte könnten unter der Gerichtsbarkeit einer Nationalen Aufsichtsbehörde für Wissenschafts- und Technologiepolitik operieren, die zu

einer Anhörung durch die Verwaltungsrichter angerufen
werden kann. Kläger oder Beklagte, die ihre Fälle statt in der
normalen Bundesgerichtsbarkeit (mit Bezirks- und Beru-
fungsgerichten) im Rahmen eines solchen Systems behandelt wissen möchten, könnten darum ersuchen und würden
gemäß der allgemeinen Richtlinien gehört werden. Diese
Richtlinien würden Verfahren für solche Hearings festset-
zen, die für eine wissenschaftliche oder technologische Fall-
entscheidung erforderlich sind, welche die Fähigkeiten der
ordentlichen Gerichtsbarkeit übersteigt. Folglich könnten
viele Fälle, die Wissenschaft und Technologie betreffen, wie
z. B. Haftung, weiterhin vor Bezirksgerichten verhandelt
werden anstatt vor einem Wissenschafts- und Technologiegericht.

Richter und Anwälte, die zum Praktizieren in dieser
Gerichtsbarkeit zugelassen werden, müßten über eine Ausbildung in einer Naturwissenschaft oder einer Ingenieurwis-
senschaft *und* über eine juristische Ausbildung verfügen. Die
Zulassung zu diesem Wissenschafts- und Technologiegericht
könnte auf der Grundlage von Zeugnissen und/oder besonderen Prüfungen geschehen.

Anders als bei Kantrowitz' Wissenschaftsgericht sieht dieser
Vorschlag rechtlich bindende Entscheidungen vor. Berufung
bei einem Berufungsgericht oder beim Obersten Bundesgericht einzulegen wäre nur aus verfahrenstechnischen Gründen zulässig.

Entsprechend Kantrowitz' Vorschlag jedoch wären die
Beweismethoden die der Naturwissenschaften und Ingenieurwissenschaften, und das Verfahren würde mehr wie eine
wissenschaftliche Debatte oder ein wissenschaftliches Semi-
nar geführt werden. Ein Verwaltungsrichter oder ein Ausschuß solcher Richter würde die endgültige Entscheidung
treffen.

Die Entscheidungsfindung sollte nicht auf »wissenschaftliche
Fakten« begrenzt sein, sondern sollte Wertbindungen enthalten und in die entsprechenden kulturellen und politischen

Zusammenhänge eingebunden sein. Menschen leben nicht in abgeschirmten Laboratorien, sondern in einer Gesellschaft, in der wissenschaftspolitische Entscheidungen das tägliche Leben unmittelbar beeinflussen.

Die vorläufige und suggestive Eigenart vieler wissenschaftlicher Erkenntnisse würde eine vollständige Anerkennung und Zustimmung erfahren. Die Tatsache, daß viele wissenschaftliche Behauptungen und Beweisführungen auf Wahrscheinlichkeiten beruhen, würde eher als ein legitimer und normaler Sachverhalt anerkannt werden denn als Schwäche in einem regulären Gerichtsverfahren. Es würden jedoch wenigstens Versuche unternommen, Entscheidungen in Streitfällen zu treffen, bei denen selbst Sachverständige als Zeugen nicht übereinstimmen. Experimentelle Daten zu untersuchen und zu vergleichen, das würde für Wissenschafts- und Technologiegerichte zu einer routinemäßigen Arbeit werden. Bei der Erwägung wissenschaftlichen Beweismaterials würde die Darstellung sowohl der Stärken als auch der Schwächen von Theorien und Daten erwartet werden, ohne daß dadurch die Glaubwürdigkeit der Experten geschmälert würde.

Der vermutlich schwierigste und am meisten kontroverse Aspekt dieses Gerichtssystems wäre die anfängliche Entscheidung, welche Fälle überhaupt zugelassen werden. Man muß sich vorstellen, daß es Fälle geben könnte, bei denen der Kläger seinen Fall vor einem Wissenschafts- und Technologiegericht behandelt wissen möchte, der Angeklagte jedoch nicht – oder umgekehrt. Könnte einer der beiden diese anfängliche Entscheidung anfechten und über die Aufsichtsbehörde hinaus vor ein höheres Bundesgericht bringen? Vielleicht sollte das vorgesehen werden, aber ebenfalls nur aus verfahrenstechnischen Gründen.

Die Einführung von Wissenschafts- und Technologiegerichten, an denen wissenschaftlich kompetente Verwaltungsrichter die Fälle verhandeln, würde hoffentlich nicht nur die Qualität der Urteile verbessern, sondern außerdem auch die Verhandlung von Fällen auf der Grundlage einer zu leichtfertigen Wissenschaftsbeurteilung ausschließen. Kläger, deren Fall die wissenschaftliche Grundlage fehlt, könnten selbst davon Abstand nehmen, ihre Klage vor Gericht zu bringen, wenn sie wissen, daß sie abgelehnt würde.

Anmerkungen

1 Arthur Kantrowitz, »The Science Court Experiment«, in: *Jurimetrics Journal 27* (1977) S. 332–341 (eine leicht revidierte Version des Originalaufsatzes in: *Science* 193, 1976, S. 653–656).

2 Ebd., S. 334.

3 Ebd.

4 Ebd., S. 337.

5 Barry Casper, »Technology, Policy and Democracy«, in: *Science* 194 (1976) S. 29–35.

6 Ebd., S. 30.

7 Vgl. Earl R. MacCormac, *Myths of Science and Technology*, Madras 1986; ebenso meine Besprechung des Buches von Stephen J. Gould, *Time's Arrow, Time's Cycle: Myth and Metaphor in the Discovery of Geological Time* (Cambridge 1987), in: *Metaphor and Symbolic Activity* 4 (1989) S. 111–115.

8 John D. Miller, »The Five Percent Problem«, in: *American Scientist* 76 (1988) S. 116.

9 David M. O'Brien, *What Process is Due? Courts and Science Policy Disputes*, New York 1989.

10 Ebd., S. 72.

11 Ebd., S. 148.

12 Ebd., S. 149–150.

13 Mark A. Chesler / Joseph Sanders / Debra S. Kalmuss, *Social Science in Court: Mobilizing Experts in the School Desegregation Cases*, Madison 1989, S. 137.

HANS JONAS

Wissenschaft und Forschungsfreiheit.
Ist erlaubt, was machbar ist?

Trägt der Forscher bei seinen Untersuchungen eine Verantwortung? Kann er sich mit seinem Forschen schuldig machen? Ja, kann er Schuld vermeiden? Solche Fragen haben seit einiger Zeit begonnen, das Gewissen, das einstmals so gute, von *Natur*wissenschaftlern zu plagen. Was konnte sich eines besseren Gewissens erfreuen als die Wahrheitssuche? Und was war ein legitimeres Objekt der Wahrheitssuche als eben die Natur? Aber Robert Oppenheimer sagte nach Hiroshima: der Naturwissenschaftler hat Bekanntschaft mit der Sünde gemacht. Das war für die Kernphysik und ihre Mitwirkung bei der Atombombe gemeint. Seitdem hat sich die Störung der Gewissensruhe auch auf andere Forschungszweige in den Naturwissenschaften ausgedehnt. Mindestens die Frage nach einer mit dem eigenen Tun verbundenen Verantwortlichkeit ist in die geschützten Gefilde der Naturforschung eingedrungen und wird an sie auch von außen, von einer breiteren und beunruhigten Öffentlichkeit gestellt. An den Reflexionen darüber darf sich auch der Philosoph beteiligen. Er ist zwar nicht besser qualifiziert als irgendein anderer, die praktisch brennendste Frage zu beantworten, wie etwa eine hier abstrakt bejahte Verantwortung sich in einer Art »Wissenschaftspolitik« konkretisieren könnte. Aber er kann mit seinem Rüstzeug solche grundsätzlichen Vorfragen angehen wie die, welches denn überhaupt das Verhältnis zwischen der Wissenschaft und der Wertsphäre ist – ob sie getrennt nebeneinander stehen oder sich schon im Erkennen der Dinge gegenseitig durchdringen. Eine derartige Abklärung des Umfeldes dürfte für den Umgang mit unserer bedrängenden Frage nicht ganz unnütz sein. Nur im Sinne dieser bescheidenen Hilfestellung sind die folgenden Betrachtungen gemeint.

Verpflichtung und Verantwortung

Zunächst etwas zur Begriffsklärung. »Verantwortung« ist nicht dasselbe wie »Verpflichtung« überhaupt, sondern ein speziellerer Fall davon. Verpflichtung kann ganz innerhalb eines Verhaltens selber liegen, Verantwortung weist über es hinaus, hat einen externen Bezug. Zum Beispiel besteht bei der Forschung die interne Pflicht zur »Strenge«: daß sie gewissenhaft nach den für sie geltenden Regeln der Wahrheitsfindung und Beweiskraft ausgeführt wird, sich in der Prozedur keine Kurzschlüsse erlaubt, in der Auswertung keine Begünstigung eines gewünschten Ergebnisses usw. Das bleibt sozusagen »in der Familie«, gehört zum gebietseigenen Ethos der Wissenschaft, und seine getreuliche Beobachtung bedeutet eigentlich nichts anderes, als daß man ein guter und nicht ein schlechter Wissenschaftler ist.

Aber gerade der in diesem Sinne gute, also erfolgeiche und daher *wirkungs*volle Wissenschaftler kann unter Verantwortungen stehen, die über sein internes Geschäft der Wahrheitsfindung hinausreichen und deren Auswirkung in der *Welt* betreffen. Solche Auswirkungen sind ja zumeist in der naturwissenschaftlichen Forschung schon mitgemeint, nämlich als schließliche praktische Nutzung ihrer *Ergebnisse*. Man findet heraus, wie die Natur es »macht«, und kann dann selber etwas mit ihr machen. Sicher ist das zum Beispiel so in aller Chemie, die ja schon in ihrem Vollzug ein »Machen« einschließt, im Unterschied etwa zur Kosmologie und Astrophysik, die ihrem Gegenstand nichts antut, nichts von ihm will, ihn sein läßt, wie er ist, und sich mit der theoretischen Einsicht in die Beschaffenheit des Weltalls, in seine Vergangenheit, seine Gegenwart und seine – gar nicht beeinflußbare – Zukunft zufrieden gibt. Allerdings wäre die Astrophysik ohne die sehr hantierend verfahrende physikalische Chemie gar nicht möglich, und so wird selbst hier das rein kontemplative Interesse vom aktiven Umgang mit der Materie bedient. Fast überall sonst in den Naturwissenschaften vermischen sich heute theoretisches und praktisches Interesse unauflöslich (man denke an Kernphysik oder Kernbiologie); und zumal im Alltag des Forschungsbetriebes – man könnte sagen: der Forschungsindustrie, die so oft Industrieforschung ist – dominiert die praktische Anwendung von vornherein, indem sie dem Forscher schon die Aufgaben stellt. Also wird der, der sie löst, zum Handlanger für die, die seine Lösung benutzen. Wird er damit für die Art dieser Nutzung, die nicht mehr in seiner Hand liegt, mitverantwortlich? Soll dann die Voraussehbarkeit gewisser Nutzungen und ihrer Folgen ein Grund für ihn werden, gewisse Aufgaben nicht anzunehmen, d. h. gewisse Forschungen zu unterlassen? Oder Ergebnisse geheimzuhalten? Das wäre fast sicher vergeblich, denn der einzelne kann ja nicht für alle anderen gutsagen, die überall sonst in der Welt am gleichen Problem arbeiten. Außerdem aber steht dieser negativen Ausübung der Verantwortung, die der Forscher sich hiermit zuspricht, die positive Pflicht derselben Verantwortung gegenüber, wohltätigen, lebensfördernden, vielleicht kritisch notwendigen Zwecken durch die Forschung zu dienen. Und da stellt sich die wohlbekannte und gar nicht umgehbare Sachlage ein, daß ein und dasselbe wissenschaftliche Ergebnis, ein und dasselbe Können, das aus ihm erwächst, sowohl zum Nutzen als auch zum Schaden verwendbar ist, zum Guten wie zum Bösen – daß *jede* Macht eine Macht für beides ist und oft ohne den Willen des Ausübers *beides* vollbringt, sogar im gleichen Zuge des Gebrauchs. Bei solcher Zweigesichtigkeit der Macht und dazu der exzessiven Größe, die sie in der modernen Technik anzunehmen pflegt – sollte man da auf sie und ihre Mehrung, also auf die Gewinnung neuer Macht, überhaupt verzichten? Aber das können wir nicht, denn wir brauchen sie zur Förderung der menschlichen Angelegenheiten. Wir brauchen sogar ihren ständigen Fortschritt, um jedesmal mit den negativen Folgen ihrer selbst, d. h. ihres bisherigen Gebrauchs, fertig zu werden. Wir stehen also unter einem gewissen Zwang, wenn auch nicht unter einem absoluten, der jede Wahlfreiheit ausschlösse. Jedenfalls ist es zu spät, die Frage zu stellen, die schon Prometheus hätte stellen können, ob die Macht der Technik nicht zu groß ist für den Menschen, für das Maß seiner Zuverlässigkeit und Weisheit, zu groß auch vielleicht für die Abmaße unseres Planeten und seiner verletzlichen Biosphäre. Kein Meister kann dem Zauberlehrling den Besen wieder in den Schrank bannen. Doch die sehende Furcht könnte etwas zu seiner Zügelung tun.

»Rat der Weisen«?

Nun ist sicher der einzelne Forscher überfordert in der möglichen Abschätzung der Folgen seines Tuns. Und doch sind es eben die Folgen, die eine Verantwortung überhaupt stipulieren. Aber es ist auch gar nicht der einzelne Forscher mehr, der einsam in seiner Studierstube oder seinem Laboratorium neuen Wahrheiten nachgeht, sondern der einzelne ist Teil eines Forschungskollektivs, im eigenen Fach und im Zusammenhang der Fächer, und man könnte also vielleicht diesem Kollektiv die Fähigkeit zutrauen, zum Beispiel durch erwählte Gremien über das Verhältnis von Segen und Fluch im voraussichtlichen Gefolge bestimmter Forschungsprojekte zu befinden, und danach Entscheidungen über ihre Zulassung oder Unterlassung zu treffen. Da aber die zu bedenkenden Folgen im außerwissenschaftlichen Bereich liegen und die weitere Gesellschaft, manchmal gar die Menschheit und ihre Zukunft angehen, ihre Beurteilung also die spezifi-

sche Kompetenz des Wissenschaftlers übersteigt, so müßten
jene Gremien auch mit Laien aus allen Lebensgebieten besetzt
sein. Denkt man dabei an einen repräsentativen Querschnitt
der Gesellschaft, so muß man mitbedenken, wie leicht, ja
unvermeidlich ein solches Gremium zu einem Kampfplatz
der hier in der Nahsicht rivalisierenden Einzelinteressen ent-
artet, also die hier so nötige integrale und selbstlose Weitsicht
frustrieren würde. Also müßte es sich um einen wahren »Rat
der Weisen« handeln wie die Philosophenherrscher in Platons
Staat – eine recht utopische Vorstellung in sich, und sogar
dann irreal, wenn es gegen alle Wahrscheinlichkeit irgendwo
zu so etwas käme. Denn da die Probleme vielfach global sind,
so müßte der betreffende Staat ein Weltstaat sein: anderenfalls
stünden selbst die erleuchteten Weisen in ihrem Binnenterri-
torium, wo sie Autorität genießen, unter dem Druck dessen,
was anderswo gemacht wird. Wer will ins Hintertreffen geraten und wer, auch wenn er es wollte, könnte es bei seinen
Mandanten durchsetzen? Die dazu raten, würden bald abge-
setzt werden. Ich erinnere an ökonomisch-industrielle, öko-
logische und militärische Fragen.
So viel und sehr unvollständig zur praktischen Schwierigkeit
des Themas »Forschung und Verantwortung«, die wohl ent-
mutigen möchte. Ich habe keine Antwort darauf; sie müßte ja
wesentlich im Politischen gesucht werden, das nicht meine
Sache ist und außerdem, wie gesagt, leicht ins Utopische
führt. Da wir uns jedoch eine Vertagung ins Utopische nicht
leisten können, weil die Dinge uns jetzt schon auf den Nägeln
brennen, muß wohl doch ein Anfang gemacht und die Frage
einer Selbstzensur der Wissenschaft im Zeichen der Verantwortung aufgeworfen werden.
Vor aller institutionellen Apparatur wäre hierfür eine *Be-*
wußtseinsbildung nötig, welche mit den erwähnten Gewis-
senssorgen unter Forschern ja in der Tat eingesetzt hat. Ihr
könnte eine kritische Aufhellung des Selbstverständnisses der
Wissenschaften zugute kommen.

Forschungsfreiheit

»Freiheit der Forschung« ist eines der großen Losungsworte der westlichen Welt und nimmt in ihrer Hochschätzung der Freiheit überhaupt einen besonderen Platz ein. Denn nicht nur hat die Ausübung gerade dieser mehr als jeder anderen Freiheit die westliche Welt zu ihrer Sonderstellung in der Menschheit erhoben, sie ist auch die einzige, deren Recht unbedingt zu sein scheint, d. h. nicht eingeschränkt durch möglichen Konflikt mit anderen Rechten. Doch bei näherem Zusehen steckt in den zwei Hälften dieser Aussage ein geheimer Widerspruch. Denn die dank der Freiheit des Forschens gewonnene Sonderstellung in der Welt ist nicht zum wenigsten eine äußere der Macht und des Besitzes, also durch Umsetzung des erforschten Wissens in Handeln erworben, während doch der Anspruch der Forschungsfreiheit auf Unbedingtheit sich gerade darauf berufen muß, daß die Tätigkeit des Forschens samt ihrem internen Ziel, dem Wissen, reinlich von der Sphäre des Handelns geschieden ist. Denn im Handeln natürlich hat jede Freiheit ihre Schranken in Verantwortung, Gesetz und gesellschaftlichen Rücksichten, ist also niemals unbedingt. Wahrheit aber, ob nützlich oder unnütz, ist ein höchstes Recht an sich, sogar eine Pflicht, und ist (außer bezüglich des Intim-Privaten) von jenen Schranken frei, weil ihre Gegenwart in einem Kopfe niemandem weh tun kann und des einen Anteil an ihr den – wirklichen oder möglichen – Anteil anderer nicht schmälert. Im Gegenteil, dank seiner Mitteilbarkeit erhöht sogar des einen Anteil an der Wahrheit den potentiellen Anteil jedes anderen. Also greift auch der Prozeß ihrer Aneignung – und das ist »Forschen« – in keine Rechte anderer über (ausgenommen wieder Rechte auf persönliches Geheimnis), so daß innerhalb dieser Enklave die Freiheit total sein kann. Kurz, die Voraussetzung für totalen Freiheitsanspruch ist hier, daß Forschen als solches keine sittlichen Probleme aufwirft – was sogar bei bloßer sittlicher Neutralität der Fall sein könnte, wenn nämlich »die Wahrheit« gar kein ethisches Gut, sondern nur eine subjektive Passion wäre. In jedem Falle ist die Unbedingtheit selber durch eine Prämisse bedingt, die das von ihr Gedeckte – so wie alles Fragen, Sinnen, Denken – aus den Tatzusammenhängen ausklammert, worin zwischenmenschliche Moral sonst ihr Spruchrecht ausübt. Sehen wir uns diese entscheidende Prämisse näher an und beziehen sie im besonderen auf die Erforschung der *Natur*, so daß »Wissenschaft« im folgenden, gemäß der angloamerikanischen Bedeutung des Wortes *science*, durchweg den Komplex der Naturwissenschaften bezeichnet.

Überschneidet sich die Wissenschaft mit der Moral?

Auf den ersten Blick möchte es scheinen, daß keine Überschneidung der Wissenschaft mit der Ethik vorliegt, wenn man absieht von der internen Moralität der Treue zu den Geboten der Wissenschaft selbst, d. h. eben zur »Wissenschaftlichkeit«. Für die Wissenschaft ist der einzige Wert das Wissen, ihr einziges Geschäft seine Erlangung. Dies führt allerdings seine eigenen Verhaltensnormen mit sich, die man wohl die territoriale Ethik des wissenschaftlichen Bereiches nennen kann: sich an die Regeln der Methode und der Ausweisung halten, nicht mogeln, d. h. weder sich selbst noch andere betrügen, etwa durch lose Schlüsse oder liederliche Experimente, zu schweigen von Fälschung ihrer Ergebnisse – kurz: intellektuelle Redlichkeit und Strenge. Ethisch kommt das auf nicht mehr hinaus als auf das Gebot, ein guter anstatt ein schlechter Wissenschaftler zu sein (»wenn ein Wissenschaftler, sei wissenschaftlich!«), und stiftet kein Pflichtverhältnis der Wissenschaft zur Welt außer ihr. Dasselbe gilt für die persönlichen Tugenden der Hingebung, Ausdauer, Disziplin und der Kraft, den eigenen Vorurteilen zu widerstehen: wiederum einfach Bedingungen des Erfolges im Berufe selbst, wenn auch lobenswerte Eigenschaften darüber hinaus. Die Pflicht des Forschers schließlich, seine Ergebnisse und ihre Begründungen der wissenschaftlichen Gemeinschaft mitzuteilen, scheint zwar der innerwissenschaftlichen Moral so etwas wie eine gesellschaftliche und öffentliche Dimension zu verleihen; aber tatsächlich gehört bei dem zunehmend kollektiven Charakter des wissenschaftlichen Unternehmens die Interkommunikation, selbst für den Einzelforscher, zu den technischen Bedingungen guter Leistung in der Wissenschaft: auch hiermit bleibt die wissenschaftliche Moral noch strikt »territorial« und die wissenschaftliche Brüderschaft nur sich selbst verpflichtet. So betrachtet, bildet die Wissenschaft ein sittliches Eiland für sich.

Man fühlt natürlich sofort, daß dies Selbstbildnis der Wissenschaft nicht die ganze Wahrheit ist. Etwas der Art traf wohl zu, solange die kontemplative von der aktiven Sphäre klar geschieden war, wie es in vormodernen Zeiten der Fall war, und reine Theorie nicht übergriff in die praktischen Angelegenheiten des Tages. Wissen konnte dann als ein privates Gut des Wissenden angesehen werden, das »innerlich besessen« dem Gute anderer keinen Schaden antun konnte. Die Dinge zu verstehen, nicht sie zu ändern, war des Wissens Werk. Es selbst und auch schon sein Erwerb, durch Beobachtung und Denken, waren Zustände des Geistes, als solche zwar mitteilbar und insofern weltlich-objektiven Daseins fähig, aber keine Eingriffe in den Zustand ihrer Gegenstände. Seine Verbreitung zwar wurde manchmal von öffentlichen Gewalten (wie der Kirche, manchmal auch vom Staat) als gefährlich für das Wohl der vielen angesehen, z. B. wegen Untergrabung ihres Glaubens. Aber ein quasi-automatischer Schutz gegen diese Gefahr lag schon in dem esoterischen Charakter höherer Gelehrsamkeit als solcher, die ihre Rezeption auf wenige beschränkte, und diese wenigen hatten hauptsächlich das Recht auf ihr eigenes Denken gegen Bevormundungsansprüche auf ihre Seelen zu verteidigen, denn in die Dinge der Außenwelt mischte sich dies Denken ohnehin nicht ein. Und schließlich haben Ideen, selbst wenn sie sich weit herumsprechen, höchstens überredende und nicht nötigende Kraft.

Forschung: jenseits von Gut und Böse?

Die simplistische Antwort hierauf ist, daß der Forscher, da er keine Gewalt über die *Anwendung* seiner Entdeckungen hat, auch nicht für ihren Mißbrauch verantwortlich ist. *Sein* Produkt ist Wissen und nichts sonst: das Nutzungspotential dieses Produkts, von ihm aus gesehen ein Nebenprodukt, ist herrenloses Gut für andere, die sich seiner bemächtigen oder es liegenlassen können, und im ersteren Falle es für gute oder böse, frivole oder ernsthafte Zwecke verwenden können. Die Wissenschaft an sich und in der Person ihrer Diener ist unschuldig, gewissermaßen jenseits von Gut und Böse. Plausibel, doch zu einfach. Die Gewissenskämpfe der Atomforscher nach Hiroshima deuten darauf hin. Wir müssen uns die Verschränkung von Theorie und Praxis im tatsächlichen Hergang der Forschung näher ansehen, so wie er heute ist und nicht anders sein kann. Wir werden dann finden, daß nicht nur die Grenzen zwischen Theorie und Praxis unbestimmt geworden, sondern beide jetzt im Innersten der Forschung miteinander verschmolzen sind, so daß das altehrwürdige Alibi »reiner Theorie« nicht mehr besteht und mit ihm die moralische Immunität dahin ist, die es gewährte.

Die erste und sehr offenkundige Beobachtung ist, daß kein Zweig der Naturwissenschaft verbleibt, dessen Funde nicht irgendeiner technischen Nutzung fähig wären. Die einzige Ausnahme, an die ich denken kann, ist die Kosmologie: Das expandierende Universum, sein Woher und Wohin, Milchstraßenentwicklung, Supernovas und schwarze Löcher – das sind Gegenstände des Denkens allein und keines möglichen Tuns unsererseits. Es ist nachdenkenswert und gewiß kein Zufall, daß die erste aller Wissenschaften, die Astronomie – »Betrachtung« des Himmels – auch die letzte ist, die »reine«, nämlich ganz »kontemplative« Naturwissenschaft bleibt. Jedes sonstige Entziffern der Natur durch die Wissenschaft lädt heute irgendeine Übersetzung seiner Funde in eine oder andere technische Möglichkeit ein, ja, startet oft genug eine ganz neue Technologie, an die niemand vorher gedacht hatte. Wäre dies alles, der Theoretiker könnte immer noch seine Freistatt diesseits des Schrittes in die Aktion reklamieren: »Die Schwelle wird überschritten (so könnte er sagen), nachdem meine Arbeit getan ist, und könnte, was mich betrifft, auch unüberschritten bleiben.« Aber er hätte unrecht, und wir müssen ihn daran erinnern, daß sein erster, »reiner« Teil der Abfolge ihm nur durch massive Arrangements von außen ermöglicht wurde, unter deren Dach seine Rolle zum Glied einer vertraglichen Arbeitsteilung wurde. Was ist das wirkliche Verhältnis?

Erstens lebt heute die Wissenschaft in hohem Maße vom intellektuellen Feedback gerade ihrer technischen Anwendung. Zweitens empfängt sie von dort ihre Aufträge: in welcher Richtung zu suchen, welche Probleme zu lösen. Drittens benutzt sie für deren Lösung und allgemein für ihren eigenen weiteren Fortgang selber eine fortgeschrittene Technik: ihre physischen Werkzeuge werden immer anspruchsvoller. In diesem Sinne hat selbst die reinste Wissenschaft eine Gewinnbeteiligung an der Technik, wie die Technik eine an der Wissenschaft hat. Viertens müssen die Kosten dieser physischen Armatur und ihrer Bedienung von außen beigesteuert werden: die pure Ökonomie der Sache verlangt die Mitwirkung der öffentlichen Kasse oder sonstige finanzielle Patenschaft, und solche Fundierung des gutgeheißenen Forschungsprojekts, selbst wenn formell an keine Gegenleistung gebunden, erfolgt natürlich in der Erwartung irgendeines späteren Gewinns im praktischen Bereich. Hier herrscht gegenseitiges Einverständnis: Ganz unverhohlen wird der erhoffte Nutzwert im Antrag für den Zuschuß als empfehlende Begründung aufgeführt oder geradewegs als Zweck in seiner Anbietung spezifiziert. Kurz, es ist dahin gekommen, daß die Aufgaben der Wissenschaft zunehmend von äußeren Interessen anstatt von der Logik der Wissenschaft selbst oder der freien Neugier des Forschers bestimmt werden. Damit sollen weder jene äußeren Interessen selbst herabgesetzt werden noch die

Tatsache, daß die Wissenschaft ihnen dient und damit ein Teil des öffentlich-gesellschaftlichen Unternehmens geworden ist. Doch es soll besagen, daß mit der Annahme dieser Rolle (ohne die es keine Naturwissenschaft des fortgeschrittenen Typus gäbe, aber auch nicht den Typus Gesellschaft, die von ihren Früchten lebt) das Alibi der reinen »interesselosen« Theorie aufgehoben und die Wissenschaft mitten hinein ins Reich sozialer Aktion versetzt wurde, wo jeder Täter für seine Tat einzustehen hat. Dem füge man noch die allgegenwärtige Erfahrung hinzu, daß sich die Nutzungspotentiale wissenschaftlicher Entdeckungen auf dem Marktplatz des Gewinnes und der Macht als unwiderstehlich erweisen – daß, was sie als tubar gezeigt haben, auch getan *wird*, mit oder ohne vorheriges Einverständnis darüber – und es wird überreichlich klar, daß keine Inselhaftigkeit der Theorie mehr den Theoretiker davor schützt, der Urheber enormer und zurechenbarer Konsequenzen zu sein. Während es, technisch gesprochen, immer noch stimmt, daß jemand ein guter Wissenschaftler sein kann, ohne ein guter Mensch zu sein, so stimmt es doch nicht mehr, daß für ihn das »Guter-Mensch-Sein« erst außerhalb der wissenschaftlichen Tätigkeit beginnt: die Tätigkeit selber erzeugt sittliche Fragen schon innerhalb des heiligen Bezirks.

Durchdringung von Denken und Tun

Wie sehr »innerhalb«, wird klar, wenn wir auf den dritten Punkt unserer Aufzählung reflektieren, den Gebrauch physischer Werkzeuge in der Forschung – d. h. darauf, *wie* der Forscher sein Wissen *erlangt*. Es wird uns dann offenbar, daß die Verknüpfung wissenschaftlicher Entdeckung mit Handlung tiefer geht als über ihre nachträgliche und eventuelle Anwendung: daß vielmehr das Betreiben von Naturwissenschaft bereits physisch relevantes Handeln einschließt, Denken und Tun sich in der Prozedur der Untersuchung selbst durchdringen und damit die Scheidung von »Theorie und Praxis« *innerhalb der Theorie selber* zusammenbricht. Das hat wichtige Folgen für die gefeierte »Freiheit der Forschung«, wo sie sich auf das jetzt Wirkliche und nicht auf Vergangenes bezieht. Es gab eine Zeit, wo die Sucher nach Wahrheit sich die Hände nicht schmutzig zu machen brauchten. Von dieser noblen Gattung überleben im Feld der exakten Wissenschaften (um die es sich bei der Naturforschung handelt) allein die Mathematiker. Die moderne Naturwissenschaft erstand mit dem Entschluß, der Natur ihre Wahrheit durch aktives Eingreifen abzuzwingen, also durch Intervention in den Gegenstand der Erkenntnis. Diese Intervention heißt »Experiment«, welches ein Lebenselement für alle moderne Naturwissenschaft geworden ist. Beobachtung beinhaltet hier Manipulation. Nun erstreckt sich aber die dem Gedanken und dem Wort eingeräumte Freiheit (wovon die Forschung abgeleitet ist) nicht aufs *Handeln*, selbst wenn dieses im Dienst des Gedankens stehen sollte. Von jeher und auf immer unterliegt alles Handeln rechtlichen und sittlichen Beschränkungen. Zwar sicherten anfangs noch zwei Eigenschaften des Experimentierens die »Unschuld« dieser wissenschafts-internen Aktivität: sie richtete sich auf leblose Materie und sie hielt sich im Kleinmaßstab. Nicht wirkliche Gewitter, sondern Entladungen von Kondensatoren werden erzeugt, um den Blitz zu studieren. Simulierende Modelle vertreten die Natur in der Absonderung des Laboratoriums. Die Versuchsanordnung ist Surrogat für die Natur. In dieser Hinsicht ist also die Insulierung der Erkenntnissphäre von der wirklichen Welt noch in etwa gewahrt.

Das Ende der Harmlosigkeit

Beide Garantien der Harmlosigkeit – und damit der Freiheit – im Experimentieren sind jedoch mit gewissen neueren Entwicklungen der Wissenschaftstechnik hinfällig geworden.

Heutzutage können Experimente weniger harmlos und in der Tat sogar zweideutig hinsichtlich ihres bloßen Experimentalcharakters sein. Was die Größenordnung angeht, so ist eine Atomexplosion, sei sie auch bloß experimenti causa und der Theorie zuliebe veranstaltet, ein echtes Ereignis, das die ganze Atmosphäre und möglicherweise viele Menschenleben jetzt und künftig affiziert. Die Welt selber ist zum Laboratorium geworden, und man findet heraus, indem man im Ernst tut, was man nach dem Herausfinden vielleicht nicht getan zu haben wünscht. Und was Versuche an beseelten Objekten anlangt, so will kein Surrogat taugen, kein stellvertretendes Modell, sondern das vollwirkliche Original muß herhalten, und ethische Neutralität endet spätestens da, wo es zu menschlichen Subjekten kommt. Was ihnen getan wird, ist eine reale Tat, für deren Sittlichkeit das Erkenntnisinteresse keine Blankodeckung erteilt. In beiden Sorten von Experiment – dem von übermäßiger Größe und dem an Personen (denen andere hinzugefügt werden könnten) – ist die schützende Grenzlinie zwischen stellvertretender und wirklicher Aktion, zwischen Versuch und Ernst, im Vollzug der Forschung selbst verwischt. Damit wird auch die konventionelle Unterscheidung von »reiner« und »angewandter« Wissenschaft irgendwie antiquiert. Nicht nur das »Was«, auch das »Wie« der Erkenntnis liegt auf beiden Seiten der Scheidelinie: die »Anwendung« findet bereits in der Untersuchung selbst und als Teil von ihr statt. Schon daraus folgt, daß die Freiheit der Forschung nicht unbedingt sein kann.

Wir sind mit Recht empfindlich gegen Einmischungen in diese Freiheit, nicht nur, weil sie einst mühsam einer früheren Gedankenkontrolle abgewonnen werden mußte und daher ein kostbares und hütungsbedürftiges Gut darstellt, sondern auch, weil wir ihre schmachvolle Unterdrückung in totalitären Systemen der Gegenwart vor Augen haben. Oder mehr auf die Sache als die Geschichte hin gesehen: Die Einmischung, wenn sie denn sein muß, sollte auf das Mindestmaß beschränkt bleiben, sowohl um der Wissenschaft willen, die nur in Autonomie gedeiht, als auch um der Menschheit willen, deren Sache in mehr als bloß utilitarischer Hinsicht mit dem Wachstum des Wissens verbunden ist. Dennoch dürfen wir nicht vergessen, daß das hohe Vorrecht der Theorie seine eigene theoretische Grundlage in der Unterscheidung von Denken und Handeln hatte und die Kraft seines Anspruches an diese Bedingung gebunden bleibt. In dem Grade daher, in dem der Vollzug der Wissenschaft mit welthaftem Handeln durchsetzt wird, gerät er unter die gleiche Herrschaft von Recht und Gesetz, gesellschaftlicher Zensur und sittlicher Billigung oder Mißbilligung, der jedes äußere Handeln in einem Gemeinwesen unterliegt. Und natürlich hört seine eigene interne Moral auf, rein territorial zu sein: schon die Mittel und Wege des Wissen*erwerbs* können ethische Fragen aufwerfen, lange bevor die »extraterritoriale« Frage nach der Benutzung des so erworbenen Wissens sich stellt.

Von *beiden* Seiten daher – sowohl der ihrer schließlich technologischen Früchte als schon der ihrer eigenen Techniken in der Bereitung des theoretischen Bodens für sie – sieht sich die moderne, erfolggekrönte und beifallverwöhnte Naturwissenschaft plötzlich den ungewohnten Winden ethischer Prüfung ausgesetzt. Unser Thema im Augenblick ist mehr der innerwissenschaftliche Aspekt der Sache als die zumeist diskutierte Problematik der technologischen Folgen. Doch beide sind nur zwei Seiten derselben Medaille. Wie wir sahen, wurde in der modernen Naturwissenschaft generell das allmenschliche Trachten nach Wissen gründlich mit weltlicher Absicht und Aktion versetzt. Um es noch einmal zu sagen: nicht nur in dem, worüber sie Erkenntnis sucht, schon in der Art, wie sie sie erreicht, verschwindet oft die Grenze zwischen Gedanken und Tat. Eben damit wird die Freiheit der Forschung zum Problem.

Freiheit der Forschung als Problem

Wir würden unser Argument schwächen, wenn wir es mit notorischen Greueln illustrieren wollten. Es ist leicht, Einhelligkeit über Beispiele wie etwa diese zu erzielen: daß man nicht, um zu ermitteln, wie sich Menschen unter der Folter verhalten (was für eine Theorie des Menschen vielleicht recht interessant ist), die Folter an Versuchspersonen ausprobieren darf, oder nicht töten darf, um die Toleranzgrenze für ein Gift zu bestimmen, und dergleichen mehr. Hier denken wir natürlich an die Untaten von Ärzten (prominenten darunter) in Nazi-Konzentrationslagern. Das war eine »Freiheit« der Forschung, schändlicher als ihre schlimmste Unterdrückung. Aber wir wissen zu gut – oder glauben zu wissen –, daß die Verüber solcher wissenschaftlicher Versuche (jawohl, wissenschaftlich könnten sie gewesen sein!) verächtlich waren und ihre Motive niedrig, und können derart ihren Handlungen alle Beispielsfähigkeit absprechen. Ja, wir können weiter gehen und mit gutem Gewissen verneinen, daß das in diesen Fällen gesuchte Wissen überhaupt ein legitimes wissenschaftliches Ziel ist, und können dann sagen, daß wir es gar nicht mit einem Fall von Wissenschaftspraxis, sondern einem von menschlicher Entartung zu tun haben. Aber unser Problem ist nicht unechte oder pervertierte Wissenschaft, sondern bona fide und regelrechte Wissenschaft. Und da fragen wir, wenn wir uns an unzweifelhaft legitime und sogar lobenswerte Zwecke halten, ob es zum Beispiel erlaubt ist, nichtkrebskranken Subjekten Krebszellen zu injizieren, oder einer »Kontrollgruppe« von Syphilispatienten die Behandlung vorzuenthalten – beides tatsächliche und schließlich an die Öffentlichkeit gelangte Vorkommnisse in Amerika und beide der Absicht und wohl gar der Tatsache nach hilfreich für einen wünschenswerten Zweck. Ich vermeide eine vorschnelle Antwort, denn die Frage ist verwickelt. Ich behaupte aber, daß sich hier im inneren Arbeitsprozeß der Wissenschaft selbst sittliche und rechtliche Fragen auftun, welche die territorialen Barrieren der Wissenschaft durchbrechen und sich vor dem allgemeinen Gerichtshof der Moral und des Gesetzes stellen müssen. Der öffentlichen Autorität dieses Forums muß sich selbst die vielgerühmte Freiheit der Forschung beugen.

Der Rest meiner Überlegungen ist einer bestimmten konkreten Illustration unseres Themas gewidmet. Abweichend vom herrschenden Alptraum ist sie nicht der Kernphysik entnommen, sondern der gar nicht zerstörerischen *Kernbiologie*.

Biomedizinische Forschung ist ein besonders fruchtbares Feld für die Art Probleme, welche die Forschungsfreiheit angehen, und ein ganz neuartig beunruhigendes Beispiel ist hier der letzte Ankömmling auf der Bühne der Grundlagenforschung, die »rekombinierende DNA-Forschung«, bei der sich die bisher beschriebene Fusion von Theorie und Praxis im Wissenschaftsprozeß nochmals qualitativ verschärft. Bei den Versuchsergebnissen der Forschung an trägem Stoff unterliegt immerhin der letzte Schritt in die Gemeinwelt des Gebrauches noch menschlichen Handlungsinstanzen. Hier aber kann das Experiment selber zu definitiven Realitäten führen, die sich aus der Hand ihres Schöpfers zu buchstäblichem Eigenleben emanzipieren. Benutzen wir dies extreme Beispiel in der ganzen Unheimlichkeit seiner ersten Anfänge zur Konkretisierung unseres allgemeinen Themas. Folgende Punkte sind zu beachten:

1. Das *Ziel* der Forschung ist von Anfang an praktisch, nämlich eine *Fertigkeit* zu entwickeln für die *Herstellung* von etwas, was nützlich sein könnte für die Medizin, die Landwirtschaft und anderes, wobei der etwaige Gewinn für die Theorie als eine Nebenwirkung des praktischen Erfolgs erwächst.

2. Die *Methode* der Forschung, d. h. der Weg zum Wissen, ist das tatsächliche Herstellen der Entitäten selber, worüber das Wissen gesucht wird und deren Nützlichkeit ausprobiert werden soll.

3. Die derart innerhalb des Forschungskontextes erzeugten *Entitäten* sind nicht träge und nur durch weitere menschliche Vermittlung wirksam, sondern lebendig, d. h. von sich her aktiv, so daß sie potentiell ihren Eintritt in die praktische Sphäre, nämlich in die Außenwelt, selber bewirken können und uns die Entscheidung über Gebrauch oder Nichtgebrauch aus den Händen nehmen.

4. In der theoretisch nicht auszuschließenden Eventualität von Gen-Rekombinierungen an *menschlichen* Keimzellen (Gameten oder Zygoten), denen man dann erlaubt, zur Austragung zu kommen, würden die im Phänotyp resultierenden »Chimären« schon im ersten, »geglückten« experimentellen Fall, auch wenn es bei ihm bliebe, letzte Taten darstellen, die alle unverbindliche Theorie hinter sich lassen. Verschieben wir diesen letzten »Horror«-Punkt auf später und sehen uns die drei ersten, schon jetzt realistischen, etwas näher an.

Forschungsziel

Das Ziel der rekombinierenden DNA-Forschung, so sagten wir, ist überwiegend praktisch. Damit soll ihr ein echt theoretisches Interesse nicht abgesprochen werden. Mit Recht versprechen sich ehrliche Forscher neue Einsichten in die innerste Mechanik des Lebens von dieser Art manipulativer Untersuchung. Aber in der Debatte über die Risiken werden doch immer wieder die potentiellen Segnungen angeführt – zur Rechtfertigung des Vorangehens auf dieser Bahn und sogar zur sittlichen Verurteilung seiner Verlangsamung durch zu große Vorsicht. Was aber das ebenfalls berufene Interesse der reinen *Theorie* betrifft, so ließe sich wohl fragen, ob ihrem eigentlichen Ziele, nämlich zu verstehen, was das Leben *ist*, nicht auch auf dem konservativen (wenn vielleicht auch weniger schnellen) Wege des Arbeitens mit *gegebenen* Lebensformen nahezukommen wäre, anstatt auf dem revolutionären Wege der Schöpfung neuer. Doch die Spezialisten, die ich befragte, versicherten mir, daß im jetzigen Stadium der innovative Weg unentbehrlich für den Fortschritt in basaler Theorie sei, und der Laie kann darüber nicht mit ihnen streiten. In jedem Fall, einerlei ob unter theoretischer oder praktischer Flagge, ist rekombinierende DNA-Technik bereits in voller Fahrt, und »Rekombination« heißt nichts anderes als menschenbewirkte Neuheit, d. h. die Synthese neuer Organismen. Wenn dies im Namen der Theorie und ihrer interesselosen Neugier geschieht, so muß vermerkt werden, daß hierbei der Begriff von Theorie seltsam erweitert wurde: vom Erkennen, was *ist*, zum Probieren, was sein *könnte* – gewiß ein weniger selbstevidentes und willkürlicheres Ziel menschlichen Erkenntnisstrebens. Doch in Wirklichkeit wird kaum jemand bezweifeln, daß die eigentliche Lockung darin liegt, herauszufinden, was diese neuen Geschöpfe *tun* können, was demnach *wir* mit ihnen tun könnten – kurz, in ihrem vorauskonzipierten praktischen Versprechen. Dies Versprechen, oder ganz einfach der bestimmte *Wunsch*, spezifiziert ja von vornehrein ihren Entwurf, zum Beispiel welches Gen von einer Gattung auszuwählen für die Verpflanzung in die genetische Maschinerie der anderen: eine Leistung effektorientierter Ingenieurskunst viel mehr als freier theoretischer Untersuchung – wie denn soeben auch, ganz folgerichtig, Ergebnisse für patentierbar erklärt worden sind. Und es ist eben die blendende Aussicht für die Allgemeinheit – auf die bakterielle Hormonfabrik, auf die stickstoffliefernde Bakterie mit entsprechend adaptierter Wirtspflanze –, die gegen die Risiken ins Feld geführt wird.

Forschungsmethode

Das leitet zum zweiten Punkt über. Um zu entdecken, was solche Wesen vermögen, muß man sie erst erschaffen, ja ihre bloße Möglichkeit überhaupt durch die vollendete Tatsache beweisen. Damit verwandelt sich der theoretische Forscher zum praktischen Schöpfer im Akt des Forschens selbst. Keine simulierenden Modelle können hier dienen, nur die wirklichen Wesen selbst in der Fülle ihrer Fähigkeit, die sie in der Ausübung erweisen werden. So fällt hier das »Experiment«, im Unterschied zu seiner nachbildenden Rolle in bisheriger Forschung, mit der ursprünglichen Erzeugung des Forschungsobjektes zusammen. Der Erkenntnisvorgang wird zum originativen Machen. Dies ist selber ein Novum in der Geschichte des Wissens. Zwar fanden wir, daß alle moderne Naturwissenschaft durch ihre Experimentalmethode längst aus dem rein kontemplativen Bereich herausgetreten ist. Aber der jetzige Fall enthält den weiteren Schritt, daß das innerwissenschaftliche Tun im Ernst die Wirklichkeit erst hervorbringt, die dem normalen Versuch vorgegeben ist.

Ein neues Agens im Balancespiel

Hierzu nehme man den dritten Punkt, daß – ungleich anderen Artefakten – die so geschaffene Wirklichkeit, dieser neue Einschluß ins Geflecht der Existenz, *lebendig* ist – also selbsttätig, selbstvermehrend und spontan wechselwirkend mit anderem Leben: Und man sieht, daß hier das Aktionselement *in* der Forschung seine eigene Vorstoßdynamik aus der Forschungssituation heraus hat und sein Laborbeginn trächtig ist mit indefiniter Fortsetzung in der Welt. Nicht nur ein neues Ding – ein neues *Agens* wird ins Balancespiel der Dinge eingeflößt: versuchsweise zuerst in der Absonderung des Labors, dann aber, einmal entlassen durch Unfall oder Absicht, in vollem und vielleicht unwiderruflichem Ernst.

Hier war sich die Forschergemeinde einmal des Ungewöhnlichen und Bedrohlichen ihres eben erst beginnenden Tuns bewußt. Und wir erlebten das einmalige Schauspiel eines freiwilligen Moratoriums der Forschung zwecks Prüfung der Risiken und Ausarbeitung von Sicherheitsregeln. Mit anderen Worten, die »Wissenschaft« selber in der Person besorg-

ter amerikanischer Forscher gerade aus der Avantgarde nahm
sich des Themas »Freiheit der Forschung und öffentliches
Wohl« handelnd an. Soviel ich weiß, wurde das befristete
Moratorium auch eingehalten. Seitdem aber ist in der Stimm-
führung der Forschung die Sorge verflogen – sie sei, so sagt
man sich selbst und dem Publikum, übertrieben gewesen –,
und außerdem ist inzwischen die Technik bereits in kommerzielle und industrielle Hände übergegangen, die für die Skru-
pel zartbesaiteter Wissenschaftler weniger anfällig sind.
Genauer gesagt: weniger zartbesaitete Forscher werden selber Entrepreneurs zum gewinnbringenden Vertrieb ihrer
Forschungserzeugnisse. Damit wird Forschung offiziell zum
Marktgeschäft, sie begibt sich in aller Form des Freibriefes
der Theorie, und staatliche Aufsicht zum Schutze des öffentlichen Wohls, einschließlich strafrechtlicher Sanktionen,
wird zur Selbstverständlichkeit. Klar ist dabei auch, daß die
Aufsicht um so unzuverlässiger wird, je weiter sie sich vom
anfänglichen Forschungsstadium in die großbetriebliche
Auswertung erstreckt. Eine glaubhafte Absicherung der mit
gefährlichen Virus- und Bakterienzüchtungen beschäftigten
Laboratorien erscheint immerhin möglich. Aber im industriellen Masseneinsatz der geglückten Kunstmikroben wird
ein planwidriges Entkommen in die Außenwelt durch irgendein Leck im Abdichtungssystem auf die Dauer durch keine
Sorgfalt des Gesetzgebers zu verhindern sein. Dazu sieht
mancher Gebrauch der erhofften neuen Lebewesen geradezu
ihre freie Aussaat in die Umwelt vor (ölverzehrende oder
stickstoffbindende Mikroben). Welche eigenwillige Lauf-
bahn diese Neuankömmlinge im Ökosystem einschlagen
werden, durch welche Eigenmutationen sie sich etwa der ein-
geplanten biologischen Kontrolle entziehen könnten, ist gar
nicht abzusehen.

Unterscheidung zwischen »reiner«
und »angewandter« Wissenschaft schwindet

Die eigentliche kritische Diskussion biologischer, speziell
genetischer Technologie (einschließlich der soeben vorbe-
sprochenen) in ihren ethischen Aspekten hat gesondert zu
erfolgen. Für jetzt diente dies Beispiel nur zur besonders
scharfen Beleuchtung der von uns aufgestellten allgemeineren
These: daß in der modernen Naturforschung die ehemalige
Unterscheidung zwischen »reiner« und »angewandter« Wissenschaft, also zwischen Theorie und Praxis, zusehends
schwindet, indem beide sich schon in der Forschungsproze-
dur selbst verschmelzen; und daß das so gepaarte Ganze das
vormals dem ersten Glied allein zugebilligte Recht auf unbedingte interne Freiheit grundsätzlich nicht mehr besitzt, da
eben der Begriff »intern« nicht mehr zutrifft. Das von ihm
tangierte öffentliche Wohl hat nun bei ihm mitzusprechen –
von außen, wenn nötig; von innen, nämlich vom Gewissen
der Forschenden selbst, wenn möglich.
Tatsächlich bleibt natürlich auch im freien Westen die Wissenschaft längst nicht mehr auf sich allein gestellt und ohne
Einmischung von außen. Dafür sorgt schon das Dotierungs-
wesen, wovon heute fast jede Forschung abhängt und
wodurch Projekte gutgeheißen oder verworfen werden können. Dies mag oft im Zeichen nächster und eigennütziger
Interessen geschehen, wie dies bei industrieller und selbst
staatlicher Förderung ja naheliegt. Aber prinzipiell bieten
sich von dorther auch Ansätze zu selbstlos-weitsichtiger Ver-
antwortungspolitik in der Steuerung der Wissenschaft, unter
größtmöglicher Achtung ihrer Autonomie, in der allein sie
auf die Dauer gedeiht. Ihrerseits muß diese Autonomie sich
der Mitsprache des Gemeinwohls und der Menschheitssache
öffnen. Verantwortung reicht so ins Herz der Forschung hinein. Die für die technologischen Früchte muß sie der Sache
nach mit Instanzen jenseits der Forschung teilen, und wir
können nur hoffen, daß sich wirksame gesellschaftliche

Organe hierfür entwickeln. Die Verantwortung für wissenschaftsinternes Verfahren aber ruht in erster Linie auf den Schultern der Forscher, und in der Tat sehen wir hier und dort, etwa auf dem Gebiet der Humanexperimente, ganz autonom berufliche Ehrenkodizes entstehen, die moralische Kraft gewinnen. Von hier könnte sich die Idee einer freiwilligen Selbstzensur weiter ausbreiten und auf dem oder jenem Gebiet zu einer internen Übereinkunft der Zunft führen, die Forschung auf gewisse etwa winkende Nutzergebnisse hin nicht weiter zu verfolgen – sowohl der Bedenklichkeit des Zieles wegen, wenn es nur ein Ziel des Übermuts ohne die Entschuldigung der Notwendigkeit ist (wie willkürliche Artveränderung des Menschen), als auch wegen der erforderlichen Experimente, in denen die anfechtbare Tat schon begangen würde. Eine Unterscheidung zwischen legitimen und illegitimen Forschungszielen ist ebenso denkbar wie die zwischen erlaubten und unerlaubten Forschungswegen. Wie gut die Aussichten für einen derartigen Konsens und für seine Wirksamkeit sind, weiß ich nicht.

Im ganzen, so müssen wir zum Schluß gestehen, ist das Problem, wie der gewaltigen Verantwortung entsprochen werden kann, die der schier unwiderstehliche wissenschaftlich-technische Fortschritt sowohl auf seine Träger wie auf die ihn genießende oder erleidende Allgemeinheit legt, noch gänzlich ungelöst, und die Wege zu seiner Lösung liegen im dunkeln. Nur die Anfänge eines neuen Bewußtseins, das eben erst aus der Euphorie der großen Siege, noch blinzelnd ins harte Tageslicht ihrer Gefahren erwacht und wieder Furcht und Zittern erlernt, geben Hoffnung, daß wir uns freiwillig Schranken der Verantwortung auferlegen und unserer so groß gewordenen Macht nicht erlauben, zuletzt uns selbst (oder die, die nach uns kommen) zu überwältigen.

RAINER HEGSELMANN

Wissenschaftsethik und moralische Bildung

Durch wachsende Kosten und Lasten des wissenschaftlich-technischen Fortschritts bedingt, sind in den letzten Jahren Ressentiments insbesondere gegen einige Natur- und Ingenieurwissenschaften gewachsen und generelle Zweifel an Sinn, Zweck und Vertretbarkeit der Kosten einer durch Wissenschaft und Technik geprägten Gesellschaft entstanden. Wissenschaft und Technik haben z. B. im Bereich der Medizin und Genetik neue Möglichkeitsräume geschaffen, bei denen nicht klar ist, wie ihre sinnvolle und moralisch vertretbare Nutzung aussehen könnte. Vor diesem Hintergrund ist nicht verwunderlich, daß die »Ethik der Wissenschaften« Hochkonjunktur hat. Die wissenschaftsethische Diskussion ist heute eine breite, öffentliche und medienvermittelte Diskussion.

1. Was kann »Ethik der Wissenschaften« heißen?

(1) Mit »Ethik der Wissenschaften« kann man zunächst einmal das *Berufsethos des Wissenschaftlers als Mitglied der wissenschaftlichen Zunft* meinen. In dieser Hinsicht geht es um normative Standards, deren Einhaltung einen Wissenschaftler im emphatischen Sinne erst zu einem Wissenschaftler macht. Robert K. Merton (1949; vgl. Merton, 1962) und Hans Mohr (1977) haben solche Pflichtenkataloge aufgestellt.

Entdeckte Verstöße gegen diese Pflichten sind mit großen Reputationsverlusten verbunden, teilweise sind sogar rechtliche Sanktionierungen möglich. ›Gesündigt‹ wird wider diese Pflichten allerdings häufiger, als gemeinhin angenommen. In

William Broads und Nicholas Wades Buch *Betrug und Täuschung in den Wissenschaften* finden sich drastische Fälle. Unter Bedingungen starker beruflicher Konkurrenz und eines scharfen Wettbewerbs um Reputation, Originalität, Entdeckerpriorität, Stellen, Forschungsmittel und -aufträge können offenbar leicht Situationen entstehen, in denen verführerische Anreize zu ethoswidrigem Verhalten gegeben sind.

(2) In den Wissenschaften sind Experimente an der Tagesordnung. Mit der Wendung »Ethik der Wissenschaften« kann man eine *Ethik des Experiments* im Auge haben. Das damit angesprochene Problem ist durchaus brisant, denn längst nicht alle wissenschaftlichen Experimente sind von der moralischen Belanglosigkeit jener Fallversuche, wie sie aus dem Physikunterricht der Schule vertraut sind. Wenigstens einmal wurde ein Experiment durchgeführt, in dem Wissenschaftler bewußt die Existenz der gesamten Menschheit aufs Spiel setzten: Im Rahmen des sogenannten Manhattan-Projekts zum Bau der amerikanischen Atombombe konnte es auf Basis des gegebenen Kenntnisstandes offenbar nur für extrem unwahrscheinlich gehalten, nicht aber völlig ausgeschlossen werden, daß die Zündung einer A-Bombe die Atmosphäre entflammen würde (vgl. Goodchild, 1982, S. 65 f.). Man denke auch an die Milgram-Experimente in der Psychologie (vgl. Milgram, 1974; Schuler, 1985), an therapeutische und pharmakologische Experimente (vgl. Lenk, 1979a) und an Tierexperimente (vgl. Höffe, 1984). Offenbar entstehen im Zusammenhang wissenschaftlicher Experimente nicht unerhebliche Probleme der moralischen Zulässigkeit, die im Rahmen einer Ethik des Experiments zu klären wären.

(3) Wissenschaftliche Erkenntnisse können mehr oder minder drastische Folgen haben und diese können ihrerseits gar nicht, teilweise oder auch recht gut für den Wissenschaftler absehbar sein. In diesem Zusammenhang kann man *Probleme einer möglichen, von Wissenschaftlern gegebenenfalls zu tragenden ›Verwertungsverantwortung‹* aufwerfen. Trivialer-

weise wird niemand Grundlagenforscher, die den elementaren Bausteinen der Materie auf der Spur sind, angesichts der – wie ich unterstelle – völligen Unabsehbarkeit möglicher späterer Anwendungen und Verwertungen ihrer Erkenntnisse schon heute oder später im nachhinein für die möglichen Anwendungen und Verwertungen verantwortlich machen dürfen. Hier die Klärung von Verantwortbarkeitsproblemen zur Voraussetzung der Aufnahme von Forschungen zu machen liefe auf einen Forschungsverzicht hinaus. Aber so einfach liegen die Dinge längst nicht immer. Es gibt durchaus Umstände, unter denen mögliche Verwertungen nicht ambivalent, die individuelle Forschungsverweigerung möglich und eventuell sogar eine kollektive Forschungsverweigerung der erforderlichen Spezialisten aussichtsreich organisierbar ist. Nach Auffassung vieler können unter solchen Bedingungen Verantwortbarkeitsprobleme aufgeworfen werden.

Bekanntlich haben führende deutsche Physiker um Werner Heisenberg während des Zweiten Weltkriegs Forschungen, die zum Bau einer deutschen Atombombe notwendig gewesen wären, bewußt nicht vorangetrieben, weil sie solche Forschungen angesichts der erwartbaren Verwertung nicht glaubten verantworten zu können. In jüngerer Zeit haben amerikanische Wissenschaftler bezüglich der Forschungen im Zusammenhang des SDI-Projekts einen Forschungsboykott organisiert, dem sich zahlreiche Wissenschaftler angeschlossen haben. Sie taten das deshalb, weil sie das gesamte Projekt für nicht verantwortbar hielten.

Wie schwierig die Probleme im Zusammenhang einer möglichen Verwertungsverantwortung sind, läßt sich auch am Beispiel einer inzwischen auch gerichtlichen Auseinandersetzung um virologische Forschungen an der Tierärztlichen Hochschule in Hannover demonstrieren (vgl. *Frankfurter Rundschau* vom 19. Februar 1987): Dort wird von einer Forschungsgruppe nach Impfstoffen gegen die auch auf den Menschen übertragbare venezolanische Pferdeencephalitis gesucht. Das klingt zunächst nach einem ausgesprochen menschenfreundlichen Projekt im Rahmen der Immunprophylaxe. Im Falle des Erfolgs könnte Mensch und Tier auf einem anderen Kontinent – bei uns gibt es das betreffende Virus nämlich nicht – geholfen werden. Irritierend wirkt zunächst, daß diese Forschungen nicht etwa aus dem Etat des

Entwicklungshilfe-, sondern aus dem des Verteidigungsministeriums gefördert werden. Ein gänzlich anderes Bild der Dinge ergibt sich, wenn man berücksichtigt, daß der betreffende Krankheitserreger offenbar zum Arsenal standardisierter biologischer Kampfstoffe der amerikanischen Streitkräfte gehört, und der Einsatz solcher Kampfstoffe natürlich tunlichst nur dann erfolgt, wenn die Schäden eines solchen Einsatzes für die eigenen Streitkräfte und die eigene Bevölkerung zumindest deutlich geringer als die entsprechenden Schäden auf der gegnerischen Seite ausfallen. Eine Schutzimpfung könnte hier offenbar gute Dienst leisten. Wie soll man nun die entsprechenden Forschungen beurteilen? Sind sie schlicht ein Beitrag zu einer für Mensch und Tier nützlichen Immunprophylaxe oder ein Beitrag dazu, für einen Gegner den Einsatz eines biologischen Kampfstoffes unattraktiv zu machen, Beiträge zum Ersteinsatz eines biologischen Kampfstoffs, Vorbereitung eines Massenmords oder auch all dies zugleich? Und wer hat hier was zu verantworten?

Im Hinblick auf Verwertungsprobleme dürfte eine Ethik der Wissenschaften auf die Klärung der Frage hinauslaufen, ob und – vor allem – in welchen Grenzen Wissenschaftlern eine Verantwortung für die Verwertungen wissenschaftlichen Wissens zugeschrieben werden kann und darf.

(4) Wissenschaftler sind Experten in Sachen »Wissen«. In dieser Eigenschaft können sie häufig wichtige Beiträge im Rahmen der Diskussion öffentlicher Belange leisten, insofern als vieles, wozu wir uns eine Meinung bilden wollen oder müssen, eben schlicht auch davon abhängt, ob dieses oder jenes, sei es sicher, sei es wahrscheinlich, so oder anders ist (vgl. Lübbe, 1985, S. 63 ff.). Dies gilt analog auch für die Politikberatung im engeren Sinne. Der Wissenschaftler kann also im Sinne eines Mitdiskutanten, Beraters und Informanten einen bedeutenden Part ebenso in der öffentlichen Diskussion wie bei der Regelung öffentlicher Belange übernehmen.

Geht es z. B. um ein neues Tierschutzgesetz und sind wir nicht mehr wie noch Descartes der Ansicht, daß Tiere automaten- und maschinenähnliche Dinge sind, die man daher zwar verkommen lassen, nicht aber im eigentlichen Sinne quälen könne, dann werden wir von

Experten für Biologie etwa darüber belehrt werden können, was die physiologischen Grundlagen des Schmerzempfindens sind und bei welchen Tieren sie gegeben sind. Anreize verschiedener Art sind der Grund dafür, daß sich die Experten in Sachen »Wissen« nur zu gern zur Verfügung stellen, wenn sie gerufen werden. *Moralische Probleme ergeben sich im Rahmen öffentlicher Stellungnahmen von Wissenschaftlern dann, wenn die Grenzen des persönlichen Expertentums verwischt und die Autorität und Reputation zur Stützung von Meinungen in Anspruch genommen wird, für die kein Expertentum gegeben ist.* Am Beispiel des Tierschutzgesetzes: Der Biologe kann als Experte zu der Frage herangezogen werden, welche Tiere in welchem Umfang als schmerzempfindlich zu gelten haben. Für den möglicherweise gut begründbaren Satz, daß man an schmerzempfindlichen Tieren keine schmerzhaften Experimente durchführen solle, kann er jedoch nicht die Autorität des biologischen Experten in Anspruch nehmen, denn ein solcher Satz ist überhaupt kein Satz der Biologie und kann mit deren Methoden weder belegt noch widerlegt werden.

Ernsthaftere moralische Probleme im Zusammenhang des Verhältnisses »Wissenschaftler und Öffentlichkeit« ergeben sich dann, wenn Wissenschaftler aufgrund ihrer Spezialkenntnisse Sachverhalte erkennen und Entwicklungen kommen sehen, von denen sie annehmen müssen, daß für die Öffentlichkeit von größtem Interesse wäre, sie zu erfahren. Sich hier ungerufen zu Wort zu melden kann für den, der es tut, mit schweren persönlichen Opfern verbunden sein, da in solchen Fällen sicher manchmal die Verletzung von Loyalitäts- und gegebenenfalls Geheimhaltungspflichten erforderlich ist. Der Wissenschaftler, der so etwas tut, wäre eine Art »V-Mann der Öffentlichkeit«, und zu fragen wäre, ob und unter welchen Umständen für Wissenschaftler die moralische Pflicht bestehen könnte, diese Rolle zu übernehmen.

Insgesamt betreffen moralische Probleme im Zusammenhang »Wissenschaftler und Öffentlichkeit« insbesondere die Selbstbescheidung in der Expertenrolle auf den tatsächlichen Kompetenzbereich (d. h. *nicht*: Bescheidung *auf* die Expertenrolle!), dann aber auch die lästige und nicht unbedingt ungefährliche, aber eben möglicherweise doch gebotene

Nutzung einer gegebenen Kompetenz zu Alarmierungszwecken.

(5) Die Wissenschaft ist ein teures und zunehmend teurer werdendes Unternehmen. Sie bedarf öffentlicher Unterstützung und wird zu nicht unerheblichen Teilen aus Mitteln der öffentlichen Haushalte finanziert. Diese Finanzierungs- und Förderungsentscheidungen haben einen erheblichen Einfluß auf die Richtung der wissenschaftlichen und technischen Entwicklung. Hinsichtlich der Prioritäten, die die Wissenschaftspolitik setzt, lassen sich durchaus moralische Fragen aufwerfen. So ist es z. B. nach Auffassung einiger nicht nur eine Fehlallokation wissenschaftlicher Ressourcen, sondern auch moralisch verwerflich, daß trotz elementarer Not in vielen Teilen der Welt erhebliche Teile der zur Förderung der Wissenschaften verwandten Mittel auf militärische Projekte entfallen. Mit der Wendung »Ethik der Wissenschaften« kann man auf solche *moralischen Probleme der Wissenschaftsfinanzierung und -förderung* anspielen.

(6) Bei einer ganzen Reihe wissenschaftlicher und technischer Entwicklungen, etwa auf dem Gebiet der Molekularbiologie, der Gentechnik, der Medizin und der Datentechnik, ist evident oder deutet sich jedenfalls an, daß sie unsere Lebensweise ganz entscheidend verändern können. In vielen Hinsichten stellt sich also die *Frage, was wir als mögliche Abnehmer und Verwender wissenschaftlicher Erkenntnisse und technischer Möglichkeiten daraus und damit machen wollen und gegebenenfalls nicht machen dürfen. Auch diese Probleme könnte man im Auge haben, wenn man von »Ethik der Wissenschaften« spricht.*

2. Ein moralisches Bildungsideal: Die Idee des in moralischen Fragen urteils-, reflexions- und argumentationsfähigen Erwachsenen

Wissenschaftsethische Fragen gehen im Prinzip alle an. Viele Fragen sind dabei drängend. Es zeichnet sich ab, daß wir zukünftig viele ausgesprochen schwierige moralische Fragen zu entscheiden haben werden. Zugleich müssen sie auf unsicherem Boden entschieden werden; denn es ist ein offenes Geheimnis, daß es die Moralphilosophie nicht im entferntesten zu allgemein akzeptierten Lösungen ihrer Grundlagenfragen gebracht hat. Das von mir vorgeschlagene moralische Bildungsideal ist daher zugeschnitten auf eine Situation, in der verschiedene Moralen und Moralverständnisse miteinander konkurrieren. Das hier skizzierte Ideal ist in dieser Konkurrenz von Auffassungen eher am Ausgleich und am Auffinden eines möglicherweise recht pragmatischen Modus vivendi orientiert. Das Ideal ist ausgesprochen antifundamentalistisch. Bewußt und gewollt hat das Ideal eine *reflexiv-argumentative Schlagseite*: Das Ideal hebt ab auf das *vernünftige Reden über moralische Probleme*; nur indirekt geht es um das moralische Handeln selbst. Es ist eine Art *Minimal-Ideal*, auf das sich Anhänger sehr unterschiedlicher Weltauffassungen, Menschenbilder und Moralkonzeptionen verständigen könnten. Ich werde das Ideal in *zehn Thesen* vorstellen.

(1) Wer ein in moralischen Fragen urteils-, reflexions- und argumentationsfähiges Individuum sein will, der wird sich um moralische Selbsttransparenz bemühen müssen.
Moralischen Orientierungen wird im Alltag meist quasi-instinktiv gefolgt; allgemeinere moralische Beurteilungsstandards, die moralischen Einzelurteilen zugrunde liegen, sind häufig unbewußt. Im Interesse eines seiner Grundlagen bewußten moralischen Urteilens kommt es auf die Identifizierung, Präzisierung und Systematisierung grundlegender Werte, Beurteilungsgesichtspunkte und Prinzipien an. Dies

ist ein recht komplizierter, aufwendiger und mehrfach rückgekoppelter Prozeß: Die logischen Konsequenzen moralischer Überzeugungen müssen ermittelt werden. Man wird Gedankenexperimente durchzuführen haben, um gerade an Extremfällen die Akzeptabilität von Beurteilungsstandards anhand der moralischen Intuitionen zu testen und umgekehrt (»Hard-cases-approach«; vgl. Hardin, 1980, S. 56). Sehr wichtig ist die genaue Trennung der deskriptiven von den normativen Komponenten in den Begründungen für moralische Urteile (seien diese eher Einzelurteile oder auch eher allgemeiner Natur). Es muß sichergestellt werden, daß die empirische Basis moralischer Bewertungen auf dem neuesten Stand ist.

(2) Wer ein in moralischen Fragen urteils-, reflexions- und argumentationsfähiges Individuum sein will, der wird einen Sinn für Beeinträchtigungen von Interessen, die Fähigkeit zur Analyse von Nutzen und Schaden, die mit bestimmten Handlungen und Praktiken verbunden sind, entwickeln müssen.

Es ist so gut wie unbestritten, daß es in der Moral jedenfalls häufig um Rücksichten auf andere geht. Um die moralische Qualität bestimmter Handlungen oder Praktiken überhaupt beurteilen zu können, ist es daher erforderlich, Antworten auf Fragen von folgender Art zu finden: Wessen Interessen, Wünsche und Bedürfnisse werden wie stark berührt? Wer sind die eventuellen Leidtragenden? Werden jemandem Schmerzen zugefügt? Wie wird es den Schlechtestgestellten ergehen? Werden jemandem elementare Lebensmöglichkeiten genommen oder jedenfalls stark eingeschränkt? Werden die Lebensmöglichkeiten zukünftiger Generationen tangiert? Wer sind die Nutznießer? In welchem Verhältnis stehen das zugefügte Leid zu dem erwartbaren Nutzen?

(3) Wer ein in moralischen Fragen urteils-, reflexions- und argumentationsfähiges Individuum sein will, der wird sich die Konsistenz seiner moralischen Überzeugungen zur Aufgabe machen.

Es gibt vermutlich keinen Bereich unserer Überzeugungen, der derart von Inkonsistenzen durchsetzt ist wie der unserer moralischen Überzeugungen.

Man vergleiche z. B. die Annahmen, mit denen die moralische Vertretbarkeit von Schwangerschaftsabbrüchen bestritten wird, mit denjenigen Annahmen, die häufig dieselben Personen heranziehen, um die moralische Vertretbarkeit von Tötungshandlungen im Kriegsfalle zu behaupten, oder man vergleiche – sozusagen umgekehrt – Annahmen, auf die sich diejenigen stützen, welche die moralische Zulässigkeit des Tötens im Kriegsfalle bestreiten, mit denjenigen, die wiederum häufig die gleichen Personen gebrauchen, um die Zulässigkeit von Schwangerschaftsabbrüchen zu behaupten. Schwierigkeiten mit der Konsistenz haben Moralphilosophen ebenso wie diejenigen, die keine philosophische Ausbildung genossen haben. Zahllos sind die Inkonsistenzen, in die sich im Zusammenhang der Suizid-Bewertung selbst die Größen der Philosophiegeschichte verstrickt haben (vgl. für eine ausgezeichnete Analyse Birnbacher, 1990): So bestreitet etwa Kant die Zulässigkeit der Selbsttötung mit dem Argument, sie widerstreite Gottes gütiger Vorsorge, während er zugleich gegen medizinische Maßnahmen, die der Lebensverlängerung dienen, Gottes gütiger Vorsorge dabei jedoch nicht weniger widersprechen als lebensverkürzende Maßnahmen, nichts einzuwenden hat. Überhaupt sind Begründungen moralischer Verbote unter Rückgriff auf die Annahme, man dürfe in den gottgewollten Lauf der Dinge nicht eingreifen, eine Quelle zahlloser Ungereimtheiten. Diese auch heute insbesondere in der Debatte um die aktive Sterbehilfe, aber auch im Zusammenhang der Diskussion von Problemen der Geburtenkontrolle häufig herangezogene Annahme führt nicht nur zu Schwierigkeiten hinsichtlich der moralischen Zulässigkeit etwa zahnprothetischer Maßnahmen, sondern droht ebenso die Unterstützung Hilfsbedürftiger verwerflich werden zu lassen. Auch die geläufige und schon bei Aristoteles zu findende säkular-sozialethische Begründung eines Selbsttötungsverbots, nach der ein Suizid auf die Verletzung von Pflichten gegen Familie und Staat hinauslaufe, führt z. B. schon dann zu Konsistenzproblemen, wenn man zugleich Auswanderung oder Scheidung für moralisch erlaubt hält.

(4) Wer ein in moralischen Fragen urteils-, reflexions- und argumentationsfähiges Individuum sein will, der wird die Existenz (häufig sehr schmerzlicher) moralischer Konflikte

bzw. die Existenz von Prioritäts- und Optimierungsproblemen systematisch in Rechnung stellen.

Jene Fälle, in denen moralische Überzeugungen in dem Sinne logisch inkonsistent sind, daß (gegebenenfalls zusammen mit ebenfalls akzeptierten oder jedenfalls schlecht bestreitbaren weiteren Annahmen) Handlungen aus logischen Gründen erlaubt oder geboten sein müßten, die im Rahmen des gegebenen Einstellungssyndroms als verboten gelten sollen, sind streng zu unterscheiden von solchen Fällen, in denen moralische Ziele faktisch miteinander konfligieren, da die Realisierung des einen Ziels auf Kosten eines anderen geht.

Insbesondere im Bereich der Sozialethik lassen sich solche konfliktträchtigen Konstellationen angeben: So könnte es etwa sein, daß der Preis dafür, daß die jeweils Schlechtestgestellten noch vergleichsweise gut gestellt werden können, darin besteht, ein erhebliches Maß an materieller Ungleichheit in Kauf zu nehmen, und zwar letztlich deshalb, weil hohe Anteile der Leistungsfähigeren unter Bedingungen nivellierter Honorierung zu Leistungsverweigerungen neigen und sich die Leistungen auf einem alle schlechter stellenden, unteren Niveau nivellieren würden. Ebenso dürfte die von vermutlich jedermann für moralisch schätzenswert gehaltene elterliche Fürsorge mit dem Ziel der Gleichheit von Lebens- oder auch nur Bildungschancen bereits dann konfligieren, wenn die elterlichen Investitionen für Familien in jeweils unterschiedlicher Höhe möglich, nach Art und Umfang aber nicht prinzipiell begrenzt sind und insbesondere der Vermögenstransfer von Eltern auf Kinder möglich ist.

(5) Wer ein in moralischen Fragen urteils-, reflexions- und argumentationsfähiges Individuum sein will, der versucht, sich Klarheit über Bereiche moralischer Ratlosigkeit zu verschaffen; er ist sensibel für neue moralische Herausforderungen.

Es gibt im Alltag häufig moralische Abwägungsprobleme von der Art, ob man ein verspätetes Eintreffen zu einer Verabredung in Kauf nehmen soll, etwa um jemand anderem bei einer kleinen Autopanne behilflich zu sein. In solchen Situationen mag man für einen Augenblick ratlos sein, aber die Ratlosigkeit ist von einer eher belanglosen Art, denn man kennt hier die einschlägigen Beurteilungsgesichtspunkte. Es gibt aber sehr viel gravierendere Formen moralischer Ratlosigkeit – und sie scheinen sich zu häufen.

Ein Beispiel: Man ist heute im Prinzip in der Lage, die biologische von der sozialen Elternschaft zu trennen. Soll unter Bedingungen dieser neuen Möglichkeit elterliche Fürsorge nicht eventuell die Sorge für eine optimale genetische Ausstattung von Kindern einschließen? Man mag das Entstehen eines Marktes, auf dem Gensätze unterschiedlicher Art und Qualität je nach elterlicher Kaufkraft und Zahlungsbereitschaft erworben werden können, für erschreckend halten. Wenn der Grund des Erschreckens allerdings lediglich der ist, daß die Qualität der genetischen Ausstattung von Kindern zu einer Frage des Einkommens derjenigen wird, die sie haben wollen, dann wäre dieser unter der Bedingung, daß die Versorgung mit Gensätzen im Bedarfsfall einkommensunabhängig erfolgte, wohl zu vernachlässigen. Oder liegt der Grund des Erschreckens eher darin, daß uns die Kenntnis unserer jeweiligen genetischen Herkunft wichtig ist, während bei der gerade skizzierten Praxis eher mit Anonymisierung der genetischen Herkunft zu rechnen wäre? Wollen wir den Nachwachsenden ersparen, in Alterskohorten aufzutreten, in denen sich dann nicht mehr nur bestimmte Modenamen häufen, sondern auch genetische Moden niedergeschlagen hätten?

(6) Wer ein in moralischen Fragen urteils,- reflexions- und argumentationsfähiges Individuum sein will, der ist Realist hinsichtlich der motivierenden Kraft moralischer Überzeugungen.

Es ist ein Faktum aus dem Trivialbereich der Lebens- und Selbsterfahrung, daß längst nicht immer das getan wird, was vom Standpunkt der Moral aus getan werden sollte. Nur zu häufig ist das Selbstinteresse, und manchmal nicht einmal ein wohlabgewogenes, langfristiges Selbstinteresse das sich durchsetzende Handlungsmotiv. Vor diesem Hintergrund ist es wichtig, immer wieder die Frage aufzuwerfen, inwieweit moralische Forderungen de facto nicht auf motivationale Überforderungen hinauslaufen, um gegebenenfalls Situationen so umzustrukturieren, daß im Anschluß schon das Selbstinteresse zu einem bestimmten Verhalten motiviert.

Ein Beispiel für diese Strategie ist etwa die Einführung von Zwangsabgaben zur Finanzierung von Gemeinschaftsaufgaben. Es ist bemerkenswert und vor allem merk-würdig, daß wir alle nicht damit rechnen, daß hinreichend viele oder überhaupt jemand freiwillig Beiträge in hinreichender Höhe z. B. für die Unterhaltung eines von uns gemeinschaftlich genutzten Straßennetzes leisten würden, während zugleich die meisten von uns meinen, »eigentlich«, aber eben auch nur »eigentlich«, schon moralisch dazu verpflichtet zu sein, solche Beiträge zu leisten.

(7) Wer ein in moralischen Fragen urteils-, reflexions- und argumentationsfähiges Individuum sein will, der muß die Fähigkeit zur Analyse und Strukturierung moralischer Dissense erwerben.

Im Falle einer moralischen Meinungsverschiedenheit liegt der Kern des Dissenses meist nicht offen zutage. Erst eine Dissensanalyse vermag jene Annahmen zu identifizieren, die für die Meinungsverschiedenheit verantwortlich sind.

Ein Beispiel: Im Hinblick auf die Kontroverse über die Zulässigkeit von Schwangerschaftsabbrüchen können Zulässigkeitsbefürworter und -gegner z. B. darin übereinstimmen, daß ein Schwangerschaftsabbruch die Tötung eines Lebewesens sei; beide können weiterhin gemeinschaftlich meinen, menschliches Leben dürfe nicht getötet werden, während ihre Meinungen darüber auseinandergehen, ob ein Fötus, der weniger als drei Monate alt ist, schon als menschliches Leben gilt. Eine ganz andere argumentative Lage ergibt sich dann, wenn beide der Meinung sind, daß ein Fötus in jedem Stadium seiner Entwicklung als menschliches Leben zu bezeichnen sei, der Zulässigkeitsbefürworter aber behauptet, daß ein Tötungsverbot bezüglich menschlichen Lebens nicht uneingeschränkt und vor allem eben nicht in den ersten drei Schwangerschaftsmonaten gelten solle – ganz ähnlich wie menschliche Wesen ja auch nicht von Anfang an als religionsmündig und geschäftsfähig gelten oder zu Bundestagswahlen als Kandidaten auftreten können. Je nach Kern der Kontroverse ginge es im folgenden um die Klärung ganz verschiedener Nachfolgeprobleme.

Erst eine genaue Dissensanalyse zeigt also, was überhaupt geklärt werden muß, wenn eine moralische Meinungsverschiedenheit beseitigt werden soll.

(8) Wer ein in moralischen Fragen urteils,- reflexions- und argumentationsfähiges Individuum sein will, der sollte auf die Suche nach übereinstimmenden Konsequenzen bei divergierenden Prämissen trainiert sein.

Dissens in fundamentalen moralischen Orientierungen, wie sie z. B. zwischen jenem besteht, der die Moral für gottgegeben, und demjenigen, der sie für eine säkulare Einrichtung hält, ist durchaus vereinbar mit dem Konsens in vielen moralischen Einzelfragen, und zwar aus dem logisch trivialen Grund, daß inkompatible Prämissenmengen zu gleichen Konsequenzen führen können. Es kann daher ratsam sein, für moralische Überzeugungen, die einem wichtig scheinen, nach Begründungsmöglichkeiten auf der Basis ›gegnerischer‹ Prämissen zu suchen, um auf diese Weise in der moralischen Beurteilung zu einer Übereinstimmung zu kommen, die es hinsichtlich der Urteilsgründe nicht gibt.

(9) Wer ein in moralischen Fragen urteils,- reflexions- und argumentationsfähiges Individuum sein will, der sollte zur Argumentation auf der Basis neutraler, allgemein zustimmungsfähiger Prämissen und zur situativen Suspendierung seines spezifischen weltanschaulichen Hintergrunds ebenso in der Lage sein wie dazu, persönliche Wertvorstellungen als das zu nehmen, was sie sind, nämlich nur persönliche Ideale.

Moralische Orientierungen können als ganze genommen miteinander unvereinbar sein, während es zugleich eine nichtleere Schnittmenge von Prämissen gibt, die hinreichend stark ist, ein aktuelles moralisches Problem zu lösen. Der Rückgriff auf solche neutralen Prämissen läuft unter Umständen darauf hinaus, auf eine religiöse Begründung moralischer Bewertungen und Orientierungen zu verzichten, da der christliche Offenbarungsglaube von sehr vielen (und dies auch mit vielen guten Gründen) nicht geteilt wird. Moralische Orientierungen, für die im Rahmen der Strategie »Argumentation auf der Basis neutraler Prämissen« argumentiert werden können soll, müßten also für Christen und Nicht-Christen gleichermaßen akzeptabel sein. Die Annahmen hätten daher säkular zu sein, um überhaupt intersubjektiv gelten zu können. (Dies heißt nicht, daß man auch privat auf nicht-säkulare ›Nebenbegründungen‹ verzichten müßte.) Erfolgversprechende Argumentationen im Sinne dieser Strategie sind insbesondere solche, die zeigen, daß schon das wohlabgewogene Eigeninteresse dafür spricht, dieses oder jenes zu tun oder zu lassen.

Intersubjektivitätsprobleme bzw. Scheindissense können leicht im Zusammenhang mißverstandener persönlicher Ideale entstehen. So vertreten z. B. einige derartige Lebens- und Selbstentwürfe, die in bestimmten Lebenssituationen oder -bereichen solche Handlungsweisen vorsehen, die möglicherweise sogar allgemein oder jedenfalls doch von vielen als verdienstlich angesehen werden, ohne daß sie deshalb auch allgemeinverbindlich sein müßten.

So mag jemand, aufgeschreckt durch Informationen über das, was mit dem Begriff der »Massentierhaltung« benannt wird, künftig Zeit und Geld für die Förderung des Tierschutzes aufwenden, während ein anderer sich mit gleicher Intensität der Bekämpfung des Hungers in der Dritten oder auch des Kinderkrebses in der Ersten Welt verschreibt. Man mag all dies für verdienstlich halten, ohne daß es im Sinne der alten Unterscheidung von verdienstlichen und unnachlaßlichen Pflichten eben auch unnachlaßlich wäre.

Etwas anders gewendet: In moralisch relevanten Kontexten kann es durch unterschiedliche Optionen im Bereich des moralisch Erlaubten zu erheblichen Differenzen in den Lebensstrategien kommen, ohne daß diesen Differenzen bei Licht besehen ernste moralische Dissense zugrunde lägen. Ich möchte in diesem Zusammenhang von unterschiedlichen, aber eben bloß persönlichen Idealen sprechen. Es ist wichtig, zwischen moralischen Dissensen und differierenden Idealen zu unterscheiden. Dies gilt um so mehr, als die Unterscheidung zwischen moralisch relevanten und moralisch irrelevanten, eher ästhetischen Kontexten ebensowenig trennscharf ist wie die Abgrenzung gegenüber Bereichen, in denen es etwa um die Frage geht, wo der nächste Urlaub verbracht werden soll. In dem Maße, in dem wir uns diesen außer-moralischen Kontexten nähern, werden die Differenzen in den Idealen zunehmen, es werden zunehmend bloße Stil- und sehr private Geschmacksfragen entschieden, während zugleich bereits die Möglichkeit zu ernsthaften moralischen Dissensen abnimmt.

(10) Wer ein in moralischen Fragen urteils-, reflexions- und argumentationsfähiges Individuum sein will, der verzichtet auf die moralische Diffamierung derjenigen, mit denen er sich in einem Dissens befindet.

Daß die Austragung von Meinungsverschiedenheiten häufig ein böses Ende nimmt, ist jedermann vertraut. Differenzen, die moralische Fragen betreffen, führen dabei besonders häufig zu unerfreulichen Reaktionen. Ein Standpunkt wird dann von anderen mit mehr oder weniger guten Gründen nicht nur für moralisch unhaltbar erklärt, sondern darüber hinaus bereits seine Vertretung als unmoralisch attackiert. (Das bloße Vertreten deskriptiver Auffassungen, die mit Annahmen inkompatibel sind, welche im Rahmen bestimmter Weltbilder als ›tragende Teile‹ fungieren, kann zu ähnlichen Reaktionen führen, z. B. die Behauptung biologischer Determinanten für Intelligenz, Charakter oder Sozialverhalten.) Dem so Angegriffenen wird vorgehalten, nicht nur unrecht zu haben, sondern auch unrecht zu tun. Demgegenüber wäre zu betonen, daß selbst gute Gründe, einen vertretenen Standpunkt als verwerflich zu betrachten, normalerweise nicht dazu berechtigen, ein verwerfliches Verhalten darin zu sehen, ihn überhaupt zu vertreten. »Normalerweise« heißt dabei: Es sei denn jemand habe sich seine Meinung unter Verletzung elementarer Sorgfaltspflichten gebildet bzw. vertrete seine Meinung nur zum Schein, will de facto aber andere täuschen.

Beides läßt sich normalerweise nur sehr schwer nachweisen und kann daher auch im aktuellen Meinungsstreit normalerweise nicht begründet geltend gemacht werden. Zugleich werden häufig selbst Indizien so schwach sein, daß auch die Äußerung eines Verdachts auf eine bloße Verdächtigung hinausliefe.

Zusammenfassend kann man also sagen: *Das in moralischen Fragen urteils-, reflexions- und argumentationsfähige Individuum ist sich seiner moralischen Beurteilungsstandards bewußt. Es ist in der Lage, den von Handlungen und Praktiken ausgehenden Nutzen und Schaden zu analysieren. Es arbeitet an der Konsistenz seiner moralischen Auffassungen. Von den moralischen Konflikten, Prioritäts- und Optimierungsproblemen weiß es. Ihm ist klar, in welchen Fragen es ratlos ist, und es versucht, in solchen Fagen gemeinsam mit anderen Klarheit zu schaffen. Es ist ein moralischer Realist. Die Struktur moralischer Dissense vermag es zu analysieren. Es ist darauf trainiert, auch auf der Basis gegnerischer oder neutraler Prämissen zu argumentieren. Es weiß, daß manches eben nur ein persönliches Ideal ist. Und vor allem: es diffamiert nicht.*

Literatur

Albert, Hans: Wertfreiheit als methodisches Prinzip. In: Erwin von Beckerath / Herbert Giersch (Hrsg.): Probleme der normativen Ökonomik und der wirtschaftspolitischen Beratung. Berlin 1963. S. 32–63. – Wiederabgedr. in: Ernst Topitsch (Hrsg.): Logik der Sozialwissenschaften. Köln 1965. S. 181–210.

Barber, Bernard / Hirsch, Walter: Sociology of Science. New York 1962.

Baumgartner, Hans M. / Staudinger, Hansjürgen (Hrsg.): Entmoralisierung der Wissenschaften? Physik und Chemie. München / Paderborn 1985. (Ethik der Wissenschaften. Bd. 2.)

Beckerath, Erwin von / Giersch, Herbert (Hrsg.): Probleme der normativen Ökonomik und der wirtschaftspolitischen Beratung. Berlin 1963.

Birnbacher, Dieter: Selbstmord und Selbstmordverhütung aus ethischer Sicht: In: Anton Leist (Hrsg.): Um Leben und Tod. Frankfurt a. M. 1990. S. 395–422.

Broad, William / Wade, Nicholas: Betrug und Täuschung in der Wissenschaft. Übers. von Michael Martin. Stuttgart 1984.

Global 2000. Der Bericht an den Präsidenten. Hrsg. vom Council on Environmental Quality und dem US-Außenministerium. Übers. von Thomas Berendt [u. a.]. Frankfurt a. M. 1980.

Goodchild, Peter: J. Robert Oppenheimer. Eine Bildbibliographie. Übers. von Heidi Blocher. Stuttgart 1982.

Hardin, Garrett J.: Promethean Ethics – Living with Death, Competition, and Triage. Seattle 1980.

Hegselmann, Rainer: Die Wissenschaft, ihre Ethik und der Eisberg. In: Erhard Meinel / Elmar Englert / Hartmut Kliemt (Hrsg.): Das Unbehagen gegenüber den Wissenschaften. Heidelberg 1989. (Honnefer Protokolle. 4.) S. 65–81.

Höffe, Otfried: Der wissenschaftliche Tierversuch – Eine bioethische Fallstudie. In: Elisabeth Ströker (Hrsg.): Ethik der Wissenschaften? Philosophische Fragen. München / Paderborn 1984. (Ethik der Wissenschaften. Bd. 1.) S. 117–150.

Krüger, Lorenz: Ethik der Wissenschaften – was könnte das sein? Ein Plädoyer für einige Unterscheidungen. In: Hans M. Baumgartner / Hansjürgen Staudinger (Hrsg.): Entmoralisierung der Wissenschaften? Physik und Chemie. München / Paderborn 1985. (Ethik der Wissenschaften. Bd. 2.) S. 88–91.

Leist, Anton (Hrsg.): Um Leben und Tod. Frankfurt a. M. 1990.

Lenk, Hans: Pragmatische Vernunft. Philosophie zwischen Wissenschaft und Praxis. Stuttgart 1979.

– Zu ethischen Fragen des Humanexperiments. In: Ebd. S. 50–76. [Zit. als: Lenk (1979a).]

– Zum Verantwortungsproblem in Wissenschaft und Technik. In: Elisabeth Ströker (Hrsg.): Ethik der Wissenschaften? Philosophische Fragen. München / Paderborn 1984. (Ethik der Wissenschaften. Bd. 1.) S. 87–116.

– (Hrsg.).: Humane Experimente? Genbiologie und Psychologie. München 1985. (Ethik der Wissenschaften. Bd. 3.)

Lübbe, Hermann: Die Wissenschaften und die praktische Verantwortung der Wissenschaftler. In: Hans M. Baumgartner / Hansjürgen Staudinger (Hrsg.): Entmoralisierung der Wissenschaften? Physik und Chemie. München / Paderborn 1985. (Ethik der Wissenschaften. Bd. 2.) S. 57–73.

Meinel, Erhard / Englert, Elmar / Kliemt, Hartmut (Hrsg.): Das Unbehagen gegenüber den Wissenschaften. Heidelberg 1989. (Honnefer Protokolle. 4.)

Merton, Robert K.: Social Theory and Social Structure. Glencoe (Ill.) 1949. Erw. Aufl. New York 1957.

– Die Priorität bei wissenschaftlichen Entdeckungen. In: Peter Weingart (Hrsg.): Wissenschaftssoziologie. Bd. 1.: Wissenschaftliche Entwicklung als sozialer Prozeß. Frankfurt a. M. 1973. S. 121–164.

Milgram, Stanley: Das Milgram Experiment. Zur Gehorsamsbereitschaft gegenüber Autorität. Übers. von Roland Fleissner. Reinbek bei Hamburg 1974.

Mohr, Hans: Structure and Significance of Science. Berlin 1977.

Schuler, Heinz: Überlegung zur Ethik des Humanexperiments – Der Forschungsprozeß in der Psychologie. In: Hans Lenk (Hrsg.): Humane Experimente? Genbiologie und Psychologie. München / Paderborn 1985. (Ethik der Wissenschaften. Bd. 3.) S. 86–102.

Ströker, Elisabeth (Hrsg.): Ethik der Wissenschaften? Philosophische Fragen. München / Paderborn 1984. (Ethik der Wissenschaften. Bd. 1.)

Topitsch, Ernst (Hrsg.): Logik der Sozialwissenschaften. Köln 1965.

Weingart, Peter (Hrsg.): Wissenschaftssoziologie. Bd. 1: Wissenschaftliche Entwicklung als sozialer Prozeß. Frankfurt a. M. 1973.

Weizenbaum, Joseph: Kurs auf den Eisberg. Die Verantwortung des Einzelnen und die Diktatur der Technik. München 1987.

OTFRIED HÖFFE

Plädoyer
für eine judikativ-kritische Forschungsethik

Trotz des öffentlichen Interesses an der Forschungsethik fehlt ihr das Kennzeichen einer Profession; als lehr- und lernbar erscheint sie bislang nicht. Wer im Bereich des Sozialen, zu dem auch die Forschung gehört, intellektuell etwas bewegen will, nennt seine Argumente gern »kritisch«. Wann aber ist die Auszeichnung, »kritisch« zu sein, von der Forschungsethik wohlverdient?

Der Gedanke einer judikativen Kritik

Üblicherweise verstehen wir unter »Kritik« eine negative bzw. emanzipatorische Kritik. Daß sie in vielem berechtigt ist, versteht sich von selbst. Als intellektuelle Grundeinstellung ist sie gleichwohl einseitig und am Ende unbefriedigend. Methodisch auf die Suche nach Widersprüchen fixiert, begreift sie vor allem die noch fehlende, kaum die schon geleistete Emanzipation.

Als Gegengewicht zur bloß kompromittierenden Kritik, als Plädoyer für Vielheit und Individualität, auch für Tradition und Geschichte, gibt es seit neuem eine zweite, die affirmative Kritik. So sehr sie berechtigt ist: für sich allein ist sie zu keinem Gleichgewicht der Beurteilung fähig und gibt dem Kontrahenten dasselbe Recht, seine negative Kritik als notwendiges Gegengewicht zu verstehen. Philosophisch aufschlußreicher wäre ein Kritikalphabet, das das Gleichgewicht nicht einer List der Vernunft überläßt, die auf dem Markt der öffentlichen Diskurse beiden Seiten zu ihrem Recht verhilft. Systematisch überzeugender wäre eine Kritik, die aus sich heraus beides leisten kann, je nachdem die Negation oder die Affirmation. Eine derart neutrale Kritik nenne ich eine judikative Kritik. Den Anlaß, für sie zu plädieren, bildet die Beobachtung, daß der Beitrag der uns vertrauten Kritikalphabete zum neuen Thema, der Forschungsethik, nicht ausreicht.

Für das judikative Verständnis der Kritik gibt es zahllose Belege. Zu seinen Gunsten spricht als erstes ein aristokratisches Argument; das richterliche Urteil als Kritik hat einen ehrwürdigen Stammbaum. Schon etymologisch führt die Wortgruppe, zu der »Kritik« gehört, in die Rechtssphäre und bezeichnet dort sowohl den Streitfall als auch das schließliche Urteil. Die Kritik im ursprünglichen Sinn läuft also weder auf Ablehnung und Verurteilung zu, noch sucht sie die Rechtfertigung des Bestehenden. Weder gegen noch für die Streitsache eingenommen, verhält sich der Kritiker – mit Platons *Politikos* – wie ein Betrachter (*theates*). Von keinem anderen Engagement als dem für Objektivität bestimmt, steckt in ihm der sachliche Gehalt des von neuzeitlichen Philosophen wie Adam Smith und David Hume vertretenen Kriteriums für Moral; der Kritiker ist der »impartial spectator«.

Drei für die judikative Kritik wesentliche Elemente verkörpert das Vorbild des guten Richters. Eine wichtige Eigenschaft ist seine Unparteilichkeit; gefragt ist sie, wo es widerstreitende Parteien gibt, nötig wird sie, wo der Widerstreit nicht nach Macht-, sondern nach Legitimationsgesichtspunkten entschieden werden soll. Philosophisch wird das unparteiische Urteil allerdings erst durch eine Zusatzbedingung. Wir finden sie bei Sokrates/Platon und Aristoteles erfüllt und damit – im Vorübergehen – ein weiteres Argument zugunsten der judikativen Kritik. Für sie spricht nicht nur ein ehrwürdiger Stammbaum, sondern auch das überragende Gewicht ihrer Vertreter.

In Platons *Theaitetos* vergleicht Sokrates seine Arbeit mit der der Hebammen und nennt als seine eigene Leistung: »to krinein to alethes te kai me«, das Unterscheiden des Wahren vom

Falschen. Während sich der gewöhnliche Richter an einem vorgegebenen Gesetz orientiert, ist der Philosoph einem überpositiven Maßstab verpflichtet: dem allen Aussage immanenten Anspruch auf Wahrheit – mit der schwierigen Aufgabe, diesen Anspruch in operationale Kriterien zu »übersetzen«. Noch in einem weiteren Sinn ist die philosophische Kritik überpositiv. Während der Richter durch eine entsprechend autorisierte soziale Instanz eingesetzt wird, kann sich der Philosoph nur selber ernennen. Allenfalls verdankt er wie Sokrates sein ›Amt‹ einem Daimon, also einer inneren, keiner sozialen Autorität.

Der überpositive Geltungsanspruch, der im theoretischen Bereich »Wahrheit« heißt, nennt sich im Sozialen »to dikaion«, das Gerechte oder das Recht. Es ist Aristoteles, bei dem sich der begriffsgeschichtliche Beleg für eine entsprechende judikative Kritik findet: die »krisis tou dikaiou kai tou adikou« (*Nikomachische Ethik*, Buch V, Kap. 10), die Unterscheidung des Gerechten vom Ungerechten.

Wir finden die judikative Kritik nicht etwa nur in der Antike. Die Kritik, die die Modernisierungswellen in Gang setzt – die Textkritik der Humanisten, die argumentationslogische und die ästhetische Kritik –, gehören wieder zu dieser Art. Nicht zuletzt unternimmt Kant in dem Werk, das als intellektueller Höhepunkt der Aufklärung gelten kann, in der *Kritik der reinen Vernunft*, eine Kritik nach dem Muster eines Richters. Bei ihm erhält die judikative Kritik ihre philosophische Begründung: Als überpositive Kritik verdankt sie sich der Selbstermächtigung; die weder von vorgegebenen Gesetzen noch von einer politischen Einsetzung abhängige, die philosophische Kritik ist autonom. Noch ein zweiter Gesichtspunkt Kants spielt für die Forschungsethik eine Rolle: Die Autonomie ist keine Subjektivität ohne jeden objektiven Maßstab; sie kennt ein – formales – Kriterium.

Die Doppelexistenz einer Forschungsethik

Ohne Zweifel erfüllt die Forschungsethik die vorphilosophischen Bedingungen der judikativen Kritik. Es gibt widerstreitende Parteien; die Schlichtung ihres Streits soll nach objektiven Geltungsansprüchen, also unparteiisch erfolgen. Die Forschungsethik erfüllt diese Bedingungen sogar in einem besonderen Maße. Anders als etwa in Kants transzendentaler Vernunftkritik hat der zu schlichtende Streit nicht nur in einem analogen Sinn Rechtscharakter. Wo beispielsweise der Lebensschutz mit der Wissenschaftsfreiheit oder der Tierschutz mit der Wirtschaftsfreiheit der medizinisch-pharmazeutischen Industrie kollidiert, dort ist nicht über kontroverse Wahrheitsansprüche, sondern über konkurrierende Rechte zu entscheiden.

Weil es bei der Forschungsethik im wesentlichen um Rechtsfragen geht, fallen ihre Begriffe und Argumente in einen Bereich, den die uns vertrauten Kritikalphabete ebenso vernachlässigen wie die meisten Moralphilosophen: sie gehören in die *Rechts*ethik. Allerdings sind Rechtsfragen als solche nicht schon philosophischer Natur. Sie werden im Gegenteil im Rahmen des positiven Rechts gelöst. Ob dieses für die moderne Forschung ausreicht, läßt sich nicht leicht entscheiden. Denn die genannten Kontroversen werden nach Kriterien beurteilt wie: Unantastbarkeit der Menschenwürde, Recht auf Leben, auf seelische Integrität und auf Selbstbestimmung; ferner zählt der institutionelle Schutz von Ehe und Familie oder das Diskriminierungsverbot dazu. Derartige Kriterien haben ohne Zweifel einen überpositiven Charakter; sie gehören zu jenen Bedingungen, unter denen sich eine positive Rechts- und Staatsordnung moralisch legitimiert. Die Kriterien bilden aber auch den anerkannten Bestandteil der geltenden Rechtsordnung, so daß sie eine doppelte, eine sowohl rechtsethische als auch positivrechtliche Existenz führen. Wegen dieser Doppelexistenz gibt es legitimationstheoretisch gesehen den forschungsethischen

Diskurs in zwei Formen: der positivrechtliche orientiert sich an den geltenden Grundsätzen, der rechtsethische erörtert die Streitfragen vom Standpunkt der (Rechts-)Moral.

Wegen ihrer Doppelexistenz ist die Forschungsethik philosophisch möglich, aber nicht nötig. Gerade weil die (Moral-)Philosophie im wesentlichen nur die Prinzipien untersucht, die in die geltende Rechtsordnung eingegangen sind, könnte man die forschungsethischen Streitfragen als rein positiv lösbar und den Beitrag der Philosophie als überflüssig ansehen. Bei so neuartigen Problemen wie denen der modernen Forschung könnte zwar die jeweilige Lösung häufig noch unbekannt sein. Außerdem könnte es um die Auslegung der Rechtsprinzipien mancherlei Streit geben, insbesondere bei so generellen Prinzipien wie der Menschenwürde oder dem Recht auf seelische Integrität. Wenn man aber die Probleme hinreichend gründlich durchdenkt, so scheint sich – im Rahmen der üblichen Kontroversen – eine positivrechtliche Lösung zu ergeben.

Diese positivrechtliche Interpretation der Forschungsethik ist nicht falsch, aber wesentlich ungenau. Und bei einer gründlicheren Betrachtung, so meine These, stößt man auf überpositive, genuin philosophische Aspekte. Man stößt deshalb auf sie, weil hinsichtlich der modernen Forschung weder der Gehalt noch das moralische Gewicht der genannten Rechtsgrundsätze klar genug ist. Ob es nun positive Instanzen wie die Gerichte sind, bei denen Klarheit gesucht wird, oder aber philosophische Diskurse, ist eine sekundäre Frage. Sekundär ist auch, ob der »philosophische Diskurs« allein von Fachphilosophen geführt wird oder zusätzlich von Rechts- und Sozialwissenschaftlern, von Theologen und von den Naturwissenschaftlern selbst. Entscheidend ist allein dies: Der Sache nach handelt es sich um eine Argumentation die sich auf eine Auslegung des geltenden Rechts nicht verkürzen läßt.

Die Kernthese zur judikativen Forschungsethik möchte ich an drei Fällen exemplifizieren. Dabei will ich nicht nur meine

Grundthese darlegen, sondern auch zeigen, daß die Forschungsethik nur zum geringeren Teil eine Moralphilosophie im Singular ist. Daß der heutigen Forschung, namentlich ihrem biomedizinischen Zweig, eine Kommerzialisierungsgefahr droht, braucht man nicht zu bestreiten. Trotzdem stellt diese Gefahr noch kein präzises Argument und vor allem kein ethisch homogenes Resultat bereit. Während beispielsweise die Patentanmeldung bei den Ingenieurwissenschaften in der Regel unbedenklich ist, erheben sich gegen die Patentierbarkeit von gentechnischen Produkten Einwände. Oder: während die sogenannten Leihmutterschaften zumindest bedenklich sind, sollte der Handel mit Embryonen grundsätzlich verboten werden. Weil die Forschungsethik aus dem potentiellen Warencharakter aller Dinge unterschiedliche Konsequenzen zieht und sie auch in anderer Hinsicht gegen Globalurteile skeptisch ist, gestaltet sie sich – so meine zweite These – zum größeren Teil als eine Moralphilosophie im Plural. Eine sachgerechte Forschungsethik verzichtet auf den Gestus der »großen Theorie«: sie weiß, daß sie der Sammelname für einzelne Fallstudien ist, die zu unterschiedlichen Urteilen führen: bald zur Legitimation, bald zur Limitation einer Forschungspraxis und gelegentlich zu einem vollständigen Verbot.

Die Beispiele, die ich diskutiere, knüpfen an Aspekte an, durch die sich die zeitgenössische von der traditionellen Forschung unterscheidet. Deshalb läßt sich diese dritte These aufstellen: Außer der Forschungsethik im Plural gibt es auch eine Forschungsethik im Singular. Dort, wo sie sich als judikative Kritik versteht, beginnt die Forschungsethik nicht mit einer neuen, einer anderen oder aber verschärften Ethik (besser: Moral). Sie operiert im wesentlichen mit anerkannten Rechtsprinzipien, namentlich den Menschenrechten. Sie bleibt freilich für eine Weiterentwicklung, auch Korrektur der Rechtsprinzipien offen. Die Forschungsethik rechnet auch nicht primär mit einer neuen, verschärften Sensibilität für Ethik bzw. Moral. Sie baut vielmehr auf der Neuartigkeit der heutigen Forschung auf und zeigt, daß im wesentlichen erst sie die Kritik auf den Plan ruft. Eine Forschungsethik, die mehr besagt, als daß ein Wissenschaftler mit allen Kräften nach objektiver Erkenntis suchen, auch mehr als daß die Rechtsordnung dafür die Forschungsfreiheit gewährleisten soll, eine Forschungsethik im emphatischen Sinn ist an den Typ der modernsten Forschung gebunden.

Indem die Forschungsethik im Singular zunächst einmal genau diesen Punkt herausarbeitet und den Wissenschaftlern weder eine moralische Nachlässigkeit unterstellt, für die wir endlich sensibel geworden seien, noch sie einer verschärften Moral unterwirft, die man als Moralisierung ablehnen könnte, indem sie also weder moralisierend noch entmoralisierend vorgeht, erweist sie sich einmal mehr als eine neutrale, judikative Kritik. Wie ein guter Richter stellt sie zunächst einmal den grundlegenden Sachverhalt fest, hier: die veränderte Forschungssituation. Und sie ist ein weiteres Mal ein guter Richter, weil sie die veränderte Situation nicht nach persönlichen Grundsätzen bewertet, sondern soweit möglich nach anerkannten Rechtsprinzipien. Man kann auch sagen: die Forschungsethik argumentiert topisch, nämlich mit unkontroversen Grundsätzen. Auch wenn im binnenphilosophischen Diskurs die Menschenrechte hinsichtlich ihrer Begründung umstritten sein mögen, für den Außendiskurs können sie als unkontrovers gelten. Und nicht die geringste Voraussetzung eines forschungsethischen Diskurses besteht in der (unter Philosophen nicht so häufigen) Fähigkeit, von binnenphilosophischen Kontroversen zu abstrahieren, die Unstrittigkeit der Menschenrechte einzusehen und mit ihrer Hilfe einen Gutteil der forschungsethischen Fragen zu erörtern.

Nicht zuletzt weiß die Forschungsethik, daß sie zwar über den Rechtsbereich hinausgeht, daß den Rechtsproblemen aber die Priorität gebührt. Die nicht nur rechtlichen Probleme beginnen bei den schon erwähnten kommerziellen Gesichtspunkten und reichen weiter bis zu gewissen Auswüchsen der wissenschaftlichen Konkurrenz. In die Forschungsethik gehört auch die Frage, ob in einer Welt der Überbevölkerung, der Geburtenkontrolle und der Unterernährung sich der hohe Aufwand rechtfertigt, ohne den manche künstliche Befruchtungshilfe nicht auskommt. Und solange wir diese Frage nicht überwiegend positiv beantworten, stellt sich die Zusatzfrage, ob die entsprechende Forschung eine öffentliche Förderung verdient. Die sozialpolitische Primäraufgabe der Forschungsethik liegt jedoch bei der Frage, ob sich das gesellschaftliche Subsystem »Forschung« mit der zwangsbefugten Moral des Gesamtsystems, dem Recht, verträgt. Als Rechtsethik verfolgt die Forschungsethik übrigens genau das Ziel, für das sich die aus der kritischen Theorie erwachsene Diskursethik einsetzt: Jenseits der pluralisierbaren Normen und Werte sucht sie den (möglichst) universellen Konsens.

Drei Fallstudien

Erstens: Solange der Eingriff im Kleinmaßstab geschieht, kann er immer noch vernachlässigt werden. Wer einen Stein losläßt, um die Fallzeit zu messen, verändert – mit Radio Eriwan – die Welt lediglich »im Prinzip«. Durch einen Atomversuch hingegen werden Flora, Fauna und Atmosphäre angetastet. Die Veränderung kann solange vernachlässigt werden, wie das Handeln an der Welt reversibel ist. Den Stein kann man wieder aufheben, die Radioaktivität, die freigesetzt wird, nicht. Neu ist ferner, daß unsere forschungsgeprägte Zivilisation die Natur überbeansprucht. Ihre Fähigkeit, negative Nebenfolgen zu neutralisieren, nimmt drastisch ab. Überdies stellen sich Gerechtigkeitsfragen, wenn – etwa bei Atomversuchen oder in der Embryonenforschung – die einen den Nutzen, die anderen den Schaden haben.
Daß eine derartige Forschung stattfindet: eine irreversible, die Natur überfordernde, zudem ungerechte Praxis, wird

heute in der Gentechnik befürchtet. Ob hier tatsächlich neuartige Gefahren lauern, können weder Philosophen noch
Juristen entscheiden. Die Juristen können aber von den
Naturwissenschaftlern verlangen, daß sie entweder die Un-
bedenklichkeit schlüssig nachweisen oder aber strenge Sicherheitsvorkehrungen treffen. Diese Forderung fügt sich
freilich in die bestehende Rechtsordnung nahtlos ein. Das
beliebte Thema »Chancen und Risiken der Gentechnologie«
abzuhandeln kann deshalb als eine vorethische, lediglich
positivrechtliche Aufgabe gelten. Trotzdem ist die philosophische Ethik hier nicht überflüssig. Die Sicherheitsforde-
rungen haben nämlich eine weitreichende Konsequenz; um
sie schlüssig darzulegen, genügt eine bloß positive Rechts-
argumentation nicht; die Philosophie leistet Begründungs-
hilfe:

Ebenso wie bei anderen Technologien ist es bei der Gentechnologie geboten, eine neue kritische Wissenschaft zu entwickeln, eine Forschung, die mit derselben Phantasie und
Sorgfalt nach möglichen Risiken sucht wie die gewöhnlichen
Wissenschaften nach neuen Chancen. Die noch unbekann-
ten, daher unheimlichen Drohungen muß die Risikoforschung zu verwandeln suchen: in einem ersten Schritt in
bekannte, daher überschaubare Risiken und in einem zweiten
Schritt in beherrschbare Risiken. Solange sie nicht in beiden
Schritten erfolgreich ist, sind neue Forschungspraktiken
ethisch so verantwortlich wie Autos, die man dem Verkehr
überläßt, bevor man sich überlegt hat, ob sie Bremsen brauchen, oder bevor man in die Autos eine zuverlässige Brems-
technik eingebaut hat.

Bei der Begründung der Risikoforschung kommt es auf eine
charakteristische Schwierigkeit der Risikofrage an, die einmal
mehr die Philosophie auf den Plan ruft. Weil man die Gefahren nicht kennt, besteht die Gefahr zweiter Stufe, daß man
das Risiko nicht nur quantitativ verschätzt, sondern es strukturell verzerrt. Die einen, insbesondere die praktizierenden
Forscher, halten die Gentechnik für nicht sonderlich neu. Sie

sagen, der Mensch habe sich seit der Steinzeit in die Evolution eingemischt: durch die Züchtung von Kulturpflanzen und Haustieren. Die anderen behaupten dagegen, die Gentechnik sei etwas revolutionär anderes. Jener Evolutionsprozeß, der sich seit drei Milliarden Jahren der Mutation und der Selektion verdanke, komme hier zu einem jähen Ende. Beide Begriffe der Gentechnik sind typische Halbwahrheiten. Darüber hinaus haben sie ideologischen Charakter: denn in ihrer Einseitigkeit verfolgen sie ein politisches Interesse. Sobald die Gentechnik als »science as usual« erscheint, braucht sie keine besondere und öffentliche Sicherheitsdiskussion. Ist sie dagegen revolutionär neu, dann drängt sich eine sehr restriktive Sicherheitspolitik auf. In Wahrheit bedeutet die Gentechnik eine umstürzende Veränderung der Biologie. Sie stellt aber nicht die erste, sondern die zweite biotechnische Revolution dar. Bei der ersten biotechnischen Revolution, der Züchtung, muß man auf die gewünschte Mutation warten; bei der zweiten biotechnischen Revolution, der Gentechnik, bringt man die Mutation hervor; das im Laufe Hunderter von Millionen Jahren entstandene Gen-Reservoir steht damit zur freien Disposition.

Ein weiteres, philosophisches Problem verbirgt sich in der Bezeichnung der neuen Forschungsrichtung. Daß sie Gen*technik* oder Gen*technologie* heißt, unterschlägt ein wichtiges Merkmal. Kunststoffe und Transistoren, Computer und Mikrochips werden in einem strengen Sinn *erfunden*, nämlich nach den Plänen der Ingenieure hergestellt. In der Gentechnologie wird dagegen weitgehend *gefunden* und abgewandelt. Ob man Lebewesen züchtet oder ob man in genetische Substanz gezielt eingreift: in aller biologischen »Technik« wird ein selbständig funktionierendes System in seiner Eigenart belassen und nur marginal verändert. Die Gentechnik entwirft keinen neuen, sie verändert lediglich einen vorgegebenen Plan; sie konstruiert keinen lebendigen Organismus, sie interveniert nur.

Für die Gentechnik gibt es deshalb tatsächlich eine strukturell neue Gefahr. Die Forschung wird durchgeführt, ohne die überwältigende Komplexität der Organismen annähernd zu kennen. Die Produkte sind daher nur begrenzt vorhersehbar. Anders als eine Brücke oder ein Motor wird das neu kombinierte Lebewesen nicht auf dem Reißbrett entworfen: die gentechnischen Experimente sind wesentlich vom Typ des Erratens.

Eine zweite, wieder strukturbedingte Gefahr: Bei der traditionellen Ingenieurkunst wandern Versuchsmodelle, die mißfallen, in den Abfall. Hingegen kann man, wie schon bei der Atomtechnik, mißlungene gentechnische Produkte nicht auf den Schrotthaufen werfen. In der Neukombination von Organismen findet ein irreversibler Vorgang statt. Wer nicht vorab besondere Vorkehrungen trifft, dessen Verfügung entgleitet das einmal entstandene Produkt und geht seine eigenen, unberechenbaren Wege.

Diese wenigen Hinweise zeigen, wie die Forschungsethik Begründungshilfen leistet. Dazu bedarf sie eines judikativen Begriffs, der zunächst einmal in die Komplexität der neuen Forschungspraxis eindringt und der gegen ihre ethische Beurteilung noch neutral bleibt, also weder die Ablehnung noch die Anerkennung der Praxis in sich trägt. Gesucht ist ein Begriff, der die unparteiische, richterliche Prüfung ermöglicht.

Zweitens: Daß man Menschen weder töten noch in ihrer körperlichen und seelischen Integrität beeinträchtigen darf, ist vielleicht philosophisch noch nicht schlüssig gezeigt worden. Gelegentliche pauschale Vorwürfe dürfen uns aber nicht darüber hinwegtäuschen, daß rechtlich-politisch gesehen sich der Schutz menschlichen Lebens von selbst versteht. Insbesondere wird das Tötungsverbot so streng verstanden, daß Güterabwägungen, von Notwehr abgesehen, illegitim sind. Forschungsethisch offen kann daher lediglich die Frage sein, ab wann genau von einem menschlichen Leben zu sprechen ist.

Man kann die offenen Fragen pragmatisch beantworten, beispielsweise mit der Forderung, jedem Mißbrauch einen Riegel vorzuschieben. Man kann »ästhetische« Überlegungen anstellen und gewisse Praktiken als geschmacklos ansehen. Für eine Forschungsethik als Rechtsethik sind diese Antworten aber vordergründig. Das entscheidende Kriterium liegt im Begriff des menschlichen Lebens. Ihn so präzis zu definieren, daß er der medizinischen Forschung eine klare Orientierung gibt, halte ich wieder für eine Aufgabe, die sich weder rein naturwissenschaftlich lösen läßt noch im Zusammenspiel mit positiv-rechtlichen Überlegungen: die Frage hat eine philosophische Dimension.

Da mit der Befruchtung ein Leben beginnt, in dem die Eigenart eines menschlichen Individuums vorprogrammiert ist, kann der entsprechende Organismus nicht als bloße Sache angesehen werden, über die die Eltern und die Forscher beliebig verfügen dürften. Da der Organismus andererseits erst im Fortgang der Entwicklung seine aktuale Individualität und darüber hinaus die Personalität gewinnt, könnte man in der Frühzeit seiner Entwicklung eine Güterabwägung für vertretbar halten. Ethisch vertretbar sind Güterabwägungen allerdings nur bei normativ gleichrangigen Gütern. Ob gegenüber dem Lebensschutz das Interesse an einer möglichst freien Embryonen-Forschung den gleichen Rang besitzt, ist fraglich. Falls die Forschung primär wirtschaftlichen Interessen entspringt, hat sie sicherlich nicht denselben Rang wie der Lebensschutz. Eher liegt eine Ranggleichheit dort vor, wo gewisse Formen von Unfruchtbarkeit überwunden werden sollen. Allerdings bleibt immer noch eine gewichtige Differenz, also Rangungleichheit. Während Embryonen ein aktuelles individuelles Leben darstellen, dient, wer eine Therapie gegen Unfruchtbarkeit entwickelt, nur einem potentiellen Leben.

Drittens: Ein weiteres Beispiel für eine philosophische Forschungsethik bilden die Tierversuche. Daß sie anders als

Humanexperimente beurteilt werden, setzt einen Vorrang des Menschen vor den Tieren voraus – und ist unkontrovers. Bislang wurde der Vorrang als Priorität von Personen über Sachen gedeutet. Da einerseits lediglich die Menschen einen Personencharakter haben und da wir andererseits seit dem römischen Recht nur die Alternative »Personen oder Sachen« kennen, scheinen die Tiere bloße Sachen zu sein. Wenn diese Konsequenz triftig ist, dürften die Tierversuche keinerlei Einschränkungen unterliegen. Während sich bei menschlichem Leben die Güterabwägung verbietet, würde sie hier überflüssig. Allenfalls stellen sich Eigentumsprobleme: Fremde fangen streunende Katzen oder Hunde und verkaufen sie an Tierversuchslabors; oder es stellen sich önonomische Fragen: Versuchstiere kosten Geld, manche sogar viel Geld.

Wenn die Tiere bloße Sachen wären, müßte man aber das Verbot der Tierquälerei abschaffen. Das strafrechtliche Verbot hat zwar eine lange Tradition und wird beispielsweise pädagogisch mit der Gefahr der menschlichen Verrohung begründet. Wären Tiere nur Sachen, würde aber, wer sie quält, nicht stärker verrohen als der, der mutwillig Blumen köpft. Einen Straftatbestand bildet jedoch lediglich die Tierquälerei. Schon aus rechtsimmanenten Gründen ist daher hinter die einfache Alternative »Person oder Sache« ein Fragezeichen zu setzen. Und die kritische Rückfrage geht weiter: Kann man Wesen, die Hunger und Durst verspüren, die frieren und schwitzen, die erschöpft und gestreßt sein können oder sich wohlig-behaglich fühlen, kann man Wesen, die im Fall von Schmerz, Leid und Angst ähnlich wie der Mensch reagieren, trotzdem als bloße Sachen ansprechen und dem Menschen zur beliebigen Verfügung überlassen?

Falls das Recht bei der einfachen Alternative »Person oder Sache« bleibt, könnte man auch so argumentieren: Da Tiere offensichtlich keine Sachen sind, müssen sie als Personen behandelt werden. Manches Argument der neueren Tierschutzethik läuft auf eine gewisse Gleichstellung von Mensch und Tier hinaus. Man vergleicht das Tier mit unmündigen Menschen und spricht von einer vormundschaftlichen Pflicht ihm gegenüber. Im Unterschied zu Kindern oder Geisteskranken sind Tiere aber nicht nur vorläufig oder aufgrund außerordentlicher Schäden nichtzurechnungsfähig; sie sind es grundsätzlich und artspezifisch. Man braucht deshalb ein verfeinertes Begriffsinstrumentarium.

Die Ethik der Tierversuche proviziert eine weitere forschungsethische Aufgabe: sie reicht über die bislang mehr topische Argumentation hinaus und integriert die Forschungsethik in den Diskurs um die Moderne. Die Entwicklung der modernen Forschung ist von der Ausbildung eines neuen Selbstbewußtseins des Menschen begleitet. Das Prinzip dieses »innovativen« Selbstbewußtseins, die unantastbare Menschenwürde, erhält schließlich sogar Verfassungsrang. Die Innovation hat aber zur »Folgelast«, daß der begriffliche Abstand zum Nichthumanen größer wird. Vom Stein über das Pflanzenreich bis zur Tierwelt wird alles Nichthumane zum Material degradiert, zu einer Sache, die sich die Menschen beliebig nutzbar machen dürfen. Zu einer judikativen Forschungsethik gehört die Fähigkeit, negative Auswirkungen zu erkennen und nach Wegen zu suchen, die eine Innovation ohne diese Folgelast ermöglichen. Ohne den emphatischen Begriff von menschlicher Würde zu entwickeln, der nicht alles Subhumane, der insbesondere nicht das Tier zur bloßen Sache erklärt. Die entsprechende Verfeinerung unserer Kategorien ist einmal mehr eine weder bloß naturwissenschaftliche noch zusätzlich juristische Aufgabe. In diesem Fall reicht sie sogar über Anwendungsfragen hinaus in einen ethischen und anthropologischen Grundlagendiskurs.

Weil die Forschungsethik eine philosophische Seite hat, erfordert ihre Diskussion die strenge Form eines begrifflich-argumentativen Diskurses. Damit dieser an rechtspolitischen Entscheidungen orientierte, also praktische Diskurs tatsächlich stattfindet, überdies nicht immer nur nachhinkt, sondern die Entstehung neuer Forschungspraktiken begleitet und die Diskussion über sie bündelt, statt sich in vielfältige Einzelinitiativen zu verzetteln, braucht es ein geeignetes Forum. Weil die Forschungsethik noch über keinen festen Bestand des Wissens verfügt, das gelehrt und gelernt werden könnte, muß das Forum seinerseits Forschungscharakter haben – und würde damit auch für den forschenden Philosophen attraktiv. Die bewährte Form eines derartigen Forums bildet das wissenschaftliche Periodikum. Anderen Medien mag es aufgegeben sein, die Öffentlichkeit für forschungsethische Fragen zu sensibilisieren und Einsichten der Forschungsethik zu verbreiten. Das Forum, auf dem der forschungsethische Diskurs stattfindet, wird sich die Einsichten aber erst neu erarbeiten müssen; ohne diese Arbeit verdient die neue Profession nicht die heutige Nachfrage. Das Periodikum könnte sich auf die Forschungsethik spezialisieren. Um aber die mit einer Spezialisierung einhergehenden Nachteile zu vermeiden, schlage ich vor, ein deutsches Pendant oder eine Variante zur Zeitschrift *Philosophy and Public Affairs* zu schaffen.

DIETER WANDSCHNEIDER

Das Gutachtendilemma –
Über das Unethische partikularer Wahrheit[1]

Die moderne Lebenswelt ist mehr denn je durch Wissenschaft und Technik geprägt. Das bedeutet, daß die für unser Leben relevanten Sachverhalte unserem Alltagsverständnis immer weniger durchsichtig sind und die anstehenden Entscheidungen in Wirtschaft und Politik nur noch mit Hilfe von *Sachverständigen* gefällt werden können. Der Sachverständige gewinnt so zunehmend an Einfluß auf die gesellschaftlichen Entscheidungsprozesse, und im selben Maße wächst auch seine Verantwortung gegenüber der Gesellschaft.

Diese Entwicklung hat freilich auch zu einer sehr bedenklichen Folgeerscheinung geführt, die ich hier als *Gutachtendilemma* bezeichnen möchte. Ich meine damit die Situation, daß zu einem Projekt verschiedene Gutachten eingeholt werden, die zu völlig divergierenden Resultaten kommen. Daß dieser Fall eintritt, ist geradezu schon die Regel, wann immer Sachverständige gehört werden – ein Umstand, der von der Öffentlichkeit als außerordentlich quälend empfunden werden muß angesichts ihrer eigenen Inkompetenz in diesen Fragen und der hoffnungslosen Aussicht, durch Heranziehung weiterer Sachverständiger die Ratlosigkeit nur noch zu vermehren.

Schlimmer noch: Unabhängig vom konkreten Einzelfall muß sich, mit der sich wiederholenden Erfahrung einander widersprechender Expertenmeinungen, wissenschaftliche Rationalität selber als eine höchst fragwürdige Instanz darstellen: Es muß der Eindruck entstehen, daß für ein Projekt stets gute Gründe und ebenso gute Gegengründe existieren. Damit wäre das Verfahren, Begründungen zu geben, freilich obsolet.[2] Tatsächlich gewinnt die Überzeugung, daß sich für alles und jedes wohlfeile Argumente finden lassen, an Boden, und in politischen Auseinandersetzungen wird längst dementsprechend verfahren. Gründe und Gegengründe scheinen so eher die Funktion zu haben, hinter ihnen stehende *Interessen* zu legitimieren. Es liegt auf der Hand, daß dieser Tatbestand auch gravierende *ethische* Konsequenzen haben muß. Ich möchte zunächst den Punkt, an dem die Ethik relevant wird, sichtbar machen, dann zweitens einige grundsätzliche Überlegungen zur Ethik selbst vortragen und schließlich drittens zeigen, was daraus konkret für das Gutachtendilemma folgt.

I

Das Problem soll am Exempel eines öffentlichen Großprojekts – man denke etwa an den Bau eines Kernkraftwerks – auf seine logischen Strukturen und ethischen Konsequenzen hin analysiert werden. Es geht hier also wohlgemerkt nicht um das Projekt selbst; dieses dient lediglich als Modellfall, an dem das Gutachtendilemma studiert werden soll.

Idealtypisch vereinfacht wird in solchen Gutachten etwa folgendermaßen argumentiert: Wünschenswert im Sinne der Sicherung und Integrität menschlichen Daseins ist die Gewinnung *billiger Energie*, wobei das Verfahren zugleich *umweltverträglich* sein muß. Beides ist bei einem Kernkraftwerk gegeben, beides spricht also *für* das Projekt – so könnte der *Pro-Gutachter* argumentieren. Der *Contra-Gutachter* wird dem entgegenhalten, daß das *Restrisiko* einer nuklearen Katastrophe sowie die *Sabotageanfälligkeit* eines Kernkraftwerks – *ebenfalls* im Sinne der Sicherung und Integrität menschlichen Daseins – *gegen* das Projekt sprächen. Das eine Gutachten macht gute Gründe *für*, das andere gute Gründe *gegen* das Projekt geltend: das typische Gutachtendilemma.

Betrachten wir die Argumentationsstruktur etwas näher: Beurteilungsgrundlage ist ein von beiden Gutachtern anerkannter *universeller Wert U*, der hier als ›Sicherung und Integrität menschlichen Daseins‹ umschrieben wurde. Dadurch ist definiert, was gute Gründe pro (p_i) oder contra (c_i) bezüglich des Kernkraftwerkprojekts (K) sind. Die Argumentation kann etwa so wiedergegeben werden: Der Pro-Gutachter stellt heraus, daß das Kernkraftwerk billige und umweltverträgliche Energie liefere (p_i) und damit der Wert U *garantiert* sei, formal

$$K \rightarrow (p_1 \wedge p_2) \rightarrow U.$$

Der Contra-Gutachter stellt dem das erhebliche Restrisiko und die Sabotageanfälligkeit als Kontraindikationen c_i entgegen und schließt daraus auf die *Verletzung* des Werts U, formal

$$K \rightarrow (c_1 \wedge c_2) \rightarrow \neg U.$$

Das *Dilemma* besteht hier darin, daß offensichtlich Pro- und Contra-Bedingungen *gleichermaßen* erfüllt sind. Das K-Projekt bedeutet billige Energie und Umweltverträglichkeit, *und* es involviert ebenso ein Restrisiko und Sabotageanfälligkeit, d. h. es scheint den Wert U zu garantieren und gleichzeitig zu verletzen.

Nun, es fällt schwer zu glauben, daß hier logisch alles mit rechten Dingen zugeht. Zur Klärung muß der Sachverhalt genauer analysiert werden. Zunächst einmal ist deutlich, daß der vorausgesetzte universelle Wert U *sowohl* die angegebenen Pro-Gründe p_1 einschließt *als auch* die Gegengründe c_1 ausschließt, also eine logische Struktur etwa der Art

$$U \leftrightarrow (p_1 \wedge p_2 \wedge \neg c_1 \wedge \neg c_2)$$

besitzt. Damit ist weiter klar, daß die Pro-Argumentation, die ja $(p_1 \wedge p_2) \rightarrow U$ annimmt, unzulässig ist, weil sie entscheidende *Gegengründe unterschlägt*. Die Contra-Argumentation unterschlägt demgegenüber Pro-Gründe (was in diesem Fall allerdings logisch unerheblich ist, da die Gegengründe für den Nachweis der *Verletzung* des Werts U bereits hinreichend sind[3]). Die Gutachten kommen also nur deshalb zu einander widersprechenden Resultaten, weil sie bezüglich der einschlägigen Werthinsichten *partikulär* sind oder, was auf dasselbe hinausläuft, *unterschiedliche* Deutungen des Werts U zugrunde legen. In bezug auf das Pro-Gutachten z. B. gilt somit, daß das K-Projekt in Wahrheit den Wert U *nicht* garantiert, mehr noch: Da die Kontraindikationen für U als solche nicht irgendwelche neutralen, sondern ebenfalls *notwendige* Wertbedingungen sind, folgt, wie sich leicht zeigen läßt,[4] daß das Projekt den Wert U nicht nur nicht garantiert, sondern sogar dessen *Negation* impliziert:

$$K \rightarrow \neg U.$$

Die partikularisierte, halbe Wahrheit ist hier wesentlich Unwahrheit. Aber es ist auch deutlich, daß das Gutachtendilemma, wonach *Beliebiges* rational begründbar zu sein scheint, in diesem Fall durch logische Analyse *auflösbar* und als ein auf *parteiischer Folgenbewertung* beruhender falscher Schein erweisbar ist. Wird man davon ausgehen dürfen, daß dies in allen Fällen möglich ist?

Um diesbezüglich zu einer Klärung zu kommen, muß der zugrundeliegende Sachverhalt noch schärfer herausgearbeitet werden. Von grundsätzlicher Bedeutung sind in diesem Zusammenhang offenbar zwei Hinsichten: Der Gutachter legt eine *Folgenabschätzung* für das Projekt vor, und er nimmt eine *Folgenbewertung* vor, indem er nachweist, daß die Projektfolgen einen universalen Wert U implizieren. Schwierigkeiten und Kontroversen können daher zum einen aus der Folgenabschätzung, zum andern aus der Folgenbewertung entstehen. Welcher Art sind diese Schwierigkeiten und welche Konsequenzen ergeben sich daraus für die ethische Frage der Verantwortung des Wissenschaftlers?

Wenden wir uns zunächst der *Folgenabschätzung* zu. Ein wesentlicher Grund für divergierende Beurteilungen ist sicher die extreme *Spezialisierung* heutiger Wissenschaft und die damit verbundene *Partikularisierung* der Wahrheit. Ein Energieexperte überbetont etwa den Aspekt der Energieversorgung und vernachlässigt möglicherweise Risiken der

Kernkraft. Freilich ist nicht nur die Spezialisierung für einseitige Aussagen verantwortlich zu machen, sondern allgemeiner auch die *Finitheit* wissenschaftlicher Erkenntnis überhaupt: Außer den *unmittelbaren* Projektfolgen gibt es ja eine unübersehbare Vielzahl *vermittelter* Folgewirkungen, die erst *unter gewissen Bedingungen* eintreten, wie z. B. die Freisetzung von Radioaktivität aus einem Kernkraftwerk, *wenn* ein Flugzeug daraufstürzt. Wer könnte *alles*, was je relevant werden *könnte*, zuverlässig beurteilen? Natürlich kann das kein Gutachter. Im Hinblick auf solche Schwierigkeiten – seien sie ›spezialistischer‹ oder ›finitischer‹ Natur – muß sich, angesichts der zentralen gesellschaftlichen Funktion des Sachverständigen, die Frage stellen, wie er sich in dieser Situation *richtig* verhält – zweifellos eine wichtige *ethische* Frage, die im folgenden zu diskutieren sein wird.

Das andere der beiden genannten Probleme betrifft die *Folgenbewertung* und wirft damit das *Wertproblem* auf. Hier müssen sich ernste Bedenken einstellen: Hat nicht Max Weber immer wieder die *Subjektivität* aller Wertvorstellungen betont?[5] Muß eine verbindliche Bewertung somit nicht als ein schon im Ansatz verfehltes Ansinnen erscheinen? Was heißt zum Beispiel ›Umweltverträglichkeit‹? Welche Immissionsgrenzen hält der einzelne diesbezüglich noch für tolerabel? Oder wie steht man zum nuklearen ›Restrisiko‹? Zweifellos gibt es mehr und weniger risikofreudige Gutachter, und das kann sich eben auch in ihren Bewertungen niederschlagen. Subjektive Wertpräferenzen können im übrigen *schon die Folgenabschätzung* beeinträchtigen, d. h. der Gutachter ist *parteiisch*; aufgrund seiner subjektiven Bewertung zieht er bestimmte Möglichkeiten gar nicht in Betracht und begnügt sich mit einer *partikularen* Wahrheit.

Auf der anderen Seite ist zu bedenken, daß die Folgen*bewertung* zweifellos *nicht* das eigentliche Geschäft des *Sachverständigen* ist. Er ist ja kein Experte für Werte, sondern etwa für Technikfolgen. Deren wertmäßige Einschätzung kann ihm also durchaus abgenommen werden und wird ihm auch

abgenommen durch Politiker und zunehmend durch eine
engagierte Öffentlichkeit. Die grundsätzlich überaus wichtige Frage der Existenz *allgemeinverbindlicher* Werte spielt
für das Problem des *Gutachtendilemmas* insofern keine
Rolle. Die Wertfrage wird sicher immer wieder heiß umstritten sein, aber im gegenwärtigen Zusammenhang ist dies
jedenfalls nicht das Problem. Der Sachverständige soll eigentlich nur Projektfolgen sichtbar machen, die *sodann* auch –
aber nicht notwendig von ihm – zu bewerten sind. Welche
Werte hierfür in Anschlag zu bringen sind, ist ja keine Sach-
verständigenfrage mehr, und schon gar nicht, ob dies absolute oder vielleicht nur gegenwärtig anerkannte Werte sind.
Gleichwohl: Muß es nach den Stürmen des Werturteilsstreits
nicht als ein Allgemeinplatz gelten, daß es, recht verstanden,
keine neutralen, wertfreien Beurteilungen geben könne?[6]
Tatsächlich ist auch im vorliegenden Fall unübersehbar, daß
Werthinsichten grundsätzlich gar nicht ausgeschaltet werden
können, denn: Der Sachverständige soll Projektfolgen möglichst *vollständig* angeben, doch was heißt hier ›vollständig‹?
Offenbar kann nicht Vollständigkeit schlechthin, sondern
nur in bezug auf die hier einschlägigen *Werthinsichten* gemeint sein, z. B. ›Umweltverträglichkeit‹, ›medizinische Un-
bedenklichkeit‹ usw. Dadurch dringen in der Tat Wertge-
sichtspunkte in die Beurteilung des Sachverständigen ein –
aber, und das ist wesentlich, *nicht als Urteilsgründe*, sondern
für ihn als Sachverständigen lediglich als die ihm präsentierten
Fragehinsichten. Sein Urteil ist so zwar notwendig auf Wert-
aspekte bezogen, aber *nicht durch sie präjudiziert*. Daß dies
dennoch oft genug geschieht, ist in diesem Fall das *ethische*
Problem, auf das noch zurückzukommen sein wird.

II

Um für die Diskussion der ethischen Fragen eine Basis zu haben, sollen zuvor einige weiter ausholende allgemeine Überlegungen bezüglich *Sinn und Berechtigung von Ethik* eingeschaltet werden. In sehr pauschaler Formulierung wäre das Anliegen der Ethik vielleicht zu bestimmen als *Klärung der richtigen Formen menschlicher Interaktion*[7] *und der damit implizierten Forderungen an das Handeln.*

Besteht freilich überhaupt Hoffnung, diesbezüglich zu eindeutigen Aussagen zu kommen? Sozialordnungen gibt es schon im Tierreich, und obschon von unübersehbarer Vielfalt, sind die dennoch alle gleichermaßen ›richtig‹, insofern sie ein geregeltes Zusammenleben der Individuen in der Gruppe ermöglichen und garantieren. Eine differenzierte ›Hackordnung‹ z. B. sorgt dafür, daß jedes Individuum eine wohlbestimmte Stellung im Kollektiv einnimmt, durch die seine Verhaltensmöglichkeiten klar definiert sind. Solche Regulative sind durch genetisch verankerte Instinktprogramme gegeben; bei höher entwickelten Spezies sind sie zunehmend auch über individuelle Affektreaktionen (Aggression, Furcht, Lust, Schmerz usw.) gesteuert, deren soziale Funktion aber offenbar ebenfalls genetisch programmiert ist.

Daß dies für den Menschen nicht mehr zutrifft, ist von der philosophischen Anthropologie überzeugend gezeigt worden. Max Scheler, Helmuth Plessner, Arnold Gehlen haben, wie übrigens viel früher schon Herder, deutlich gemacht, daß der Mensch grundsätzlich nicht mehr, wie das Tier, in naturgegebene Sozialordnungen eingeformt ist.[8] Die Gründe dafür sind einerseits in der *Instinktreduktion* des Menschen, wie Gehlen sagt[9], zu sehen, die andererseits mit einer gewaltigen Weiterentwicklung des Gehirns sowie der Ausbildung der Sprachfähigkeit beim Menschen einherging, mit anderen Worten: Die nur noch rudimentären Instinktmechanismen des Menschen können das Zusammenleben in der Gruppe nicht mehr garantieren; was ihm bleibt, sind Sprache und

Denken. Können diese aber die Leitfunktion für die Gestaltung der Formen menschlichen Miteinanders übernehmen? Die bisherige Menschheitsgeschichte muß dies zweifelhaft erscheinen lassen. Auch Menschen sind ja keine reinen Vernunftwesen. Unserer stammesgeschichtlichen Herkunft entsprechend sind wir mit einem tierischen Leib und den dazugehörigen Trieben und Affekten ausgestattet. Daß die sozialen Beziehungen beim Menschen nicht mehr durch Instinktprogramme geregelt sind, kann also *nicht* bedeuten, daß die Vitalorganisation im zwischenmenschlichen Bereich überhaupt keine Rolle mehr spielte. Die von Konrad Lorenz inaugurierte Ethologie hat diesen Tatbestand stammesgeschichtlich erworbener Dispositionen beim Menschen immer wieder herausgestellt. Eine Pointe dieser Argumentation besteht darin, daß auch der Mensch einerseits natürliche Aggression besitze, wie sie stammesgeschichtlich im Dienste der Arterhaltung entwickelt worden war, und daß ihm die Vernunft andererseits eine Dimension technischer Möglichkeiten eröffnet und insbesondere Waffen in die Hand gegeben habe, deren Vernichtungskraft in krassem Mißverhältnis mit seiner reduzierten Instinktausstattung sei. Der Mensch verfüge gewissermaßen über Raubtierwaffen, jedoch ohne die ursprünglich dazugehörige, genetisch verankerte ›Tötungshemmung‹ des Raubtiers.[10] Mord und Krieg, wie sie in dieser Form im Tierreich unbekannt sind, seien die Folge dieser eigentümlichen *Zwitterstellung* des Menschen zwischen Vitalität und Rationalität.

Menschliches Dasein und zumal menschliches Miteinander ist so wesentlich durch die Verbindung dieser beiden Momente geprägt, und das heißt: Auch die vitale Organisation und die daran gekoppelte Affektlage des Menschen bildet nach wie vor ein Konstituens zwischenmenschlicher Beziehungen. Die Möglichkeit, einem anderen Individuum Schmerz zuzufügen oder auch seinen Triebbedürfnissen entgegenzukommen, ihm Nahrung, Zuwendung, Schutz zu gewähren oder zu entziehen: all dieses bietet eine unmittelbare Handhabe, auf das Verhalten des anderen Einfluß zu nehmen. Entscheidend ist aber, daß diese naturgegebenen Instrumente nun unter der Leitung der *Vernunft* stehen und dadurch in ihrer Wirkung potenziert werden können: durch Appell, Überredung, Drohung, Erpressung, Planung, Technik, List usw. Die Vernunft kann die Triebe in Dienst nehmen und vermittels ihrer wiederum auf die leibliche Sphäre einwirken. Das ist zweifellos eine spezifisch menschliche Form von *Macht*.[11]

Die sozialen Beziehungen, die auf diese Weise entstehen, sind also weder rein instinktiver noch rein rationaler, sondern gleichsam ›gemischter‹ Natur. Auf dieser Ebene aber, das ist entscheidend, liegt nichts mehr fest. Die natürlichen Antriebe und Regulative reichen zur Verhaltenssteuerung nicht mehr aus, und die Prinzipien der Vernunft werden umgekehrt von Neigungen und Leidenschaften durchkreuzt. Dies ist, in dürren Worten, die faktische Situation des Vernunftwesens Mensch; und für die *Vernunft selbst* muß sich von daher die Frage stellen: Welches sind die *richtigen* Formen menschlichen Zusammenlebens? – also die Frage der *Ethik*. Doch gleichzeitig drängt sich die Frage auf, ob es in diesem Feld überhaupt so etwas wie ›richtig‹ und ›falsch‹ und damit Ethik geben *könne*.

Es ist nun interessant, daß diese Frage *aus logischen Gründen* nur bejaht werden kann. Denn auch wer die Alternative von ›richtig‹ und ›falsch‹ in bezug auf zwischenmenschliches Handeln ablehnt, hält die Ablehnung dieser Alternative ja für *richtig* und eine Festlegung auf bestimmte Verhaltensformen mithin für *falsch*, d. h., auch wer die Alternative von richtigem und falschem Handeln ablehnt, nimmt sie dafür implizit schon in Anspruch. Er hält eben das sich *nicht* irgendwelchen Prinzipien unterstellende Handeln für das richtige und hat damit eben doch ein Handlungsprinzip, sozusagen das – freilich paradoxe – ›Prinzip der Prinziplosigkeit‹, ausgezeichnet. Grundsätzlich: Wer über die Frage des richtigen Handelns *argumentiert*, hat dieses damit, ob er will oder nicht, immer schon rationalen Prinzipien unterstellt. Das ist der zweifellos richtige Kern der Apel-Kuhlmannschen Argumentation zu einer ›Letztbegründung‹ der Ethik.[12]

Jedes Handeln muß sich solchermaßen, soviel ist deutlich, nach seiner *Berechtigung* fragen lassen. Ethik beruht, so gesehen, auf der unvermeidlichen Voraussetzung, daß Menschen, bezüglich ihrer Handlungsprinzipien befragt, *antworten* können und insofern prinzipiell *verantwortlich*, d. h. Rechenschaft über die Prinzipien ihres Handelns schuldig sind. Und wer sich der Antwort entzieht? Hat sich der dann nicht der Verantwortlichkeit und so überhaupt der Kompetenz der Ethik entzogen? Nun, er *muß* antworten, wenn er Wert darauf legt, zur *Kommunikationsgemeinschaft vernünftiger Wesen* zu gehören. Wer sich entzieht, entzieht sich selbst den Ausweis, Vernunftwesen zu sein, und stellt sich damit grundsätzlich *außerhalb* der menschlichen Gemeinschaft.[13]

Eine unmittelbare Konsequenz daraus ist die Einsicht, daß das Begründungsproblem ethischer Prinzipien nichts mit der Frage ihrer *faktischen Befolgung* oder *Durchsetzung* zu tun hat. Unethisches Handeln mag durch *Macht* gestützt sein, aber ihm fehlt gleichwohl die *Legitimation*, die ihren Grund allein in der Vernunft hat.[14] Wer hier einwendet, Vernunft sei nur *ein* menschliches Vermögen unter anderen – man denke an die leibliche oder die emotionale Sphäre –, formuliert gleichwohl ein *Argument* und ist damit bereits wieder auf rationalem Boden, auf dem allein über *Legitimität* entschieden werden kann, auch über die leiblicher oder emotionaler Belange in ethicis. Insofern besitzt Rationalität in der Tat einen *ausgezeichneten* Status gegenüber den anderen menschlichen Dimensionen und erst recht gegenüber jeder Form von Macht. Im übrigen ist auch die Vernunft keineswegs machtlos, insofern die von ihr ausgehende Legitimation die so legitimierten Individuen vereinigt und in dieser Weise selbst Macht, freilich *legitimierte* Macht, begründet. Wer sich dieser Gemeinschaft entzieht, verliert umgekehrt die Legitimation ihr gegenüber, und die Form der *Sanktion*, die darauf mit dem möglichen Entzug der Anerkennung als Vernunftwesen antwortet, trifft den Menschen im Zentrum seines Selbstverständnisses.

Ergebnis der bisherigen Überlegungen ist die Einsicht, daß die *ethische* Frage nach dem *richtigen* Handeln unvermeidlich ist, sobald, wie beim Menschen, überhaupt Vernunft im Spiele ist, und daß dasjenige, was ethisch richtig und falsch ist, nicht durch Gefühl oder durch Macht, sondern *allein rational* begründet werden kann. Insofern nun Rationalität aber *Allgemeinverbindlichkeit für alle Vernunftwesen* impliziert, können ethische Grundsätze nur solche sein, deren Geltung von der Person des Handelnden *unabhängig* und in diesem Sinne *symmetrisch* ist. Ethische Prinzipien haben solchermaßen, durchaus im Sinne Kants, *universellen* Charakter. Es läßt sich leicht zeigen, daß eine Maxime, die bestimmte Personen auszeichnet, aus logischen Gründen *nicht universalisierbar* ist. Um nur zwei Beispiele zu geben: (1) Der *ungleiche Tausch*, der mir einseitige Vorteile verschafft, kann kein allgemeines Prinzip sein; denn das würde ja bedeuten, daß *jeder* Tauschende einseitige Vorteile fordern müßte, was den Charakter der Einseitigkeit aufheben würde und so wieder die *Symmetrie* des gleichen Tauschs herbeiführte. (2) Würde die *Lüge*, also sozusagen eine Privatwahrheit, zum allgemeinverbindlichen Prinzip erhoben – ›Alle sollen lügen‹ –, so würde Kommunikation unmöglich, die von der Lüge andererseits aber vorausgesetzt wird; denn als Lüge funktioniert sie eben nur, wenn sie für wahrhafte Mitteilung genommen wird. Als allgemeines Prinzip würde die Lüge sich somit selbst aufheben. Die aus der Rationalität stammende *Universalisierbarkeitsforderung* ist solchermaßen als eine *formale Minimalnorm* zu verstehen, die damit ein *Kriterium* – im Sinne einer notwendigen Bedingung – für inhaltliche Normen an die Hand gibt.

Wenn hier *Rationalität* als die eigentliche Grundlage der Ethik pointiert wurde, dann muß sich freilich die Frage stellen, ob ›Rationalität‹ überhaupt ein *eindeutiger* Begriff ist. Zeigt nicht die Geschichte eine Vielfalt von Denksystemen, gibt es nicht sogar verschiedene ›Mathematiken‹ und verschiedene ›Logiken‹? Vielleicht ist die Idee einer allgemeinverbindlichen Rationalität und die aus ihr fließende Universalisierbarkeitsforderung eine Illusion. Alle bisherigen Überlegungen sind nur triftig, wenn es eine universale Rationalität gibt; aber *gibt* es sie?

Dieser Punkt ist in der Gegenwart im Zusammenhang mit Letztbegründungsfragen der Ethik vielfach diskutiert worden.[15] Ich muß mich an dieser Stelle auf den grundsätzlichen Hinweis beschränken, daß es offenbar einen *Kernbestand unaufhebbarer logisch-semantischer Grundprinzipien* gibt,[16] z. B. das Widerspruchsprinzip oder auch semantische Grundbestimmungen wie ›Identität‹, ›Differenz‹ usw. Insofern es sich hierbei um Bedingungen der Möglichkeit von Argumentation handelt, können sie nicht argumentativ bestritten werden, weil das, was bestritten wird, für dieses Bestreiten selbst schon in Anspruch genommen werden muß. Dieses aus der Letztbegründungsdiskussion der Apel-Schule wohlbekannte Argument ist auch hier einschlägig. Es trifft zwar zu, daß es die verschiedensten Logiksysteme gibt, da Logik, insofern sie auch Sprachcharakter besitzt, stets auch *konventionelle* Elemente enthält, die als solche willkürlichen Festsetzungen entstammen. Aber Grundlage bleibt, unbeschadet solcher Konventionalismen, ein Kernbestand logischer Grundprinzipien, die, als Sinn- und Geltungsbedingungen von Argumentation, die *Verbindlichkeit* rationaler Argumentation garantieren. Wer sie ernsthaft – und das heißt ja argumentierend – bestreitet, hat sie dafür bereits präsupponiert: ein Widerspruch in sich! Und insofern müssen sie tatsächlich als *unhintergehbar* gelten.[17]

Diese – freilich nur skizzenhaften – Überlegungen haben damit insgesamt folgendes ergeben: Sobald in intersubjektiven Beziehungen *Vernunft* im Spiel ist, und das ist beim Menschen unumgänglich, stellt diese die ethische Frage nach den *richtigen* Interaktionsformen der Subjekte; und diese Frage fordert eine Antwort im Sinne einer *rationalen Rechtfertigung* des Handelns, z. B. auf der Grundlage des *Universalisierungsprinzips*, und das heißt nun auch: Rationalität ist nicht nur *irgendwie* ethisch relevant, sondern muß – und das ist im gegenwärtigen Zusammenhang entscheidend – geradezu als die eigentliche *Grundlage* von Ethik begriffen werden.

III

Zurück zum Problem des *Gutachtendilemmas*. Partikuläre Projektfolgenabschätzung oder parteiische Projektfolgenbewertung, so haben wir gesehen, bedeuten in jedem Fall eine *Partikularisierung von Wahrheit*. Wie ist dies nun *ethisch* zu bewerten? Das war ja die Frage, die die eingeschalteten Überlegungen zur Ethik motiviert hatte.

Partikuläre Folgenabschätzung, so hatten wir gesehen, kann *spezialistische* oder *finitistische* Gründe haben. Insoweit ist sicher keine unlautere Absicht zu unterstellen. Aber wer als Gutachter tätig wird, muß sich auch der damit verbundenen Verantwortung *bewußt* sein und seine eigenen Möglichkeiten und vor allem auch seine Defizite dementsprechend selbstkritisch einschätzen. Unterläßt er dies, macht er sich zumindest einer *fahrlässigen Täuschung* der Öffentlichkeit schuldig. Seine partikuläre Sicht der Dinge tritt, indem sie gleichwohl die Reputation wissenschaftlicher Rationalität geltend macht, mit Verbindlichkeitsanspruch auf – eine Anmaßung, die um so schwerer wiegt, als das Ansehen der Rationalität selber dadurch Schaden leidet. Dieser letztere Aspekt ist auch und gerade im Fall des parteiischen, wertmäßig befangenen Sachverständigen von Bedeutung und soll daher in diesem Zusammenhang mitbehandelt werden:

Hier bestimmen private Wertpräferenzen, möglicherweise sogar heimliches Profitstreben, das Gutachterurteil, und das heißt nun: Da Werthinsichten, wie dargelegt, die eigentlichen Fragestellungen der Folgenabschätzung *definieren*, muß der Einfluß subjektiver Wertvorstellungen eine *Verzerrung der Sachstrukturen* zur Folge haben, was zumindest dazu führt, daß relevante Information unterschlagen wird. Da der Sachverständige andererseits wissen muß, daß sein Urteil rein sachbezogen sein soll und nicht durch private Hinsichten und Rücksichten bestimmt sein darf, bedeutet dies eine *bewußte*, um nicht zu sagen dreiste Täuschung des Adressaten, ganz abgesehen von der damit möglicherweise auch verbundenen sachlichen Schädigung.

Man könnte einwenden, hier werde lediglich Information *zurückgehalten*. Dies sei in anderen Fällen, z. B. in der *Werbung*, durchaus üblich und gelte dort keineswegs als verwerflich. Aber das ist insofern etwas anderes, als jeder um die Parteilichkeit der Werbung weiß und sie von vornherein unterstellt, wie sie umgekehrt von der Werbung selbst auch nicht bestritten wird. Demgegenüber gilt der Sachverständige als jemand, der eben nicht parteiisch, sondern allein der Sache verpflichtet ist. Der parteiische Sachverständige tut somit etwas, was er nach dem *Begriff* des Sachverständigen nicht tun dürfte. Insofern liegt hier in der Tat eine klare *Täuschung* vor, ja, wie sich im folgenden zeigen wird, sogar eine mehrfache und zudem besonders gravierende Täuschung.

Der parteiische Sachverständige handelt nämlich nicht nur so, wie er als Sachverständiger nicht handeln dürfte; er läßt die Öffentlichkeit auch in ihrem Glauben an seine Unparteilichkeit und begeht damit eine *zweite Täuschung*, freilich als notwendige Konsequenz der ersten; denn ohne diese zweite wäre seine Parteilichkeit und damit auch die erste Täuschung sichtbar. Es handelt sich gewissermaßen um ein Folgevergehen, das dennoch die Schuld vergrößert – vergleichbar etwa dem Verhältnis von *Lüge* und *falschem Eid*; denn der falsche Eid ist eine nochmalige, zweite Lüge zur Bekräftigung der ersten.

In diesem Vergleich wird freilich auch ein wesentlicher

Unterschied gegenüber dem falschen Eid sichtbar: Wenn in einer Gerichtsverhandlung falsche Eide geschworen werden, so ist, da nichts zusammenpaßt, jedenfalls auch *klar*, daß Falschaussagen gemacht wurden, wenn auch vielleicht offenbleibt, von wem. Die geschworenen Eide sind damit insgesamt wertlos (eben weil die Lüge nicht universalisierbar ist), doch die *Institution* des Eids ist dadurch nicht im mindesten erschüttert; das Unethische des falschen Eids fällt vielmehr auf die beeidenden Personen selbst zurück.

Nicht so im Fall des parteiischen Sachverständigen – und hier zeigt sich nun eine höchst bedenkliche Perversion der ethischen Ordnung. Werden parteiische Gutachten vorgelegt, so gilt ebenfalls, daß dadurch alle irgendwie entwertet sind. Universalisierung führt auch hier zur Aufhebung: Welches und ob überhaupt eines sachliche Objektivität beanspruchen kann, bleibt unklar. Aber dieses Manko wird nun nicht den Sachverständigen selbst angelastet, sondern vielmehr als ein *grundsätzlicher Mangel rationaler Begründung überhaupt* interpretiert: Wenn *Sachverständige* nicht zu einem einhelligen Urteil kommen, dann, so möchte man glauben, *kann* es ein verbindliches Urteil *überhaupt nicht geben*. Die Universalisierung (viele parteiische Gutachten) führt so zwar zur Selbstaufhebung, aber erstaunlicherweise wird daraus nicht auf eine *ethische Verfehlung* der Sachverständigen, sondern auf eine *grundsätzliche Schwäche* rationaler Klärungsbemühungen geschlossen.

Zweifellos ist dies eine sehr paradoxe und doch auch wieder naheliegende Konsequenz: Es ist gewissermaßen der Instinkt der Vernunft, könnte man sagen, der dem Sachverständigenurteil, das ja im Namen wissenschaftlicher Rationalität abgegeben wird, Achtung entgegenzubringen nötigt; d. h. es ist gerade der *Glaube* an die Möglichkeit rationaler Begründung, der auch die windigsten Gründe eben doch noch *als Gründe* zu akzeptieren bereit ist und dem so zuletzt nur der Widerspruch bleibt. Relativistische Konsequenzen und damit letztlich Zweifel am Verfahren rationaler Rechtfertigung sind dann unvermeidlich. Es muß der Eindruck entstehen, als könne *Beliebiges* begründet werden. Daß der parteiische Sachverständige diese gravierende Folgewirkung billigend in Kauf nimmt, ist eine weitere, *dritte ihm anzulastende Täuschung* der Öffentlichkeit.

Man könnte diese Überlegungen, wonach parteiisches Argumentieren eine Diskreditierung rationaler Argumentation zur Folge hat, allerdings für nicht triftig halten: Ein parteiisches Gutachten, so könnte gesagt werden, repräsentiert zwar nur eine *Teilwahrheit*; aber diesem Mangel ist ja durch Heranziehung *weiterer Gutachten* leicht abzuhelfen. Viele Teilwahrheiten haben zusammen eine Facettenwirkung und lassen so mehr und mehr die *ganze* Wahrheit zum Vorschein kommen. In der Tat wird bei Entscheidungsfindungen in der Praxis immer wieder so verfahren.

Es ist instruktiv, diesen Tatbestand einmal unter dem Aspekt des Universalisierungsprinzips zu betrachten: Wird Teilwahrheit *zum Prinzip erhoben* in dem Sinne, daß Gutachter grundsätzlich nur Teilwahrheiten formulieren sollen, so hebt sich ein solches Prinzip natürlich selbst auf. Denn die Gesamtheit der Teilwahrheiten enthüllt zunehmend die *ganze* Wahrheit, d. h. was sich so aufhebt, ist gerade der Charakter des Teilhaften. Auch *Teil*wahrheit setzt immer schon *Wahrheit* voraus; diese ist ihr positives Prinzip, das durch Universalisierung hervortritt, während das Negative, die Teilhaftigkeit, sich durch Universalisierung vernichtet – das Partikulare kann als solches gerade nichts Allgemeines sein.

So stellt es sich freilich nur dar, wenn Teilwahrheit *ausdrücklich* zum Prinzip erhoben wird. Beim parteiischen (oder auch ›spezialistischen‹ oder ›finitistischen‹) Sachverständigen ist dies indes *nicht* gegeben. Prinzip seiner Gutachtertätigkeit ist offiziell die *ganze* Wahrheit. Divergierende Gutachten müssen somit den Anschein erwecken, die *Wahrheit selbst* sei etwas Veränderliches, vom Gutachter Abhängiges, Relatives. Veränderlich, relativ ist indes nur die Teilwahrheit, die hier in

Wirklichkeit vorliegt. Aber indem sie für die *ganze* Wahrheit ausgegeben wird, scheinen Wahrheit und Rationalität überhaupt etwas bloß Subjektives zu sein.

Es liegt auf der Hand, daß dies nun auch höchst bedenkliche *ethische Konsequenzen* haben muß: Wenn nämlich, wie die vorherigen Überlegungen gezeigt haben, *Rationalität als die alleinige Grundlage der Ethik* zu begreifen ist, dann ist auch die Ethik vom Ansehensverlust der Rationalität mitbedroht. Denn kann, wie es danach den Anschein hat, *Beliebiges* gerechtfertigt werden, so wäre das die Aufhebung des Universalisierungsprinzips selbst und damit von Ethik überhaupt.

Daß andererseits, wie schon bemerkt, durch konfligierende Gutachten gleichwohl mehr und mehr die *ganze* Wahrheit zum Vorschein kommt, ist sozusagen eine *List der Vernunft*: Gerade die Vielheit der vorgeblichen Wahrheiten führt eben zur Relativierung ihres Anspruchs, je für sich die ganze Wahrheit zu sein, so daß sie nunmehr als das erscheinen, was sie tatsächlich sind: Teilwahrheiten, die sich als solche durch Universalisierung aufheben und so die durch sie verdrängte ganze Wahrheit wieder zur Geltung bringen. Aber das ist nur eine gewissermaßen nachträgliche Folgewirkung einer per se ethisch verwerflichen Diskreditierung von Rationalität und damit, wie gesagt, wesentlich von Ethik selbst. Daß hier, über die je anstehende Einzelentscheidung hinaus, letztlich auch die Reputation der Ethik überhaupt auf dem Spiele steht, macht, denke ich, eine wesentliche und ganz *spezifische Verantwortung des Wissenschaftlers als Wissenschaftler* sichtbar.

Welche konkreten *Forderungen* ergeben sich nun aus diesen Überlegungen für das Gutachtergeschäft? Vor allem, denke ich, *Prämissendeutlichkeit*, und das heißt: Selbstkritik und intellektuelle Redlichkeit des Gutachters bezüglich der *Bedingungen*, unter denen sein Gutachten steht. Es ist solchermaßen auch und gerade *ethisch gefordert*, daß der Sachverständige seine eigenen Voraussetzungen in theoretischer und wertmäßiger Hinsicht mitreflektiert und auch öffentlich macht; also seine eigenen spezialistischen Einschränkungen sieht, die Attitüde des Allwissenden zurücknimmt, seine Finitheit eingesteht und schließlich auch das Eingehen persönlicher Wertvorstellungen offenlegt. Der Sachverständige, der zugibt, daß er gewisse Möglichkeiten und Risiken eines Projekts *gar nicht überblickt* oder in bestimmter Weise *persönlich bewertet*, sagt damit etwas für dessen Beurteilung sehr Wichtiges, das zu konkreten Konsequenzen nötigt, z. B. zur Heranziehung weiterer Gutachter, zur Durchführung neuer, gezielter Experimente usf.

Der Gutachter, der diesen Forderungen Rechnung trägt, reduziert dadurch, recht verstanden, seine Aussage nicht nur nicht, sondern *erweitert* sie in einem wesentlichen Sinne sogar: Wer die Prämissen seines Urteils verschweigt, sagt im Grunde eine *Teilwahrheit*; fügt er die Prämissen aber hinzu, so transformiert er die Teilwahrheit in eine *verbindliche Wahrheit*, wenn auch negativen Inhalts: Die Aussage »Unter den gegebenen Umständen vermag ich das Restrisiko eines nuklearen Unfalls *nicht sicher* abzuschätzen« ist ja ihrerseits eine *absolut sichere* Aussage.

Das Prinzip der *Prämissendeutlichkeit* muß somit als konstitutiv für das Gutachtergeschäft betrachtet werden. Was lediglich eine geringfügige logische Modifikation zu sein scheint, hat, wie dargelegt, gravierende sachliche und selbst ethische Konsequenzen: Scheinbar *einander widersprechende* Gutachten erweisen sich unter diesem Aspekt, sofern stringent argumentiert wurde, als *wechselseitig einander ergänzende* Aussagen. Der Widerspruch verschwindet, wenn deutlich gemacht wird, daß hier von ganz unterschiedlichen Standorten aus geurteilt wurde. Was zunächst heillos *kontrovers* erschien, wird so als *komplementär* begreiflich.

Das Gutachtendilemma ist kein Fatum der Vernunft, sondern grundsätzlich aufklärbar und behebbar. Gerade in einer Zeit fortgeschrittenster wissenschaftlicher Spezialisierung ist das Prinzip der Prämissendeutlichkeit unverzichtbar. Nur so kann die *Partikularität* von Expertenaussagen sichtbar und die Forderung einer *umfassenderen* Beurteilung realisiert werden. Nur so kann auch der drohende Vertrauensverlust wissenschaftlicher Rationalität aufgefangen werden, der, wie gezeigt, eine *ethisch* außerordentlich bedenkliche Nebenfolge des Gutachtendilemmas darstellt; bedenklich vor allem deshalb, weil Rationalität, so war argumentiert worden, letztlich wohl die einzige Chance für Menschen bedeutet, als vernünftige Wesen in vernünftiger Weise miteinander umzugehen. In diesem Sinne ist Prämissendeutlichkeit eine nicht nur logische, sondern darüberhinaus auch und gerade *ethische Forderung, die speziell an den Wissenschaftler zu richten ist*. Entzieht er sich dieser Verpflichtung, hat er die eminente Reputation, die der Experte in unserer Gesellschaft genießt, entschieden nicht verdient.

Anmerkungen

1 Beitrag zu dem Symposium »Ethik der Wissenschaft/Technikphilosophie«, das vom 13. bis 15. Oktober 1988 an der Rheinisch-Westfälischen Technischen Hochschule Aachen stattfand. – ›Unethisch‹ ist hier und im folgenden als eine sprachlich leichter handhabbare Kurzform für ›aus ethischen (d. h. in der Ethik ausweisbaren) Gründen verwerflich‹ zu verstehen.

2 Nach dem Fraglichwerden der religiösen und ethischen Wertvorstellungen durch die zunehmende ›Rationalisierung‹ aller Lebensbereiche scheint nun auch die Rationalität selbst der Verbindlichkeit beraubt zu sein.

3 Allerdings bleibt durch die Ausblendung der Pro-Gründe unklar, wie eine mögliche Alternative aussehen könnte.

4 Im einfachsten Fall: Unter der Voraussetzung $K \rightarrow (p \wedge c)$ folgt $K \rightarrow \neg (p \wedge \neg c)$ und damit (insofern der Klammerausdruck hier den Wert U repräsentiert) auch $K \rightarrow \neg U$.

5 Vgl. etwa Max Weber, »Die Objektivität sozialwissenschaftlicher Erkenntnis«, in: M. W., *Soziologie, Universalgeschichtliche Ana-*

lysen, Politik, hrsg. von Johannes Winckelmann, Stuttgart ⁵1973
(z. B. »Ohne alle Frage sind nun jene Wertideen ›subjektiv‹«,
S. 236); vgl. auch Webers Aufsatz »Der Sinn der ›Wertfreiheit‹
der Sozialwissenschaften«, in: ebd., S. 263–310.

6 Ein Dokument ist diesbezüglich Theodor W. Adorno [u. a.]
(Hrsg.), *Der Positivismusstreit in der deutschen Soziologie*,
Darmstadt / Neuwied 1969.

7 ›Richtig‹ ist hier also nicht als ›wahr‹, sondern als ›Entsprechung
mit richtigen, d. h. rational ausweisbaren Normen‹ zu verstehen.

8 Z. B. Max Scheler, *Die Stellung des Menschen im Kosmos* (1927);
Helmuth Plessner, *Die Stufen des Organischen und der Mensch*
(1928); Arnold Gehlen, *Der Mensch* (1940); Johann Gottfried
Herder, *Ideen zur Philosophie der Geschichte der Menschheit*
(1784–91).

9 Arnold Gehlen, *Der Mensch*, Frankfurt a. M. ⁸1966, S. 26.

10 Konrad Lorenz, *Das sogenannte Böse*, München 1981, S. 225 ff.

11 Zugleich ist mit der Vernunft auch ›das Böse‹, als die Möglichkeit
pervertierter Widervernunft, in die Welt gekommen; vgl. hierzu
z. B. Walter Schulz, *Philosophie in der veränderten Welt*, Pfullin-
gen 1974, S. 386, 719 f., 274 ff.; W. Schulz, »Ethisches Handeln –
heute«, in: *Schopenhauer-Jahrbuch* 56 (1975) S. 8, 14.

12 Vgl. z. B. Karl Otto Apel, *Transformation der Philosophie II*,
Frankfurt a. M. 1973; K. O. Apel, »Sprechakttheorie und Begründung ethischer Normen«, in: Konrad Lorenz (Hrsg.), *Kon-
struktionen versus Positionen*, Bd. 2, Berlin / New York 1979;
Wolfgang Kuhlmann, *Reflexive Letztbegründung*, Freiburg
i. Br. / München 1985.

13 Hierzu auch Dieter Wandschneider, »Ethik zwischen Genetik
und Metaphysik«, in: *Universitas* 38 (1983).

14 Paradigmatisch zum Verhältnis von Macht und Recht: Platon,
Politeia, 1. Buch (Thrasymachos-Dialog).

15 S. Anm. 12.

16 Instruktiv hierzu Hans Lenk, *Metalogik und Sprachanalyse*, Freiburg i. Br. 1973, S. 105 ff.; Matthias Gatzemeier, Die Abhängigkeit der Methoden von den Zielen der Wissenschaft, in: *Perspektiven der Philosophie* 6 (1980) S. 104.

17 Nur dies ist im Augenblick wesentlich. Die weitere Frage unterschiedlicher Rationalitätsstrukturen (z. B. mathematischer, technischer, strategischer, philosophischer Rationalität) bleibt hier
außer Betracht.

JOHN LADD

Computer, Informationen
und moralische Verantwortung

Die ethischen Probleme, die sich aus dem Gebrauch von
Computern ergeben, sind gravierend, nicht nur, weil die
zunehmende Verwendung von Computern in unserer Gesellschaft einige entscheidende moralische Fragen praktischer
Natur und bezüglich der zwischenmenschlichen Verhältnisse
aufwirft, sondern auch, weil die dadurch verursachten Veränderungen viele unserer althergebrachten Denkweisen über
ethische Probleme ihrerseits in Frage stellen. Ich vermute,
daß der wichtigste Beitrag, den die Philosophie liefern kann,
darin besteht, unser Verständnis der Probleme an sich zu
vertiefen, indem sie hilft, die zugrundeliegenden strittigen
Fragen zu identifizieren, zu erhellen und zu beurteilen. Zu
diesem Zweck muß ein Philosoph damit beginnen, einige
grundlegende Fragen zu stellen, die ein Hinterfragen der Fragen selbst einschließen, ebenso Fragen nach den zugrundeliegenden Annahmen und Voraussetzungen der Probleme und
Fragen nach den Formulierungen, mit denen die Probleme
dargestellt werden. Im folgenden werde ich mich auf die von
mir so bezeichnete *Ethik der Informationsverarbeitung* beschränken.

Informationen, Macht und Verantwortung

Die beste Art, die grundsätzlichen ethischen Fragen in der Computertechnologie und Informationsverarbeitung anzugehen, besteht m. E. darin, sich auf das Verhältnis zwischen Informationen und sowohl persönlichem als auch sozialem Verhalten zu konzentrieren und darauf, wie die Zugänglichkeit und die Verteilung von Informationen zwischenmenschliche und soziale Verhältnisse beeinflussen. Wir werden also untersuchen, was man die *moralische Funktion von Informationen* nennen könnte, und fragen, wie Informationen beschaffen sind und in gesellschaftlichen Transaktionen zwischen Menschen verwendet werden sollten und welche moralischen Einschränkungen und Kontrollmaßnahmen für die Informationsverarbeitung generell zu gelten hätten.

Der erste, und für unser Vorhaben vielleicht wichtigste, Aspekt von Informationen ist deren Gebrauch als Machtinstrument. Informationen verleihen Macht – *absolute* in dem Sinne, daß sie die Möglichkeit eröffnen, Veränderungen in der Welt zu bewirken, und *relative* insofern, als sie Personen, die über diese Informationen verfügen, befähigen, andere Personen, für die sie nicht verfügbar sind, zu beherrschen und zu kontrollieren. Computer verschaffen Macht auf beide Arten. Hier möchte ich mich jedoch mit der relativen Macht beschäftigen, d. h. mit der Macht einer Person oder Gruppe über eine andere Person oder Gruppe.

Schon immer haben Menschen die Kontrolle, die Vorauswahl und die Unterdrückung von Informationen genauso wie die Verbreitung falscher Informationen als ein Mittel benutzt, andere Menschen dazu zu bringen, Dinge zu tun, die sie gerne hätten. Durch die Manipulation von Informationen kann man andere manipulieren. Diese Möglichkeit, andere durch Informationsmanipulation zu manipulieren, setzt natürlich voraus, daß die überlegene Partei über Informationen verfügt, die die andere Seite nicht hat. Weiterhin setzt sie voraus, daß die fraglichen Informationen nicht einfach irgendwelche abstrakte Informationen sind, sondern Informationen, die praktische Bedeutung insofern besitzen, als sie auf etwaige Handlungen und auf Bedürfnisse, Interessen, Vorhaben und Projekte der Parteien selbst Einfluß haben. Wichtig ist, daß die zweite Partei anders handeln würde, wenn sie dieselben Informationen besäße wie die erste Partei. Um zu zeigen, daß es sich hier ausschließlich um Informationen dieser Art handelt, werde ich diese als *praktische Informationen* bezeichnen.

Das Prinzip der Gleichheit – der Egalitarismus[1] – verlangt eine Gleichverteilung (oder ein gleiches Teilen) praktischer Informationen bezüglich der Parteien, die bei einer gesellschaftlichen Entscheidung beteiligt sind. In einer Gesellschaft und in vernünftigen sozialen Verhältnissen zu leben und in einen Dialog einzutreten bringt normalerweise mit sich, daß das Prinzip der Gleichheit akzeptiert wird, welches wiederum das Weitergeben von Informationen einschließt. Wenn man die praktischen Beschränkungen für erreichbare Informationen berücksichtigt, erfordert das Prinzip der Gleichheit eine *universelle Maximierung der Informationen*.

Wenden wir uns nun dem Verantwortungsbegriff zu, der notwendigerweise als eines seiner Elemente eine Bezugnahme auf Informationen enthält: Um verantwortlich handeln zu können, muß eine Person über alle erreichbaren und einschlägigen Informationen verfügen. Wenn eine einzelne Person oder eine Gruppe von Personen für X verantwortlich (im vorausschauenden Sinne von verantwortlich) ist, dann muß diese Person oder diese Gruppe aus moralischen Gründen praktische Informationen über X haben. Und zwar aus folgendem Grund: Einzelne Personen sind für ihr eigenes Wohlergehen (ihre moralische Integrität eingeschlossen) verantwortlich und für das der anderen, mit denen sie eine gesellschaftliche Beziehung verbindet. Zusätzlich haben alle Bürger eine Verantwortung für das Gemeinwohl; eine Verantwortung, die sie mit anderen teilen. Mit anderen in einer Gesellschaft zu leben setzt also aus ethischen Gründen sowohl das Prinzip der Verantwortung als auch das der Gleichheit voraus, mit anderen Worten: die gleiche Teilhabe an praktischen Informationen. Diese Voraussetzungen schaffen einen moralischen Imperativ, der zur Folge hat, daß praktische Informationen in einer Gesellschaft maximiert werden sollten. Die Informationen müssen selbstverständlich sowohl richtig als auch relevant sein! Dementsprechend formuliere ich folgenden Grundsatz als allgemeines ethisches Prinzip für Informationen: Für alle betroffenen Personenkreise sollten die praktischen Informationen maximiert und gleichmäßig verteilt werden. Dieses Prinzip ist einigen notwendigen Einschränkungen unterworfen, denn meiner Meinung nach gibt es so etwas wie ein absolutes, unbedingtes und uneingeschränktes ethisches Prinzip nicht.[2] Einigen dieser Einschränkungen wende ich mich nun zu.

Moralisch geschützte Informationen: Privatheit und Geheimhaltung

Nach dem Gesagten sollte klar sein, daß Privatheit und Geheimhaltung, wenn die Prinzipien der Verantwortung und Gleichheit ethisch haltbar sind, insoweit keine Gültigkeit im öffentlichen Leben haben (in dieses schließe ich hier nicht nur Regierungsmaßnahmen, sondern auch Handlungen von Korporationen und anderen formalen Organisationen ein). Allerdings gibt es Voraussetzungen und Einschränkungen des Prinzips der Maximierung, da es Situationen gibt, in denen uneingeschränktes Teilen besonderer Informationen und spezielle Arten der Informationsaufdeckung moralisch unerwünscht oder falsch wären; etwa wenn die Privatsphäre von Personen betroffen ist. Ich werde in den Fällen, in denen die Aufdeckung von Informationen falsch wäre, allgemein von »moralisch geschützten Informationen« sprechen.

Es gibt eine Reihe einleuchtender Beispiele von Situationen, in denen das Zurückhalten von Informationen gerechtfertigt ist; etwa wenn die

vorschnelle Enthüllung von Informationen (oder von Wissen) an
andere zur Folge hat, daß eine erfolgversprechende Unternehmung
vereitelt wird. Ein triviales Beispiel: Wenn bei einem Pokerspiel alle
wissen, welche Karten die anderen Mitspieler haben, wird das Spiel
sinnlos. Auch Geburtstagsüberraschungen werden unmöglich, wenn
das Prinzip der Informationsmaximierung verabsolutiert wird und
man dem Geburtstagskind alles erzählt. Bei diesen zwei Beispielen ist
das Zurückhalten der Informationen zeitweilig und gutgemeint –
oder zumindest nicht übelwollend. Es gibt andere, weniger triviale
Umstände, in denen das vorzeitige Aufdecken ein sinnvolles Unternehmen völlig verhindert, z. B. wenn geheime und sensible Verhand-
lungen geführt werden, um einen Kompromiß oder gegenseitige
Übereinstimmung zu erreichen. Zu dieser Kategorie gehören die
Beratungen von Geschworenen, und auch die Fälle, die von Dorothy
Nelkin erwähnt werden, in denen Wissenschaftler die Veröffentlichung vorläufiger Erkenntnisse verhindern, um genug Zeit zu haben,
vor einer endgültigen Veröffentlichung die Bestätigung der Ergebnisse zu vervollständigen.[3] Diese Art von Geheimhaltung nenne ich
taktische Geheimhaltung. Hierbei treten drei Bedingungen auf, die
gemeinsam ein absichtliches Zurückhalten von Informationen rechtfertigen. Erstens würde die Enthüllung die Unternehmung selbst hinfällig, wertlos oder unvollständig machen. Zweitens ist hier das
Zurückhalten jeweils zeitlich begrenzt, wie bei einem Pokerspiel, bei
den Überlegungen von Geschworenen oder bei der Veröffentlichung
von Forschungsergebnissen. Es spielen viele Fragen praktischer
Natur mit hinein, die ich nicht beantworten kann – z. B. wie lange die
Information zurückgehalten werden sollte. Letztlich – und das ist
vielleicht das Wichtigste – sollte es sich nicht um verwerfliche Unternehmungen handeln, d. h., es darf nicht die Absicht sein, die Einzelpersonen, denen die Informationen vorenthalten werden, oder irgend
jemand anderen dabei zu schädigen. Dieser Vorbehalt soll bezwek-
ken, daß sogenannte »dunkle Geheimnisse«, z. B. über Verbrechen,
ausgeschlossen werden. Die Privatheit stellt einen Grenzfall dar;
denn einige Handlungen, die als moralisch anrüchig angesehen werden (z. B. bestimmte sexuelle Verhaltensweisen) gelten als ›geschützt‹
in dem Sinne, daß es moralisch falsch wäre, sie zu enthüllen oder ihre
Aufdeckung zu verlangen.[4]

Die Ethik der Privatheit umfaßt einige Spezialfälle, die es
wert sind, genauer untersucht zu werden. Privatheit bezieht
sich auf Einzelpersonen und nicht auf Organisationen, z. B.

Korporationen. Diese Ansicht von Privatheit findet sich in
Charles Frieds Darstellung von Privatheit. Er schreibt: »Privatheit liefert den rationalen Kontext für eine Reihe unserer
bedeutendsten (persönlichen) Ziele, wie Liebe, Vertrauen
und Freundschaft, Respekt und Selbstachtung.«[5] Er argumentiert, daß bestimmte intime Beziehungen ohne Privatheit
unmöglich seien, und er sieht es als selbstverständlich an,
daß solche intimen Beziehungen »Werte« darstellen. Wir
beschäftigen uns hier jedoch mit Informationen. In diesem
Zusammenhang weisen die Überlegungen über Privatheit
darauf hin, daß bestimmte Arten von Informationen rein persönlicher Natur über Einzelpersonen geschützt werden sollten, einfach weil sie *persönlich* sind.

Indem wir zu der Frage, was legitime Geheimhaltung genannt werden könnte, und zu der nach den Bedingungen
für das Prinzip der Maximierung praktischer Informationen
zurückkehren, möchte ich betonen, daß jegliche ›Ausnahme‹
von diesem Prinzip entsprechend begründet werden müßte.
Stets sollte in Erinnerung bleiben, daß sowohl das Prinzip
selbst als auch die ›Ausnahmen‹ von ihm ihre moralischen
Ursprünge im Begriff der moralischen Verantwortung haben;
daraus ergeben sich Einschränkungen für das, was offengelegt werden sollte, aber auch für das, was berechtigterweise
geheimgehalten werden kann. In dieser Hinsicht muß uns
ständig bewußt sein, daß es in der Ethik der Informationsverarbeitung eben kein uneingeschränktes Recht auf Geheimhaltung als solches gibt und daß Geheimhaltung, mit Kants Ausdruck, meistens »unrecht« ist.[6]

Der Kult der Geheimhaltung
und die damit verbundenen Gefahren

Die im vorigen Abschnitt diskutierten Fälle betreffen die
Informationsverarbeitung nicht besonders häufig. Frieds Privatheit ist z. B. nur selten durch Computer gefährdet. Außer-

dem beziehen sich die Beispiele taktischer Geheimhaltung, die angeführt wurden, nicht speziell auf Computer. Ich möchte jetzt einige Beispiele von Geheimhaltung diskutieren, welche Computer deutlicher einbeziehen.

Autoren, die über »Computertechnik« im üblichen Sinne schreiben, billigen unkritisch einen ›Geheimhaltungskult‹. Sie vertreten kategorisch die Meinung, ohne allerdings stützende Argumente anzuführen, daß Organisationen, ob sie nun Regierungsbürokratien, militärische oder kommerzielle Organisationen sind, ein absolutes *Recht auf Geheimhaltung* haben, d. h. ein Recht, alle Informationen, die sie für vertraulich halten, zu schützen. Obwohl ich gegen diesen Anspruch argumentiere, ist der Geheimhaltungskult aus dem Blickwinkel der formellen Organisationen einfach zu verstehen; wie Weber darlegt, ist Geheimhaltung ein wesentlicher Bestandteil der Machtstruktur von Organisationen. Geheimhaltung wird dazu benutzt, den Unterschied zwischen Eingeweihten und Außenstehenden in einer Organisation zu bestimmen.[7] Nur die innerhalb der Organisation (oder Abteilung) Beschäftigten haben die Erlaubnis zum Zugriff auf geschützte Informationen. Loyalität gegenüber einer Organisation bedeutet, deren Geheimnisse zu bewahren. Etwas auszuplaudern (*whistle-blowing*) – und sei es gar gesellschaftlich von Vorteil – wird moralisch verurteilt, weil es eine Mißachtung der Loyalitätspflicht darstellt.[8] Die ›Heiligkeit‹ der Akten und Datenbanken einer Organisation ist eine zwangsläufige Folge dieser Meinung, die, nebenbei bemerkt, mehr oder weniger auch von der Rechtsprechung akzeptiert wird. Der Geheimhaltungskult ist oft von Moralphilosophen verurteilt worden, besonders in bezug auf Regierungsbehörden und Militär. Es gibt keinen Zweifel daran, daß offizielle Geheimhaltung benutzt wird, um Ineffektivität, Korruption und allgemeine Verantwortungslosigkeit zu verschleiern.

Des weiteren hat industrielle Geheimhaltung, trotz der vorherrschenden Doktrin, die ich »unternehmerische Ethik« nenne, die Tendenz, aus dem Blickwinkel der Gesellschaft kontraproduktiv zu wirken, vielleicht nirgends so sehr wie auf dem Gebiet der Computer.[9] Die Selbstbindung der Computerindustrie an Handelsgeheimnisse hat eine Atmosphäre starker Konkurrenz und von Monopolismus geschaffen, die alles schnellen und hohen Profiten unterordnet. Computertechnologie wurde auf einer rein kommerziellen Basis entwickelt, angeboten und verkauft, ohne jegliche Rücksicht auf Kosten für die Konsumenten oder auf die Bedürfnisse der Benutzer. Diese Industrie wird durch dubiose Verkaufs- und Werbemethoden bestimmt, die auch ein Produkt des Geheimhaltungskultes sind.

Jeder normale Benutzer empfindet den großen Mangel an Interesse für die Bedürfnisse der Öffentlichkeit, was die Ausstattung, Software und Serviceleistungen betrifft, wird Zeuge der fehlenden Standardisierung, Kompatibilität und Austauschbarkeit der Teile und Programme, vom Skandal der »Dokumentation« ganz zu schweigen. Ursache dafür ist, daß man von der Geheimhaltung besessen ist. Infolgedessen lädt sich derjenige, der trotzdem behauptet, daß herrschende Geheimhaltungspraktiken auf dem Computergebiet rein nützlichkeitstheoretisch oder längerfristig aus öffentlichem Interesse gerechtfertigt seien, selbst die Beweislast auf, nämlich überzeugende empirische Nachweise zu liefern, die diese Behauptungen unterstützen. Fehlen solche, bricht das Argument für Geheimhaltung unter dem eigenen Gewicht zusammen.

Der Zynismus, der den Hintergrund für die »unternehmerische Ethik« und den »Geheimhaltungskult« abgibt, provoziert verständlicherweise eine skeptische, durch Piratentum und Hacker dargestellte, Gegenreaktion, die in dem Gefühl gründet, daß die Ansprüche der Computerethik des Establishments sowohl unehrlich als auch unbegründet sind, wie ich bereits andeutete. Viele Normalverbraucher finden es skandalös, daß ein Software-Anwendungsprogramm, das leicht kopiert werden kann und trotzdem oft ›Viren‹ hat – vergleicht man es etwa mit dem Preis eines guten Buches oder sogar eines nützlichen Stücks Hardware – zwischen 500 und 800 US-Dollar kosten soll. Es ist ungerecht, warum also dafür bezahlen?

Überlegungen wie diese bestärken die allgemeine Ablehnung der Geheimhaltungspraktiken, die »eine Kette interaktiver und reaktiver Handlungen nach sich ziehen«, die »Geheimhaltungsablauf« genannt werden, insbesondere Verhalten wie Spionage, Verrat, Gegenspionage und versteckte Methoden der Sammlung von Informationen usw.[10] Der Geheimhaltungskult neigt allgemein dazu, viele Arten unehrlicher Praktiken auf allen Seiten hervorzurufen; in Verbindung mit Computern ganz besonders. Die allgemeine gesellschaftliche Verantwortungslosigkeit der Computerindustrie sollte Unbehagen bei allen auslösen, welche die öffentliche Moral ernst nehmen.

Reflexive Voraussagen und Informationsrückkoppelung

Ein Problem, das uralt ist, ist durch die Computerrevolution außerordentlich verschärft worden: Manchmal wird es das Problem der »reflexiven Voraussage« oder das der »sich selbst erfüllenden« oder »sich selbst vereitelnden« Vorhersage genannt. Das Problem folgt aus der Tatsache, daß Voraussagen kausal das vorausgesagte Ereignis beeinflussen – entweder durch eine Beschleunigung des Eintretens, durch eine Steigerung des Ergebnisses oder auch, indem sie dessen Eintreten verhindert. Dies gilt für Computerprojektionen insofern, als sie auf geplante Ergebnisse häufig derart einwirken, daß Wahrscheinlichkeit zur Sicherheit wird.

Ein Beispiel hierfür bieten Kursänderungen an der Börse: Computerprojektionen, die einen steigenden oder fallenden Trend für eine bestimmte Aktie voraussagen, können umfangreiche Käufe oder Verkäufe herbeiführen oder beschleunigen und so den ursprünglich vorhergesagten Trend dra-

matisch ›bestätigen‹ und sozusagen verursachen, daß er
Wirklichkeit wird.

Das Besondere an von Computern verursachter Reflexivität
ist, daß sie mehr oder weniger direkt und ›automatisch‹ ist,
wie im Falle der Rückkoppelung, und daß dabei gesellschaftliche Planung minimal bleibt, vielleicht sogar völlig fehlt. Aus
diesem Grund erscheint der Ablauf als unkontrollierbar,
obwohl er das natürlich nicht ist.

Meistens setzt sich die Gesellschaft mit unerwünschten, durch Computer verursachten reflexiven Zirkeln nur auf einer Ad-hoc-Grund-
lage auseinander: So wird z. B. auf die Medien Druck ausgeübt,
Wahlvoraussagen nicht vor Schließung der Wahllokale zu veröffentli-
chen. Es gibt jedoch ein größeres Problem mit gewichtigen ethischen
Dimensionen, das die Verwendung von durch Computer errechneten
Daten als Input für von Computern getroffene Entscheidungen
betrifft. Wie auch bei anderen Computereinsätzen, können wir uns
hier in einem dichten Netzwerk mit Schleifen verfangen, aus dem wir
uns vielleicht nicht mehr befreien können. Hier mag man an Beispiele
aus Charles Perrows Buch *Normale Katastrophen* denken.[11] Früher
oder später wird es gesellschaftliche Katastrophen aufgrund enger
Koppelungen geben, analog zu den von Perrow erwähnten Fällen.
Um die Kontrolle über computerisierte Informationen zu behalten,
müssen wir Wege entwickeln, diese von automatischen Entscheidungsprozessen abzukoppeln. Wie Kontrolle durch Abkoppelung
und überhaupt eine genaue Formulierung des Kontrollproblems
selbst erreicht werden kann, ist eine komplizierte Frage, die dringend
der Antwort bedarf. Es ist aber auch eine ethische Herausforderung,
die ein anderes Beispiel dafür liefert, daß wir, wenn wir ethisch überleben wollen, den Computer aus dem moralischen Niemandsland
zurückholen müssen.

Computer-Stereotypisierung und -Modellierung:[12]
eine Bedrohung für moralische Autonomie und
Verantwortung

Wegen der Leichtigkeit, mit der Computer Datenlisten verschiedener Datenbanken miteinander vergleichen können:

durch Abtasten (Scanning), Sortieren, Auswählen und Verbinden von Daten (mit Hilfe von Booleschen logischen Operationen) werden Computer dazu benutzt, spezialisierte Versandlisten, Listen möglicher zukünftiger Kunden, Abonnenten, Kreditnehmer, Wähler, Umstürzler, Krimineller, Organspender und -empfänger usw. aufzustellen. Organisationen können durch den Gebrauch der »Modellierung« sowohl zukünftige Manager als auch zukünftige Problemverursacher herausfinden.[13] Es gibt ähnliche, gut bekannte Verwendungsformen, bei denen Bewerber mit Arbeitsstellen, Organspender mit -empfängern, oder sogar Sexualpartner miteinander ›verglichen‹ werden. Datenverarbeitung wird benutzt, um Personen zu überprüfen, die Kreditkarten, Bankdarlehen, Versicherungen beantragen, oder auch für Steuerprüfungen durch das Finanzamt.

Ein Großteil der Diskussion in den Veröffentlichungen zum Thema Überwachung konzentriert sich auf die Verwendung unzulässiger und moralisch zu verabscheuender Mittel zur Informationsbeschaffung (Daten), wie z. B. Eindringen in das Privatleben durch Anzapfen von Leitungen oder Speichern. Aber Computer können unglaubliche Mengen an Daten über Einzelpersonen sammeln, indem sie einfach Informationen aus bereits veröffentlichten Quellen verwenden, wie z. B. aus Telefonbüchern, Volkszählungen.[14] Bis jetzt war der Kostenfaktor die größte Barriere dagegen, Datenbanken aus solchen Quellen herzustellen, weil sie z. B. abgeschrieben werden mußten. Neue – in Sichtweite befindliche – Technologien werden aber das Erstellen von Datenbanken wesentlich vereinfachen und verbilligen, indem es möglich sein wird, Daten direkt aus veröffentlichten Listen in die Computer einzulesen.[15] Nicht mehr nur großen und finanzkräftigen Organisationen ist es möglich, solche Computer zu besitzen und zu betreiben, sondern auch einzelnen Unternehmen. Mit der dramatischen Preisreduzierung für Computertechnologie und deren zunehmenden Kapazitäten werden die Möglichkeiten, alle Arten von Datenbanken zu erstellen, fast unfaßbar groß. Fast jeder wird dazu in der Lage sein – wie zum Autofahren.[16] Schon heute kennt niemand das Ausmaß und die Reichweite derartiger Computeroperationen. Die Revolution hat bereits stattgefunden, ohne daß jemand sich wirklich darüber Gedanken gemacht hätte. Um es offen zu sagen: Informationshersteller haben subtile Methoden zur Verhaltensmanipulation erfunden (und davon profitiert). Offensichtlich bedrohen diese Entwicklungen die Autonomie von Personen und die Integrität sozialer Prozesse wie Wahlen oder andere Arten gesellschaftlicher Entscheidungsfindungen.

Die Bedrohung moralischer Autonomie rührt, wie ich zu bedenken gebe, aus einem Informationsdefizit, das Ursprung von Dominanz und Ungleichheit ist. Das heißt, die Bedrohung entsteht nicht so sehr aus der Tatsache, daß andere ziemlich viel über eine Zielperson wissen, sondern aus der Tatsache, daß diese nicht weiß, was und wieviel andere über sie wissen und wie sie dieses Wissen zu verwenden gedenken. Um das Informationsdefizit auszugleichen, so könnte argumentiert werden, sollten Verfahren entwickelt werden, die zugänglichen Informationen auf alle gleich zu verteilen. Vielleicht sollte jede Person, die in einer Datenbank geführt wird, von dieser Tatsache Kenntnis und Zugriff auf diese Datenbank haben, um herauszufinden, was für Informationen diese über sie enthält. Wir könnten sogar ein Prinzip des allgemeinen Zugriffs einführen.

Wenn wir uns wieder der Erstellung von Datenbanken durch ›Datenvergleich‹ der beschriebenen Art zuwenden, bedürfen zwei normalerweise vernachlässigte Aspekte eines Kommentars. Erstens ist es für eine Person oft von Vorteil, in einer Datenbank gespeichert zu sein, und sie empfindet das auch so. Also sind Personen gewöhnlich bereit, eine Listenerstellung und -auswertung durch Computer hinzunehmen, weil ihnen ein besonderes Privileg irgendwelcher Art daraus erwächst, z. B. ein Bankdarlehen oder zusätzliche Post. Deshalb gibt es keine generelle Verurteilung solcher Aktivitäten. Jeder wird als Nutznießer angesehen. Zweitens, und subtiler, gibt es das, was man das *Problem der Individuation* nennen könnte. Datenaufstellungen von Computern bestehen immer aus Zusammenstellungen von Klassen oder Mengen – entweder einschließende, einander überschneidende oder einander ausschließende Klassen. Die Daten, die verglichen werden, bestimmen – logisch gesehen – eine Untermenge der verschiedenen Mengen, die verglichen werden. Wenn eine Person, Herr Schmidt, bereits zu den Mengen A, B und C gehört, und eine Korrelation m/n zwischen der Zugehörigkeit zu A, B und C und der Zugehörigkeit zur Gruppe D besteht, läßt sich logisch erschließen, daß Herr Schmidt mit einer Wahrscheinlichkeit von m/n auch zu D gehören wird, z. B. ein erhöhtes Risiko für ein Darlehen darstellt. Wenn man es genau nimmt, bezieht sich der Wahrscheinlichkeitskoeffizient auf die Mengen und nicht auf bestimmte Personen wie Herrn Schmidt. Herr Schmidt gehört entweder zu D oder nicht. Er wird nicht sozusagen in Wahrscheinlichkeiten aufgeteilt. Tatsächlich mag Herr Schmidt, trotz der (eventuell hohen) Wahrscheinlichkeit, gar nicht der Klasse D angehören; keine Korrelation dieser Art besteht zu 100 %, und es wird immer Personen geben, die zu A, B und C, aber nicht zu D gehören, z. B. ›Abweichler‹, ›Minderheiten‹ oder ›Außenseiter‹. Aus diesem Grunde dürfen unwahrscheinliche Fälle nicht ausgeschlossen werden, und es ist ein Fehler (oft ein moralischer Fehler), zu *schließen*, daß Herr Schmidt, weil er zu A, B und C gehört, auch zu D gehört. Deshalb wird z. B. eine angeklagte Person in einem ordentlichen Gerichtsverfahren nicht einfach aufgrund von Wahrscheinlichkeiten schuldig gesprochen. Nichtsdestotrotz kann es oft zu ungerechtfertigten Schlüssen von Mengen auf Individuen kommen, besonders durch formale Organisationen; solche Schlüsse können in schlimmen Fällen von Ungerechtigkeit enden. Logisch gesprochen: Schlüsse dieser Art begehen den Irrtum, Wahrscheinlichkeiten in Gewißheiten umzuwandeln. Durch Computer wird diese Art ungültigen Schließens von Mengen auf Individuen leicht und verlockend: Es wird von der nach Kriminellen suchenden Polizei benutzt, von Steuerprüfern, die Betrüger suchen, und von Banken, die darüber entscheiden, ob jemand eine Hypothek bekommen soll oder nicht. Aber das Problem der Anwendung von Persönlichkeitsprofilen, die auf der Grundlage der Korrelationen von Datenmengen erstellt wurden, reicht tiefer als das Problem der Individuation. Fast immer gibt es Mehrdeutigkeiten und Unbestimmtheiten der Kriterien und Parameter. Die Frage ist nicht die nach der Gültigkeit und Verläßlichkeit der Daten selbst, sondern ob die Beziehungsbegriffe und Vergleichsstandards genau und präzise genug bestimmt werden können, um

Verfahren durchzuführen, die diese beispielsweise für ethische Ziele verwendet. Normalerweise fordert man, beim Computergebrauch den Slogan »Schrott rein, Schrott raus« nicht zu vergessen. Von einem praktischen und ethischen Gesichtspunkt aus gesehen, ist aber neben der Qualität der Eingabe die Verwendung der eingegebenen Daten genauso wichtig: Wie werden sie kategorisiert? Welche logischen Eigenschaften werden ihnen zugeschrieben? Usw. Es ist recht einfach, von Personen eine Rangliste nach dem Intelligenzquotienten oder den Abiturdurchschnittsnoten zu erstellen, aber es bleibt die Frage: Was stellen Intelligenzquotient und Abiturdurchschnitt eigentlich dar? Der Computer kann uns diese Frage nicht beantworten, und es wäre unverantwortlich, sowohl intellektuell als auch moralisch, eine solche Liste vor der Beantwortung dieser Art von Frage zu benutzen.

Computer und die Suche nach Gewißheit

Ich möchte diesen Aufsatz mit ein paar Mutmaßungen über Computer als Antwort auf die Suche nach Gewißheit beenden, indem ich eine Idee und eine Aussage von John Dewey übernehme.[17] Im Sinne Deweys liegt der Hauptfehler der modernen Philosophie seit Descartes darin, daß sie Wissen, Wissenschaft und Ethik immer mit der Suche nach Gewißheit verbunden hat: der Suche nach klaren und eindeutigen Antworten auf klare und eindeutige Fragen. Die Mathematik hat selbstverständlich immer das Paradigma der gesuchten Art von Gewißheit geliefert. Altmodisch gesagt, das cartesianische Ziel war es, Wissen (und Wissenschaft) auf eine Grundlage zu stellen, die der entspricht, welche Gott hat. Was Moralphilosophie und praktische Weisheit anlangt, scheiterten viele Theorien auf der Suche nach der Entdeckung mathematisch (und wissenschaftlich) genauer Antworten auf die Probleme des Lebens, der Gesellschaft und der Ethik, d. h. nach klaren und eindeutigen Antworten mit Gewißheitsgarantie. Die Suche nach Gewißheit ist natürlich nicht nur theoretisch. Sie zieht sich durch alle Lebensbereiche und ist in einer instabilen, sich verändernden Welt besonders verlokkend, in der es viele gesellschaftliche und politische Probleme gibt, von denen wir nicht einmal wissen, wie wir sie angehen sollen. Mit dem Aufkommen von Computern scheinen wir nun auf einer praktischen Ebene eine Art Sicherheit erreicht zu haben, welche die Philosophen auf theoretischer Ebene zu erreichen nicht in der Lage waren, insbesondere was klare und eindeutige Lösungen für die praktischen Probleme betrifft, denen die Gesellschaft (wie auch Personen) gegenübersteht. Computer geben uns klare und eindeutige Antworten, die richtig (= gewiß) sein müssen, wenn keine menschlichen Fehler bei der Eingabe oder Programmierung vorliegen.

Die Idee (oder der Mythos) vom fehlergeschützten Computer ist der wahre Grund für viele der ethischen Probleme, welche die verstärkte Benutzung von Computern aufwirft. Wir statten Computer mit übermenschlichen (gottähnlichen) Eigenschaften aus, die sie gegenüber ethischer Kritik ›moralisch immun‹ machen. Wir neigen dazu, uns auf sie zu verlassen, gerade wenn wir es nicht sollten; wir hoffen, vom Computer Antworten zu erhalten, die wir nicht erhoffen sollten; und wir geben Probleme, die wir selbst nicht lösen können, dem Computer mit der kühnen Vorstellung ein, daß er sie lösen wird. Wenn wir scheitern, ist das *unsere* Schuld, nicht die der Computer. All dies ist Teil des ›Mythos‹ Computer, der ihn eher als einen idealen Selbstzweck behandelt statt als Werkzeug, das er letztendlich wirklich ist. Solange wir Computer als kleine Götter behandeln, werden wir nicht in der Lage sein, realistisch und ethisch mit ihnen umzugehen.

Statt dessen sollten wir lernen, Computer als Werkzeuge zu behandeln. Das bedeutet, daß wir ständig bereit sein müssen, zu untersuchen, was ein Computer tut, was er tun kann, wie er helfen kann, wie er benutzt wird und werden kann und wofür er nicht benutzt werden kann und sollte. Wir müssen auf der Hut davor sein, falsche Antworten zu akzeptieren, nur weil sie von einem Computer kommen.[18] Computer sind offensichtlich das nützlichste Werkzeug, aber wie mit allen anderen leistungsfähigen Werkzeugen sollte man *vorsichtig* mit ihnen umgehen. Denn wenn wir unsere Absichten, menschlichen Bedürfnisse und gesellschaftlichen Probleme in unserer Liebesaffäre mit dem Computer aus den Augen verlieren und ihn als eine unfehlbare und unersetzliche Quelle der Weisheit und Orientierung behandeln, fordern wir das Schicksal heraus – nicht nur unseres, sondern der Gesellschaft und vielleicht der ganzen Menschheit.

Anmerkungen

1 Für eine Verteidigung der egalitaristischen Ethik siehe meinen Artikel »Egalitarianism and Elitism in Ethics«, in: *L'Égalité*, Bd. 5, Brüssel 1977.

2 Vgl. meinen Aufsatz »The Poverty of Absolutism«, in: Timothy Stroup (Hrsg.), *Edward Westermarck: Essays on his Life and Works*, Helsinki 1982.

3 Vgl. Dorothy Nelkin, *Science as Intellectual Property: Who Controls Research*, New York 1984, S. 34–40.

4 In Fällen wie diesem kommen Argumente zur Geltung, die in bekanntgewordenen Gerichtsverhandlungen angeführt wurden (z. B. Griswold gegen den Staat Connecticut, 1965). Es gibt gute moralische Argumente gegen ein ›Herumschnüffeln‹, die hier nicht diskutiert werden können. Für eine Kritik der Privatheit als einheitlichem rechtlichen Begriff vgl. Freund, Paul A. »Privacy: One Concept or Many«, in: J. Roland Pennock / John Capman (Hrsg.), *Privacy*, New York 1971 (Nomos, 13).

5 Charles Fried, *An Anatomy of Values*, Cambridge (Mass.) 1970, S. 138.

6 Vgl. Immanuel Kant, *Zum ewigen Frieden* (*Gesammelte Schriften*, Akademie Ausgabe, Bd. 8, Berlin 1912, S. 381): »Alle auf das Recht anderer bezogenen Handlungen, deren Maxime sich nicht mit der Publizität verträgt, sind unrecht.«

7 Vgl. dazu Max Weber, *Wirtschaft und Gesellschaft*, 2. Halbbd., Tübingen 1972, S. 572 f.: Die »Überlegenheit des berufsmäßig

Wissenden sucht jede Bürokratie noch durch das Mittel der *Geheimhaltung* ihrer Kenntnisse und Absichten zu steigern. [...] Der Begriff des ›Amtsgeheimnisses‹ ist ihre spezifische Erfindung [...].« Vgl. auch Stanton K. Tefft, *Secrecy: A Cross-Cultural Perspective*, New York 1980.

8 Meine Kritik an dieser Verwendungsweise des Loyalitätskonzeptes findet sich in meinem Artikel »Loyalty«, in: Paul Edwards (Hrsg.), *The Encyclopedia of Philosophy*, New York 1967.

9 In diesem Sinne schreibt A. Tichard Immel (»Is Software Piracy Justified?«): »Software-Gesellschaften sollten mehr daran interessiert sein, Geschäftskunden zu helfen, ihre Probleme zu lösen, und weniger besessen von dem Gedanken sein, ihre eigenen geheimen Codes zu bewachen« (in: *Popular Computing*, Juli 1983, S. 48–54).

10 Vgl. Tefft, *Secrecy* (s. Anm. 7), S. 31, 37.

11 Charles Perrow, *Normale Katastrophen. Die unvermeidlichen Risiken der Großtechnik*, übers. von Udo Rennert, Frankfurt a. M. / New York 1987.

12 Vgl. die Schriften von Scott A. Boorman und Paul R. Levitt. Das von ihnen entwickelte Konzept wird »Blockmodellierung« genannt. Eine Zusammenfassung findet sich in der *New York Times* vom 27. November 1983.

13 Ebd.

14 Vgl. hierzu Lance Hoffman, (Hrsg.), *Computers and Privacy in the Next Decade*, New York 1980.

15 Eine Beschreibung der neuen Technologie (OCR – Optical Character Recognition) findet sich in Thom Hartmann, »Adding Vision to Computers«, in: *Popular Computing*, September 1984, S. 51 ff.

16 Vgl. z. B. Alan Westin, »Information Abuse and the Personal Computer«, in: *Popular Computing*, August 1982, S. 112–116.

17 John Dewey, *The Quest for Certainty*, New York 1929.

18 Es sind Fälle bekannt, wo Polizisten der festen Überzeugung waren, die richtige Person gefaßt zu haben, weil der Computer das behauptete (ein Beispiel in Jacques Vallee, *The Network Revolution*, Berkeley, Cal., 1982, S. 3–5).

KURT BAYERTZ

Wissenschaft als moralisches Problem

Die ethische Besonderheit der Biowissenschaften

»Ach, Agathe, du hast ja keine Ahnung, wie das ist« klagte er nachdenklich; »zum Beispiel die Wissenschaft! Für einen Mathematiker ist, um es ganz einfach zu sagen, Minus Fünf nicht schlechter als Plus Fünf. Ein Forscher darf vor nichts Abscheu haben und wird von einem schönen Krebsfall unter Umständen freudiger erregt als von einer schönen Frau. Ein Wissender weiß, daß nichts wahr ist und die ganze Wahrheit erst am Ende aller Tage liegt. Die Wissenschaft ist amoralisch. Dieses ganze herrliche Eindringen ins Unbekannte entwöhnt uns der persönlichen Beschäftigung mit unserem Gewissen, ja es gewährt uns nicht einmal die Genugtuung, sie ganz ernst zu nehmen.«[1]

So weit die Wissenschaft in neuerer Zeit als ein moralisches Problem betrachtet und nicht nur als Garant des Fortschritts vergöttert wurde, stand die Physik meist im Vordergrund. Allein die Kernphysik gab mit ihren technischen Anwendungen in Gestalt der Atombombe und der Kernkraftwerke Anlaß genug zur ethischen Reflexion. Inzwischen, so scheint es, haben die biologischen Wissenschaften den physikalischen in dieser Hinsicht den Rang abgelaufen. Die Gründe dafür liegen in den revolutionären theoretischen Innovationen, insbesondere in der Genetik, und den damit möglich gewordenen Durchbrüchen auf dem Gebiet der Biotechnologie. In der Öffentlichkeit und auch in der Wissenschaft selbst ist es vor diesem Hintergrund zu heftigen Auseinandersetzungen über die Gentechnologie, über technische Eingriffe in die menschliche Fortpflanzung (Stichwort: »Retortenbaby«) und andere technische Optionen gekommen.

Ich möchte in diesem Beitrag plausibel machen, (1) daß sich die moralische Krise der Wissenschaft, von der heute allenthalben die Rede ist, in den biologischen Wissenschaften auf eine besondere Weise äußert; und (2) daß diese Besonderheit zugleich auch ein Licht auf die moralische Problematik der Wissenschaft überhaupt wirft: entgegen einer weit verbreiteten Auffassung stellt die Wissenschaft nicht nur ihren äußeren Folgen, sondern ihrer *inneren Verfassung* nach ein moralisches Problem dar.

I. *Die ethische Besonderheit der Biologie*

1. Lady Wilberforce, die Gattin des Bischofs von Worcester, soll im Jahre 1860, als ihr Charles Darwins unerhörte These hinterbracht wurde, nach der der Mensch von affenähnlichen Vorfahren abstammt, ausgerufen haben: »Vom Affen! Wie entsetzlich! Wir wollen hoffen, daß es nicht stimmt; aber wenn es so ist, dann wollen wir beten, daß es nicht allgemein bekannt wird.« Unabhängig von ihrem historischen Wahrheitswert wirft diese berühmte Anekdote ein bezeichnendes Licht auf eine erste Besonderheit der Biowissenschaften: während wir physikalische oder chemische Theorien als Aussagen über die Wirklichkeit hinzunehmen gelernt haben, fühlen wir uns durch biologische Theorien bisweilen in unseren normativen Überzeugungen provoziert. Gewiß haben sich die meisten von uns – wenn auch nicht alle[2] – inzwischen an ihre Affenabstammung gewöhnt; doch die Thesen der Soziobiologie oder der Psychogenetik führen bis heute zu moralischen oder politischen Kontroversen, wie sie in anderen Naturwissenschaften seit langem unbekannt sind. Auch der entschiedenste Gegner der Kernenergie würde seine Kritik nicht auf die physikalischen Theorien richten, die dem Bau von Kernreaktoren zugrunde liegen, sondern lediglich behaupten, daß die entsprechende *Anwendung* dieser Theorien moralisch bedenklich sei; in den Biowissenschaften hin-

gegen können durchaus auch die *Theorien selbst* zum Gegenstand normativer Kritik werden.

Dies hängt offensichtlich damit zusammen, daß biologische Theorien unser menschliches Selbstverständnis tangieren: wir sind biologische Wesen und fühlen uns von biologischen Aussagen stärker ›betroffen‹ als von physikalischen oder chemischen. Dies heißt umgekehrt aber auch, daß bisweilen weltanschauliche Kontroversen über das »Wesen« des Menschen auf dem Feld der biologischen Wissenschaften und Theorien ausgetragen werden. Biologie wird zur Ideologie.[3]

Daß biologische Theorien eine moralische Provokation enthalten können, ist aber nicht nur ein Ausdruck ihrer Instrumentalisierbarkeit zu äußeren ideologischen Zwecken. Ich möchte auf Probleme des (ideologischen oder technischen) Mißbrauchs der Biologie an dieser Stelle nicht eingehen, sondern die These plausibel zu machen versuchen, daß moralische Probleme auch *innerhalb* der Wissenschaft auftreten können: ja, daß der *wissenschaftliche Charakter* der Biologie selbst zum Problem werden kann.

2. Zu den Merkmalen, die die neuzeitliche Naturwissenschaft von anderen (z. B. mythischen, ästhetischen, philosophischen) Formen der Naturtheorie unterscheidet, gehört ein spezifischer *Erklärungstypus*. So gilt es als unwissenschaftlich, Blitz und Donner auf den Zorn der Götter zurückzuführen; ein Naturphänomen wissenschaftlich erklären heißt vielmehr es auf die Wirkung unpersönlicher Naturgesetze zurückzuführen. Gemeinsam mit den spezifischen *Verfahren* der Erkenntnisgewinnung und -überprüfung (dazu später noch) bildet dieser Erklärungstypus ein Grundelement der für die neuzeitliche Wissenschaft charakteristischen *Rationalität*.

Die Annäherung an dieses Rationalitätsideal war in der Biologie schwieriger und langwieriger als in anderen Naturwissenschaften. Einen ersten Schritt zu einer solchen Deutung der Phänomene des Lebens hatte im 17. Jahrhundert René Des-

cartes getan, als er seine Maschinentheorie des Organismus
formulierte. Der Anspruch dieser Theorie war es, alle Funktionen und Reaktionen eines beliebigen (pflanzlichen, tierischen oder menschlichen) Organismus allein aus der Anordnung und den Bewegungen seiner Organe erklären zu
können: genau wie »die Bewegungen einer Uhr oder eines
anderen Automaten von der Anordnung ihrer Gewichte und
Räder abhängen«[4]. Einen zweiten Schritt zur Verwissenschaftlichung des Studiums der belebten Natur stellt die Evo-
lutionstheorie dar. In ihrem Licht erscheinen die funktionale
Zweckmäßigkeit der Organismen und ihre Angepaßtheit an
die äußeren Lebensbedingungen nicht mehr als ein Ausdruck
der Allmacht, Weisheit und Güte Gottes, sondern als Resultate eines rein natürlich-immanenten Prozesses. An die Stelle
der Fürsorge des Schöpfers für seine Geschöpfe trat der
anonyme Mechanismus der natürlichen Selektion im Verein
mit dem blinden Zufall der individuellen Variation.
Die Konsequenz dieses Erklärungsideals und der ihm entsprechenden Theorien ist eine *Entmoralisierung des Lebendigen*[5]. Die organische Welt verliert die innere Werthaftigkeit, die ihr im teleologischen Denken der Antike oder von
der Physikotheologie zugesprochen worden war. Nach Descartes wird der Organismus zur organisierten »Materie«;
nach Darwin wird die belebte Natur insgesamt zum Resultat
eines kontingenten historischen Prozesses. Ähnlich wie die
Astronomie und Physik im Übergang zur Neuzeit die unbelebte Natur normativ neutralisiert hatten, indem sie ihr
jede teleologische Gerichtetheit auf ein höheres Ziel und jede
werthaft-hierarchische Ordnung absprachen, wurde auch die
belebte Natur aller inhärenten moralischen Qualitäten ent-
kleidet. Normative Charakterisierungen sind nun grundsätzlich außerwissenschaftlich; sie haben ihre Quelle nicht im Objekt selbst, sondern im wertenden Subjekt. Sowenig es nach
Kopernikus noch einen Sinn machte, von einer wachsenden
Harmonie der himmlischen Sphären zu sprechen, sowenig
konnte man nach Darwin noch von einer harmonischen *scala*

naturae sprechen.[6] Mit der Verwissenschaftlichung der Biologie wird die neutralistische Ontologie des neuzeitlichen Weltbildes von der unorganischen Natur auf die organische ausgedehnt. Die Natur – ob unbelebt oder belebt – gilt nun als »wertfrei«. Das Weltbild der biologischen Wissenschaft kennt eine moralische Dimension ebensowenig wie eine ästhetische: »Es gibt ein Wesen, es ist die Wissenschaft, das keinen Widerwillen, keinen Ekel kennt, außer sofern sie sich damit beschäftigt, zu untersuchen, worin er bestehe und wie er zu erklären sei; ein Wesen, das die erhabene Schamlosigkeit mit den Göttern teilt, die nicht schamhaft sind, weil sie nichts Unreines kennen; wie denn ja die oberste Göttin es nicht verschmähte, als Juno Cloacina dem Kloakenwesen in Rom vorzustehen. Was, von außen sich aufdrängend, als klebriger, schwammiger, formwidriger, übelriechender Stoff, was als widerlich häßliches Tier uns abstößt, was am eigenen Körper als Ausscheidung des organischen Lebens oder Produkt von Krankheitsprozessen, was als Zeuge unserer Tierverwandtschaft im Geschlechtsleben uns so berührt, trifft, packt, daß wir uns schütteln oder erröten oder daß beides eintritt: all dies ist der Wissenschaft einfach nur Gegenstand des Forschens.«[7]

3. Im Blick auf die *un*belebte Natur hat sich diese Entmoralisierungstendenz bis in unser Alltagsbewußtsein nahezu widerspruchslos durchgesetzt. Wir schreiben Mineralien, Gebirgen oder Himmelskörpern keinen inhärenten moralischen Wert zu. Wenn wir von der »Erhabenheit« des Sternenhimmels sprechen oder von einem »majestätischen« Gebirge, so bedienen wir uns einer poetischen Redeweise; und wo vom »Wert« eines Minerals die Rede ist, geht es sicher nur um seinen Geldwert. Ähnlich ist es bei Bakterien, Pflanzen und niederen Tieren: wir halten ein Tuberkelbazillus nicht für moralisch schlecht, weil es für uns schädlich ist, und einen Baum nicht für moralisch gut, weil er uns Äpfel oder Birnen liefert. Aber wir betrachten nicht die gesamte lebende Natur in dieser neutralisierenden Perspektive. Zumindest höhere

Tiere sind für uns nicht »bloße Materie«, sondern Wesen mit einem inneren moralischen Wert und daher auch mit gewissen eigenen Rechten. Und noch entschiedener gilt dies für *unsere eigene Natur*: sie hat weitgehend jene immanente Werthaftigkeit behalten, die auch die äußere Natur vor der wissenschaftlichen Revolution der Neuzeit besaß, und ist für uns daher in einem ähnlichen Sinne »heilig«, wie es der bestirnte Nachthimmel für den Menschen der Antike und des Mittelalters gewesen sein muß.[8] Von der vollständig neutralisierten Materie über die nur partiell entmoralisierte Welt der Organismen bis zur *an sich* wertvollen »menschlichen Natur« scheint somit ein moralischer Gradient zu führen.

Auf diese Weise entsteht eine Differenz zwischen der neutralisierenden Betrachtungsweise der modernen Wissenschaft – ihrer Rationalität, wenn man so will – und den in unserer kulturellen Tradition verankerten moralischen Intuitionen. Meine These besagt, daß die moralische Besonderheit der Biowissenschaften aus dieser Differenz resultiert. Anders als die Physik oder Chemie, die es mit »bloßer Materie« und ihren Eigenschaften zu tun haben, gehören zum Gegenstand der Biowissenschaften lebende Wesen, denen wir einen moralischen Status zubilligen. Die Biologie teilt mit den übrigen Naturwissenschaften den rationalen Erklärungstypus und die sich aus ihm ergebende Entmoralisierungstendenz; sie wendet ihn aber auf Gegenstände an, die nicht (oder nicht in demselben Maße) als moralisch neutral hingenommen werden.

II. *Biologie als experimentelle Praxis*

4. Neuzeitliche Wissenschaft ist nicht nur Theorie, die einem spezifischen Erklärungstypus folgt, sondern vor allem auch eine bestimmte *Praxis*: ihre Rationalität ist in erster Linie Verfahrensrationalität. Beruhten vormoderne Naturtheorien auf einem kontemplativ-beobachtenden Verhältnis zu ihren

Objekten, so nähert sich die neuzeitliche Wissenschaft ihrem Erkenntnisgegenstand auf aktive, *experimentelle* Weise: sie spannt ihn in eine Versuchsanordnung ein und nimmt ihn technisch ›in den Griff‹.

Die Einführung des Experiments war keine bloß methodische Neuerung; sie hatte weitreichende *ontologische* und *ethische* Konsequenzen. Die Entflechtung von Ontologie und Axiologie, die das Weltbild der neuzeitlichen Naturwissenschaften kennzeichnet, steht in engem Zusammenhang mit dem im Experiment praktizierten technischen Zugriff auf die Realität. Denn nur für eine entmoralisierte Natur gilt, daß ihre technische Manipulation nicht schon *an sich* illegitim sein kann. In den Biowissenschaften ist dies besonders deutlich. Die Durchsetzung der experimentellen Methode war nur im Zusammenhang mit dem oben skizzierten Wandel in der Ontologie des Lebendigen möglich, in dessen Ergebnis die Struktur der organischen Welt nicht mehr als Schöpfung angesehen werden mußte, der ein inhärenter Sinn, eine teleologische Gerichtetheit auf ein bestimmtes vorgegebenes Ziel zu eigen war. »Die Einführung der Zufälligkeit in die lebende Welt durch Darwin und Wallace bedeutet für die Biologie das ›alles ist erlaubt‹ des Iwan Karamasow. Bei den Lebewesen gibt es keinen reservierten Bereich mehr, keinen Raum, wo der Kenntnis der Zutritt verwehrt wäre. Kein göttliches Gesetz setzt dem Experiment mehr Grenzen. In einem Universum ohne Schöpfung und Zweck kennt der Ehrgeiz der Biologie keine Schranken mehr. Wenn die lebende Welt auf Abenteuer aus ist, wenn sie jeder Finalität entbehrt, dann ist es am Menschen, die Natur zu beherrschen.«[9] Ähnlich wie die Entmoralisierung der unbelebten Natur am Beginn der Neuzeit als »ontologische Legitimation« ihrer technischen Beherrschung angesehen werden kann, hat die moralfreie Ontologie der neuzeitlichen Biowissenschaften der Kontrolle über die belebte Welt den Weg geebnet.

Ein Beispiel für diesen Zusammenhang bietet die Rechtfertigung der Vivisektion durch die Maschinentheorie des

Lebens. Wenn Tiere nichts anderes als komplizierte Maschinen sind, dann gibt es keine stichhaltigen Einwände gegen schmerzhafte oder tödliche Praktiken des Umgangs mit ihnen. In einem zeitgenössischen Bericht über die Cartesianer des 17. Jahrhunderts wird diese Einstellung drastisch geschildert: »There was hardly a *solitaire* who didn't talk of automata. [. . .] They administered beatings to dogs with perfect indifference, and made fun of those who pitied the creatures as if they had felt pain. They said that the animals were clocks; that the cries they emitted when struck, were only the noise of a little spring which had been touched, but that the whole body was without feeling. They nailed poor animals up on boards by their four paws to vivisect them and see the circulation of the blood which was a great subject of their conversation.«[10]

5. Es liegt auf der Hand, daß eine derartige Denk- und Handlungsweise in krassem Widerspruch zu den moralischen Überzeugungen der meisten Menschen steht. Ein solcher Vulgär-Cartesianismus hatte daher auch niemals die Chance, zur öffentlich anerkannten Einstellung gegenüber Tieren zu werden. Daß Tiere nicht bloße Maschinen sind und daher auch nicht wie lebloses Material behandelt werden dürfen, ist nicht die idiosynkratische Meinung fanatischer Tierliebhaber, sondern eine in unserer Gesellschaft akzeptierte und rechtlich institutionalisierte Überzeugung. Obgleich die Maschinentheorie des Organismus ihren Einfluß auf die Physiologie und Medizin bis in unsere Tage hinein ausübt, und obwohl daher von ihrer zumindest unterschwelligen moralischen Wirksamkeit ausgegangen werden kann, spielte die vorgebliche Empfindungslosigkeit der Tiermaschinen für die öffentliche Rechtfertigung der Vivisektion nie eine große Rolle.

Als entscheidendes Argument gilt bis heute der Hinweis auf den wissenschaftlichen und sonstigen (vor allem medizinischen) *Nutzen* solcher Experimente: Das Leiden der Tiere müsse im Interesse des Fortschritts hingenommen werden. Mit dem Pathos des 19. Jahrhunderts verkündete der britische Zoologe Edwin Ray Lancaster im Jahre 1873: »Der Physiologe leidet mit seinem Versuchstier, und das beiderseitige Leiden des Vivisektors und des Vivisektierten wird zum Opfer, dargebracht auf dem Altar der Wissenschaft.«[11] Man kann dieses Argument als eine implizite Anerkennung der inhärenten Werthaftigkeit von Tieren deuten. Denn es wird keine »ontologische« Rechtfertigung der Vivisektion mehr gegeben, sondern eine *moralische*. An die Stelle einer Naturtatsache (die vorgebliche Empfindungslosigkeit der Tiermaschinen) als Rechtfertigungsgrund der Vivisektion tritt ein *Wert*: der ›Nettonutzen‹ im Sinne der Differenz des Nutzens der Vivisektion und des durch sie verursachten Leidens.

Ob und unter welchen Bedingungen eine solche Aufrechnung von Nutzen (für den Menschen) und Leiden (für die Tiere) zulässig ist, kann hier nicht diskutiert werden. Hervorzuheben sind aber die Spannung zwischen der im Tierexperiment praktizierten Verfahrensrationalität der Wissenschaft und der (anerkannten) Werthaftigkeit des Objekts: Im Experiment wird das Tier behandelt, als ob es diese Werthaftigkeit nicht besäße. Die *moralische* Differenz zwischen belebter und unbelebter Natur wird *methodisch* ignoriert. Je stärker sich das Rationalitätsideal der neuzeitlichen Wissenschaft auch im Studium der lebenden Natur durchsetzte, desto konsequenter mußte sie denselben Verfahren unterzogen werden wie die unbelebte Materie.

Claude Bernard, der durch seine tierexperimentelle Praxis ebenso maßgebliche Beiträge zur Weiterentwicklung und Durchsetzung der experimentellen Methode in den Biowissenschaften geleistet hat wie durch seine wissenschaftstheoretischen Arbeiten, hat diese Identität der Verfahren in den organischen und anorganischen Naturwissenschaften unmißverständlich hervorgehoben: »Die Gesetze der unbelebten Materie konnten nur entdeckt werden, indem man in unbelebte Körper und Maschinen eindrang; desgleichen kann man

zur Kenntnis der Gesetze der Eigenschaften der belebten
Materie nur gelangen, wenn man die lebenden Organismen
zerlegt, um in ihr Inneres Einblick zu erhalten. Man muß also
notwendigerweise, nachdem man Leichensektionen ausgeführt hat, auch am Lebenden sezieren, um die inneren, die
verborgenen Teile des Organismus freizulegen und ihre
Funktion zu sehen; diese Art von Operationen nennt man
›Vivisektionen‹, und ohne diese Forschungsmethode ist eine
wissenschaftliche Physiologie oder Medizin nicht möglich.
Um zu erkennen, wie der Mensch und die Tiere leben, ist es
unerläßlich, eine große Zahl von ihnen sterben zu sehen,
denn der Mechanismus des Lebens läßt sich nur durch die
Kenntnis der Mechanismen seines Todes entschleiern.«[12]
Ähnlich wie in den Theorien und im Weltbild der Wissenschaft verschwindet auch in ihrem Verfahren, in der experimentellen Methode, der scharfe Unterschied zwischen dem
Lebendigen und der Materie. Die Wissenschaft ist *als Praxis*
genauso indifferent gegenüber moralischen Unterschieden
wie sie es *als Theorie* ist.

6. Zu enden scheint diese Indifferenz erst, wo es um den
Menschen geht. Wöge der Nutzen alle Leiden auf, dann gäbe
es keinen Grund, sich mit der Vivisektion von Tieren zu
begnügen und nicht auch Menschen zum Gegenstand dieser
experimentellen Forschungsmethode zu machen. Denn die
Vivisektion von Menschen wäre wissenschaftlich sicher nicht
weniger ertragreich als die von Tieren. Tatsächlich hatte der
damalige Präsident der Preußischen Akademie der Wissenschaften bereits im Jahre 1752 in einer schmalen Schrift mit
dem programmatischen Titel *Brief über den Fortschritt der
Wissenschaften* dafür plädiert, die Verbindungen des menschlichen Gehirns mit den Sinnesorganen durch Vivisektionen
an zum Tode Verurteilten zu untersuchen.[13] Doch dieses Plädoyer für die Vivisektion von Menschen ist vereinzelt geblie-
ben, und das Erschrecken über die darin zum Ausdruck kommende Amoralität zeigt an, daß hier eine Grenze überschrit-

ten ist. Das Nutzenkalkül, das die Leiden der Versuchsobjekte gegen die dadurch gewonnenen Vorteile aufrechnet, macht vor dem Menschen halt. Abgesehen von illegalen Einzelfällen wurden derartige Experimente an Menschen erst unter den Bedingungen eines terroristischen politischen Regimes möglich.[14] Niemand würde heute derartige Experimente öffentlich befürworten.

Der entscheidende Punkt ist aber, daß es dafür kein stichhaltiges *wissenschaftliches* Argument gibt. Im Gegenteil: aus der Perspektive des wissenschaftlichen Nutzens gäbe es viele Argumente für die Vivisektion von Menschen. Und mehr noch: es gibt *wissenschaftlich* keinen Grund, einen scharfen Unterschied zwischen Menschen und Tieren zu machen. Die von der neueren Biologie seit Darwin gewonnenen Einsichten über den Menschen konvergieren in einem Punkt: der Unterschied zwischen der Art Homo sapiens und ihren nächsten tierischen Verwandten ist sehr klein. Die Darwinsche Abstammungsthese wird heute durch eine geradezu erdrückende biochemische und genetische Evidenz untermauert: auf der molekularen Ebene der Proteinketten und der DNA-Sequenzen beträgt die durchschnittliche Übereinstimmung zwischen Mensch und Schimpanse mehr als 99 %.[15] In der Perspektive der Wissenschaft verflüchtigt sich die Besonderheit des Menschen, an der wir kulturell und moralisch so energisch festhalten. Für den Biochemiker ist der Mensch eine biochemische Maschine (wie jeder andere Organismus), und für den Evolutionsbiologen ist er das Resultat des Wirkens evolutionärer Mechanismen unter zufälligen Randbedingungen (wie jeder andere Organismus).

Daß Wissenschaft ein moralisches Problem ist, hat also auch damit zu tun, daß moralisch relevante Unterschiede (zwischen »toter« Materie und lebenden Wesen; zwischen Tier und Mensch) mit wissenschaftlichen Einsichten nicht notwendig zusammenfallen, daß wissenschaftliche Theorien solche moralisch relevanten Differenzierungen sogar kognitiv unterminieren können.

III. *Biologie und Biotechnologie*

7. Ein drittes Charakteristikum neuzeitlicher Naturwissenschaft (neben ihrem Erklärungstypus und ihrer experimentellen Verfahrensweise) besteht darin, daß die von ihr erzeugten Kenntnisse im Prinzip *technisch verwertbar* sind. Bereits das Verfahren der Erkenntnisgewinnung ist seinem Wesen nach technisch, denn jedes Experiment impliziert die zweckgerichtete Kontrolle einer Gruppe von Naturphänomenen und -prozessen; es ist daher nicht verwunderlich, daß ein auf technischem Wege gewonnenes Wissen auch technisch anwendbar ist. Nicht zu Unrecht haben die Gründerväter der neuzeitlichen Wissenschaft daher die praktische Nützlichkeit des neuen Erkenntnistypus hervorgehoben. In der experimentellen Wissenschaft gehen Naturerkenntnis und Naturbeherrschung Hand in Hand.

Freilich war gerade die Biologie meist sehr weit von einer solchen praktischen Nützlichkeit entfernt. Vor dem 19. Jahrhundert konnte an die Erzeugung praktisch verwertbarer Erkenntnis realistischerweise kaum gedacht werden, und der wirkliche Durchbruch zum technischen Wissen von der lebenden Natur erfolgte erst in jüngster Zeit. Das wohl eindrucksvollste Zeugnis dafür bietet die molekulare Genetik mit der Aufklärung der Struktur der DNA im Jahre 1953, der Entschlüsselung des genetischen Codes seit 1961 und der Entwicklung der DNA-Rekombination in den 70er Jahren. Fortschritte in der wissenschaftlichen Erkenntnis sind in diesem Bereich unmittelbar mit der Entwicklung technischer Verfahren verknüpft. Und mehr noch: nie zuvor in der Geschichte der Wissenschaft konnten neue theoretische Einsichten so schnell in industrielle Technik umgesetzt werden. Die Biowissenschaften verschmelzen mit der Biotechnologie. »Eine Entkopplung der Entwicklung in der Grundlagenforschung von der angewandten Biotechnologie ist nicht möglich. [...] im Prinzip gilt, daß, wer Grundlagenforschung bejaht, auch die potentielle biotechnologische Anwendung in Kauf nimmt. « [16]

Wenn die Biowissenschaften heute zum Anlaß tiefer Befürchtungen und zum Gegenstand öffentlicher Auseinandersetzungen geworden sind, so ist dies ein Resultat dieser Verschmelzung mit der Biotechnologie. Als Beispiele sei nur auf die in den siebziger Jahren in den USA geführte Debatte über die potentiellen Gefahren der DNA-Rekombination verwiesen; und auf die gegenwärtig stattfindende Diskussion über die ökologischen Risiken der Freisetzung genetisch manipulierter Organismen.

8. Wie auch immer man diese Befürchtungen und Auseinandersetzungen einschätzen mag: in jedem Fall kann das weit verbreitete Unbehagen an der modernen Biotechnologie nicht auf die mit ihnen verbundenen Risiken reduziert werden. Anders als Technologien auf physikalischer oder chemischer Grundlage trifft die Biotechnologie – wie wir gesehen haben – auf eine nur partiell neutralisierte Natur. Wer einem Stück Metall einen moralischen Eigenwert zuschriebe und sich gegen dessen totale Instrumentalisierung in Gestalt eines Hammers oder Elektrokabels wehrte, würde sich lächerlich machen. Wer hingegen die Massentierhaltung uneingeschränkt verteidigt und in den berüchtigten Legebatterien für Hühner kein Problem zu sehen vermag, der gilt als herzlos. Vor diesem Hintergrund wird erklärlich, was der britische Evolutionsbiologe Haldane vor einem halben Jahrhundert als die »Perversität« biologischer Erfindungen beschrieben hat. »Der Erfinder auf chemisch-physikalischem Gebiet ist immer ein Prometheus. Vom Feuer bis zur Fliegerei hin gibt es keine Erfindung, die nicht zum Willkomm als Beleidigung irgendeines Gottes angesprochen worden wäre. Aber wenn jede physikalische und chemische Erfindung eine Blasphemie ist, so ist jede biologische Erfindung eine Perversität. Es gibt kaum eine einzige, die nicht, einem Beurteiler aus Kreisen einer über ihre Existenz vorher nicht informierten Nation

mitgeteilt, diesem schamlos und naturwidrig erscheinen würde. Man beachte einmal einen so simplen und altehrwürdigen Vorgang wie das Melken einer Kuh! Die Milch, die ein inniges, beinahe heiliges Band zwischen Mutter und Kind hätte bilden sollen, wird von den geschickten Fingern einer Stallmagd herausgelockt, wird dann getrunken, abgekocht, oder man läßt sie sogar zu Käse verderben. Wir müssen uns nur vorstellen, daß wir irgendeine ihrer sonstigen Ausscheidungen tränken, um die tiefgehende Schamlosigkeit unserer Beziehung zur Kuh zu begreifen.«[17]

Hinter der angelsächsischen Ironie verbirgt sich ein moralisches Grundproblem der Biotechnologie. Die technische Nutzung lebender Wesen ist nicht ohne weiteres gleichzusetzen mit der technischen Nutzung lebloser Materialien. Auch wer das Melken von Kühen für moralisch unbedenklich hält, wird nicht ohne Unbehagen wahrnehmen, daß der moderne Kuhstall mehr und mehr einem biotechnologischen Laboratorium gleicht, in dem die Kuh nur noch als Milchfabrik zählt. Künstliche Besamung und Embryotransfer sind bereits heute zu Standardverfahren der Züchtung geworden,[18] und die durch Klonierung vervielfältigte Hochleistungskuh ist bereits in Planung. Das Unbehagen an solchen Verfahren der modernen Tier- und Pflanzenproduktion ergibt sich weniger aus den damit verbundenen Risiken – die geklonte »Turbokuh« wird wohl nicht wesentlich gefährlicher sein als das traditionelle Modell – als aus dem Eindruck einer totalen Instrumentalisierung der domestizierten Organismen, die sich nicht zuletzt daran zeigt, daß die wissenschaftlich fundierte Züchtung auch schwere konstitutionelle Gebrechen der Tiere im Interesse der Leistungssteigerung in Kauf nimmt.

9. Da der Mensch ein Produkt der Evolution ist und sich biologisch nur graduell vom Tier unterscheidet, sind alle Techniken, die in der Tier»produktion« entwickelt und angewandt werden, auch auf den Menschen übertragbar. Die

in den letzten Jahren viel diskutierten technischen Möglichkeiten des Eingriffs in die menschliche Fortpflanzung – darunter vor allem die künstliche Insemination, die In-vitro-Befruchtung und der Embryotransfer – wurden selbstverständlich vorher am Tiermodell experimentell erprobt, darüber hinaus aber auch in großem Umfang in der Tierzucht angewandt, bevor sie Eingang in die medizinische Praxis fanden. Nicht genug damit, daß biologische Grundlagenforschung von ihrer biotechnologischen Anwendung nicht abgekoppelt werden kann; diese Anwendung kann grundsätzlich nicht auf außermenschliche Lebewesen beschränkt werden: sie schließt (zumindest potentiell) immer auch den Menschen ein.

In vielen Fällen ist diese Übertragbarkeit erwünscht: ohne sie könnten wir Humanmedikamente nicht im Tierversuch testen. Es gibt aber auch Beispiele dafür, daß sie in anderen Fällen unerwünscht sein kann oder Probleme mit sich bringt. Dies wird deutlich in einem Aufsatz, den der Zoologe Richard Hertwig am Beginn unseres Jahrhunderts über den Stand seiner Disziplin veröffentlichte. »In letzter Instanz werden aber auch die Errungenschaften der neuen Forschung dem Menschen zum unmittelbaren Vorteil gereichen. Vieles, was durch das Tierexperiment festgestellt worden ist, läßt sich ohne weiteres auf menschliche Verhältnisse übertragen. Anderes ist zum mindesten wertvolles Material, das Beachtung verdient, wenn es gilt, Zustände der menschlichen Gesellschaft zu regeln. Ich denke hierbei hauptsächlich an die mächtige Bewegung, welche zur Rassenhygiene geführt hat und aufgrund naturwissenschaftlicher Erahrungen besonders in England weitgehende, vielleicht sogar zuweitgehende Forderungen an eine rationelle Organisation der menschlichen Gesellschaft stellt.«[19]

Tatsächlich ist »die mächtige Bewegung« der Eugenik bzw. Rassenhygiene am Ende des 19. Jahrhunderts aus einer Übertragung der Prinzipien der Tier- und Pflanzenzucht auf den Menschen entstanden.[20] Und nicht wenige Autoren befürchten heute, daß die technischen Fortschritte im Bereich der Humangenetik und Reproduktionsmedizin zu einem Wiederaufleben solcher Ideen führen könnte. Wie immer man diese Gefahr beurteilen mag: der entscheidende Punkt ist, daß die Biowissenschaften und die Biotechnologie entsprechende Möglichkeiten zur Verfügung stellt, aber nicht die Kriterien, nach denen über ihren Einsatz entschieden werden muß. Ob wir Schweine, Kühe oder Menschen züchten: der Unterschied ist *biologisch* marginal. Denn »rein wissenschaftlich« betrachtet, ist der Homo sapiens nur eine Säugetierart unter anderen. Daß dem von Darwin behaupteten evolutionären Zusammenhang von Tier und Mensch ein technisch-praktischer Zusammenhang entspricht, zeigt die folgende Bemerkung des Physiologen Robert G. Edwards, einem der ›Väter‹ des ersten *in vitro* gezeugten Kindes der Geschichte: »My interest in human oocytes and the possibility of fertilization *in vitro* began in the late 1950s and early 1960s. At that time, I became increasingly fascinated with the *in vitro* maturation of oocytes of various mammals, including man.«[21]

IV. *Schlußfolgerung*

Die ›klassische‹ Frage der Wissenschaftsethik ist die nach der Verantwortung der Wissenschaftler für die *außer*wissenschaftlichen *Folgen* ihrer Tätigkeit. Doch so bedeutsam diese Frage auch ist, die Konzentration auf sie hat die innere Verfassung der Wissenschaft, die moralische Dimension ihres Erklärungstypus und ihrer Verfahrensweise gar nicht erst in den Blick kommen lassen. Die Wissenschaft wird als eine »black box« aufgefaßt, die einen bisweilen moralisch problematischen »output« produziert, deren innere Struktur aber ethisch irrelevant ist. Ziel dieses Beitrages war es demgegenüber, am Beispiel der Biologie plausibel zu machen, daß die neuzeitliche Wissenschaft auch unabhängig von ihrer Anwendung ein *moralisches Problem* darstellt.

Dabei sollte es sich von selbst verstehen, daß diese These weder eine Denunziation der Wissenschaft betreibenden Personen impliziert: Wissenschaftler sind nicht unmoralischer (aber auch nicht moralischer) als andere Menschen; und ebensowenig ein Dementi der moralischen Ansprüche, mit denen die Wissenschaft von Beginn an verbunden war: die Überwindung von Vorurteilen, die Enthüllung der Wahrheit und die Erleichterung des Daseins sind nicht *bloß* szientistische Prätentionen. Die These, daß Wissenschaft ein moralisches Problem ist, besagt vielmehr:

(1) daß die *Methoden* und *Mittel*, deren sich die neuzeitliche Wissenschaft bedient, um ihre moralischen Ansprüche einzulösen, eine Eigendynamik entfaltet haben, die in Widerspruch zu eben diesen Ansprüchen treten kann;

(2) daß Wissenschaft und Moral sich daher nicht im Zustand einer prästabilierten Harmonie befinden oder auch nur ›windschief‹ zueinander stehen;

(3) daß ein Handeln nach »rein wissenschaftlichen« Kriterien noch keine Moralität verbürgt.

Ein moralisches Problem ist die Wissenschaft somit vor allem deshalb, weil sie keinen eingebauten Mechanismus zur Gewährleistung der Moralität hat. Als Erklärungstypus und Verfahrensweise ist sie programmatisch ›wertneutral‹; und als soziale Institution ist sie auf die Maximierung von Erkenntnis, nicht auf die Maximierung von Moralität programmiert. Und das bedeutet: Die Wissenschaft kann ihre Moralität daher nicht aus sich selbst heraus garantieren; moralische Grenzen der Forschung können nur von außen gesetzt werden.

Anmerkungen

1 Robert Musil, *Der Mann ohne Eigenschaften*, hrsg. von Adolf Frisé, Bd. 2, Reinbek bei Hamburg 1978, S. 960.

2 Zu denken ist hier an die vor allem in den USA einflußreiche Bewegung des christlichen Kreationismus und verwandte Strömungen in islamischen Ländern. Vgl. Ashley Montagu (Hrsg.), *Science and Creationism*, New York 1984.

3 Instruktive Beispiele dafür bietet die Geschichte der Schädel- und Intelligenzmessung: vgl. Stephen Jay Gould, *Der falsch vermessene Mensch*, übers. von Gunther Seib, Frankfurt a. M. 1988. In der Gegenwart kreisen die ideologischen Auseinandersetzungen vor allem um die Soziobiologie: vgl. Arthur L. Caplan (Hrsg.), *The Sociobiology Debate. Readings on the Ethical and Scientific Issues Concerning Sociobiology*, New York [u. a.] 1978; Steven Rose / Leon J. Kamin / Richard C. Lewontin, *Not in our Genes. Biology, Ideology and Human Nature*, Harmondsworth 1984.

4 René Descartes, *Über den Menschen, sowie Beschreibung des menschlichen Körpers*, übers. und hrsg. von Karl E. Rothschuh, Heidelberg 1969, S. 136.

5 Vgl. Kurt Bayertz, »Die Entmoralisierung des Lebendigen«, in: Matthias Gatzemeier (Hrsg.), *Verantwortung in Wissenschaft und Technik*, Mannheim / Wien / Zürich 1989.

6 Zur Idee einer Stufenleiter der Lebewesen und zu den normativen Implikationen dieser Idee vgl. Arthur O. Lovejoy, *The Great Chain of Being. A Study of the History of an Idea*, Cambridge (Mass.) / London [15]1982.

7 Friedrich Theodor Vischer, »Mode und Zynismus. Beiträge zur Kenntnis unserer Kulturformen und Sittenbegriffe«. In: F. Th. V., *Kritische Gänge*, Bd. 5, 2. verm. Aufl., München 1922. S. 429 f.

8 Vgl. Kurt Bayertz, *GenEthik. Probleme der Technisierung menschlicher Fortpflanzung*, Reinbek bei Hamburg 1987. S. 111 bis 114, passim. – Hier werden vor allem die problematischen Aspekte des Konzepts »menschliche Natur«, insbesondere ihrer »Heiligkeit«, analysiert.

9 François Jacob, *Die Logik des Lebenden. Von der Urzeugung zum genetischen Code*, übers. von Jutta Scherrer und Klaus Scherrer, Frankfurt a. M. 1972, S. 196.

10 Hier zitiert nach: Leonora Cohen Rosenfield, *From Beast-*

Machine to Man-Machine. Animal Soul in French Letters from Descartes to La Mettrie, neue, erw. Ausg., New York 1968, S. 54.

11 *Nature* 9 (1873) S. 145. – Hier zitiert nach: Steward Richards, »Drawing the Life-Blood of Physiology: Vivisection and the Physiologist's Dilemma, 1870–1900«. In: *Annals of Science* 43 (1986) S. 54.

12 Claude Bernard, *Einführung in das Studium der experimentellen Medizin*, übers. von Paul Szendrö, Leipzig 1961, S. 144.

13 Pierre-Louis Moreau de Maupertuis, *Vénus physique. Lettre sur le progrès des sciences*, Paris 1980, S. 161 ff. – In derselben Schrift werden noch folgende andere Experimente mit Menschen gefordert: Erprobung neuartiger gefährlicher Operationen an zum Tode Verurteilten und Aufzucht neugeborener Kinder in völliger sozialer Isolation, um auf diese Weise zu ermitteln, welche Sprache sie ohne erwachsene Vorbilder zu sprechen beginnen.

14 Zur Praxis der Menschenversuche in den Konzentrationslagern des »Dritten Reiches« vgl. die klassische Darstellung von Alexander Mitscherlich / Fred Mielke, *Medizin ohne Menschlichkeit. Dokumente des Nürnberger Ärzteprozesses*, Frankfurt a. M. (erstmals 1948).

15 Zum Vergleich: die durchschnittliche Homologie der DNA-Sequenzen bei Maus und Ratte beträgt lediglich 70 %. Vgl. Mary-Clare King / A. C. Wilson, »Evolution at Two Levels in Humans and Chimpanzees«, in: *Science* 188 (1975) S. 107; sowie: François Jacob, *Das Spiel der Möglichkeiten. Von der offenen Geschichte des Lebens*, übers. von Friedrich Griese, München 1983, S. 61 f.

16 Peter Hans Hofschneider, »Eingriff in die Erbsubstanz. Aspekte, Fakten, Thesen«, in: Peter Koslowski / Philipp Kreuzer / Reinhard Löw (Hrsg.), *Die Verführung durch das Machbare. Ethische Konflikte in der modernen Medizin und Biologie*, Stuttgart 1983, S. 15.

17 J. B. S. Haldane, *Daedalus oder Wissenschaft und Zukunft*, übers. von Ernst Frey, München 1925. S. 37 f.

18 Zum Embryotransfer bei landwirtschaftlichen Nutztieren vgl. Joachim Hahn, »Biologische und experimentelle Grundlagen der In-vitro-Fertilisation und des Embryotransfers«, in: Ulrich Jüdes (Hrsg.), *In-vitro-Fertilisation und Embryotransfer (Retortenbaby). Grundlagen, Methoden, Probleme und Perspektiven*, Stuttgart 1983, S. 115 f.

19 Richard Hertwig, »Die deutsche Zoologie und die modernen biologischen Forschungsanstalten«, in: *Internationale Wochenschrift für Wissenschaft, Kunst und Technik* 4 (1910) Nr. 34, Sp. 1065 f.

20 Vgl. Peter Weingart/Jürgen Kroll/Kurt Bayertz, *Rasse, Blut und Gene. Geschichte der Eugenik und Rassenhygiene in Deutschland*, Frankfurt a. M. 1988.

21 Robert G. Edwards, »The Current Clinical and Ethical Situation of Human Conception In Vitro.« In: Cedric O. Carter (Hrsg.), *Developments in Human Reproduction and their Eugenic, Ethical Implications*, London 1983. S. 53 f.

ALBIN ESER

Moderne Fortpflanzungsmedizin und Gentechnik: Rechtliche und sozialpolitische Aspekte der Humangenetik

Mit den neuen humangenetischen Verfahren, mit denen sich Leben fortpflanzen und in seiner genetischen Gestalt verändern läßt, wird nicht nur naturwissenschaftlich-medizinisch, sondern auch ethisch-rechtlich noch weithin Neuland betreten. Dies beginnt eigentlich schon mit der Terminologie, indem die einen fein säuberlich zwischen Reproduktionsmedizin und Gentechnik zu trennen wünschen und die anderen dies und noch manches andere mehr schlicht als »Biotechnologie« oder »Humangenetik« zusammenfassen wollen. Doch statt mit solchen begrifflichen Spiegelfechtereien viel Zeit und Raum zu verlieren, sei hier einfach festgestellt, was im folgenden – in Anlehnung an einen entsprechend weiten anglo-amerikanischen Sprachgebrauch von »human genetics« – alles unter dem Stichwort »Humangenetik« verstanden sei: nämlich sowohl Probleme des »generare« im Sinne von Erzeugen als auch des »genus« im Sinne von Art und Erbgut samt dessen Erforschung und Veränderung.

Unzulänglichkeit des geltenden Rechts

Was die rechtliche Regelung dieses weiten Problembereichs betrifft, so ist zuallererst auf dessen derzeitige Unzulänglichkeit hinzuweisen. Sieht man nämlich von den (untergesetzlichen) »Richtlinien zum Schutz vor Gefahren durch *in vitro* neu kombinierte Nukleinsäuren« einmal ab, so gab es bis vor kurzem keinerlei spezielles Recht für die verschiedenen For-

men der Fortpflanzungsmedizin und der Gentechnik. Selbst
soweit Einzelbestimmungen – wie etwa des Arzneimittel-
rechts, des Bundesseuchengesetzes oder der Strahlenschutz-
verordnung – in Betracht kamen, waren diese sowohl von
ihrer Entstehung als auch ihrer Zielsetzung her meist auf
andere medizinisch-naturwissenschaftliche Sachverhalte zugeschnitten gewesen. Dieser Mangel an Spezialregelungen
hatte zur Folge, daß einerseits sowohl für den Schutz gegenüber möglichen Gefahren dieser neuen Technologien als auch
zu einer etwaigen Rechtfertigung des Naturwissenschaftlers
oder Mediziners allgemeine Grundsätze und Vorschriften
heranzuziehen waren. Da aber auch diese meist andere Wur-
zeln haben und aufgrund ihrer allgemeineren Zielsetzung teils
zu eng, teils zu weit sind, vermögen sie nur in unzulänglicher
Weise den Bedürfnissen oder Risiken der verschiedenen Formen moderner Biotechnologien zu genügen.

Rechtspolitische Aktivitäten

Angesichts dieser Unzulänglichkeiten des geltenden Rechts
sah sich der Gesetzgeber immer mehr zum Eingreifen herausgefordert. Von der inzwischen fast schon nicht mehr über-
schaubaren Vielfalt von Entschließungen, Empfehlungen
oder sonstigen Thesen, wie sie von Parteien, Ärzteorganisa-
tionen, Juristentagen oder ähnlichen gesellschaftlichen Gruppen vorgelegt wurden, seien hier – wegen ihres zumindest
offiziösen Charakters – wenigstens folgende fünf namentlich
erwähnt:

– So der Bericht der (nach ihrem Vorsitzenden so benannten)
Benda-Kommission, die als »Arbeitsgruppe In-vitro-Fertilisation, Genomanalyse und Gentherapie« im Mai 1984 vom
Bundesminister für Forschung und Technologie zusammen
mit dem Bundesminister der Justiz eingesetzt worden war
und die ihre Empfehlungen im Oktober 1985 vorgelegt hat

(inzwischen veröffentlicht unter dem Titel »In-Vitro-Fertilisation, Genomanalyse und Gentherapie« in der Reihe »Gentechnologie – Chancen und Risiken«, Band 6, München 1985). Der Schwerpunkt dieser nur aus Wissenschaftlern zusammengesetzten Arbeitsgruppe (und zwar vorwiegend Naturwissenschaftlern, aber auch einigen Juristen und anderen Geisteswissenschaftlern) lag – wie schon ihre Benennung erkennen läßt – im Bereich der Reproduktionsmedizin und der Humangenetik.

– Zum andern die Vorschläge der vom Deutschen Bundestag eingesetzten Enquête-Kommission über »Chancen und Risiken der Gentechnologie« (unter diesem Titel herausgegeben von Wolf M. Catenhusen und Hanna Neumeister in der Reihe »Gentechnologie – Chancen und Risiken«, Band 12, München 1987): Ihrem umfassenderen Auftrag entsprechend hat sich diese aus Bundestagsabgeordneten und Sachverständigen zusammengesetzte Kommission unter anderem auch mit der sogenannten »grünen« (an Pflanzen) und »roten« Gentechnologie (an Tieren) befaßt und mit einem Teil ihrer Vorschläge durch das Gentechnikgesetz vom 10. 6. 1990 auch schon legislativen Erfolg gehabt.

– Ferner die vom Wissenschaftlichen Beirat der Bundesärztekammer erarbeiteten »Richtlinien zur Durchführung von In-Vitro-Fertilisation (IVF) und Embryotransfer (ET) als Behandlungsmethode der menschlichen Sterilität« vom Mai 1985 und die »Richtlinien zur Forschung an frühen menschlichen Embryonen« vom Dezember 1985: Diese Richtlinien, die sich nur an die Ärzteschaft richten und im wesentlichen auf den Bereich der Reproduktionsmedizin beschränken, haben freilich nur arztethisch-standesrechtliche Verbindlichkeit und ermangeln daher insbesondere einer strafrechtlichen Sanktionierbarkeit.

– Schließlich das am 1. 1. 1991 in Kraft getretene *Embryonenschutzgesetz (ESchG)* vom 13. 12. 1990, mit dem erstmals bestimmte Fortpflanzungstechniken eine gesetzliche Regelung fanden und vor allem die Forschung mit Embryo-

nen – über die schon von der Benda-Kommission vorge-
schlagenen Restriktionen weit hinaus – praktisch völlig ausgeschlossen wird.

Freiheit und Verantwortlichkeit des Forschers

Mit dem Ruf nach dem Gesetzgeber werden allerdings teils
recht gegenläufige Erwartungen verbunden: Während sich
die einen mit den Mitteln der extrakorporalen Befruchtung
die Erfüllung ihres auf natürliche Weise nicht zu befriedigen-
den Kinderwunsches erhoffen und sich dazu auf ein »Recht
auf Fortpflanzung« berufen zu dürfen glauben, sehen die
anderen in der Verwendung von Keimzellen Dritter eine
Bedrohung von Ehe und Familie und fordern daher Verbote.
Oder während manchem die moderne Gentechnologie überhaupt als eine Bedrohung menschlicher Würde und daher als
verdammungswürdig erscheint, erhofft sich der Forscher
gegenüber solchen restriktiven Tendenzen eine Absicherung
seiner Forschungsfreiheit. Wie so oft, findet sich auch hier
der rechte Weg in der Mitte:

– Auf der einen Seite ist dem Forscher in der Tat durch unser
Grundgesetz die Freiheit von Wissenschaft und Forschung
ausdrücklich als Grundrecht garantiert (Art. 5 Abs. 3). Das
gilt auch für die Reproduktionsmedizin und Gentechnologie.
Danach ist auch Forschung mit und am Menschen grundsätzlich legitim.
– Auf der anderen Seite bedeutet jedoch Legitimität nicht
Schrankenlosigkeit. Denn die Forschungsfreiheit findet jedenfalls dort ihre Grenze, wo durch ein medizinisches oder
naturwissenschaftliches Verfahren ein zivil- oder strafrechtlicher Tatbestand verwirklicht wird, der dem Schutz eines
grundrechtlich garantierten Gutes dient. Das ist namentlich
bei Schutztatbeständen zur Wahrung der Menschenwürde,
des Lebens, der körperlichen und seelischen Integrität, der

Selbstbestimmung sowie zum institutionellen Schutz von
Ehe und Familie der Fall.

Immerhin ist aber dabei der deutsche Forscher insofern in
einer vorteilhaften Ausgangsposition, als nicht er es ist, der
seine Forschung legitimieren müßte, sondern – umgekehrt –
etwaige Beschränkungen dieser Forschungsfreiheit der Legitimation bedürfen. Kurz: nicht die Freiheit, sondern ihre
Schranken sind begründungsbedürftig. Wenn man also Forschung irgendwie regulieren will, so kann dazu nicht schon
das Artikulieren irgendeines moralischen Unbehagens oder
eines sonstwie flauen Angstgefühls gegenüber neuer Biotechnik genügen. Vielmehr müssen solche Befürchtungen an bestimmten »Rechtsgütern« gleichsam dingfest gemacht werden. Sobald allerdings solche Gefährdungen oder soziale
Fehlentwicklungen zu befürchten sind, ist der Staat nicht nur
berechtigt, sondern sogar verpflichtet, dem in adäquater
Weise vorzubeugen.

Eigene Verantwortung des Arztes

Ebensowenig wie für den Forscher die Forschungsfreiheit
kann auch für den Arzt die Kurierfreiheit kein unbegrenzter
›Freibrief‹ sein, und zwar auch dann nicht, wenn er damit den
Kinderwunsch seiner Patientin erfüllen will. Denn entgegen
einer weit verbreiteten Einstellung, wonach für den Arzt der
Wunsch der Patientin gleichsam Befehl sei, der ihn jeder eigenen Verantwortung enthebe, muß er sich bewußt machen,
daß er bei medizinischer Zeugungshilfe für die Folgen seines
eigenen Handelns verantwortlich bleibt. Anders als bei traditioneller Sterilitätsbehandlung, die im Vorfeld des entschei-
denden Fortpflanzungsaktes bleibt und diesen den Sexual-
partnern überläßt, wird nämlich bei künstlicher Insemination
und In-vitro-Fertilisation der Arzt zum Hauptakteur der
Zeugung, wobei er möglicherweise nicht einmal das eigene

Erbgut der prospektiven Eltern, sondern Keimzellen Dritter zur Verschmelzung bringt und dadurch zwangsläufig auch zum Selektor wird. Demzufolge erhält auch seine moralische und rechtliche Verantwortlichkeit eine andere soziale Qualität. Daher wird der Arzt nicht einfach blindlings jedwedem Fertilisierungsverlangen folgen dürfen, sondern – soweit für ihn erkennbar – auch mögliche nachteilige Folgen für das erhoffte Kind mitzubedenken haben. Insofern sind reproduktionsmedizinische Hilfen nicht als bloße ›Zweierbeziehung‹ zwischen Arzt und Patient, sondern als ›Dreiecksverhältnis‹ unter Einbeziehung des Kindes zu verstehen.

Vielfalt des Regelungsinstrumentariums

Doch selbst soweit es Schutzbedürfnisse gibt und Mißbrauchsgefahr abzuwehren ist, braucht dies – entgegen einem unter Nichtjuristen weit verbreiteten Mißverständnis – nicht ohne weiteres auf ein Verbot hinauszulaufen. Denn je nach Schutzzweck und Gefährdungsart sind durchaus unterschiedliche Regelungswege denkbar: angefangen von rein vorbeugend administrativ-prozeduralen Absicherungen in Form von Anzeige- oder Protokollierungspflichten, ferner über Überwachungsmechanismen mittels Selbstkontrolle durch Ethikkommissionen, bis hin zu zivilrechtlicher Wiedergutmachung im Falle von Schädigungen, aber auch – wenngleich als letztes Mittel – strafrechtliche Sanktionierung.

Wie dieses durchaus differenzierungsfähige Regelungsinstrumentarium einzusetzen ist, läßt sich natürlich nicht pauschal sagen, sondern hängt entscheidend von der Zielsetzung und den Folgen der verschiedenartigen reproduktionsmedizinischen und biotechnischen Verfahren ab. Daher sind diese nunmehr jeweils gesondert zu betrachten.

Gentechnik im außermenschlichen Bereich

Soweit es um bio- und gentechnologische Grundlagenforschung im vorhumanen Bereich geht, sind an sich keine Gefahren ersichtlich, die einer Regulierung bedürften. Daher wäre es in der Tat ein Eingriff in die Forschungsfreiheit, wenn man dem Biologen die Erforschung bestimmter Fragestellungen verbieten oder bestimmte Methoden vorschreiben wollte.

Sobald freilich, wie etwa bei der Gefahr der Entstehung und/oder des Ausbruchs von neuartigen pathogenen Erregern oder bei nicht beherrschbar erscheinenden Freilandversuchen, die Erprobung von Grundlagenforschung bereits in Anwendung übergeht, kann sich – ähnlich wie bei umweltgefährdendem Umschlag von Physik und Chemie – das Bedürfnis nach präventiven Schutzvorkehrungen stellen. So insbesondere aus dort, wo genmanipulative Verfahren zu irreversiblen Eingriffen in den Genbestand oder zu selektiver Einschränkung des Genpools führen könnten. Da die Herbeiführung solcher Folgen schwerlich im freien Belieben des einzelnen Forschers stehen kann, sind gesetzliche Schritte – wie etwa auch von der eingangs erwähnten Enquête-Kommission im Sinne von präventiven Richtlinien, Einführung einer Gefährdungshaftung und teilweise auch durch gewisse Strafbestimmungen empfohlen – nicht von der Hand zu weisen. Deshalb erscheint mir das bereits eingangs erwähnte Gentechnikgesetz – ungeachtet problematischer Einzelpunkte – jedenfalls im Grundsatz wohlbegründet.

Pränatale Diagnostik

Solange wir uns im Bereich der sogenannten *pränatalen Diagnostik* bewegen und solche Eingriffe am frühen Embryo oder Fötus mit therapeutischer Zielsetzung vorgenommen werden, sind sie grundsätzlich als »Heilbehandlung« nach den allgemein von der Rechtsprechung entwickelten Regeln oder, falls noch im Erprobungsstadium, als »Heilversuch« gerechtfertigt. Deshalb bestehen gegen eine Amniozentese oder Chorionbiopsie jedenfalls solange keine Bedenken, als sie der Feststellung von genetischen Schäden dienen, um deren Auswirkungen nach Möglichkeit rechtzeitig begegnen zu können.

Sofern jedoch eine solche Diagnostik primär, wenn nicht sogar ausschließlich, zur Geschlechtsfeststellung dient, um dann bei dessen Unerwünschtheit die Schwangerschaft abbrechen zu können, wird ihr – weil von keinerlei therapeutischer Zielsetzung bestimmt – der Heilcharakter abzusprechen sein. Das hat zur Folge, daß beispielsweise eine Amniozentese, die einem (nicht krankheitsbedingten) geschlechtsselektiven Schwangerschaftsabbruch dienen soll, trotz Einwilligung der Schwangeren als rechtswidrige Körperverletzung anzusehen wäre, weil gegen die »guten Sitten« verstoßend (§ 226a StGB), ist doch eine solche Diskriminierung sogar durch unsere Verfassung mißbilligt (Art. 3 Abs. 3 Grundgesetz). Daher wird durch § 3 ESchG zu Recht bereits die Erzeugung von Embryonen insoweit verboten, als sie nach dem in ihnen enthaltenen Geschlechtschromosomen ausgewählt werden sollen.

Homologe intrakorporale Insemination

Soweit es um die verschiedenen Formen künstlicher Befruchtung geht, ist noch am wenigsten problematisch jene, bei der eine Frau auf innerkörperlichem Weg durch ärztliche Hilfe mit dem Samen ihres Mannes befruchtet wird. Rechtlich ist dies als »Heilbehandlung« zu begreifen, falls man in der Abhilfe von Fertilitätsstörungen die Behebung einer Krankheit oder jedenfalls eines krankheitsähnlichen Zustandes erblickt.

Sofern jedoch der Samen zuvor eingefroren worden war und vor dessen Insemination der Ehemann stirbt, stellt sich die rechtlich ungelöste Frage einer *postmortalen* Befruchtung. Selbst wenn sich der Verstorbene durch eine entsprechende testamentarische Verfügung dazu bereit erklärt haben sollte, erhebt sich für den Arzt die ethische Frage, ob er seine Kunstfertigkeit dafür hergeben darf, ein Kind zu erzeugen, dem ein Leben ohne Vater vorgezeichnet ist. Auch wenn solche Bedenken nicht genügen mögen, um deswegen postmortale Befruchtungen – wie nunmehr in § 4 Abs. 3 Nr. 3 EschG geschehen – von Gesetzes wegen zu verbieten, wird der Staat mit Rücksicht auf das Kindeswohl solche Verfahren doch andererseits auch nicht durch Sonderregelungen erleichtern dürfen.

Homologe In-vitro-Fertilisation

Auch die extrakorporale Befruchtung im Reagenzglas mit dem Samen des Ehemannes und anschließendem Embryotransfer auf seine Frau ist als Sterilitätstherapie rechtlich unbedenklich, solange sie zu Lebzeiten des Ehemannes stattfindet. Immerhin wird sich jedoch der Arzt im Hinblick auf das Kindeswohl soweit wie möglich zu vergewissern haben, daß das Kind nicht als Mittel zur vermeintlichen Kittung einer instabilen Partnerschaft oder sonstwie zu rein egozentrischer Selbstverwirklichung mißbraucht wird. Daher dürfte bei derartig psychogen bedingter Sterilität von einem solchen Verfahren regelmäßig abzusehen sein. Schon aus solchen medizinischen Gründen scheint der in § 9 EschG für fortpflanzungsmedizinische Verfahren eingeführte Arztvorbehalt wohl begründet. Um zudem auch die Betroffenen vor gewerblicher Ausbeutung zu schützen, ist eine Beschränkung auf solche ärztlichen Einrichtungen zu empfehlen, die in personeller und sachlicher Hinsicht bestimmten Mindestanforderungen genügen und einer staatlichen Aufsicht unterliegen.

Heterologe Insemination und In-vitro-Fertilisation

Die intra- und extrakorporale Befruchtung mit Spendersamen ist mit zahlreichen partnerschaftlichen und familienrechtlichen Problemen belastet und nur unter bestimmten Absicherungen vertretbar. Dies gilt insbesondere für die rechtliche Klarstellung des Eltern-Kindschafts-Verhältnisses sowie für die Sicherung des Rechts des Kindes auf Kenntnis seiner Abstammung. Denn obgleich die Verwendung von Spendersamen gesellschaftlich schon weithin akzeptiert erscheint, sind die sozialen Folgeprobleme noch keineswegs bewältigt. So vor allem hinsichtlich der »doppelten Vaterschaft« aufgrund der »genetischen« des Samenspenders einerseits und der »rechtlichen« des Ehemannes der befruchteten Frau andererseits: Soll letzterer die – in der Regel gesetzlich vermutete – Ehelichkeit des Kindes anfechten dürfen, und zwar selbst dann, wenn er der Fertilisierung mit Fremdsamen zugestimmt hatte? Und wenn er erfolgreich angefochten hat, soll dann der »genetische« Vater zum Unterhalt verpflichtet sein? Selbst wenn aber die Ehelichkeitsanfechtung für den Ehemann im Falle seiner Zustimmung zur Fremdbefruchtung ausgeschlossen wird, soll dann dennoch das Anfechtungsrecht des Kindes erhalten bleiben? Wie soll dann die Feststellbarkeit des »genetischen« Vaters gewährleistet werden? Soll der Arzt durch Anonymitätszusicherung gegenüber dem Samenspender den Rückgriff auf diesen ausschließen dürfen? Solange diese Vaterschafts- und Unterhaltsfragen rechtlich nicht geklärt sind, wird das Kind in eine ungesicherte Situation hineingeboren. Das muß zwar nicht heißen, daß deswegen – wie zeitweilig in der Bundesrepublik erwogen (§ 203 StGB-Entwurf 1962) – jede Art von heterologer Befruchtung bei Strafe zu verbieten sei; denn solange es die Rechtsordnung auch anderweitig straflos hinnimmt, daß Kinder durch Ehebruch, Prostitution oder auch sonstwie auf wenig menschenwürdige Weise gezeugt oder »vaterlos« geboren werden, wäre es kaum glaubwürdig, wenn dieselbe

Rechtsordnung vielleicht gerade eine erwünschte, wenngleich technisch bewerkstelligte Zeugung verbieten wollte. Dennoch erscheinen rechtspolitisch vor allem in zweifacher Hinsicht bestimmte Absicherungen erforderlich:

– So zum einen zur Klarstellung des Eltern-Kindschafts-Verhältnisses sowie etwaiger Unterhaltsverpflichtungen: und zwar sowohl im individuellen Interesse des betroffenen Kindes als auch im gesellschaftlichen Interesse an institutioneller Integrität von Ehe und Familie.
– Zum anderen zur Sicherung des Rechts des Kindes auf Kenntnis seiner Abstammung. Dieses bislang vor allem durch Anonymitätszusicherung gegenüber dem Spender gefährdete Recht verdient sowohl aus menschenrechtlichen wie auch aus medizinischen Gründen eine bessere Absicherung. Um dies zu gewährleisten, sollten für den Fall einer Fertilisierung mit Spendersamen die ärztlichen Einrichtungen verpflichtet werden, die Personalien des Samenspenders zu dokumentieren und die entsprechenden Aufzeichnungen dem Kind mit Erreichen eines bestimmten Lebensalters auf eigenen Wunsch hin zur Einsichtnahme vorzulegen.

Doch selbst wenn derartige Absicherungen, wie namentlich auch gegen die Verwendung von sogenannten »Samencocktails« (durch Mischung des Samens verschiedener Spender) oder gegen Vielfachspenden, getroffen sind, bleibt im Einzelfall den Ehepartnern jedenfalls moralisch die Frage nicht erspart, ob ihre Liebe stark genug ist, die Präsenz eines Dritten im Erbgut des Kindes psychisch auf Dauer zu verkraften. Auch der Spender einer Keimzelle wird sich fragen müssen, inwieweit er sich von der genetischen Verantwortung von seinem zum Menschen gewordenen Erbgut freizeichnen kann. Keimspende ist nicht gleich Blutspende: Blut geht im fremden Körper auf, die Keimzelle setzt die eigene Person im Kind fort.

Eispende und Ersatzmutterschaft

Noch vielschichtiger werden die Probleme dort, wo auf Mutterseite ein Austausch stattfindet: so etwa dadurch, daß sich eine Frau ein Ei entnehmen läßt, das bei einer anderen Frau eingeführt und dort intrakorporal befruchtet wird (Eispende), oder dadurch, daß nach (homologer oder heterologer) intrakorporaler Befruchtung das Ei ausgespült und einer anderen Frau zum Austragen implantiert wird (Embryotransfer nach intrakorporaler Befruchtung) bzw. ein in vitro fertilisiertes Ei einer anderen Frau zum Austragen implantiert wird (Embryotransfer nach extrakorporaler Befruchtung), oder etwa dadurch, daß eine Frau das eigene Ei mit dem Samen eines anderen Mannes befruchten läßt, um es für diesen auszutragen (Surrogatmutterschaft).

Gegenüber diesen verschiedenen Formen von Eispenden oder Ersatzmutterschaften ist vor allem das Wohl des davon betroffenen Kindes ins Feld zu führen, aber auch an Gesundheitsrisiken für die beteiligten Partner zu denken. Auch wenn es aus naheliegenden Gründen bislang noch an Langzeitstudien fehlt, scheint doch nach neueren Erkenntnissen bereits der engen persönlichen Beziehung zwischen der Schwangeren und dem in ihr wachsenden Kind für dessen spätere Entwicklung erhebliche Bedeutung zuzukommen. Damit aber ist bei Ersatzmutterschaft ein dem Kindeswohl abträglicher Konflikt vorprogrammiert: Wenn es einerseits im Verlauf der Schwangerschaft zu einer starken Bindung der austragenden Mutter zu ihrem Kind kommt, besteht die Gefahr, daß es sich später daraus nicht mehr völlig zu lösen vermag. Wenn andererseits – wie insbesondere bei finanziell orientierter Austragung zu befürchten – das Gefühl überwiegt, lediglich ein »Vehikel« für andere zu sein, besteht die Gefahr, daß sich die Surrogatmutter in ihrer Lebensführung (wie beispielsweise bei Alkohol- und Nikotingenuß) nicht in gleicher Weise den psychischen und physischen Bedürfnissen des werdenden Kindes anpassen wird, wie dies von einer Mutter, die ihr Kind zu behalten gedenkt, in der Regel zu erwarten ist. Ist diese bei reiner Ei- oder Embryonenspende auftretende »doppelte Mutterschaft« schon problematisch genug, so kommt dort, wo das von einer Fremdspenderin stammende Kind zugunsten einer dritten Frau ausgetragen werden soll, noch die weitere Dimension einer »Drittmutterschaft« der als Letztempfängerin gedachten »Sozialmutter« hinzu. Da letztere nach derzeitigem Recht erst aufgrund einer nachgeburtlichen Adoption zur rechtlichen Mutter werden könnte, sind weitere Konflikte vorprogrammiert, wenn nicht alles vereinbarungsgemäß abläuft: So wenn die austragende Mutter das Kind, etwa aufgrund einer zwischenzeitlich gewachsenen Bindung, nicht abgeben oder umgekehrt die als Letztempfängerin gedachte »Sozialmutter« das Kind, etwa weil geschädigt geboren, dann doch nicht übernehmen will.

Doch selbst wenn sich diese Probleme durch entsprechende rechtliche Klarstellungen und Absicherungen entschärfen ließen, bleibt das ethische und sozialpolitische Problem eines gleichsam ›urmutterlos‹ wie ein Warenprodukt hin- und hergeschobenen Kindes, ganz zu schweigen von der sowohl individual- wie sozialpsychologisch fragwürdigen Aushöhlung mütterlicher Bindung. Daß es eine ähnliche ›Entbindung‹ von der natürlichen Mutterschaft auch schon bei der normalen Adoption gibt, ist kein durchschlagendes Gegenargument; denn während es dort allein darum geht, einem nun einmal geborenen Kind wenigstens hilfsweise eine Mutter zu verschaffen, wird bei der Ersatzmutterschaft das Kind bereits mit Transferabsicht gezeugt und damit von vornherein zum Objekt degradiert.

Auch wenn diese Bedenken nicht ausreichen mögen, um eine Ersatzmutterschaft als solche zu verbieten, wie dies nunmehr durch § 1 Abs. 1 Nr. 6, 7 ESchG geschehen ist, so gab es doch gute Gründe, dem Handel mit und der Werbung für Ersatzmutterschaften einen strafrechtlichen Riegel vorzuschieben, wie dies mittlerweile durch Änderung des Adoptionsvermittlungsgesetzes vollzogen wurde.

Forschung mit Embryonen

Die Errungenschaften der modernen Reproduktionsmedizin haben natürlich auch ihren Preis. Denn bis das erste im Reagenzglas erzeugte Kind lebend zur Welt kam, mußten der Entwicklung und Erprobung dieser Methode zahlreiche Versuche vorausgehen, bei denen andere Embryonen zwangsläufig ›geopfert‹ wurden. Deshalb spricht man auch – zwar wenig schön, aber in der Sache doch wohl zutreffend – von »verbrauchenden Experimenten«. Solche Versuche sind – über den Bereich der Reproduktionsmedizin hinaus – methodisch natürlich auch für die Grundlagenforschung oder sonstige Forschungsvorhaben möglich, wobei man bislang auf sogenannte »überzählige« Embryonen zurückgreifen konnte, nämlich solche, die zwar ursprünglich zu Transplantationszwecken erzeugt worden waren, dann jedoch, etwa weil bereits ein anderes befruchtetes Ei erfolgreich implantiert worden war, für diesen Zweck nicht mehr gebraucht wurden. Sofern sich jedoch die Fertilisierungsmethoden immer mehr vervollkommnen, wird es nicht mehr notwendig sein, mehr Eizellen zu befruchten, als für eine Implantation erforderlich sind: Für diesen Fall stellt sich von naturwissenschaftlicher Seite die Frage nach der Erzeugung von Embryonen ausschließlich zu Forschungszwecken.

Zu diesem empirischen Befund erhebt sich jedoch als weiteres die normative Frage, ob das, was naturwissenschaftlich durchaus möglich ist, auch ethisch und rechtlich zulässig sein soll. In dieser Hinsicht war es um den Schutz des extrakorporal gezeugten und nicht implantierten Embryos nach überkommenem Recht noch schlecht bestellt, genoß er doch bis zu dem am 1. 1. 1991 in Kraft getretenen ESchG keinerlei Strafrechtsschutz, und zwar weil einmal als Sache, geschweige denn als menschliches Leben. Denn ganz abgesehen davon, daß die Sacheigenschaft von Ei und Samen jedenfalls mit der Befruchtung endet, wäre es ohnehin kaum angemessen gewesen, die Vernichtung oder anderweitige

›Verwertung‹ eines Embryos als Sachbeschädigung (§ 303 StGB) oder als sonstiges Eigentumsdelikt wie Unterschlagung (§ 246 StGB) oder Diebstahl (§ 242 StGB) erfassen zu wollen. Doch auch die an sich angemesseneren Schutztatbestände für Leib und Leben griffen selbst in Form des Schwangerschaftsabbruchs schon deshalb nicht ein, weil nach § 219d StGB Eingriffe vor Abschluß der Einnistung des befruchteten Eies in der Gebärmutter (sogenannte Nidation) nicht als Schwangerschaftsabbruch gelten. Demzufolge konnten nach bisherigem Recht Embryonen nicht nur zu beliebigen Zwecken erzeugt, sondern auch wieder vernichtet werden, und zwar gleich, ob man sie einfach absterben läßt, wegschüttet oder zu Forschungszwecken verwendet.

Dieser Mangel an rechtlichen Schutzvorschriften von befruchteten, aber nicht implantierten menschlichen Embryonen erschien rechtspolitisch bedenklich. Denn da es sich bei dem durch den Samen eines Mannes befruchteten Ei einer Frau um artspezifisches menschliches (und nicht rein vegetatives) Leben handelt, das als genetisch abschließend angelegt bereits die volle Potentialität eines Menschen besitzt, kann diesem »potentiellen Subjekt« – und zwar ganz unabhängig vom Streit um seine »Individualität« oder »Personalität« – ein moralischer Status im Sinne grundsätzlicher Schutzwürdigkeit nicht abgesprochen werden. Deshalb war in der Tat, wenn auch nicht unbedingt an ein spezifisch strafrechtliches Verbot, so doch eine mißbrauchsverhindernde Regelung des Umgangs mit derartigem Leben geboten. Dabei sind vor allem drei Fallgruppen zu unterscheiden:

– Soweit das erhoffte Forschungsergebnis (auch) dem betroffenen Embryo selbst zugute kommen kann, handelt es sich um den grundsätzlich zulässigen Fall eines therapeutischen *»Heilversuchs«*: Insofern bestanden etwa gegen die auf das Erkennen, Verhindern oder Beheben einer Krankheit ausgerichtete Forschungsformel der Benda-Kommission keine grundsätzlichen Bedenken.

– Sofern dagegen ein solcher individueller Nutzen für den betroffenen Embryo ausgeschlossen ist, weil es nicht um seine Behandlung, sondern um allgemeine Forschungserkenntnisse geht, die allenfalls anderen Embryonen, Menschen oder gar Generationen zugute kommen können, handelt es sich um ein *Humanexperiment*: Dieses aber ist, falls dabei der Tod des Embryos in Kauf genommen wird, allenfalls dann zu rechtfertigen, wenn der Tod des betroffenen Embryos ohnehin nicht abzuwenden ist und seine Degradierung zum Forschungsobjekt durch hochrangige medizinische Erkenntnisziele – für die es allerdings bislang noch an einer hinreichend klaren Definierung fehlt – aufgewogen werden kann. Selbst bei dieser Forschungsklausel der Benda-Kommission muß man sich freilich klar sein, daß mit solchen »verbrauchenden Experimenten« menschliches Leben fremdnützig geopfert wird: und zwar nicht nur durch bloße Gesundheitsbeschränkungen, sondern – was bei geborenem Leben undenkbar wäre – durch zwangsläufige Vernichtung des Lebens.

– Diese Verfremdung menschlichen Lebens steigert sich schließlich zu einer totalen Instrumentalisierung, wenn Embryonen (*ohne Implantationsabsicht*) ausschließlich und gezielt zu Forschungs- oder sonstigen Verwertungszwecken erzeugt werden. Denn wenn irgendwo menschliches Leben zum reinen Objekt erniedrigt wird, so dort, wo bereits mit seiner Erzeugung zugleich auch schon seine Vernichtung beabsichtigt und damit die Chance seiner Menschwerdung von vornherein ausgeschlossen ist. Eine solche Mißachtung der Menschenwürde wird selbst durch wichtige Forschungsvorhaben schwerlich aufzuwiegen sein. Das gilt um so mehr, wenn ein Embryo zu gewerblicher Verwertung erzeugt und verbraucht werden soll. Deshalb gibt es weltweit verständlicherweise starke Bestrebungen, jedenfalls die gezielte Erzeugung von Embryonen zu Forschungszwecken zu untersagen.

Damit nicht genug, ist der deutsche Gesetzgeber darüber noch hinausgegangen, um sich nicht nur mit einer bloßen Mißbrauchskontrolle bei Embryoforschung – wie in manchen anderen Ländern vorgesehen – zu begnügen, sondern jegliche Forschung an Embryonen, gleichgültig ob »überzählig« oder gezielt dafür hergestellt, unter Strafe zu stellen (vgl. §1 Abs. 1 Nr. 2,5 und §2 ESchG). Demgegenüber wäre freilich zu bedenken, ob möglichem Mißbrauch durch ein mit angemessenen Kontrollbefugnissen ausgestattetes Standesrecht nicht sogar wirksamer begegnet werden könnte.

Klonen von Menschen

Während es im vorigen um biotechnische Verfahren ging, bei denen das Erbgut im wesentlichen unverfälscht und ungeteilt bleibt, geht es im folgenden um Verfahren, mit denen mehr oder weniger stark in menschliches Erbgut eingegriffen wird.

Dies scheint noch vergleichsweise harmlos, wenn im noch totipotenten (also gleichsam noch nach allen Richtungen hin offenen und noch nicht ausdifferenzierten) Entwicklungsstadium des Embryos durch Zellkernteilung eine künstliche Mehrlingsbildung herbeigeführt wird; denn damit scheint nichts anderes zu geschehen, als was sich auch in der Natur spontan ereignet. Auch sonst ist freilich menschliches Handeln nicht schon einfach deshalb sittlich gut, weil es gleiche Wirkungen – wie etwa die Tötung eines Menschen durch Steinschlag – auch in Folge von Naturereignissen gibt. Deshalb wäre auch die künstliche Zellteilung nur dann sittlich vertretbar, wenn sie menschliche Werte unangetastet ließe. Das aber ist bei künstlicher Mehrlingsbildung gerade nicht der Fall, weil damit eine beliebig große Zahl von Individuen mit identischen Genmustern hergestellt und dadurch in willkürlicher Weise die Individualität und Einmaligkeit eines potentiellen Subjekts aufgehoben wird.

Das gilt um so mehr für jene Form des Klonierens, bei der durch Austausch von noch totipotenten Zellkernen in die genetische Unverfälschtheit des Menschen eingegriffen wird.

Um demgegenüber die fundamentale Bedeutung der Unantastbarkeit des genetischen Erbes ins allgemeine Bewußtsein zu heben, erscheint – wie schon von der Benda-Kommission gefordert und nunmehr auch in § 6 ESchG vorgesehen – eine strafrechtliche Sanktionierung angebracht.

Erzeugung von Hybridwesen und Chimären aus Mensch und Tier

Auch gegen solche Versuche erscheint – wie ebenfalls in den deutschen Gesetzentwürfen vorgeschlagen – ein strafrechtliches Verbot veranlaßt. Damit soll freilich kein pauschales Veto gegen jede Art von sogenannten Interspezies-Interaktionen zwischen Mensch und Tier ausgesprochen sein. Vielmehr wird man zwischen zwei Fallgruppen zu unterscheiden haben:

– Solange es lediglich um die *diagnostische Testung* von menschlichen an tierischen Keimzellen geht und das dabei entstandene ›Verschmelzungsprodukt‹ von vornherein nicht über frühe Teilungsstadien hinaus entwicklungsfähig ist (wie etwa bei der Testung von menschlichem Sperma an Goldhamstereiern, um für eine In-vitro-Fertilisation Aufschluß über die Penetrationsfähigkeit des Spermas zu erlangen), besteht kein wesentlicher Unterschied zur sonstigen Testung von menschlichem Zellmaterial an anderen Zellkulturen oder an chemischen Substanzen.

– Sobald dagegen über solche mehr äußerlichen Verbindungen hinaus an die *Kernverschmelzung* von menschlichen Keimzellen Bmit denen von Tieren höherer Ordnung gedacht ist, würden Lebenseinheiten zustande kommen, die auch

menschliche Gene enthalten. Wenn aber irgendwo die genetische Unverfälschtheit des menschlichen Erbguts angetastet
würde, dann sicherlich bei speziesüberschreitender Züchtung
von Mensch-Tier-Hybridwesen. Daher wird nicht nur – falls
überhaupt jemals möglich – die volle Entwicklung und Geburt solcher Wesen zu untersagen sein, sondern – entgegen mancher Forschermeinung – schon der Versuch solcher
Fusionen. Denn selbst wenn man derartige Wesen letztlich
nicht zur Geburt kommen lassen wollte, wäre die menschliche Würde doch dadurch verletzt, daß (zumindest partiell)
menschliches Leben mit vorgefaßter Tötungsabsicht erzeugt
und ohne jede Chance eigener Menschwerdung total instru-
mentalisiert wird. Deshalb scheint mir insoweit – wie auch in
§ 7 ESchG vorgesehen – eine strafrechtliche Sanktionierung
geboten.

Gentransfer in somatische Zellen

Sofern es künftig möglich sein sollte, Erbleiden dadurch zu
heilen, daß in bereits ausdifferenzierten Körperzellen ein
defektes Gen durch Einpflanzung eines intakten neutralisiert
oder gar ersetzt wird, gelten dafür im Hinblick auf die therapeutische Zielsetzung im wesentlichen die gleichen Grundsätze wie bei jeder anderen Organtransplantation. Das heißt,
daß grundsätzlich eine entsprechende Aufklärung und Einwilligung des Betroffenen erforderlich, aber auch ausreichend ist. Solange sich solche Verfahren jedoch noch im
Experimentierstadium befinden und daher allenfalls als
»Heilversuch« eingestuft werden können, sind über die auf-
geklärte Einwilligung hinaus an die Nutzen-Risiko-Abwä-
gung besonders strenge Anforderungen zu stellen.
Im übrigen wäre zur Vermeidung von Diskriminierungen
sicherzustellen, daß nicht schon bloße Abweichungen von
der genetischen »Normalität« als »Erbkrankheit« qualifiziert
werden.

Gentransfer in Keimbahnzellen

Im Unterschied zur Reproduktionsmedizin einerseits, wo Ei und Samen genetisch unverändert miteinander verschmolzen werden, und zum Gentransfer in somatische Zellen andererseits, wo das neue Gen auf eine begrenzte Zahl von bereits ausdifferenzierten Zellen beschränkt bleibt, werden bei dem hier in Frage stehenden Gentransfer auf eine noch totipotente befruchtete Eizelle alle Zellen des daraus entstehenden Organismus Träger des neuen Gens, mit der Folge, daß alle Nachkommen gleichfalls eine manipulierte Erbinformation tragen.

Sicherlich könnte einerseits für ein solches Verfahren sprechen, daß man im Falle einer Erbkrankheit ein defektes Gen durch ein entsprechendes intaktes auswechseln könnte und damit nicht nur dem Betroffenen selbst, sondern auch seinen Nachkommen möglicherweise ein schweres Leiden ersparen würde. Doch ebenso, wie man auf diesem Wege Erbkrankheiten ausschalten könnte, wäre auch das Tor zur Manipulierung anderer Eigenschaften geöffnet. Vielleicht muß man deshalb geradezu dafür dankbar sein, daß diese Methode schon wegen mangelnder Zielgenauigkeit des Eingriffs und der Nichtkontrollierbarkeit der Folgen sowie im Hinblick auf die definitiven Auswirkungen für die Folgegeneration mit derart hohen Risiken belastet ist, daß sie selbst von naturwissenschaftlicher Seite jedenfalls gegenwärtig als inakzeptabel erscheint. Sollten sich dennoch Forscher von der Erprobung und Anwendung dieses gentechnologischen Verfahrens nicht durch entsprechende Standesrichtlinien abhalten lassen, wird man – wie in der Tat nun in § 5 ESchG vorgesehen – an strafrechtlichen Sanktionen nicht vorbeikommen.

Genomanalyse

Mit diesem gentechnologischen Verfahren soll es möglich werden, Anlagen des einzelnen Menschen und damit auch etwaige Erbschäden erkennbar zu machen, bevor sich diese im äußeren Erscheinungsbild ausprägen.

– Soweit eine solche Analyse mit therapeutischer Zielsetzung zur Erkennung bestimmter Erbkrankheiten eingesetzt wird, ist sie grundsätzlich in gleicher Weise zulässig wie jeder andere therapeutisch-diagnostische Eingriff. Freilich wird insbesondere bei vorgeburtlichen Analysen auf eine umfassende Aufklärung der Eltern zu achten sein: und zwar sowohl hinsichtlich möglicher Risiken, die mit einer pränatalen Diagnostik für den Embryo verbunden sein könnten, wie auch im Hinblick auf verfügbare Therapiemöglichkeiten; denn falls solche nicht vorhanden sind und daher allenfalls ein Schwangerschaftsabbruch als Alternative bleibt, ein solcher jedoch für die Schwangere aus moralischen Gründen von vornherein nicht in Betracht kommt, darf sie nicht zu einer sinnlosen Genomanalyse gedrängt werden. Ebensowenig darf aus dem Nachweis einer Schädigung des Kindes auf eine Pflicht zum Schwangerschaftsabbruch geschlossen werden. Sofern hingegen eine Behandlungsmöglichkeit besteht, ist – bei aller Respektierung der individuellen Entscheidungsfreiheit der Schwangeren – im Hinblick auf das Kindeswohl jedenfalls eine moralische Pflicht zu präventiver genetischer Beratung nicht ohne weiteres zu verneinen.

– Sollte jedoch die Genomanalyse auch einmal zur Erstellung individueller Genkarten eingesetzt werden können, so wäre ein verstärkter Rechtsschutz angebracht. Das gilt insbesondere gegenüber einer möglichen Diskriminierung erbgeschädigter Menschen im Arbeitsleben und Versicherungswesen. Um in diesem Bereich die Selbstbestimmung des Betroffenen zu gewährleisten, darf eine Genomanalyse nicht ohne ausdrückliche Einwilligung des Untersuchten vorgenommen werden. Zudem erscheint eine Genomanalyse im Zusammenhang mit einem Arbeitsverhältnis nur zum Zwecke arbeitsmedizinischer Vorsorge zulässig: Fehlt es einem Arbeitgeber an einem berechtigten Auskunftsinteresse, so dürfen aus der Verweigerung der Einwilligung des Arbeitnehmers in eine Genomanalyse keine nachteiligen Folgerungen für ihn gezogen werden. Im übrigen wären im Hinblick auf die besondere Sensibilität genetischer Daten auch die Datenschutzgesetze entsprechend zu verbessern.

Wachsamkeit gegenüber der »eugenischen Versuchung«

Über die individuellen Probleme, die sich bei genetischen Eingriffen beim einzelnen Betroffenen stellen können, bleiben darüber hinaus auch mögliche gesellschaftspolitische Fehlentwicklungen im Auge zu behalten: so vor allem die durch die Reproduktionsmedizin und Gentechnologie eröffnete Versuchung zu eugenischer Selektion wie auch zur Vereinheitlichung des menschlichen Genpools. Wenn auch scheinbar unverfänglich, zeigt sich diese Problematik doch schon bei der künstlichen Insemination: so bereits bei Rekrutierung von Ei- und Samenspendern überhaupt, ferner bei Auswahl des Keimzellenspenders für eine konkrete Befruchtung, aber auch bei der Wahl zwischen mehreren befruchteten Embryonen. Dadurch wird der Arzt zum Selektor, sei es nach eigenem Gutdünken oder nach den Wunschvorstellungen der Eltern.

– Solange es dabei – im Sinne sogenannter »negativer Eugenik« – lediglich um die Ausschließung von krankem Erbgut geht, scheint sowohl die individuelle als auch die gesellschaftliche Nützlichkeit auf der Hand zu liegen, wobei freilich – neben der schon erwähnten Kurzschlüssigkeit von »Abnormalität« und »Erbkrankheit« – bereits hier die Gefahr einer Diskriminierung von behindertem Leben zu bedenken ist.

– Sobald es jedoch darüber hinaus – im Sinne sogenannter »positiver Eugenik« – sogar um gezielte Selektion höherwertiger Anlagen oder sonstwie erwünschter Eigenschaften und damit um eugenische »Zuchtwahl« geht, stellt sich die Frage nach den maßgeblichen Selektionskriterien und danach, wer dafür verantwortlich sein soll. Dies wird keinesfalls der einzelne Forscher oder Arzt in subjektiver Beliebigkeit sein können. Denn sobald humangenetische Selektion an sozialerheblichen Höher- oder Minderwertigkeitskriterien ausgerichtet ist, enthält sie Wertungen über menschliches Leben, die nicht rein empirisch-deskriptiv gewonnen, sondern normativ gesetzt sind, und sei es auch nur unbewußt. Als sozialrelevante Wertungen aber müssen sie gegenüber der gesamten Rechtsgemeinschaft legitimiert und verantwortet werden. Insofern ist Eugenik eben mehr als nur naturwissenschaftliche Methodik: Sie ist auch gesamtgesellschaftliche Politik.

Auch die Tendenz zur Manipulierbarkeit und Verfügbarkeit alles Menschlichen ist eine ernstzunehmende Gefahr. Wenn weithin mangelndes Verständnis für den Schutz künstlich erzeugten Lebens zu beobachten ist, so wird dies nicht zuletzt damit zu erklären sein, daß man das, was man geschaffen hat, auch nach Belieben glaubt zerstören zu dürfen: Der Forscher als Schöpfer, Herr und Richter – dies ist langfristig vielleicht die gefährlichste Einstellung, die sich aus ungebremster Biotechnologie ergeben kann und der ebenfalls mit wachem Problembewußtsein zu begegnen ist.

Verantwortung als Preis der Freiheit

Wenn sich vorangehend immer wieder das Bedürfnis nach Schutz vor möglichen Gefahren und Fehlentwicklungen gezeigt hat, wäre es doch verfehlt, aus dunklen Ängsten heraus alles zu verwerfen, was die moderne Biotechnologie an neuen Möglichkeiten eröffnet. Andererseits nicht weniger verfehlt wäre ein problemverschleierndes Herunterspielen möglicher Risiken. Wo Unsicherheit herrscht, kann kein Vertrauen gedeihen. Auch der Forscher braucht und verdient Vertrauen, wenn er seinem Auftrag zum Wohl der Menschheit guten Gewissens gerecht werden soll. Um so wichtiger ist es, die Diskussion so offen wie möglich zu führen, damit die wahren Bedürfnisse erkannt und nicht aus desinformierter Überangst entsprechende Überreaktionen provoziert werden.

Literatur

Bei diesem Beitrag handelt es sich um die aktualisierte Fassung eines Textes, der zuerst erschien in: Josephine Gras / Thomas Schell [u. a.]: Biotechnik – Gentechnologie – Reproduktionsmedizin. Stuttgart 1988, S. 151–166. Weitere Einzelheiten und Quellennachweise finden sich in meinen folgenden Beiträgen:

– Recht und Humangenetik. Juristische Überlegungen zum Umgang mit menschlichem Erbgut. In: Peter Koslowski / Philipp Kreuzer / Reinhard Löw (Hrsg.): Die Verführung durch das Machbare. Ethische Konflikte in der modernen Medizin und Biologie. Stuttgart 1983. S. 49–69.

– Strafrechtliche Schutzaspekte im Bereich der Humangenetik. In: Volker Braun / Dietmar Mieth / Klaus Steigleder (Hrsg.): Ethische und rechtliche Fragen der Gentechnologie und der Reproduktionsmedizin. München 1987. S. 120–149. (Gentechnologie – Chancen und Risiken. 13.)

– Forschung mit Embryonen in rechtsvergleichender und rechtspolitischer Sicht. In: Hans-Ludwig Günther / Rolf Keller (Hrsg.): Fortpflanzungsmedizin und Humangenetik – Strafrechtliche Schranken? Tübingen 1987. S. 263–292.

– Humangenetik und Recht – Thesen zur modernen Reproduktionsmedizin und Gentechnologie aus rechtlicher und sozialpolitischer Sicht. In: Freiburger Universitätsblätter. H. 95. März 1987. S. 37 bis 58.

- Neuartige Bedrohungen ungeborenen Lebens. Embryoforschung und »Fetozid« in rechtsvergleichender Perspektive. Heidelberg 1990. (Schriftenreihe der Juristischen Studiengesellschaft Karlsruhe. 187.)

HEINZ SCHULER

Ethische Probleme
der (sozial)psychologischen Forschung

1. Bereiche moralischer Probleme in der Psychologie

Bei einem Versuch zum Aufbau einer Ethik der Psychologie können drei Bereiche unterschieden werden: der Forschungsprozeß, die Forschungsfolgen und die berufliche Praxis (vielleicht noch die Ausbildung als ein vierter Bereich, wenn man sie nicht der Berufspraxis subsumiert).

Zum Forschungs*prozeß* will ich einen Vorschlag machen, wie man die Forschungssituation als eine soziale Situation verstehen kann und wie sich die Verantwortung des Wissenschaftlers für seine Versuchspersonen abschätzen läßt. Immerhin hat diese Auffassung eine gewisse Verwandtschaft zu anerkannten philosophischen Theorien. Allerdings setzen Versuche zur fachübergreifenden Zusammenarbeit die Risikobereitschaft allemal voraus, es mit den Grenzen der eigenen Kompetenz vorübergehend nicht immer ganz genau zu nehmen.

Den zweiten Bereich, die Konsequenzen psychologischer Forschung, halte ich persönlich für den schwierigsten. Die generelle Schwierigkeit, langfristige Konsequenzen wissenschaftlicher Arbeit zu prognostizieren, gilt natürlich für eine Disziplin wie die Psychologie, die ihrer selbst noch so wenig sicher sein kann, ganz besonders. Auch wenn man die Verantwortung von Wissenschaftlern für die Auswirkungen ihrer Arbeit stärker als bisher betonen möchte, wird sich die Orientierung an künftigen Forschungskonsequenzen im allgemeinen auf *absehbare* Möglichkeiten und Entwicklungen beschränken müssen. Zu den möglichen Unabsehbarkeiten hat Graumann ein Beispiel berichtet, das mich sehr beeindruckt hat: Ein Kollege arbeitete in der Geruchsforschung, einem Gebiet, das Ende der sechziger Jahre als esoterisch geschmäht wurde. Kurze Zeit später stellte sich jedoch heraus, daß seine Arbeiten zur Entwicklung von Geruchsdetektoren verwendet wurden, die halfen, im Vietnamkrieg bei Nacht Vietnamesen von Amerikanern zu unterscheiden (Graumann, 1981). Aus Elfenbeinturmforschung war also Kriegsforschung geworden.

Das dritte Feld, das berufspraktische Handeln von Psychologen betreffend, scheint demgegenüber vergleichsweise einfach. Nicht daß dort keine ethischen Probleme auftauchen würden – im Gegenteil, die psychologischen Vereinigungen in Deutschland bemühen sich gerade um eine gemeinsame Fassung berufsethischer Richtlinien. Diese müssen relativ konkret und alltagsnah sein; dementsprechend ist zur Lösung der hier entstehenden Probleme eher auf sozialethische Normen Bezug zu nehmen, die auch unser Alltagshandeln regulieren. Deshalb wird auch der mit der Neuformulierung der berufsethischen Richtlinien beauftragte Ausschuß (dessen Mitglied ich bin) gut daran tun, sich am Verständnis und an den Verhaltensbereitschaften der Kollegen bezüglich praktischer Problemfälle nicht weniger zu orientieren als an der praktischen Philosophie. Immerhin gibt es auch innerhalb dieses Bereichs ein Teilgebiet, dessen Probleme denen in der Forschung immer ähnlicher werden, nämlich das der Überprüfung oder Evaluation der eingesetzten Methoden, z. B. der Behandlungsmethoden oder Auswahlverfahren.

2. Beispiele von moralisch fragwürdigen Experimenten

Zur Einstimmung in die Ethik der Forschungsprozesse läge es nahe, auf die berühmten Milgram-Experimente Bezug zu nehmen. Da diese allgemein bekannt sind, wähle ich als Beispiel ein anderes Experiment – und doch das gleiche: eine deutsche Replikation dieser berühmt-berüchtigten Untersuchung. Ich hatte Gelegenheit, Einsicht in die Interviews zu nehmen, die im Anschluß an die Versuche durchgeführt wurden. Hier ist ein Auszug aus einem der Protokolle (die Versuchsperson ist mit *Vp* bezeichnet, der Versuchsleiter mit *Vl*):

Vp: Ich finde es grausam, so Menschen zu quälen, so ein Experiment zu machen ... Ich finde das schändlich, ich konnte nicht mehr, ich bin in ärztlicher Behandlung, meine Nerven sind nicht die besten ... ich bekomme Valium ... ich hatte richtige Depressionen.

Vl: Fühlen Sie sich immer noch sehr aufgeregt?

Vp: Nein, eigentlich nicht mehr. Danach: Ich habe gemeint, der Mann ist ganz verbrannt, ich habe so ein Schuldgefühl gehabt.

Vl: Kamen Sie sich selbst während des Experiments als Befehlsempfänger vor?

Vp: Also, ich glaube, ich war ganz schockiert, als der Mann hinter mir immer sagte, machen Sie weiter. Aber ich habe darauf vertraut – ich habe mir gedacht, so etwas Schlechtes werden die ja nicht machen, daß dabei einer draufgeht ... Ich habe mehr auf Ihr Vertrauen gehofft ... Aber wenn man sagt, wie im Krieg, daß ich jemanden umlegen sollte, ich glaube, das könnte ich nicht, dann bin ich ganz anders konfrontiert – ich weiß, worum es sich dreht; also dann kann ich nicht mehr sagen, das tut nicht weh. Das ist dann wieder ein anderer Fall wie hier.
(Vp erinnert sich danach an Kriegsgreuel. Schließlich, mit Bezug wieder auf das Experiment:) Es ist furchtbar gewesen ... Das Geschrei ging mir durch Mark und Bein. Ich könnte keinen Menschen so quälen ... Ich habe mir nicht vorgestellt, daß ich so etwas machen muß. Ich glaube, das verfolgt mich noch tagelang.

Das Milgram-Experiment mag nicht gerade typisch sein für empirische Arbeiten in der Psychologie, jedoch war es einer der gewichtigsten Auslöser der Diskussion über die Ethik der experimentalpsychologischen Forschung. Ein anderer Auslöser, Experimente mit der Todesangst bei Rekruten der amerikanischen Armee, hatte einige Jahre zuvor die Gemüter bewegt. Damals konnte es noch geschehen, daß nicht die für die Experimente Verantwortlichen, sondern der Kollege, der gegen deren Durchführung Protest erhob, dadurch in Schwierigkeiten geriet (Argyle, 1960).

Einige weitere Untersuchungen, die zur Sensibilisierung beitrugen, umfaßten das Ansinnen, die Versuchspersonen zu kriminellem Verhalten zu veranlassen, ihnen weiszumachen, sie seien unintelligent oder homosexuell, sie zum Essen von Heuschrecken zu bewegen und sie heimlich bei der Verrichtung ihrer Notdurft zu beobachten (Literaturnachweise bei Schuler, 1980 und 1981). Auch diese Experimente mögen nicht typisch sein für psychologische Untersuchungen – aber der Verdacht ist nicht von der Hand zu weisen, sie hätten zu typischen Versuchen werden können, hätte nicht rechtzeitig eine Diskussion ihrer ethischen Probleme eingesetzt.

Typisch in einem gewissen Sinne, zumindest idealtypisch für die Sozialpsychologie müssen wohl die Experimente sein, die in einem Lexikon der Sozialpsychologie (Frey/Greif, 1983) durch Aufnahme in den Anhang besonders herausgestellt werden:

1. Das Experiment von Festinger und Carlsmith (1959). Es war die wichtigste empirische Stütze der Theorie der kognitiven Dissonanz: Versuchspersonen mit geringer Bezahlung bemühten sich eifriger, dem Versuchsleiter zu Diensten zu sein, als solche, die man hoch entlohnt hatte. Das ethische Problem: Die Versuchspersonen wurden auf vielfältige Weise falsch informiert. Die zentrale Täuschung bestand darin, sie glauben zu lassen, a) das Experiment sei zu Ende, während es tatsächlich erst in seine entscheidende Phase trat, b) sie seien Helfer des Versuchsleiters, die eine andere Person für den Versuch gewinnen sollten, während die Rollen tatsächlich umgekehrt waren.

2. Latané und Rodin (1969) brachten ihre Versuchspersonen in eine Situation, in der offensichtlich Hilfeleistung gegenüber einer anderen Person erforderlich gewesen wäre. Eine erhebliche Zahl gewährte diese Hilfe nicht, wodurch erfahrungsgemäß Schuldgefühle und Selbstzweifel ausgelöst werden können.

3. In Milgrams Gehorsamsversuchen, den in diesem Zusammenhang berühmtesten Experiment (Milgram, 1963), ließen sich die Teilnehmer nach falschen Vorinformationen dazu drängen, einer anderen vermeintlichen Versuchsperson trotz deren Schreien und Flehen mittels angeblicher Elektroschocks scheinbar schwere Schmerzen zuzufügen. Ein Teil der Versuchspersonen reagierte auf die postexperimentelle Aufklärung schockartig; in Nachfolgeexperimenten wurden Verzweiflungsreaktionen bis zum Selbstmordversuch beobachtet.

4. Schachter und Singer (1962) injizierten ihren Versuchspersonen unter dem Vorwand Adrenalin, sie wollten die Wirkung eines Vitaminpräparates prüfen. Tatsächlich untersuchten sie, inwieweit die Qualität des Gefühlszustands von der subjektiven Erklärung der eigenen physiologischen Erregung abhängt. Neben einer gewissen Infektionsgefahr entsteht durch die Adrenalininjektionen im Falle von Hyperaktivierung ein gewisses Herz-Kreislauf-Risiko. Über die Rolle anderer Personen im Experiment wurden die Teilnehmer falsch informiert.

5. Sherif (1935) und Asch (1952) gaben vor, Wahrnehmungsversuche

durchzuführen, während sie gleichzeitig die Wirkung des Gruppen-
drucks auf die Meinungsäußerung einzelner prüften. Bei den Versuchspersonen ist mit Beschämung über die selbstbildwidrigen Reaktionen zu rechnen.
6. Um ein Experiment mit der besonderen Charakteristik eines Rol-
lenspiels handelt es sich bei dem Versuch von Zimbardo (Zimbardo
[u. a.], 1973). Freiwillige Versuchspersonen wurden teils als Gefangene, teils als Wachpersonal interniert. Die Belastungen zwischen
ihnen nahmen nach einigen Tagen ein Ausmaß an, das den vorzeitigen
Abbruch des Versuchs notwendig machte.
Um die Sozialpsychologie nicht als das einzige schwarze Schaf daste-
hen zu lassen, sei noch schnell an das alte Konditionierungsexperi-
ment erinnert, mit dem John Watson in den zwanziger Jahren seine
Propagierung des Behaviorismus wirkungsvoll illustrierte: Der kleine
Albert, ein 11 Monate altes Waisenkind, wurde demonstrationshal-
ber zur Angst vor einer weißen Ratte konditioniert, um die Lernbar-
keit phobischer Reaktionen aufzuzeigen. Die tröstliche Ergänzungs-
version mancher Lehrbuchautoren, der zufolge der kleine Albert
mittels Gegenkonditionierung alsbald wieder von seiner Angst-
reaktion geheilt worden sei, gehört leider ins Reich der Legende: Die
Methode der Gegenkonditionierung wurde erst 20 Jahre später entwickelt.

3. Typen und Aspekte (sozial)psychologischer Moralverletzungen

Bei den ausgewählten Beispielen handelt es sich um besonders
bekannte Arbeiten, die unter ethischen Aspekten besonders
viel Diskussionsstoff geliefert haben. Sollen es also vor allem
die interessanteren, die anregenden Arbeiten sein, die in ein
Dilemma zwischen Erkenntnis und Moral führen? Immerhin
scheint eine Affinität humanwissenschaftlicher Forschungsmethoden und Handlungsweisen zu bestehen, die in »alltags-
moralischer Perspektive« (ungeachtet ihrer Verbreitung im
Alltagsleben) als problematisch gelten. Beispielsweise werden vorsätzliche Falschinformationen und heimliche Beobachtung von Versuchspersonen durch die Erfahrung nahege-

legt, daß das Wissen um die Beobachtung und um deren Ziele das Verhalten der Beobachteten beeinflußt.

Die Methode des Experiments hat die meiste Kritik herausgefordert. Die offensichtlichste Form moralwidriger Versuchsgestaltung, die vorsätzliche Falschinformation oder Täuschung der Versuchspersonen, wird durch die Befürchtung nahegelegt, durch Offenlegung der Forschungsintentionen unerwünschten Einfluß auf deren Verhalten auszuüben (vgl. Irle, 1979). Auch die Gefährdung, Beeinträchtigung und Manipulation der Versuchsteilnehmer schienen viele Kritiker vor allem bei Durchführung von Experimenten zu befürchten (Kelman, 1968). Andere Forschungsmethoden haben eher eine Affinität zu Problemen der Datengefährdung oder der Verletzung der Privatsphäre (Kruse, 1982), wie die unerkannte Beobachtung oder die Analyse persönlicher Aufzeichnungen. Bei Feldstudien wiederum, die auf Sozialwissenschaftler zunehmende Anziehung ausüben, hat man gewärtig zu sein, daß man in ökonomische Systeme eingreift, was die Konsequenzen besonders schwer überschaubar macht (Schuler, 1982). Dies gilt in besonderem Maße dort, wo die Forschung Interventionscharakter hat (Bermant/Kelman/Warwick, 1978).

Wir wollen uns im folgenden aber nicht nach Forschungsmethoden geordnet, sondern nach potentiell problematischen Aspekten einen Überblick über die ethischen Schwierigkeiten des Forschungsprozesses verschaffen. Die problematischen Verfahrensweisen lassen sich vereinfacht wie folgt ordnen:

Mißinformation. – Als sogenannte Täuschung war die unzureichende oder falsche Information von Versuchspersonen lange Zeit der Brennpunkt der Diskussion über Forschungsethik (Kelman, 1967). Statistiken zeigten, daß in den allerwenigsten psychologischen Untersuchungen den Versuchspersonen eine vollständige Information gegeben wurde (Menges, 1973). In der kritischen Haltung gegenüber dieser lange Zeit für unproblematisch gehaltenen Praxis dürfte zum Teil eine wirklich veränderte Einstellung zur Person des Versuchspartners zum Ausdruck kommen; zu einem anderen Teil ergab sich diese Betonung daraus, daß das wichtigste Grundprinzip aus der medizinischen Forschung und Praxis übernommen wurde: Die dort verlangte freiwillige Zustimmung des Patienten (*informed consent*) zum Eingriff erfordert zwangsläufig volle Information. Demgegenüber schienen Versuchspersonen in der psychologischen Forschung früher gar keinen besonderen Wert auf volle Aufklärung zu legen, wohingegen sie vom Versuchsleiter erwarteten, klare Instruktionen zu geben und ihre Sicherheit zu gewährleisten (Epstein/Suedfeld/Silverstein, 1973). Gleichzeitig mehrten sich allerdings auch Ergebnisse, die zeigten, daß in vielen Fällen die Mißinformation aus methodischen Gründen keineswegs immer so dringlich geboten ist wie früher angenommen (Weber/Cook, 1972). Inzwischen wurde mehrfach argumentiert, man solle die Frage der »Veridikalität«, der Wahrheitsentsprechung der Information, nicht zum moralischen Hauptprinzip der psychologischen Forschung erheben, und zwar u. a. aus erkenntnislogischen Gründen (Irle, 1979) sowie in Abhängigkeit von Intention und Folgen (Schuler, 1976). Mit letztgenanntem Argument ist gemeint, daß die Bewertung der Mißinformation nach den Absichten des Versuchsleiters und den möglichen Folgen für die Versuchspersonen vorgenommen werden solle. Der Charakter eines ›moralischen Oberprinzips‹ steht der Aufrichtigkeit allenfalls in dem Sinne zu, daß Täuschungen verschiedene Arten anderer bedenklicher Maßnahmen und Einwirkungen ermöglichen.

Beeinträchtigung und Gefährdung. – Hierbei handelt es sich um die weiteste und m. E. wichtigste Kategorie ethisch problematischen Vorgehens gegenüber Versuchspersonen. Über diesen Personenkreis hinaus läßt sie sich auch auf alle weiteren vom Forschungsprozeß und von Forschungskonsequenzen Betroffenen anwenden. Als Kriterium der Bewertung konkreten Forschungshandelns kommt dem Aspekt der Beeinträchtigung eine übergeordnete Rolle zu; so scheint es angemessen, die Zulässigkeit mangelnder Aufklärung der Versuchspersonen auch daran zu messen, ob es sich bei der experimentellen Manipulation um gefühls- und belastungsneutrale Erfahrungen handelt oder um solche, wie sie beispielsweise durch das Milgram-Experiment ausgelöst werden. (Desgleichen ist etwa der Schutz persönlicher Daten ein Abstraktum, dessen Handhabung nicht angemessen bewertet werden kann, zieht man nicht die möglichen Konsequenzen für die Betroffenen in Betracht.)

An Wirkungen psychischer Belastungen und Risiken sowie an Folgen der Provokation unmoralischen oder gesetzeswidrigen Verhaltens wurden auch induziert oder befürchtet: verschiedene Arten von Angst (Schmerzangst, Prüfungsangst, Todesangst, phobische Ängste usw.), Frustration, Deprivationsschäden (etwa auch sensorische Deprivation oder Traumdeprivation), Beeinträchtigung des Selbstwertgefühls, Selbstzweifel, Unsicherheit, Veränderung des Selbstbildes, Scham, Schuldgefühle, Verstärkung unmoralischen Verhaltens, Gewöhnung an aggressives Verhalten, Vertrauensverlust und andere Änderungen sozialer Einstellungen und Orientierungen, Verwirrung, Desillusionierung sowie vielerlei spezifische emotional negative Reaktionen auf spezifische Erfahrungen (Cook, 1976; Schuler, 1980). Die Wirkung solcher experimentellen Maßnahmen auf die Versuchspersonen ist höchst unterschiedlich. Sowohl die psychologische Diagnostik als auch die therapeutischen Möglichkeiten wären beim Stand der Dinge überfordert, wollten sie sich vornehmen, in allen Fällen Vorsorge zu treffen bzw. für wirkungsvolle Abhilfe zu sorgen. Darüber hinaus wäre eine Vorselektion der Versuchspersonen aus methodischen Gründen problematisch. Kumpf (1981) gibt Beispiele für beeinträchtigende Effekte, die nach allem Ermessen überhaupt nicht vorhersehbar waren.

Anstelle langer Ausführungen über die differentielle Psychologie der Versuchsperson soll hier ein Ausschnitt aus einem zweiten Interviewprotokoll der eingangs zitierten Milgram-Versuchs-Replikation stehen. Man erinnere sich an die starke Betroffenheit der ersten Person durch die Aufklärung über die Situation und ihr eigenes Verhalten. Als Kontrast nun die Aussagen der zweiten Person:

Vl: Was haben Sie sich gedacht, als er gar nicht mehr geschrien hat?

Vp: Daß ihm was passiert ist. Daß er vielleicht zuviel gekriegt hat... Ja, ich habe mir schon gedacht, daß es aus ist.

Vl: Aus, was? Tot? Ehrlich?

Vp: Ja.

Vl: Sie haben ehrlich gedacht, er sei tot?

Vp: Ja. Wenn ich mir vorstelle, daß der bei 290 Volt so schreit, daß man das im anderen Zimmer hört, dann muß ich mir vorstellen, daß bei 450 Volt schon alles aus ist.

Vl: Hundertprozentig?

Vp: Ja. – Daß Sie das nicht zulassen würden, das ist mir klar.

Vl: Das ist ein Widerspruch. Wenn wir es nicht zulassen, wie kann er dann tot sein?

Vp: Im ersten Moment, wenn er aufhört zu schreien, da denkt man, da ist sicher was passiert. Jetzt hast irgendwas gemacht. Und dann kommt man wieder zur Besinnung, da denkt man sich, es ist nur ein Test, so was kann man gar nicht zulassen. So ist es bei mir gewesen.

. . .

Vl: Wenn ich offen sein soll, Sie scheinen diese ganze Angelegenheit gar nicht mal ernst zu nehmen.

Vp: Den Test?

Vl: Das Ganze hier. Sie scheinen beinahe immer dabei zu sein zu lachen.

Vp: Ich nehme das alles halt nicht so schwer.

Vl: Warum?

Vp: Ich bin nicht der Typ, der sich da große Gedanken darüber macht.

Vl: Auch wenn er tot ist?

Vp: Wenn er tot ist, meinetwegen.

Obwohl bei diesem Experiment nur wenige Versuchspersonen die Teilnahme verweigerten, zeigen die Interviews, daß

sich im Erleben eminent Verschiedenes abgespielt hat:
Beträchtlich war die Varianz bezüglich Belastbarkeit und Belastungsreaktionen, Erregung und Selbstbeschwichtigung,
Gewissensreaktionen und Widerstandsbestrebung, bezüglich der gewählten Verantwortungszuschreibungen, der Interpretation der Situation sowie der Mehrdeutigkeiten im
Situationserleben.

Manipulation. – Namentlich aus der »humanistischen Bewegung« innerhalb der Psychologie kommt der Vorwurf, die
üblichen Methoden empirischer Forschung reduzierten auf
untragbare Weise die Autonomie und Selbstbestimmung der
beteiligten Individuen (Kelman, 1968). Diese Kritik hat dazu
beigetragen, daß man sich um die (Wieder-)Erweiterung des
Methodenrepertoires in der Psychologie bemüht. Leider
haben sich oft genug die ›harmloseren‹ Alternativen auch als
die schwächeren Methoden erwiesen (Schuler, 1980; Kruse,
1981). Neuerdings wird darauf verwiesen, daß Manipulation
nicht nur ein Charakteristikum des Forschungsprozesses,
sondern auch eine *Konsequenz* erfolgreicher Forschung sei
(Argyris, 1975): Verbesserte Möglichkeiten beispielsweise
der Einstellungsänderung und der Verhaltensprognose enthielten prinzipiell manipulatorisches Potential; ein verantwortlicher Umgang mit diesem Potential gehört zu den Aufgaben der Psychologen (Feger, 1981).

*Verletzung der Privatsphäre und Mißbrauch persönlicher
Daten.* – Vor allem in der sozialpsychologischen Feldforschung, etwa bei der Überprüfung der Wirksamkeit von Rehabilitationsmaßnahmen oder der Effekte der Massenkommunikation, werden manchmal Daten erhoben, die dem
Bereich der Privat- oder Intimsphäre zugehören. Tatsächliche Schwierigkeiten, persönlich identifizierbare Daten dauerhaft vor Mißbrauch zu schützen, wie auch eine allgemeine
diesbezügliche Sensibilisierung der öffentlichen Meinung
stellen die Psychologie gerade zu einer Zeit vor neue Pro-

bleme, in der die Praxisorientierung und das Interesse an Feldforschung im Wachsen begriffen sind (McGuire, 1980).

Eingriff in komplexere Zusammenhänge. – Findet anwendungsorientierte, also auf Veränderung abzielende psychologische Forschung in ökologisch komplexen Kontexten statt, so ist zu bedenken, daß die beteiligten Personen nicht nur als Individuen betroffen sind, sondern auch als Teile eines »Systems«. Innerhalb einer Betriebsorganisation etwa ist jede Person einbezogen in ein System von Beziehungen, Aufgaben, Rechten und Verantwortung. Freiwilligkeit und Manipulation, Privatheit und Datenschutz bekommen innerhalb eines organisatorischen Kontexts einen ganz anderen Charakter als bei individuenbezogener Forschung, der nach eigenen Maßnahmen der Vorsorge und Abhilfe verlangt (Mirvis / Seashore, 1979).

4. Maßnahmen zur Vorsorge und Absicherung

Regelungen, die in jedem Einzelfall zu akzeptablen und praktikablen Lösungen ethischer Probleme führen, gibt es allenfalls in geschlossenen normativen Systemen, nicht aber im Wissenschaftsbereich. Es gibt einige wenige Grundprinzipien hohen Allgemeinheitsgrades, die von den meisten Fachkollegen akzeptiert werden und auf die meisten psychologischen Untersuchungen anwendbar sind, z. B.: »Keine Versuchsperson soll sich nach der Versuchsteilnahme schlechter fühlen als zuvor«. Doch die Operationalisierung im Einzelfall ist oft schwierig, und häufig scheint es, als ob die Einigung auf Ziele auch hier leichter sei als auf Mittel, mit denen sie erreicht werden sollen. Einige *präjuristische* und *präinstitutionelle* Sicherungsmaßnahmen sind im folgenden aufgelistet:

Freiwilligkeit. – In allen Humanwissenschaften ist die freiwillige Teilnahme der Versuchspersonen eine der wirksamsten

Barrieren gegen ihren Mißbrauch. Das Prinzip ist dennoch nicht unumstritten – aus methodologischen Erwägungen: freiwillige unterscheiden sich von nicht freiwilligen Versuchspersonen in mancherlei Hinsicht (Rosenthal/Rosnow, 1975); aus Gerechtigkeitsüberlegungen: Psychologiestudenten sollten etwas zu der Wissenschaft beitragen, die sie studieren; aus pragmatischen Gründen: es stünden sonst zu wenige Versuchspersonen zur Verfügung.

Aufklärung vor Versuchsbeginn. – Genau betrachtet, hat das Prinzip der Freiwilligkeit nur Sinn in Verbindung mit dem der Aufklärung: Man kann nur in etwas einwilligen, das man kennt. Die Information hat dabei natürlich empfängerorientiert zu erfolgen, d. h., das zu enthalten, was für die Teilnahmeentscheidung vermutlich von Relevanz sein dürfte. Auch dieser Grundsatz wird nicht generell geschätzt und gehandhabt, weil bei manchen Experimenten eine Verzerrung der Ergebnisse zu befürchten wäre. Erwägenswert ist für solche Fälle eine Teilaufklärung, die es dem Versuchsteilnehmer ermöglicht, seinerseits auf vollständige Vorinformation zu verzichten.

Aufklärung nach Versuchsdurchführung. – In vielen Fällen anfänglicher Mißinformation hat man sich bemüht, das Versäumnis durch nachträgliche Aufklärung wiedergutzumachen. Soweit die Versuchspersonen wirklichen Belastungen ausgesetzt waren, gibt es empirisch fundierte Zweifel an der Wirksamkeit dieser Maßnahme (z. B. Walster [u. a.], 1967).

Kompensation. – Man kann sich bemühen, als Ausgleich für die Mühe und gewisse Risiken, die Versuchspersonen auf sich nehmen, deren Nutzen zu erhöhen, beispielsweise den Ausbildungsgewinn anzuerkennen, der darin besteht, durch die Möglichkeit zur Selbsteinsicht, durch finanzielle Zuwendungen oder durch die Förderung des Gefühls, etwas zum wissenschaftlichen Fortschritt beigetragen zu haben.

Partizipation. – Besonders in der angewandten Sozialpsychologie bietet sich die Partizipation der Betroffenen als ein Weg an, deren Interessen bestmöglich gerecht zu werden. Die gleichzeitige Einhaltung methodologischer Standards kann dabei zum Problem werden (z. B. durch Reaktivität oder durch die Gefährdung von Zufallszuteilung und Versuchsplan).

Datensicherung. – Zumeist können persönlich identifizierbare Daten so kodiert werden, daß nur noch für den Forscher selbst eine Zuordnungsmöglichkeit besteht. Ist es nötig, riskante Daten längere Zeit zu speichern, so steht heute bereits eine Reihe von Methoden der Datensicherung zur Verfügung (z. B. Boruch, 1976).

Zunehmend überläßt es die wissenschaftliche Gemeinschaft nicht jedem einzelnen ihrer Mitglieder, für angemessene Vorgehensweisen zu sorgen. Die wichtigsten *institutionalisierten* Maßnahmen sind:

Berufsethische Richtlinien. – Die meisten psychologischen Berufsverbände der westlichen Welt verfügen über Kodizes, die nicht nur Leitlinien für das Verhalten in der psychologischen Praxis formulieren, sondern auch einen speziellen Teil »Forschungsethik« enthalten. Einfluß auf viele andere Richtlinien haben die Formulierungen der American Psychological Association (1981). In mehreren europäischen Ländern wurden bzw. werden neue Regelungen erarbeitet (Schuler, 1986); Aktualisierungen werden laufend im Nachrichtenblatt des Europäischen Psychologenverbandes veröffentlicht. Die gültige Fassung des Berufsverbands Deutscher Psychologen wurde 1986 verabschiedet.

Institutionalisierte Begutachtung. – Die Einhaltung ethischer Standards kann beispielsweise durch Koppelung mit der Forschungsförderung, durch Annahmepolitik der Fachzeitschriften oder mittels Kontrolle an den Forschungsinstitutionen selbst forciert werden. Allzu restriktive Begutachtung durch »Ethik-Komitees« in den USA ist auf vielfache Kritik gestoßen (Wicklund, 1981) und wurde inzwischen auf die »Forschung mit Risiken« beschränkt.

Ausbildung. – Eine informelle Diskussion ethischer Forschungsprobleme ergibt sich – häufig auf Initiative der Studenten – fast zwangsläufig innerhalb der Psychologie-Ausbildung. Die Erörterung ethischer Prinzipien als Teil des formellen Lehrplans dürfte besonders im Rahmen eines forschungsorientierten Aufbaustudiums angemessen sein.

Rechtsvorschriften. – Nur ein sehr geringer Teil der ethischen Probleme psychologischer Forschung kann durch Berufung auf gesetzliche Vorschriften geklärt werden (vgl. Eser/Schumann, 1976). Beispielsweise gibt es auf der Ebene psychischer Prozesse kein eindeutiges Analogon zur Rechtsfigur der Körperverletzung – deshalb wird psychische Beeinträchtigung juristisch erst dann relevant, wenn sie sich in körperlichen Störungen niederschlägt (Schimikowski, 1980). Ein Bereich, der eine relativ umfassende rechtliche Absicherung ermöglicht, ist der Schutz vor Mißbrauch persönlicher Daten durch das Datenschutzgesetz. Die Relevanz des Persönlichkeitsrechts für die psychologische Forschung wird diskutiert (Deutsch, 1981; Wiese, 1981). Eberbach (1982) kommt in seiner zivilrechtlichen Beurteilung der Humanforschung zu dem Ergebnis, daß dem Humanexperiment grundsätzlich ein Experimentvertrag zugrunde liegt, der dem Versuchsleiter Schutzpflichten auferlegt und ihn zur Fairneß verpflichtet. Dies hat u. a. zur Folge, daß die Täuschung von Versuchspersonen nur auf der Basis einer Grundaufklärung statthaft ist und überdies das Wesen des Experiments nicht verändern darf (Eberbach/Schuler 1982).

5. Zur moralischen Verantwortung des Wissenschaftlers

Auch wenn in einer »Grundaufklärung« eine notwendige Voraussetzung der Zulässigkeit psychologischen Experimentierens gesehen wird, wäre die Annahme verfehlt, daß die vollständige Aufklärung, wie sie im medizinischen Modell der »informierten Einwilligung« vorgesehen ist, eine weitgehende Entlastung des Versuchsleiters zur Folge hätte. Zu oft muß damit gerechnet werden, daß die Teilnehmer die Bedeutung der Erklärungen und die Auswirkungen der geschilderten Maßnahmen auf ihr eigenes Erleben nicht wirklich einschätzen können. Ganz besonders bedeutet die informierte Einwilligung bei Personen mit eingeschränktem Bewußtseinszustand, wie beispielsweise in der Thanato-Psychologie, keine wirkliche Entlastung für den Versuchsleiter (Schuler, 1984). Dem Sachverhalt wie dem Selbstverständnis von Humanwissenschaftlern dürfte es angemessener sein, das Hauptaugenmerk auf die persönliche Verantwortung des Forschers zu legen. Nur ein ausgeprägtes persönliches Verantwortungsgefühl schafft die Voraussetzung dafür, Entscheidungen treffen zu können, die gleichermaßen an wissenschaftlichen Kriterien orientiert wie vom Respekt für die Versuchsteilnehmer gekennzeichnet sind. Das bedeutet beispielsweise, die juristisch gebotenen Möglichkeiten nicht über die Grenzen des moralisch Gebotenen hinaus auszuschöpfen. Die Betonung der persönlichen Verantwortung des Wissenschaftlers bedeutet dagegen nicht, daß berufsethische Richtlinien oder etwa der Rat unbeteiligter Kollegen, eventuell auch in institutionalisierter Form, verzichtbar wären.

Die Idee der Verantwortlichkeit des Forschers innerhalb eines empirisch gehaltvollen theoretischen Konzepts so auszuformulieren, daß sie für die konkrete Forschungsarbeit Bedeutung hat, könnte eine lohnende Aufgabe der fachübergreifenden Zusammenarbeit von Philosophen und Vertretern der empirischen Humanwissenschaften sein. Hierzu könnten sich als Ausgangspunkt die neueren »gemischten« Theorien von Frankena (1972) und von Jonas (1979) eignen, vielleicht auch das Fairneß-Konzept von Rawls (1977; vgl. Höffe, 1981).

6. Ein vertragstheoretisches Konzept

Ein möglicher Ansatz für die Bemessung der Verantwortlichkeit des Forschers für das Wohlbefinden der ihm anvertrauten Personen besteht in der Anwendung des Modells des »sozialen Kontrakts« (Schuler, 1980). Es wurde aus den Arbeiten zur »Sozialpsychologie des psychologischen Experiments« (Rosenthal/Rosnow, 1969) heraus entwickelt und versucht, das (noch) üblichere einfache utilitaristische Abwägen des Risikos für die Versuchsperson und des Nutzens für die Wissenschaft zu vermeiden.

Betrachtet man soziale Beziehungen unter austauschtheoretischem Aspekt, so nimmt jeder der Beteiligten seine ›Kalkulation‹ von Nutzen- und Kostenelementen vor. Beziehungen werden dann eingegangen und aufrechterhalten, wenn das Gewicht der Nutzenbeträge zumindest dem Aufwand, den ›Kosten‹, äquivalent ist (Thibaut/Kelley, 1959). Auch die Beziehung zwischen Versuchsleiter und Versuchsperson kann als eine Austauschbeziehung verstanden werden, und zwar als ein ›explizitere‹, eine bewußt eingegangene beiderseitige Verpflichtung mit definierten Rollen und gegenseitigen Erwartungen, als ein ›sozialer Kontrakt‹. Während nun aber in ›gewöhnlichen‹ sozialen Beziehungen jeder der Partner die Abwägung seines Nutzens und seiner Aufwendungen selbstverantwortlich für sich vornimmt, nimmt im psychologischen Experiment der Versuchsleiter diese Aufgabe ganz oder teilweise auch für die Versuchsperson wahr. Da sich die Versuchsperson selbst zum Zeitpunkt der Vereinbarung kein realitätsgerechtes Bild von dieser Situation machen kann, ist sie nicht in der Lage, die für den ›Kontrakt‹ relevanten Parameter abzuschätzen. Die Verpflichtung, auch im Sinne der

Versuchsperson für eine gerechte, ausgewogene Beziehung zu sorgen, übernimmt der Versuchsleiter. Unbillig ist es dabei, den ›Kontrakt‹, den er so mit seiner Versuchsperson eingeht, ›kurzzuschließen‹ mit dem anderen ›Kontrakt‹, den er mit seinen ›Auftraggebern‹ Wissenschaft, Gesellschaft, Forschungsträger geschlossen hat, und die Kosten aus dieser zweiten Vereinbarung kurzerhand den Partnern in der ersten, den Versuchspersonen, aufzubürden. (Dieses ist der Weg, auf dem die oft zu findende Begründung entsteht, der hohe wissenschaftliche Wert einer Untersuchung rechtfertige es, den Versuchspersonen ein bestimmtes Schädigungsrisiko zuzumuten.) Beispiele solcher Kosten für die Versuchsperson sind Zeitaufwand, Anstrengung, Verzicht auf Selbstkontrolle, Angst, Scham, Enttäuschung, Beeinträchtigung des Selbstwertgefühls, Veränderung des Selbstbilds. Oft sind gerade die problematischeren dieser Kosten diejenigen, die der antizipatorischen Einschätzung durch die Versuchspersonen am wenigsten zugänglich sind.

Das Maß an Verantwortung, das ein Versuchsleiter für das Wohlbefinden seiner Versuchspersonen trägt, bemißt sich danach, was man *relative Situationskontrolle* nennen könnte. Die relative Kontrollmacht, die ein Versuchsleiter, speziell ein Experimentator in der Forschungssituation, hat, ist außerordentlich hoch, wie die Arbeiten von Riecken (1958), Orne (1962) und die nachfolgende Erforschung der »Sozialpsychologie des psychologischen Experiments« gezeigt haben (Friedmann, 1967; Rosenthal/Rosnow, 1969). Als Interaktionssituation gleicht sie eher der Arzt-Patient-Beziehung als einer egalitären Relation: Für die Versuchsperson ist die Situation durch ein bestimmtes Maß an *Intransparenz* gekennzeichnet oder durch *verminderte Situationskontrolle*. Diese Undurchschaubarkeit oder verminderte Kontrolle auf der einen und die erhöhte Kontrolle auf der anderen Seite lassen sich durchaus etwas genauer bemessen: sie kovariieren nämlich mit verschiedenen Charakteristika der Untersuchungssituation.

Für den Fall des Laborexperiments können vier Faktoren als besonders bedeutsam gelten: 1. der *Untersuchungsgegenstand* (Inhalt und Kontext der Untersuchung mit der weiteren Differenzierung nach Vertrautheit und Gefährlichkeit von Situation und provoziertem Verhalten); 2. die *Stimuluskontrolle* (Kontrolle der Reizsituation, wie sie sich für die Versuchsperson darbietet, durch den Versuchsleiter); 3. die *Reaktionskontrolle* (Festlegung der Verhaltensmöglichkeiten der Versuchsperson durch den Versuchsleiter); 4. die von vornherein gegebene *Machtdifferenz* zwischen Versuchsleiter und Versuchsperson (durch Status, Alter usw.). Je stärker nun das Gefälle der Kontrollmacht zwischen den beiden Partnern ist, desto mehr werden die Möglichkeiten der Selbstkontrolle von der Versuchsperson an den Versuchsleiter delegiert. Seine Verantwortung für das Wohlbefinden der Versuchsperson wächst mit dem Umfang der delegierten Kontrolle. Besteht kein oder nur ein geringes Gefälle, z. B., wenn ein Kollege den anderen um Teilnahme an einer wohlbekannten Introspektionsübung ersucht, so trägt jener nur geringe (im Prinzip quantifizierbare) Verantwortung für diesen. Beispiel für ein extrem hohes Maß an Verantwortung wäre die Durchführung langdauernder sensorischer Deprivation an Kindern. Die ›Bemessung‹ der relativen Situationskontrolle (eine Skala liegt noch nicht vor) – und darauf folgend der Verantwortung – ergibt für das erste Beispiel geringe ›Werte‹ auf allen vier genannten Dimensionen, für das zweite durchwegs hohe ›Werte‹.

Dieses Konzept versteht sich nur als erster Entwurf. Ausarbeitung wie Präzisierungen sind zu einer Prüfung noch zu leisten. Ursprünglich für das Paradigma des Labor-Experiments entworfen, scheint es sich immerhin auch an die Probleme der Feldforschung anlegen zu lassen (Schuler, 1982). Eberbach (1982) etwa orientiert sich bei der juristischen Beurteilung der humanwissenschaftlichen Forschung daran. Vorschläge zur Weiterentwicklung des Konzepts wurden von Lenk/Fulda (1981) unter Bezug auf Jonas (1970) vorgelegt.

Bei aller Vorläufigkeit ist an anderer Stelle bereits das Wagnis unternommen worden, ein konkretes psychologisches Experiment im Sinne des Kontrakt-Konzepts zu interpretieren und zu bewerten (Schuler, 1980, S. 69–73). Es handelt sich – was wäre wohl besser geeignet! – um Milgrams Gehorsamsversuch (Milgram, 1963). Hier ist nicht der Ort, die vollständige Analyse zu wiederholen; wir müssen uns auf ihr Ergebnis beschränken:

Die Versuchssituation ist durch hohe Rollenungleichheit charakterisiert und durch geringe Selbstbestimmtheit der Versuchsperson. Die Verantwortung des Versuchsleiters, wie sie sich aus den Ausprägungen der genannten Parameter der Versuchssituation ergibt, ist extrem hoch. Der Versuchsleiter handelt aber nicht gemäß dieser Verantwortung, sondern, im Gegenteil, mißbraucht Rollenungleichheit und Intransparenz der Situation, um die Versuchsperson gewissermaßen in eine Falle zu locken. Nachdem sie ihre Selbstverantwortung an ihn delegiert hat, wie der Patient an den Arzt, signalisiert der Versuchsleiter noch während des Experiments, daß er nach wie vor seiner Verantwortung nachkomme, sich an den Kontrakt halte. Und genau das tut er nicht. Er läßt die Versuchsperson etwas, das sie vielleicht unter keinen anderen Umständen tun würde, gegen ihr Verständnis und quasi auf seine Rechnung tun und sagt plötzlich: »Wir haben gar nicht den Kontrakt abgeschlossen, auf den du dich verlassen hast; das vermeintliche Spiel war Ernst; du hast die Verantwortung selbst zu tragen.« Das entspricht dem Verhalten eines Zauberkünstlers, der das Setting des Varietés und seine eigene Autorität – eben die Definition der Rollen – dazu ausnützt, einen Gast dazu zu bewegen, die Jungfrau im Sarg zu zersägen, und der dann, wenn das Blut herausfließt, erschrocken sagt: »Um Gottes willen, was haben Sie denn da gemacht? Sie ist ja wirklich entzwei!«

In den unerschöpflich reichen Protokollen der Wiederholungen des Milgram-Versuchs habe ich viele Aussagen von Versuchspersonen gefunden, die diese Interpretation der Situation nachträglich bestätigen. Ich möchte die Aussage einer Person herausgreifen, weil sie amüsanterweise fast das gleiche Bild verwendet:

Vp: Das ist so ähnlich wie auf der Wies'n ... beim Schichtl [wird] wildfremden Leuten der Kopf 'runtergeschlagen. Sie haben nichts damit zu tun. Und tatsächlich ist es trotzdem nicht so. Ich sage dann folgendes: Ich lege mich da auch rauf, ich weiß ja, daß mir nichts passiert.

7. Ausblick

Ein Problem aller Humanwissenschaften, nämlich die Gefahr, verbreiteten moralischen Prinzipien zuwiderzuhandeln, ist in der Psychologie, zumal in der Sozialpsychologie, auf besondere Aufmerksamkeit gestoßen. Speziell die Methode des Experiments mit ihrer Zielsetzung, Erlebnisse zu standardisieren, scheint gelegentlich in einen Konflikt zwischen methodologischen und ethischen Normen zu führen. Freilich handelt es sich nicht um ein unausweichliches Dilemma, das letztlich jegliche empirische Forschungspraxis als irrational ausweisen würde (vgl. Herrmann, 1979, Kap. 6), und schon gar nicht um einen Grund, die relativ junge Kulturleistung, Sein und Sollen in der Wissenschaft zu trennen, wieder aufzugeben, etwa durch ein »existentialistisches Engagement« (Albert, 1977, S. 65–100), wie es für manche Methoden charakteristisch ist, die als radikale Alternativen zum Experiment angepriesen werden. Brauchbare Wissenschaft muß nicht geopfert werden, und die große Geste des moralischen Bekenntnisses allein ist eher hinderlich als förderlich. Um mit Jonas zu sprechen (1979, S. 9 f.): »Von der Watte guter Gesinnung und untadeliger Absicht, der Bekundung, daß man auf seiten der Engel steht und gegen die

Sünde ist, für Gedeihen und gegen Verderben, gibt es in der ethischen Reflexion unserer Tage genug.«

Ohne daß das eine aus dem anderen deduzierbar wäre, wird sich mit der Entwicklung unseres Begriffs von Wissenschaft auch unser Verständnis dessen verändern, was moralisch wünschenswert sei in der Forschung und Forschungsanwendung. Die allgemeine Sensibilisierung gegenüber wissenschaftlichen Problemen läßt erwarten, daß es zur selbstverständlichen Gewohnheit wird, ethische Überlegungen zu einem Teil der Forschungsplanung zu machen. Durch die Wahl möglichst ›transparenter‹ Vorgehensweisen, durch vorbeugende Maßnahmen, die Beeinträchtigungen von Versuchspersonen zu vermeiden, oder mittels Vorsorge gegen den Mißbrauch von Forschungsdaten lassen sich viele potentielle Probleme schon bei ihrem Entstehen bewältigen. Ein gewisses Widerspruchspotential zwischen Methode und Moral mag immer bestehen bleiben – es ist zwar nicht länger vernachlässigbar, aber auch nicht auswegloser als etwa das zwischen Forschungsökonomie (kleine Stichprobe) und Validität (Kontrollgruppen und repräsentative Stichprobe). Die einfachste und wirksamste Vorsorgemaßnahme mag sein, nie aus den Augen zu verlieren, daß unsere ›Versuchsobjekte‹ in der Psychologie Menschen sind, also nach Kant immer auch als Selbstzwecke anzuerkennende Subjekte!

Literatur

Albert, Hans: Kritische Vernunft und menschliche Praxis. Stuttgart 1977.

American Psychological Association: Ethical Principles of Psychologists. In: American Psychologist 36 (1981) S. 633–638.

Argyle, Michael: Report of the Council of the British Psychological Society on My Dealings with the A. P. A. Committee on Scientific and Professional Ethics and Conduct. Oxford, June 24th, 1960.

Argyris, Chris: Dangers in Applying Results from Experimental Social Psychology. In: American Psychologist 30 (1975). S. 469 bis 485.

Asch, Solomon E.: Social Psychology. Englewood Cliffs 1952.

Bermant, Gordon / Kelman, Herbert C. / Warwick, Donald P. (Hrsg.): The Ethics of Social Intervention. Washington (D. C.) 1978.

Berufsverband Deutscher Psychologen: Berufsordnung für Psychologen. Bonn 1986.

Bungard, Walter: Sozialpsychologische Forschung im Labor. Göttingen 1984.

Cook, Stuart W.: Ethical Issues in the Conduct of Research in Social Relations. In: Claire Selltiz / Lawrence S. Wrightsman / S. W. Cook (Hrsg.): Research Methods in Social Relations. New York 1976. S. 199–249.

Deutsch, Erwin: Persönlichkeitsrechtliche Aspekte der sozialpsychologischen Forschung. In: Lenelis Kruse / Martin Kumpf (Hrsg.): Psychologische Grundlagenforschung: Ethik und Recht. Bern / Stuttgart / Wien 1981. S. 163–171.

Eberbach, Wolfram: Die zivilrechtliche Beurteilung der Humanforschung. Frankfurt a. M. 1982.

– / Schuler, Heinz: Zur Aufklärungspflicht bei psychologischen Experimenten. In: Juristenzeitung 37 (1982) S. 356–363.

Epstein, Yakov M. / Suedfeld, Peter / Silverstein, Stanley J.: Subject's Expectations of and Reactions to Some Behaviors of Experimenters. In: American Psychologist 28 (1973) S. 212–221.

Eser, Albin / Schumann, Karl F. (Hrsg.): Forschung im Konflikt mit Recht und Ethik. Stuttgart 1976.

Feger, Hubert: Vorstrukturierung von Erleben und Verhalten: Ethische Probleme erfolgreicher Psychologie. In: Lenelis Kruse / Martin Kumpf (Hrsg.): Psychologische Grundlagenforschung: Ethik und Recht. Bern / Stuttgart / Wien 1981. S. 107–116.

Festinger, Leon / Carlsmith, J. M.: Cognitive Consequences of Forced Compliance. In: Journal of Abnormal and Social Psychology 58 (1959) S. 203–210.

Frankena, William K.: Analytische Ethik. Übers. von Norbert Hoerster. München 1972.

Frey, Dieter / Greif, Siegfried (Hrsg.): Schlüsselbegriffe der Sozialpsychologie. München 1983.

Friedmann, N.: The Social Nature of Psychological Research: The Psychological Experiment as a Social Interaction. New York 1967.

Gachowetz, Helmut: Feldforschung. In: Erwin Roth (Hrsg.): Sozialwissenschaftliche Methoden. München 1984. S. 255–276.

Graumann, Carl F.: Forschung als Handeln. Zur Moralpsychologie von Wirkung und Verantwortung. In: Lenelis Kruse / Martin Kumpf (Hrsg.): Psychologische Grundlagenforschung: Ethik und Recht. Bern / Stuttgart / Wien 1981. S. 117–137.

Herrmann, Theo: Psychologie als Problem. Stuttgart 1979.

Höffe, Otfried: Sittliche Grenzen psychologischer Forschung: Zur Perspektive philosophischer Ethik. In: Lenelis Kruse / Martin Kumpf (Hrsg.): Psychologische Grundlagenforschung: Ethik und Recht. Bern / Stuttgart / Wien 1981. S. 237–261.

Irle, Martin: Das Instrument der »Täuschung« in der Verhaltens- und Sozialwissenschaftlichen Forschung. In: Zeitschrift für Sozialpsychologie 10 (1979) S. 305–330.

Jonas, Hans: Philosophical Reflections on Experimenting with Human Subjects. In: Paul A. Freund (Hrsg.): Experimentation with Human Subjects. New York 1970. S. 1–31.

– Das Prinzip Verantwortung. Frankfurt a. M. 1979.

Kelman, Herbert C.: Human Use of Human Subjects: The Problem of Deception in Social Psychological Experiments. In: Psychological Bulletin 1 (1967) S. 1–11.

– A Time to Speak: On Human Values and Social Research. San Francisco 1968.

Kruse, Lenelis: Alternativen zu ethisch fragwürdigen Forschungstechniken? In: L. K. / Martin Kumpf (Hrsg.): Psychologische Grundlagenforschung: Ethik und Recht. Bern / Stuttgart / Wien 1981. S. 69–105.

– Nähe und Distanz – Ethische Probleme der Psychologie. Gastvortrag auf dem 33. Kongreß der Deutschen Gesellschaft für Psychologie in Mainz. September 1982.

Kumpf, Martin: Einschätzungen und Konsequenzen der Täuschung von Versuchspersonen in der psychologischen Forschung. In: Lenelis Kruse / M. K. (Hrsg.): Psychologische Grundlagenforschung: Ethik und Recht. Bern / Stuttgart / Wien 1981. S. 41–68.

Latané, Bibb / Rodin, J.: A Lady in Distress: Inhibiting Effects of Friends and Strangers on Bystander Intervention. In: Journal of Experimental Social Psychology 5 (1969) S. 189–202.

Lenk, Hans / Fulda, Ekkehard: Zur ethischen Problematik von

Humanexperimenten in der sozialpsychologischen Grundlagenforschung. In: Lenelis Kruse / Martin Kumpf (Hrsg.): Psychologische Grundlagenforschung: Ethik und Recht. Bern/Stuttgart/
Wien 1981. S. 263–301.

McGuire, Wendy J.: The Value of Privacy Versus the Need to Know.
In: William C. Bier (Hrsg.): Privacy: A Vanishing Value? New
York 1980.

Menges, Robert J.: Openness and Honesty versus Coercion and
Deception in Psychological Research. In: American Psychologist
28 (1973) S. 1030–34.

Milgram, Stanley: Behavioral Study of Obedience. In: Journal of
Abnormal and Social Psychology 67 (1963) S. 371–378.

Mirvis, P. H. / Seashore, S. E.: Being Ethical in Organizational Research. In: American Psychologist 17 (1962) S. 776–783.

Orne, M. T.: On the Social Psychology of the Psychological Experiment: With Particular Reference to Demand Characteristics and
their Implications. In: American Psychologist 34 (1979) S. 776
bis 780.

Rawls, John: Gerechtigkeit als Fairneß. Übers. von Joachim Schulte.
Hrsg. von Otfried Höffe. Freiburg i. Br. 1977.

Riecken, Henry W.: A Program for Research on Experiments in
Social Psychology. In: Paul L. Wuebben / Bruce C. Straits / Gary I.
Schulman (Hrsg.): The Experiment as a Social Occasion. Berkeley
(Cal.) 1974. S. 103–119.

Rosenthal, Robert / Rosnow, Ralph L. (Hrsg.): Artifact in Behavioral
Research. New York 1969.

– / – The Volunteer Subject. New York 1975.

Schachter, Stanley / Singer, Jerome L.: Cognitive Social and Phy-
siological Determinants of Emotional State. In: Psychological Review 65 (1962), S. 121–128.

Schimikowski, Peter: Experiment am Menschen. Stuttgart 1980.

Schuler, Heinz: Zum ethischen Problem der Täuschung und Schädi-
gung von Versuchspersonen. Vortrag beim 30. Kongreß der Deut-
schen Gesellschaft für Psychologie, 1976. – Gekürzte Fassung in:
Werner Tack (Hrsg.): Bericht über den 30. Kongreß der deutschen
Gesellschaft für Psychologie in Regensburg. Göttingen 1977.
S. 407–409.

– Ethische Probleme psychologischer Forschung. Göttingen 1980
(Aktualisierte amerikanische Fassung: Ethical Problems in Psychological Research. New York 1982.)

Schuler, Heinz: Ethische Probleme des psychologischen Forschungs-
prozesses. Der Stand der Diskussion. In: Lenelis Kruse / Martin
Kumpf (Hrsg.): Psychologische Grundlagenforschung: Ethik und
Recht. Bern/Stuttgart/Wien 1981. S. 13–39.
– Ethische Probleme der Feldforschung. In: Jean L. Patry (Hrsg.):
Feldforschung. Bern/Stuttgart/Wien 1982. S. 198–212.
– Zehn Thesen zu forschungsethischen Problemen in der Thanato-
Psychologie. In: Jürgen Howe / Randolph Ochsmann (Hrsg.):
Tod – Sterben – Trauer. Frankfurt a. M. 1984. S. 36–42.
– Versuche mit Menschen in der Psychologie. In: Hanfried Helm-
chen / Rolf Winau (Hrsg.): Versuche mit Menschen. Berlin 1986.
S. 191–219.
Sherif, Muzafer: A Study of Some Social Factors in Perception.
Archives of Psychology 27 (1935) Nr. 187.
Thibaut, John W. / Kelley, Harold H.: The Social Psychology of
Groups. New York 1959.
Walster, Elaine [u. a.]: Effectiveness of Debriefing Following De-
ception Experiments. In: Journal of Personality and Social Psy-
chology 6 (1967) S. 371–380.
Weber, Stephen J. / Cook, Thomas D.: Subject Effects in Laboratory
Research: An Examination of Subject Roles, Demand Character-
istics, and Valid Inferences. In: Psychological Bulletin 77 (1972)
S. 273–295.
Wicklund, Robert A.: Die Arbeitsweise von Ethik-Komitees in der
amerikanischen Psychologie. In: Lenelis Kruse / Martin Kumpf
(Hrsg.): Psychologische Grundlagenforschung: Ethik und Recht.
Bern/Stuttgart/Wien 1981. S. 303–307.
Wiese, Günther: Persönlichkeitsrechtliche Grenzen sozialpsycholo-
gischer Experimente. In: Hans M. Pawlowski [u. a.]: (Hrsg.):
Festschrift für Konrad Duden. München 1977. S. 719–747. – Wie-
derabgedr. in: Lenelis Kruse / Martin Kumpf (Hrsg.): Psychologi-
sche Grundlagenforschung: Ethik und Recht. Bern/Stuttgart/
Wien 1981. S. 201–236.
Zimbardo, Philip G. [u. a.]: The Mind is a Formidable Jailer: A Piran-
dellian Prison. In: The New York Times Magazine 60 (1973)
S. 38–60.

HANS LENK / MATTHIAS MARING

Moralprobleme der Sozialwissenschaftler[1]

Spätestens seit der Entwicklung und Anwendung von Kampfgasen wie Phosgen im Ersten Weltkrieg, den sogenannten terminalen Versuchen von KZ-Ärzten in Konzentrationslagern und an Behinderten sowie den Bombenabwürfen von Hiroshima und Nagasaki hat die angewandte Wissenschaft ihre ›moralische Unschuld‹ verloren. Traditionellerweise hielt man Technik und Wissenschaft für moralisch neutral. Der Wissenschaftler sei moralisch nicht verantwortlich für Anwendung und voraussehbare Folgen seiner Entdeckungen. »Ich bin nicht Ethiker, ich bin Biologe« – so schob ein bekannter Biochemiker (Delgados) die Verantwortungsfrage von sich. Mit der Entwicklung der Gentechnik gewinnt die Verantwortung für die Qualität des menschlichen Lebens in biologischem und sozialem Sinne erneut erhöhte und, ethisch gesehen, neue moralische und soziale Brisanz. Die höherstufige Verantwortung für moralische Zielsetzungen selbst (was können wir als künftiges Leitbild des Menschen und des menschenwürdigen Lebens wollen und verfolgen?) wird zu einer ethischen Aufgabe von neuer Dimension.

Auch die Sozialwissenschaften haben spätestens seit den berüchtigten Versuchen Stanley Milgrams[2] zum Autoritätsgehorsam ihre Debatte über moralische Zumutbarkeiten beim Humanexperiment. In diesen Experimenten wurde ermittelt, wie weit Versuchspersonen den Anweisungen und der Autorität wissenschaftlicher Versuchsleiter widerstehen und sich weigern würden, anderen Scheinversuchspersonen Elektroschocks (scheinbar bis an oder über die tödliche Dosis hinaus) zuzufügen. Ebenfalls in diesen Zusammenhang gehört das Stanford-Gefängnisexperiment Philip G. Zimbardos³, in dem untersucht wurde, ob und inwiefern aufgrund von Rollenzuweisungen (Gefangener bzw. Aufseher) Verhaltensänderungen bei den Versuchspersonen stattfanden. Günter Bierbrauer spricht von einer »der eindrucksvollsten experimentellen Demonstrationen über die Pathologie ungebremster Macht und Austauschbarkeit von Rollen«: In »solchen Extremsituationen« werden »das Ausmaß der Persönlichkeitsdisposition der Akteure überschätzt und die Einflüsse des Kontexts zur Erklärung des beobachteten Verhaltens unterschätzt«.⁴ Er fragt dann, ob sich nicht gegen das Experiment »ethische Bedenken« ergeben, d. h., »ob der wissenschaftliche Wert einer derartigen Untersuchung so groß sein kann, um ein möglicherweise langfristiges Trauma [der Versuchspersonen] in Kauf zu nehmen«.⁵

Bei beiden Experimenten stellen sich zahlreiche ethische bzw. standesethische Fragen und Probleme: Wer ist in welcher Hinsicht verantwortlich? Ist der Versuchsleiter allein verantwortlich gegenüber den Versuchspersonen, ist er ethisch *und* standesethisch verantwortlich? Trägt auch derjenige, der den Versuch entworfen hatte, eine Verantwortung – und welcher Art? Welche Verantwortung tragen die Versuchspersonen? Darf man Experimente durchführen, die eventuell reversible Schäden – die etwa bei nachträglicher Aufklärung schwinden – bei den Probanden hervorrufen (können)? Tragen die Psychologen (insgesamt) oder deren Berufsverband Verantwortung dafür, daß bei Experimenten getäuscht wird (um unverzerrte Ergebnisse zu bekommen)? Um diese Fragen zu beantworten, bedarf es einer differenzierten Theorie der Verantwortungsarten, die allerdings noch keineswegs entwickelt ist. Auch im folgenden kann dies nicht geleistet werden, es sollen lediglich typische Probleme aufgezeigt werden. Des weiteren ist eine differenzierte Fallanalyse Voraussetzung für jede normative und moralische Beurteilung und die resümierende Würdigung sozialwissenschaftlicher Forschungen und Experimente bzw. Tests.⁶

Auch straf- und zivilrechtliche Probleme können sich ergeben.[7] Die Forschungsfreiheit (Art. 5 III Grundgesetz)[8] garantiert zwar die Unabhängigkeit des Forschers vor staatlichen Eingriffen, rechtfertigt jedoch (noch) keine Eingriffe des Forschers in Rechte Dritter: Art. 5 III GG begründe »vor allem ein Abwehrrecht gegen beeinträchtigende Eingriffe«[9]. Die Wissenschaftsfreiheit sei im Privatrecht, das für sozialpsychologische wissenschaftliche Experimente einschlägig ist, ein Persönlichkeitsrecht des Wissenschaftlers, das »in Konkurrenz zu sonstigen Persönlichkeitsrechten anderer« stehe.[10] »Ein genereller Vorrang der Wissenschaftsfreiheit gegenüber der Individualsphäre« könne »nach den Erfahrungen der NS-Zeit ernstlich nicht in Betracht gezogen werden«.[11] Eine »Rechtfertigung« von Eingriffen könne sich nur aus dem Vorrang eines im konkreten Fall verfolgten Zwecks ergeben«, jedoch nicht aus der Forschungsfreiheit selbst.[12] Auch sei »der Grundsatz der Verhältnismäßigkeit« generell zu beachten.[13]

Bei Humanexperimenten stehen die Wissenschaftler in einer zweifachen Beziehung zu den Versuchspersonen.[14] Die Versuchsperson darf im Experiment nicht nur als zu manipulierender Gegenstand betrachtet, sondern muß stets zugleich auch als menschlicher Handlungspartner, als Person, als »Selbstzweck« im Sinne Kants behandelt werden. Der Experimentator und der Proband befinden sich dabei immer auch in einer lebenspraktischen Handlungssituation, für die sich eine besondere ethische Problematik stellt. Der Wissenschaftler übernimmt im Humanexperiment eine spezielle moralisch-ethische Verantwortung für den Versuchspartner – um so mehr, als die Situation des Experiments von einer Unausgewogenheit, einer Asymmetrie des Wissens und der Vorausschau, der Abhängigkeit und der Handlungsfreiheit gekennzeichnet ist. Es ist ein entscheidendes Charakteristikum der Humanwissenschaften im Unterschied zu den anderen Wissenschaften, daß in ihnen spezifischere und strengere Normen gegenüber ihrem Untersuchungsgegenstand existieren. So schreibt Heinz Schuler auch: »Die besondere sittliche Verpflichtung der Humanwissenschaftler besteht darin, daß ihr Handeln gegenüber ihren Untersuchungsobjekten an den gleichen oder ähnlichen ethischen Prinzipien gemessen wird wie das aufeinander bezogene Handeln von Menschen überhaupt.«[15] Beispielsweise sind methodeninduzierte Täuschungen, sollten sie unerläßlich und nicht schädigend sein, ethisch nur dann vertretbar, wenn u. a. Maßnahmen der aufklärenden Vor- und Nachsorge stattfinden und sich keine Versuchsperson nach einem Experiment »schlechter fühlt als vorher«, meinte Kelman.[16] Dieses Kriterium ist freilich noch zu subjektabhängig formuliert und umstritten; es sollte vielleicht durch eine Regel der Achtung vor unveräußerlichen Personwerten und moralischen Menschenrechten ersetzt werden. Auch sollten nur solche Versuche unternommen werden, denen sich der Forscher selbst bzw. denen er seine Angehörigen bedenkenlos unterziehen würde.

Die Einrichtung von interdisziplinär zusammengesetzten Ethikkommissionen zur Beurteilung und kritischen Begleitung von nichttherapeutischen Humanexperimenten könnte ebenso sinnvoll sein wie in der therapierelevanten biomedizinischen Forschung. Weitere »prozedurale Absicherungen« gemäß der Helsinki-Tokio-Venedig-Deklaration des Weltverbandes der Ärzte sind: die »Anlage eines« eingehenden »*Forschungsprotokolls*«, die »vorsorgliche *Versicherung* des Probanden« und »das vielfach erwogene« (umstrittene) »Veröffentlichungsverbot« sowie besonders die vielbeschworene »informierte Zustimmung« (*informed consent*).[17]

Die ethischen Standards der Psychologen wurden im Anschluß an diese Diskussion in den USA ausführlich überarbeitet und präzisiert. Sie regeln die Verantwortlichkeit der Psychologen, ihre Fachkompetenz, die persönliche moralische und legale Beachtung von Standards, die Vertraulichkeit von Informationen, die beruflichen Beziehungen, die Anwendung von Beurteilungsmethoden sowie die Forschungstätigkeiten. Im Grunde wird das Recht des Probanden auf informierte Zustimmung von den Medizinern übernommen und an die spezifisch psychologischen Problemstellungen angepaßt. Die »Berufsethischen Verpflichtungen für

Psychologen« des Berufsverbandes Deutscher Psychologen
in der Bundesrepublik Deutschland sind demgegenüber noch
weniger differenziert. Die ethischen Regelungen (Berufskodizes) anderer Sozialwissenschaften – etwa der Soziologie –
sind gegenüber der Diskussion der Psychologen noch weit im
Rückstand. Weder werden Probleme der Verantwortungsverteilung und -verwischung sowie der experimentellen Tar-
nung oder Täuschung diskutiert noch verfahrensgebundene
Kontroll- und Sanktionsmöglichkeiten genutzt wie etwa
bei der amerikanischen Vereinigung der Elektroingenieure
(Institute of Electrical and Electronics Engineers, IEEE).
Unterschiedliche Typen und Arten der Verantwortung des
Einzelwissenschaftlers sowie der Berufsorganisation insgesamt sind dementsprechend ebenfalls nicht unterschieden
und diskutiert worden. Die wissenschaftlichen Vereinigungen, gesetzgebende Gremien und Enquête-Kommissionen,
(Organisationen von) Ethikkommissionen, Wissenschafts-
politiker, Wissenschaftsadministratoren und Philosophen,
darunter zumal Ethiker, hätten hier noch viele Lücken zu
schließen und Lösungen für Aufgaben zu erarbeiten, die sich
mit der Ausbreitung und wachsenden Auswirkungsstärke der
Ergebnisse angewandter Wissenschaften – gerade auch der
Sozialwissenschaften – immer dringlicher stellen. Zumal bei
Feldforschungen, verdeckter, getarnter oder desinformie-
render und interaktiver Forschung sowie beim Humanexperiment ergeben sich spezifische Probleme für die Sozialwissenschaften (welche im deutschsprachigen Raum nur für
die Psychologie durch Heinz Schuler[18] einigermaßen er-
schöpfend behandelt wurden). Bei (sozial)psychologischen
Versuchen, die Kaufverhalten, die Werbewirksamkeit von
Produkten usw. zum Gegenstand haben, dürften die einzelnen Versuche in der Regel selbst nicht so problematisch sein,
sondern eher die Anwendung der getesteten Strategien im
Rahmen von Marketingmaßnahmen von Unternehmen.
(Hierfür entwickelte beispielsweise die American Marketing
Association bereits einen Verhaltenskodex, in dem Ehrlich-

keit, Fairneß, Verbot der Täuschung usw. gefordert werden.[19])

Waren es früher die Psychologen, die interaktive Manipulationsstudien in Feldforschungsexperimenten vornahmen, welche eindeutig unmoralisch waren: z. B. wurden Flugzeugabstürze realistisch simuliert und die so unter Todesangst gesetzten Passagiere gefilmt und beobachtet,[20] oder hypnotisierte Versuchspersonen wurden veranlaßt, Heroin zu verkaufen,[21] so hat sich doch die Sensibilität der psychologischen Scientific Community seit den erwähnten berüchtigten Milgram-Experimenten zum Autoritätsgehorsam und seit dem Stanford-Experiment Zimbardos über simulierte Gefängniswärterrollen zur differenzierten Formulierung eines Ethikkodex der Psychologen Anlaß gegeben (1973, 1977, 1981) und ausgehend von diesem amerikanischen Ethikkodex zu einer erheblichen ethischen Disziplinierung der Forschungsprojekte und Versuchsplanungen beigetragen. Selten noch versuchen Sozialpsychologen ›quasisportlich‹ einander dadurch auszustechen und sich damit zu brüsten, wer besser die Versuchspersonen durch falsche Informationen und ›Tarnungen‹ ›hinters Licht führen könne‹. Böswillige Täuschungen mit nachwirkenden Schädigungen verschwanden weitgehend aus dem Methodenrepertoire der Psychologen.

Treiben also Psychologen kaum noch mit Entsetzen und Gefühlen der Probanden Scherz, so wird dieses in Hinsicht auf Gefühle und deren Manipulation in interaktiver Forschung oder Aktionsforschung offenbar bei den Soziologen noch nicht so kritisch gesehen. Der Ethikkodex der amerikanischen Soziologen nimmt auf die Problematik nicht Bezug. In der deutschen Soziologie existiert ein Ethikkodex überhaupt noch nicht – trotz der wiederholten Anmahnung einiger Wissenschaftler.

Kürzlich wurde ein moralisch gesehen besonders drastischer Fall auf einer Diskussion im Rahmen eines Workshops einer deutschen Soziologievereinigung bekannt: Mitglieder eines angesehenen sozio-

logischen Forschungsinstituts einer bundesdeutschen Universität
unternahmen Inhaltsanalysen von Heiratsanzeigen. Sie analysierten
jedoch nicht die in Zeitungen veröffentlichten Anzeigen allein, sondern gaben selbst fingierte Heiratsanzeigen auf und werteten die eingehenden Zuschriften inhaltsanalytisch als Datenquelle aus. Diese
ethisch gesehen geradezu perfide Täuschung und methodologisch
unseriöse Art der Faktenerstellung der Daten traf auf ethische Bedenken zweier angesehener wissenschaftlicher Kollegen, die jedoch in
dem Workshop wie einsame Rufer in der Wüste wirkten und auch
allenfalls mit dem Argument einer möglichen schädigenden Rückwir-
kung auf das Professionsimage und künftige Untersuchungsmöglich-
keiten, falls solche Methoden öffentlich bekannt würden, Anklang
fanden. Die meisten Diskutanten – darunter auch sehr angesehene
Sozialpsychologen – schienen die Methodik nicht so bedenklich zu
finden: Jeder wisse doch, daß es sich bei Veröffentlichungen von und
Zuschriften auf Heiratsanzeigen doch auch »um ein Marktgeschehen
handele«, daß in diesem Bereich auch Heiratsbetrüger tätig seien.
Schließlich würden die Daten anonymisiert und nur so ausgewertet.
In manchen Fällen würde hinterher ein Fragebogen geschickt und
damit eben aufgeklärt und gesagt, daß es sich um einen Versuch mit
Scheinangeboten gehandelt habe: Also wüßten die Leute ja nun Bescheid.

Die abwiegelnden und entschuldigenden Argumente zeigen,
daß eine moralische Sensibilität wie bei den Psychologen und
Medizinern offenbar bei den deutschen Soziologen noch
nicht um sich gegriffen hat, daß ein institutionell gestützter
Ethikkodex vordringlich ist, der nicht nur die vagen Allge-
meinheiten der amerikanischen Formulierung übernimmt.
Es gibt freilich auch in den Sozialwissenschaften Kodizes, die
für spezielle Gebiete – etwa die Erforschung der öffentlichen
Meinung – entsprechende manipulative Täuschungsmaßnah-
men verbieten. Z. B. verlangt die American Association for
Public Opinion Research in ihren Statuten außer der strikten
Wahrung der Anonymität und Vertraulichkeit für alle Informationen von ihren Forschern auch: »Wir werden Befragte
in einer Umfrage nicht belügen oder Praktiken und Methoden benutzen, die den Befragten täuschen, zwingen oder
kränken.«[22]

Spezifische Probleme ergeben sich auch für den Datenschutz bei sozialwissenschaftlicher Forschung bzw. empirischen Erhebungen. Zu Recht formuliert der Hessische Datenschutzbeauftragte Spiros Simitis: Beim Datenschutz »gilt es, an just dem Punkt anzusetzen, der, um eine ebenso überzeugende wie wirksame Regelung zu finden, den Datenschutz genauso legitimiert, wie er die wissenschaftliche Forschung bindet: am Respekt vor der Integrität der Betroffenen.«[23] (Man denke auch an das 1983 vom Bundesverfassungsgericht formulierte Recht auf »informationelle Selbstbestimmung«.) Man müsse (europaweit) »ein und für allemal [. . .] aufhören, auch personenbezogene Daten als Ware zu betrachten und in ihrer Verarbeitung deshalb nur eines unter vielen Marktproblemen zu sehen.«[24]

Was die Verantwortungsproblematik angeht, so empfiehlt sich auch für die Sozialwissenschaftler, zwischen internen Normen (Wissenschaftsethos) der Scientific Community und externer (allgemein)moralischer Verantwortlichkeit gegenüber Gesellschaft, (Idee der) Menschheit, dem eigenen Selbst oder einer anderen transzendenten Instanz (vgl. Lenk, im vorliegenden Band S. 56 ff.) zu unterscheiden. Die volle persönliche Verantwortung des einzelnen ist von Gruppen-, Kollektiv-, Institutionenverantwortung analytisch zu trennen, diese aber mit jener in Zusammenhang zu bringen, ohne daß diese Verantwortlichkeiten restlos aufeinander rückzuführen wären. Analytisch zu unterscheidende Typen und Dimensionen mögen sich im Realfall überlappen oder gar miteinander in Konflikt geraten, insbesondere müßten sie in eingehenden Fallanalysen auf Beispiele in der Praxis bezogen werden. (Die Differenzierung nach Verantwortungstypen und -ebenen ist hilfreich, ja unerläßlich für das Erkennen und Erfassen von Verantwortungskonflikten.) Zur Regelung oder Lösung derartiger Konflikte sind darüber hinaus Prioritätsregeln nötig (vgl. Lenk, im vorliegenden Band S. 64 ff.). In den Sozialwissenschaften ist besonders darauf zu achten, daß unaufgebbare moralische Personrechte (wie die Men-

schenwürde) und die moralische Integrität nicht hinter Gesamtnutzen- und Kosten-Nutzen-Erwägungen oder in der
Menge der Mitwirkenden bei Großprojekten verschwinden. Verteilungsprobleme bei konkurrierendem Handeln
und synergetischen Kombinationswirkungen an sich unterschwelliger Schädigungseffekte sind ebenso zu beachten
wie die derzeit besonders aktuell werdende Gefahr der Verantwortungsverwischung in komplexen programmierten Informations- und Entscheidungssystemen.

Im Aufdecken und Erforschen von unintendierten, paradoxen Effekten und im Aufklären darüber liegt im übrigen eine
spezifische Aufgabe (und Verantwortung) der Sozialwissenschaftler, wobei allerdings schon bei der Faktenanalyse die
Ansichten deutlich differieren:[25] In bezug auf unerwünschte Handlungsfolgen komplexer Interaktionen und Handlungsvernetzungen (etwa relativ einfach noch im Prisoners'
Dilemma[26] als einem spieltheoretischen Modell realer Handlungen) und in bezug auf die Möglichkeiten politischer Steuerung bzw. Beratung schreibt Fritz W. Scharpf – mit einleuchtender, aber noch weiter zu differenzierender Begründung –:
Da die Folgen »vorhergesehen werden können‹, sind sie von
den Handelnden ›in Kauf genommen‹ und damit im Sinne der
juristischen Dolus-Lehre auch gewollt«.[27] Niklas Luhmann
hingegen ist bezüglich der faktischen Kenntnismöglichkeiten
mehr als skeptisch, denn Verantwortung setzte »Kenntnis,
zumindest Kennbarkeit, der Folgen des Handelns voraus«,[28]
und diese Kenntnis sei nicht gegeben, auch nicht für die
Soziologie (deren gesellschaftliche Verantwortung bestehe im
übrigen im »bestmöglichen Umgang mit den eigenen Möglichkeiten«, im »Mitwirken an der Selbstbeobachtung und
Selbstbeschreibung der Gesellschaft«[29]). Gäbe es eine realistische Politikberatung durch Soziologen, die »Kausalwissen« zur Verfügung stellen – ein entsprechendes Wissen zur
Politikberatung hält Luhmann allerdings für illusorisch –,
dann »läge die Verantwortung bei dem, der es umsetzt,
und allenfalls eine Mitverantwortung für sachgemäße Fest-

stellung und für das Zurverfügungstellen des Wissens bei den Soziologen.«[30]

Fragen der Verantwortungsverteilung und Mitverantwortung der Sozialwissenschaftler stellen sich jedoch bei jeder praktizierten Politikberatung, sozialwissenschaftlichen Technikfolgenabschätzung usw. – auch wenn Wissenschaftler lediglich bedingte Wenn-dann-Aussagen machen. So ist man nach Joseph M. Bocheński in gewissem Grade auch für das Setzen »notwendiger Bedingung(en)«, nämlich »für die Wahrscheinlichkeit des dadurch Bedingten« verantwortlich.[31] Die Wenn-dann-Aussage selbst beschreibt meist eine Ziel-Mittel-Beziehung; bei solchen Instrumentalbeziehungen ist zu beachten (zu verantworten), daß das zu verwirklichende Ziel nur eine unter mehreren möglichen Folgen des eingesetzten Mittels darstellt – daß es also Nebenfolgen gibt und daß eine eindeutige – beste – Lösung so gut wie nie gefunden oder realisiert wird. Ein Mittel darf also nicht nur hinsichtlich seines Mittelcharakters, sondern muß auch in bezug auf andere mit ihm verbundene und auch relativ zu alternativen Folgen beurteilt werden. Ebenfalls sind Mittel nicht nur bloße Mittel für ein bestimmtes Ziel, sondern haben zielprägende, eventuell auf Zielsetzungen zurückwirkende Potenz und weisen somit unter bestimmter Perspektive selbst Zielcharakter auf. Einschlägig bei sozialwissenschaftlicher Politikberatung sind auch sogenannte »Brückenprinzipien« (Albert): Faßt man (empirische) sozialwissenschaftliche Gesetze in der Popper-Albert-Tradition als Aussagen (Verbote) auf, die über Handlungsspielräume und -(un)möglichkeiten informieren, und bezieht diese auf das »Realisierbarkeits-Postulat« – »*Sollen impliziert Können*« bzw. »Nichtkönnen impliziert Nichtsollen«[32] –, so stecken realwissenschaftliche Aussagen, insbesondere Gesetzesaussagen, insoweit auch den Forderungsrahmen ethischer Aussagen ab.

Der *wesentliche* Unterschied zwischen sozial- und naturwissenschaftlicher Forschung liegt – wie angedeutet – im Objekt-

bereich der Wissenschaften (die Probleme, die sich bei Tier-
experimenten u. ä. ergeben, sollen hier außer acht bleiben):
Während in den Naturwissenschaften nichtmenschliche Gegebenheiten und Dinge Objekt der Forschung sind, sind
dies in den Sozialwissenschaften Menschen und deren Beziehungen. Diskutiert wurden solche (und ähnliche) Probleme
unter dem Schlagwort »Szientismus«. So wird etwa im moralischen Szientismus behauptet, daß nicht nur physikalische
und chemische Systeme einem verobjektivierenden, erklären-
den und strikt experimentalwissenschaftlichen Zugriff unterworfen werden können und dürfen, sondern auch Menschen, Gruppen, Institutionen und Gesellschaften. Eine
strikte und restlose Unterwerfung der Menschen unter die
›Erfordernisse‹ von Experimenten läßt sich aber nicht rechtfertigen: Menschen müssen für den Forscher immer auch
humane Handlungspartner sein, sie dürfen nicht auf einen
bloßen Fall reduziert und damit völlig verdinglicht und ver-
objektiviert werden. Wenn man aber die Verdinglichung
und die Verobjektivierung von Menschen in Experimenten
ablehnt, so darf und sollte man (wiederum) nicht generell
alle Humanexperimente verbieten. Nur die Auffassung, man
dürfe beliebig mit Menschen wie mit Gasgemischen umgehen, ist als unmoralisch abzulehnen. Eine gewisse Quasi-
verdinglichung ist in Humanexperimenten methodisch unerläßlich, dies erfordert schon das wissenschaftliche Postulat
größtmöglicher Objektivität. Neben der experimentellen
Quasiobjektivierung ist aber zugleich immer auch die soziale
Handlungsdimension involviert und entsprechend zu berücksichtigen. (Auf eine weitere Szientismusvariante, die
sich unmittelbar auf menschliches Zusammenleben bezieht
und insofern grundlegende Probleme der Verantwortbarkeit
stellt, auf den sogenannten »epistemologokratischen Szientismus«, der Gesellschaften nach dem Leit- und Vorbild der
Wissenschaften organisiert sehen möchte, sei hier nur verwiesen.[33])
Ein weiteres Problem für die Sozialwissenschaften war und

bleibt das ebenso alte wie notorische (und leider auch notorisch oft mißverstandene) Wertfreiheitsproblem: Generell kann man nicht aus der Einsicht, daß auch die Wissenschaft von Werten und Normen geleitet ist, ableiten, daß wissenschaftliche Aussagen nie ohne Wertungscharakter, nie als wertfrei zu deuten seien.

Diese funktionale, relative Wertungsfreiheit von objektsprachlichen Sätzen läßt sich auch sinnvoll begründen (bei der Forderung selbst handelt es sich um eine methodologische Norm): So lassen sich normative Aussagen nicht empirisch überprüfen; die empirische Überprüfbarkeit objektsprachlicher Aussagen würde durch den Einschluß von Wertaussagen in die Theorie selbst vermindert, unter Umständen ganz aufgehoben, obwohl zuzugestehen ist, daß die Problemauswahl, die Begriffswahl, die Selektion von Theorien und die Einnahme von perspektivischen Ansätzen anhand methodologischer Regeln durchaus von normativen Standards, von der Wertbasis (Albert), abhängig sind. An einer Wertfreiheit im engeren Sinne, an einer im Objektbereich werturteilsfreien Wissenschaft müßte jedoch auch jeder Vertreter einer gesellschaftskritischen sogenannten normativen Sozial- und Handlungswissenschaft interessiert sein, um die Möglichkeit, Effektivität und Überprüfbarkeit der Anwendung seiner Theorien überhaupt erhalten bzw. verbessern zu können, wobei die Unerläßlichkeit praktisch-philosophischer, explizit normativer Aussagen, für die Zielfestlegung, für die Etablierung von Standards für die Wissenschaft, aber auch für ihr von Normen und Regeln geleitetes methodisches Vorgehen nicht zu leugnen ist. Wertorientierung der Wissenschaft, insbesondere der anwendungsorientierten, ist nicht einfach mit der Verneinung jeglicher Werturteilsfreiheit im engeren Sinne gleichzusetzen. »Wertbezogen« bedeutet nicht einfach »wertend«. Wenn vielleicht auch die Trennung normativer und deskriptiver Komponenten in den nichtexakten anwendungsorientierten System-, Planungs-, Handlungs- und Sozialwissenschaften nicht – vollständig – möglich ist, sollte diese doch als eine ideale Leitorientierung dienen. Die Beachtung und Einhaltung dieser relativen und funktionalen Wertungsfreiheit objektsprachlicher Aussagen (herkömmlicherweise spricht man von größtmöglicher Objektivität) ist dementsprechend auch eine Aufgabe der Wissenschaftler, für die diese traditionell und auch heute Verantwortung tragen. Im übrigen sind auch Wissenschaftler Menschen und Bürger mit bestimmten rechtlichen und moralischen Verpflichtungen, denen sie auch bei der Verfolgung ihrer wissenschaftlichen Ziele in bestimmter Weise Rechnung tragen sollten.

Eine (weitere) Besonderheit der Sozialwissenschaften im Unterschied zu den Naturwissenschaften und im Hinblick auf eine spezifische (interne und externe) Verantwortung des Sozialwissenschaftlers, die allerdings bisher kaum Beobachtung fand, sondern eher wissenschaftstheoretisch behandelt wurde, liegt in der semantischen Mehrstufigkeit und Vielschichtigkeit der Sozialwissenschaften, in den Rückwirkungsmöglichkeiten von reflexiven Prognosen wie der sich selbst erfüllenden oder lancierenden Voraussagen (»self-fulfilling predictions«) (insbesondere in den Wirtschaftswissenschaften)[34] und in der (Krypto-)Normativität mancher Sozialwissenschaften bzw. in der normativen/deskriptiven Interpretierbarkeit und Mehrdeutigkeit sozialwissenschaftlicher Aussagen[35]. Gefordert ist hier insbesondere ein sorgfältiger und verantwortungsbewußter Umgang mit Informationen!

Zum Objektbereich der Sozialwissenschaften gehören neben einer Ebene, der verhaltenswissenschaftlich beschreibbaren Trägerprozesse, auch weitere (im engeren Sinne) interpretatorische Ansätze. So spielen etwa in den Sozialwissenschaften unterschiedliche Faktoren eine Rolle bei Erklärungen und Begründungen, die nicht naturgesetzlich im engeren Sinne zu erfassen sind: Deutungen, Interpretationen, kulturelle Normen, Bewertungen usw. Soziale Wirkungen sind kulturell konventionalisierte, unter Umständen durch semantische Deutungen, durch Interpretation(sprozesse), erst zustande kommende Folgeerscheinungen bzw. Interpretationskonstrukte, aber zum guten Teil nicht bloße Kausalfolgen im engeren Sinne der Naturwissenschaften (regelgeleitetes Handeln und davon abweichendes überformt die rein naturgesetzlich beschreibbaren Verhaltensweisen). Solche Interpretationsleistungen und -prozesse und die dazu gehörigen Deutungsmuster und Interpretationskonstrukte sind konstitutiver Bestandteil des Objektbereichs der Sozialwissenschaften.[36]

Die Interpretationskonstrukte lassen sich oft, aber nicht immer auf bestimmte Personen beziehen, die über sie verfügen. So gilt es zu unterscheiden, ob z. B. ein unbeteiligter Beobachter, etwa ein beobachtender Wissenschaftler, die Phänomene eines Systems strukturierend interpretiert, oder ob dies ein Teilnehmer eines Systems selbst tut. Das letztere wäre unmittelbar sozial wirksam, das erstere erst sekundär, mittelbar wirksam etwa bei Kenntnisnahme durch die Teilnehmer, d. h.: soziale Wirkungen gingen in diesem Falle von dem Wissen um die Modelle des Wissenschaftlers aus. Und hierin liegt eine spezifische – (zu) wenig beachtete – Verantwortung der Sozialwissenschaftler begründet. Zu beachten ist auch, daß – wie am Beispiel der Prognosen erwähnt – beispielsweise eine einmal veröffentlichte sozialwissenschaftliche Aussage eine gewisse soziale Eigendynamik, ein Eigenleben entwickeln kann: Ist sie erst veröffentlicht, kann sie sozial wirken und nicht mehr einfach in bezug auf alle Folgen rückgängig gemacht werden, selbst nicht von demjenigen, der sie veröffentlicht hatte. Diese Reflexivität (etwa von Prognosen usw.) ist besonders auch bei der sozialwissenschaftlichen Politikberatung zu berücksichtigen.[37] Die bekannte ideologie- und weltbildprägende Potenz sozialwissenschaftlicher Gesellschaftsmodelle und Menschenbilder ist ebenfalls ein reflexives Phänomen, dem bisher kaum – auch im Hinblick auf die Frage der (Mit-)Verantwortung der Wissenschaftler – Aufmerksamkeit zuteil wurde. Man könnte dies einschlägig an dem Zusammenbruch marxistischer Modelle in der letzten Zeit studieren, der übrigens ironischerweise Marx' Modelle z. T. bestätigte: Die wirtschaftliche Basis und politische Veränderungen brachten den Überbau zum Einsturz (freilich hängt die Basis ihrerseits von Überzeugungen, also von sogenannten Überbauphänomenen und deren Wechselwirkungen mit sogenannten Basisfaktoren ab).

Die Moralprobleme, zumal die interne wie die externe Verantwortung der Sozialwissenschaftler, sind abhängig von den angedeuteten Besonderheiten des Objektbereichs dieser Wissenschaften; sie unterscheiden sich in dieser spezifischen Hinsicht von denen in anderen Wissenschaften, ohne daß einem totalen methodologischen Separatismus, einer vollständigen Methodentrennung von Sozial- und Naturwissenschaften das Wort geredet werden soll.

Anmerkungen

1 Der Aufsatz entstand im Rahmen des Projekts »Verantwortungstypen und -konflikte in Technik und Naturwissenschaft« im Schwerpunktprogramm »Philosophische Ethik – Interdisziplinärer Ethikdiskurs« der Deutschen Forschungsgemeinschaft.

2 Milgram (1974).

3 Vgl. Bierbrauer (1983).

4 Ebd., S. 431.

5 Ebd.

6 Wiese (1977, S. 722) unterscheidet Straßenpassantenfälle einerseits und Laborexperimente (Einwilligungsfälle) andererseits, Eser (1978, S. 197 f.) klinische, sozialpsychologische, biologische Experimente und offene oder verdeckte teilnehmende Beobachtung. Auf eine ›Besonderheit‹, die in diesen Klassifikationen nicht erfaßt wird, macht Hans D. Barbier (*Frankfurter Allgemeine Zeitung* vom 3. März 1990) aufmerksam, wenn er davon spricht, daß in der ehemaligen DDR ein »Großexperiment« bezüglich der Wirtschaftsentwicklung stattfinden wird. Und in der Tat finden tagtäglich solche Großexperimente statt: Wirtschafts- und Sozialwissenschaftler beraten, geben Empfehlungen, erstellen Gutachten usw., die nicht selten (jedenfalls die herrschende Lehre – man denke etwa an das Wechselspiel von angebots- und nachfrageorientierter Ökonomie auf der einen Seite und entsprechender Politik auf der anderen Seite) in konkrete (Wirtschafts-)Politik umgesetzt werden und Fragen der Mitverantwortung der Wissenschaftler aufwerfen.

7 Zivilrechtlich einschlägig bei sozialpsychologischen Experimenten sind (Wiese, 1977, S. 723 f.f.): das »allgemeine Persönlichkeits-

recht als Recht auf Achtung und Entfaltung der Persönlichkeit«, das Recht am eigenen Bild, an der Privatsphäre, an der Entschließungsfreiheit usw. Vgl. zu anderen Rechtsbereichen Eser / Schumann (1976).

8 In Artikel 5 III Grundgesetz (»Kunst und Wissenschaft, Forschung und Lehre sind frei«) wird »ein *subjektiv-individuales Abwehrrecht*«, eine *»objektiv-rechtliche Gewährleistung der autonomen Lebens- und Sachbereiche Kunst, Wissenschaft, Forschung und Lehre«* und eine *»institutionelle Garantie«*, d. h. die *»Gewährleistung von Universität und akademischer Selbstverwaltung«*, festgehalten (Rupert Scholz in Maunz / Dürig / Herzog, 1987, zu Art. 5 III GG, Rz. 2, Rz. 4).

9 Wiese (1977) S. 742 f.

10 Ebd., S. 743.

11 Ebd.

12 Ebd., S. 744.

13 Ebd.

14 Vgl. ausführlicher Lenk / Fulda (1981), Lenk (1985) S. 69 ff.

15 Schuler (1980) S. 16 f.

16 Kelman (1965).

17 Eser (1987) S. 213 f.

18 Schuler (1980).

19 Vgl. Richardson (1989) S. 179 f.

20 Vgl. Berkun [u. a.] (1962).

21 Vgl. Coe [u. a.] (1973).

22 By-laws der American Association for Public Opinion Research (1977), zit. nach Frey / Kunz / Lüschen (1990) S. 217 ff., hier S. 219.

23 *Frankfurter Rundschau*, 21. Februar 1990.

24 Ebd.

25 Wenn von manchen Sozialwissenschaftlern mehr Sachanalysen statt Ethik gefordert wird, so ist das zwar einerseits richtig (wir brauchen in der Tat mehr Sachanalyse), andererseits aber kurzschlüssig, denn aus der Sachanalyse allein folgt noch keine Handlungsempfehlung oder -vorgabe (allenfalls ein naturalistischer Sein-Sollen-Fehlschluß).

26 Beim Prisoners' Dilemma werden zwei Untersuchungsgefangene des bewaffneten Raubes angeklagt. Beiden wird angeboten, Kronzeuge zu werden und damit straffrei auszugehen. Überführt werden können beide nur wegen unbefugten Waffenbesitzes;

d. h., wenn beide schweigen, erwartet sie eine Haftstrafe von einem Jahr. Diese Strafe ist jedoch höher, als wenn genau einer gesteht, denn dieser geht ja straffrei aus. Also ist Gestehen Schweigen vorzuziehen. Gesteht nun einer, so ist es für den anderen ebenfalls sinnvoll, zu gestehen, denn dann erhält er wegen seiner Kooperationsbereitschaft 8 statt 10 Jahre Haft. Gestehen ist also in beiden Fällen für beide Gefangene dominante Strategie. Die Höhe der Haftstrafe ist also nicht nur von der eigenen Handlungsstrategie abhängig, sondern auch von der des Mitgefangenen. Das Dilemma, die soziale Falle besteht nun darin, daß es für beide Gefangene rational (im Eigeninteresse) ist, je zu gestehen. Wenn aber beide gestehen (rational handeln), so ergibt sich für beide eine höhere Haftstrafe (je 8 Jahre), als wenn beide schweigen würden (je 1 Jahr), d. h. kooperativ handelten. Individuelle Rationalität resultiert also in kollektiver Irrationalität und Selbstschädigung. Die Verfolgung der nur eigenen Interessen führt in Situationen, in denen einzelne nicht unabhängig voneinander handeln, zu einem Ergebnis, das sich als nichtintendierte soziale Folge herausstellt, die alle schlechter stellt, als wenn sie kooperiert, soziale Regeln eingehalten hätten. (Diese und ähnliche dilemmaträchtige Strukturen finden sich in zahlreichen Fällen von Umweltverschmutzungen, bei Schädigungen von Gemeinschaftsgütern usw.)

27 Scharpf (1989) S. 15.
28 Luhmann (1987) S. 110.
29 Ebd., S. 121.
30 Ebd., S. 110 f.
31 Bocheński (1987) S. 142 ff.
32 Albert (1980) S. 76 f.
33 Vgl. Lenk (1986) S. 93 ff.
34 Beispiele für reflexive Prognosen, für Self-fulfilling bzw. Self-defeating prophecies sind: das Illiquide-Werden einer Bank infolge der Aussage, sie sei illiquide; der Ausverkauf von bestimmten Waren infolge des Gerüchts, es gäbe kaum noch solche; das Absinken der Kurse einer Investmentgesellschaft infolge der Vermutung, sie seien zu hoch bewertet worden; das Entstehen bzw. die Verschärfung einer wirtschaftlichen Rezession infolge negativer Einstellungen der Bevölkerung hinsichtlich der wirtschaftlichen Entwicklung. Vgl. hierzu auch das Thomas-Theorem: »Wenn Menschen Situationen als real definieren, sind diese real in ihren

Konsequenzen« (Merton, 1976, S. 14). Das Thomas-Theorem ist im übrigen eine gut bewährte soziologische Hypothese, wenn auch in semantisch nicht ganz fehlerfreier Formulierung; es handelt eher von einer Deutung als von einer »Definition der Situation«; die Konsequenzen können sich nur auf dieses Image der Situation beziehen, nicht auf diese selbst, »real« und »sozial wirksam« ist nicht einfach gleichzusetzen.

35 Normativität ist im übrigen an Situationskontexte geknüpft: Normativ ist nicht ein Satz als solcher, sondern sein Vorkommen innerhalb einer spezifischen Situation und in einem sozialen und institutionellen Kontext: »Die soziale Marktwirtschaft ist der dritte Weg zwischen Kapitalismus und Sozialismus« (Otto Schlecht in der *Frankfurter Allgemeinen Zeitung* vom 3. März 1990) kann normativ oder deskriptiv sein. – Vielfach dürfte den Autoren (und Rezipienten) solcher Aussagen die Doppeldeutigkeit gar nicht bewußt bzw. von ihnen (nicht) gewollt sein (?). Auch die Aussage »die Soziale Marktwirtschaft [...] trägt den Erfordernissen des Umweltschutzes Rechnung« aus dem »Arbeitspapier für die Gespräche mit der DDR« der bundesdeutschen Regierungsparteien (vgl. *Frankfurter Rundschau*, 26. April 1990) ist ebenfalls normativ oder deskriptiv zu deuten.

36 Interpretatorische Prozesse spielen im übrigen auch bei der Diffusion von Verantwortung selbst eine Rolle (vgl. Latané/Darley, 1970, S. 87 ff.): Wenn eine Person ein Ereignis wahrnimmt, muß sie es interpretieren. Ihre Interpretation ist abhängig von der Tatsache, ob sie allein oder Teil einer Öffentlichkeit ist. Handeln bei einem Notfall andere nicht, sind diese »nichtreagierende Gaffer« (»nonresponsive bystander«), so ist die Wahrscheinlichkeit, daß die betreffende Person ebenfalls nicht eingreift, größer, als wenn sie allein wäre. Geteilte Verantwortung führt faktisch zu Diffusion und Verminderung der Verantwortung(swahrnehmung).

37 Es werden zwar auch von Naturwissenschaftlern Prognosen zur Politikberatung erstellt, diese sind aber nicht (in gleicher Weise) reflexiv (vielleicht sind sie strukturähnlich), können aber sehr wohl verhaltenssteuernd wirken und somit menschengemachte Entwicklungen beeinflussen und drohende Katastrophen (z. B. Treibhauseffektverstärkung) verhindern (helfen).

Literatur

Albert, Hans: Traktat über kritische Vernunft. Tübingen 1980.
American Psychological Association: Ethical Standards in the Conduct of Research with Human Participants. Washington (D.C.) 1973. Neubearb. Fass. Ebd. 1977.
– Principles of Psychologists. Washington (D.C.) 1981.
Barnes, John A.: The Ethics of Enquiry and Social Science. Neu-Delhi 1977.
Berkun, Mitchell M. [u. a.]: Experimental Studies of Psychological Stress in Man. In: Psychological Monographs 76 (1962) S. 1–39.
Bierbrauer, Günter: Das Stanford-Gefängnisexperiment und seine Folgen (Haney, Banks und Zimbardo). In: Dieter Frey / Siegfried Greif (Hrsg.): Sozialpsychologie. Ein Handbuch in Schlüsselbegriffen. München 1983. S. 429–433.
Bocheński, Joseph M.: Über den Sinn des Lebens und die Philosophie. Freiburg i. Br. 1987.
Carroll, Mary Anne / Schneider, Henry G. / Wesley, Georg R.: Ethics in the Practice of Psychology. Englewood Cliffs (N.J.) 1985.
Coe, William C. / Kobayashi, Ken / Howard, Mark L.: Experimental and Ethical Problems of Evaluating the Influence of Hypnosis in Antisocial Conduct. In: Journal of Abnormal Psychology 82 (1973) S. 476–482.
Eser, Albin: Das Humanexperiment. Zu seiner Komplexität und Legitimität. In: Walter Stree [u. a.] (Hrsg.): Gedächtnisschrift für Horst Schröder. München 1978. S. 191–215.
– / Schumann, Karl F. (Hrsg.): Forschung im Konflikt mit Recht und Ethik. Stuttgart 1976.
Frey, James H. / Kunz, Gerhard / Lüschen, Günther: Telefonumfragen in der Sozialforschung. Opladen 1990.
Jonas, Hans: Das Prinzip Verantwortung. Frankfurt a. M. 1979.
– Humanexperimente. In: Hans-Martin Sass (Hrsg.): Medizin und Ethik. Stuttgart 1989. S. 232–253.
Kelman, Herbert C.: Manipulation of Human Behavior: An Ethical Dilemma for the Social Scientist. In: Journal of Social Issues 11 (1965) S. 31–46.
– Human Use of Human Subjects. In: Psychological Bulletin 67 (1967) S. 1–11.
Latané, Bibb / Darley, John M.: The Unresponsive Bystander: Why Doesn't He Help? New York 1970.

Lenk, Hans: Humanexperiment als Tauschvertrag? In: Lenk (1985) S. 69–85.
– Mitverantwortung ist anteilig zu tragen – auch in der Wissenschaft. In: Hans Martin Baumgartner / Hansjürgen Staudinger (Hrsg.): Entmoralisierung der Wissenschaften. München/Paderborn 1985. (Ethik der Wissenschaften. Bd. 2.) S. 102–109.
– (Hrsg.): Humane Experimente? Genbiologie und Psychologie. München/Paderborn 1985. (Ethik der Wissenschaften. Bd. 3.)
– Zwischen Wissenschaftstheorie und Sozialwissenschaft. Frankfurt a. M. 1986.
– Zwischen Sozialpsychologie und Sozialphilosophie. Frankfurt a. M. 1987.
– / Fulda, Ekkehard: Zur ethischen Problematik von Humanexperimenten in der sozialpsychologischen Grundlagenforschung. In: Lenelis Kruse/Martin Kumpf (Hrsg.): Psychologische Grundlagenforschung: Ethik und Recht. Bern/Stuttgart/Wien 1981. S. 263–301.
Luhmann, Niklas: Die gesellschaftliche Verantwortung der Soziologie. In: Helmut de Rudder/Heinz Sahner (Hrsg.): Wissenschaft und gesellschaftliche Verantwortung. Berlin 1987. S. 109–121.
Maunz, Theodor / Dürig, Günter / Herzog, Roman: Grundgesetz-Kommentar. München 1987.
Merton, Robert K.: Die Eigendynamik gesellschaftlicher Voraussagen. Übers. von Gerlinde Schuster und Lutz Erbring. In: Ernst Topitsch (Hrsg.): Logik der Sozialwissenschaften. Köln 1976. S. 144–161.
Milgram, Stanley: Das Milgram-Experiment. Übers. von Roland Fleissner. Reinbek bei Hamburg 1974.
Richardson, John E. (Hrsg.): Business Ethics. Guilford (Conn.) 1989.
Rudder, Helmut de / Sahner, Heinz (Hrsg.): Wissenschaft und gesellschaftliche Verantwortung. Berlin 1987.
Sass, Hans-Martin (Hrsg.): Medizin und Ethik. Stuttgart 1989.
Scharpf, Fritz W.: Politische Steuerung und Politische Institutionen. In: Politische Vierteljahresschrift 30 (1989) S. 10–21.
Schuler, Heinz: Ethische Probleme psychologischer Forschung. Göttingen 1980.
Wiese, Günther: Persönlichkeitsrechtliche Grenzen sozialpsychologischer Experimente. In: Hans-Martin Pawlowski [u. a.] (Hrsg.): Festschrift für Konrad Duden. München 1977. S. 719–747.

Anhang

Vorbemerkung zu den folgenden Dokumenten

Die nachfolgend abgedruckten Dokumente – Ethikkodizes von Wissenschaftlervereinigungen sowie Ausführungsbestimmungen und Richtlinien hierzu wie auch von einzelnen Wissenschaftlern und Wissenschaftlervereinigungen vorgeschlagene beziehungsweise akzeptierte Wissenschaftlereide, die dem Vorbild des hippokratischen Eides nachgebildet sind, sollen Diskussionsmaterial für Arbeitsgemeinschaften, Seminare und Übungen darstellen. Natürlich konnte nur eine kleine Auswahl der vorliegenden Kodizes und Eidesformulierungen aufgenommen werden. Die Anordnung erfolgt nach abnehmender Allgemeinheit. Die Übersetzung aus dem Englischen wurde vom Herausgeber vorgenommen.

Zu beachten ist, daß die Ethikkodizes der wissenschaftlichen Vereinigungen und auch die Eide zum Teil nicht nur universalmoralische, sondern auch standesethische Funktionen haben und daß die entsprechenden Normen oft nicht klar voneinander getrennt sind. (Einige der rein standesrechtlichen oder im engeren Sinne standesethischen Formulierungen wurden in den hier abgedruckten Exzerpten jeweils ausgelassen – ebenfalls manche Präambeln und rein organisatorische bzw. standes- oder zunftrelevante Bestimmungen und historischen Ausführungen über das Zustandekommen des jeweiligen Kodex.)

Allen betreffenden Wissenschaftlervereinigungen, die ihre Einwilligung zur Übersetzung und zum Nachdruck der Exzerpte gaben, sei an dieser Stelle dafür gedankt; das Copyright in der jeweiligen Originalsprache verbleibt natürlich bei ihnen.

United Nations Educational,
Scientific and Cultural Organization (UNESCO)
Organisation der Vereinten Nationen für Erziehung,
Wissenschaft und Kultur

Empfehlung
zur Stellung der wissenschaftlichen Forscher

(1974)

Die Generalkonferenz der UNESCO, die vom 17. Oktober bis 23. November 1974 in Paris zu ihrer achtzehnten Tagung zusammengetreten ist, nimmt die folgende Empfehlung am 24. November 1974 an,

– unter Hinweis darauf,

daß die UNESCO bestrebt ist, durch Unterstützung der Zusammenarbeit der Völker der Erde (unter anderem) auf dem Gebiet der Wissenschaft den Weltfrieden und den allgemeinen Wohlstand der Menschheit zu fördern;

– in der Erkenntnis,

daß die wissenschaftlichen Entdeckungen Aussichten eröffnen zum Wohl der Menschheit, zur Wahrung des Friedens und zum Abbau internationaler Spannungen, aber zugleich gewisse Gefahren mit sich bringen können, die besonders dann eine Bedrohung darstellen, wenn die Ergebnisse der wissenschaftlichen Forschung gegen die lebenswichtigen Interessen der Menschheit zur Vorbereitung von Massenvernichtungskriegen benutzt werden, und in jedem Fall vielschichtige ethische und rechtliche Fragen aufwerfen können,

daß die ungehinderte Mitteilung von Ergebnissen, Hypothesen und Meinungen zum Wesen des wissenschaftlichen Prozesses gehört und die beste Gewähr für die Richtig-

keit und Objektivität der wissenschaftlichen Ergebnisse
bietet;

– in der Überzeugung,

daß Regierungen in hohem Maße dazu beitragen können,
die Voraussetzungen dafür zu schaffen, daß die Fähigkeit
eines Landes, Forschung und experimentelle Entwicklung
mit einem geschärften Verantwortungsbewußtsein gegenüber dem Menschen und seiner Umwelt zu betreiben, angeregt und verstärkt wird;

– in der Erwägung,

daß wissenschaftliche Forschungstätigkeit unter außerge-
wöhnlichen Arbeitsbedingungen ausgeübt wird und von
den wissenschaftlichen Forschern ein hohes Maß an Verantwortungsbewußtsein gegenüber ihrer Arbeit, ihrem
Land und den Idealen und Zielen der Vereinten Nationen
verlangt. [...]

III. *Erste Bildung und Ausbildung*
der wissenschaftlichen Forscher

10. Die Mitgliedstaaten sollen nicht aus dem Auge verlieren,
    daß eine leistungsfähige wissenschaftliche Forschung
    von dem, der sich ihr widmet, Integrität und Reife, ver-
    bunden mit hervorragenden ethischen und intellektuel-
    len Qualitäten, verlangt.
11. Die Mitgliedstaaten sollen unter anderem dafür sorgen,
    den Sinn für den Dienst an der Gemeinschaft zu fördern.
    [...]

IV. *Die Berufung des wissenschaftlichen Forschers*

13. Die Mitgliedstaaten sollen die wissenschaftlichen Forscher ermutigen, ihr Wirken als einen Dienst sowohl an ihren Landsleuten als auch an der ganzen Menschheit zu betrachten.

Der staatsbürgerliche und ethische Aspekt der wissenschaftlichen Forschung

14. Die Mitgliedstaaten sollen sich bemühen, günstige Voraussetzungen dafür zu schaffen, daß die wissenschaftlichen Forscher die Verantwortung und das Recht haben,

   (a) in günstiger Unabhängigkeit nach wissenschaftlicher Wahrheit, wie sie sie verstehen, zu suchen, sie zu erläutern und für sie einzutreten;

   (b) an der Bestimmung der Ziele und Zwecke ihrer Arbeitsprogramme und der anzuwendenden Methoden, die ihrer Verantwortung in humanitärer, sozialer und ökologischer Hinsicht entsprechen sollten, mitzuwirken;

   (c) zum menschlichen, sozialen oder ökologischen Wert bestimmter Vorhaben ungehindert Stellung zu nehmen und im äußersten Fall ihre Mitwirkung einzustellen, wenn ihr Gewissen ihnen dies gebietet;

   (d) einen positiven und konstruktiven Beitrag zu Wissenschaft, Kultur und Bildung in ihrem eigenen Land sowie zur Verwirklichung der nationalen Ziele, zur Mehrung des Wohlstands ihrer Mitbürger und zur Durchsetzung der internationalen Ideale und Ziele der Vereinten Nationen zu leisten. [. . .]

Der internationale Aspekt
der wissenschaftlichen Forschung

16. Die Mitgliedstaaten sollen erkennen, daß die wissen-
    schaftlichen Forscher sich immer häufiger in Situationen
    befinden, in denen die wissenschaftliche Forschung und
    experimentelle Entwicklung, mit denen sie befaßt sind,
    eine internationale Größenordnung haben, und sie sollen
    sich bemühen, ihnen zu helfen, diese Situation für den
    Weltfrieden, die Verständigung und Zusammenarbeit
    zwischen den Völkern und das Wohl der ganzen
    Menschheit nutzbar zu machen.

17. Unterstützen sollen die Mitgliedstaaten vor allem Initia-
    tiven wissenschaftlicher Forscher, die dem besseren Ver-
    ständnis der Faktoren dienen sollen, von denen das
    Überleben und das Wohl der Menschheit insgesamt ab-
    hängen. [...]

Interessenvertretung der wissenschaftlichen Forscher

42. Die Mitgliedstaaten sollen es als durchaus rechtmäßig, ja
    sogar wünschenswert ansehen, daß die wissenschaftli-
    chen Forscher sich in Übereinstimmung mit den Rechten
    der Arbeitnehmer im allgemeinen in Vereinigungen wie
    Gewerkschaften, Berufsverbänden und wissenschaftli-
    chen Gesellschaften zusammenschließen. [...]

Deutsche Physikalische Gesellschaft (DPG)

Satzung

(1982)

[...]

§ 4
Die DPG verpflichtet sich und ihre Mitglieder, für Freiheit, Wahrhaftigkeit und Würde in der Wissenschaft einzutreten und sich dessen bewußt zu sein, daß die in der Wissenschaft Tätigen für die Gestaltung des gesamten menschlichen Lebens in besonders hohem Maße verantwortlich sind.

[...]

Angenommen durch briefliche Abstimmung der Mitglieder zum 31. August 1981. Der Sitz der DPG ist Bad Honnef.

American Chemical Society (ACS)
(Amerikanische Chemische Gesellschaft)

Berufliche Tätigkeitsrichtlinien

(1988)

[...]

Tätigkeitsumfeld

1. Der Chemiker sollte Aufgaben und Anweisungen sorgfältig, ehrlich und umsichtig ausführen, indem er schöpferische und einfallsreiche Ideen zum Nutzen des Arbeitgebers einsetzt. Der Chemiker sollte aufgeschlossen sein gegenüber Veränderungen im Unternehmen des Arbeitgebers und bei den Forschungszielen. [...]

4. Der Chemiker sollte sich um regelmäßige Leistungsbeurteilungen bemühen und aktiv daran teilnehmen.

5. Der Chemiker sollte alle notwendigen Sicherheitsverfahren anwenden und den Arbeitgeber über jegliche Gefährdung der Umwelt oder unnötige Freisetzung von Chemikalien in die Umwelt informieren. [...]

7. Der Chemiker sollte bestrebt sein, sicherzustellen, daß Produkte und Verfahren angemessen getestet sind und daß mögliche Gefahren für die menschliche Gesundheit oder die Umwelt, einschließlich Luftemissionen, Wassereinleitungen und Landfreisetzungen angemessen bestimmt werden. Der Chemiker sollte den Arbeitgeber über Maßnahmen informieren, die die Umweltrisiken vermindern könnten.

[...]

Berufliche Entwicklung

[...]

1. Der Chemiker ist für die Erhaltung seiner technischen Qualifikation und für seine Selbstentwicklung durch fortlaufende Weiterbildung verantwortlich. Der Chemiker sollte die Tätigkeiten der entsprechenden technischen Gesellschaften unterstützen und an ihnen teilnehmen, um die berufliche Entwicklung zu verbessern.

2. Der Chemiker sollte der Öffentlichkeit dienen, indem er sein berufliches Fachwissen benutzt, wenn er an Bürger- und politischen Tätigkeiten teilnimmt. Solch eine Teilnahme sollte jedoch nur in eigener Verantwortung des Individuums unternommen werden, ohne Einbeziehung des Arbeitgebers.

3. Der Chemiker sollte alle Kollegen angemessen anerkennen, die zu technischen Ausführungen und Vervollkommnungen beitragen.

[...]

The British Computer Society (BCS)
(Britische Computer-Gesellschaft)

Verhaltenskodex

(1984/85)

1. Berufliches Verhalten

Das Verhalten eines Mitgliedes soll die Würde, die Reputation und das Ansehen der Profession aufrechterhalten. [...]

2. Berufliche Integrität

Ein Mitglied soll nicht mit unfairen Mitteln etwas tun, was die Reputation, die Arbeit oder die Aussichten eines anderen Mitgliedes schädigen würde, und es soll jederzeit integer gegenüber der Gesellschaft, ihren Mitgliedern und den Mitgliedern anderer Professionen, mit denen es beruflich in Verbindung steht, handeln.

3. Öffentliches Interesse

Ein Mitglied soll, wenn es seiner Verantwortung gegenüber dem Arbeitgeber oder Kunden nachkommt, das öffentliche Interesse und die Rechte von Dritten angemessen beachten, und es soll insbesondere sicherstellen, daß das geistige Eigentum anderer von ihm nicht geschädigt wird.

4. Loyalität

Ein Mitglied soll seinen Verpflichtungen gegenüber dem Arbeitgeber oder Kunden mit voller Loyalität nachkommen. Es soll nicht vertrauliche Informationen seines Arbeitgebers oder Kunden preisgeben.

5. Technische Kompetenz

Ein Mitglied soll nur solche Dienstleistungen anbieten, für die es kompetent ist, und soll seinem Arbeitgeber oder Kunden den entsprechenden Grad seiner Kompetenz mitteilen, wenn seine Dienste nachgefragt werden.

American Sociological Association (ASA)
(Amerikanische Soziologische Vereinigung)

Ethikkodex

(1989)

Präambel

Soziologen erkennen (an), daß die Entdeckung, Hervorbringung, Übermittlung, Anhäufung von Wissen und die Praxis der Soziologie gesellschaftliche Prozesse sind, die in jeder Phase ethische Überlegungen und ethisches Verhalten umfassen. Sorgsame Beachtung der ethischen Dimensionen in der soziologischen Praxis, beim Unterrichten und bei der Gelehrsamkeit trägt zu dem weiteren Vorhaben bei, Wege zu finden, um die nützlichen Effekte, welche die Soziologie der Menschheit bringen kann, zu maximieren und den Schaden, der eine Folge der soziologischen Arbeit sein kann, möglichst gering zu halten. [...] Der Kodex formuliert die in der Vereinigung übereinstimmende Meinung über ethisches Verhalten, auf die die Kommission für Berufsethik ihre Urteile stützen wird, wenn sie entscheiden muß, ob einzelne Mitglieder der Vereinigung in besonderen Fällen unethisch gehandelt haben. Darüber hinaus jedoch soll der Kodex alle Soziologen für die ethischen Fragen sensibilisieren, die bei ihrer Arbeit aufkommen können, und Soziologen ermutigen, sich selbst und ihre Kollegen zu ethischem Verhalten zu erziehen. [...]

I. Die Praxis der Soziologie

A. Objektivität und Integrität

Soziologen sollten danach streben, bei der Durchführung soziologischer Forschung und Praxis Objektivität und Integrität zu bewahren. [...]

B. Offenlegung und Respekt vor den Rechten der Untersuchungspopulationen

Ungleichheiten an Reichtum, Macht und gesellschaftlichem Status zwischen den Soziologen, Befragten und Klienten können Probleme der Gerechtigkeit bei der Forschungszusammenarbeit widerspiegeln und schaffen. Für die Soziologen kann ein Interessenkonflikt in Forschung und Praxis auftreten. Auch das Befolgen der Regeln wissenschaftlicher Methodik – wie die geforderte vollständige Offenlegung – kann nachteilige Folgen oder persönliche Risiken für einzelne und Gruppen nach sich ziehen. Schließlich können unverantwortliche Handlungen eines einzelnen Forschers oder einer Forschungsgruppe den zukünftigen Zugang zu einer Klasse von Befragten für die ganze Profession unmöglich oder schwieriger machen.

1. Soziologen sollten ihre Stellung als professionelle Sozialwissenschaftler nicht für betrügerische Zwecke oder als Vorwand zur Sammlung geheimer Informationen für irgendeine Organisation oder Regierung mißbrauchen. Soziologen sollten die an einem Forschungsprojekt beteiligten Personen nicht über den Zweck, zu dem die Forschung durchgeführt wird, im unklaren lassen oder irreführen.

2. Versuchspersonen haben ein Recht auf Anonymität der personenbezogenen Daten. [...]

4. Die Durchführung soziologischer Forschung darf Betroffene nicht einem wesentlichen Risiko eines persönlichen Schadens aussetzen. Wenn die Risiken der Forschung größer

sind als die Risiken des Alltags, muß die informierte Zustimmung eingeholt werden. Wo überhaupt ein geringes Risiko oder ein geringer Schaden vorherzusehen ist, muß die informierte Zustimmung eingeholt werden.

5. Soziologen sollten entsprechende angemessene Schritte unternehmen, um informierte Zustimmung zu erlangen und um das Eindringen in die Privatsphäre zu vermeiden. Besondere Maßnahmen können nötig sein, wenn die Untersuchten Analphabeten sind, einen niedrigen gesellschaftlichen Status haben oder Sozialforschung nicht kennen.

6. Soweit bei einer Studie möglich, sollten Soziologen potentielle Gefahren für die Vertraulichkeit im voraus erkennen.

[. . .]

V. Verfahrensweisen und Prozeduren

Die Kommission für Berufsethik (berufen vom Rat der ASA) soll dafür verantwortlich sein, diesen Kodex zu interpretieren und öffentlich bekannt zu machen, ethische Verhaltensweisen unter den Soziologen zu fördern, Anfragen wegen etwaiger Verstöße gegen den Kodex entgegenzunehmen, Beschwerden, die das ethische Verhalten von Mitgliedern der ASA betreffen, zu untersuchen, bei Streitigkeiten zu vermitteln, indem den Parteien beigestanden wird, ihre Probleme zu lösen, bei formellen Anklagen von Fehlverhalten Anhörungen abzuhalten und dem Rat der ASA Maßnahmen zu empfehlen. [. . .]

B. Der Rat der Vereinigung soll Fallberichte und Empfehlungen der Kommission entgegennehmen [. . .] und entsprechende Maßnahmen ergreifen.

[. . .]

Berufsverband Deutscher Psychologen e. V.

Berufsordnung für Psychologen

(Neuauflage von 1989)

Vorwort zur Neuauflage

Das berufliche Handeln des Psychologen, sei er nun als Arbeits- und Organisationspsychologe, als Klinischer Psychologe, in der Schul- und Pädagogischen Psychologie, Forensischen Psychologie oder in Lehre und Forschung tätig, ist geprägt von der besonderen Verantwortung, die der Psychologe gegenüber seinen Klienten/Patienten besitzt. Um helfen zu können, benötigt er ihr Vertrauen. Im öffentlichen Bewußtsein verfügt der Beruf des Psychologen heute über einen eigenen Stellenwert, dem auch durch ein differenziertes Netz ethischer und rechtlicher Bestimmungen Rechnung getragen werden muß, wie sich in dieser Berufsordnung dokumentiert. [. . .]

I. Präambel

1. Beruf

Die Aufgabe des Psychologen ist es, das Wissen über den Menschen zu vermehren und seine Erkenntnisse und Fähigkeiten zum Wohl des Einzelnen und der Gesellschaft einzusetzen. Er achtet Würde und Integrität des Individuums und setzt sich für die Erhaltung und den Schutz fundamentaler menschlicher Rechte ein.

Der Beruf des Psychologen ist seiner Natur nach frei.

2. Verantwortung

Der Psychologe ist verpflichtet, seinen Beruf gewissenhaft auszuüben und dem Vertrauen, das ihm in seiner Berufsausübung entgegengebracht wird, zu entsprechen. Er muß sich stets der sozialen Verantwortung bewußt sein, die sich daraus ergibt, daß seine Tätigkeit dazu geeignet ist, auf das Leben anderer in besonderer Weise einzuwirken. Der Psychologe anerkennt das Recht des Individuums, in eigener Verantwortung und nach seinen eigenen Überzeugungen zu leben, und bemüht sich in seiner beruflichen Tätigkeit um Sachlichkeit und Objektivität. [. . .]

3. Kompetenz

Verantwortliches berufliches Handeln erfordert hohe fachliche Kompetenz. Der Psychologe ist verpflichtet, sich durch Fortbildung über den jeweiligen Stand der Wissenschaft in Kenntnis zu setzen. [. . .]
Der Psychologe bietet nur Dienstleistungen an, für deren Erbringung er durch Ausbildung und fachliche Erfahrung qualifiziert ist. [. . .]

III. Stellung zu Klienten / Patienten

1. Das Vertrauensverhältnis

Das Verhältnis des Psychologen zu seinen Klienten/Patienten ist in besonderer Weise von der Notwendigkeit eines Vertrauensverhältnisses geprägt. Der Psychologe kann daher in allen Fällen einen Auftrag ablehnen oder beenden, wenn dieses Vertrauensverhältnis nicht mehr besteht.

2. Aufklärungspflicht

Der Psychologe hat seinen Klienten/Patienten über alle wesentlichen Maßnahmen und Behandlungsabläufe zu unterrichten. Bei heilkundlichen Behandlungen hat er insbesondere auf Risiken oder Alternativbehandlungen – auch nichtpsychologischer Art – hinzuweisen. Die Hinweispflicht umfaßt auch Honorarfragen.

3. Wahrung der Unabhängigkeit

Der heilkundlich tätige Psychologe darf keine persönliche Bindung zu seinen Patienten eingehen, z. B. sind sexuelle Beziehungen zu Patienten unzulässig. [. . .]

5. Aufzeichnungen / Mithören

Der Psychologe darf nur nach vorheriger Einwilligung durch den Klienten/Patienten Aufzeichnungen auf Bild oder Tonträger über Besprechungen oder Behandlungen erstellen oder Besprechungen von einem Dritten mithören lassen. Dies gilt auch für Telefongespräche.

6. Besondere Sorgfaltspflicht des heilkundlich tätigen Psychologen

(1) Erkennt ein Psychologe, daß eine Fortsetzung der heilkundlichen Behandlung zu keiner weiteren Gesundung oder sogar zu einer Gesundheitsgefährdung des Patienten führen kann, hat er die Behandlung abzubrechen.

(2) Will ein heilkundlich tätiger Psychologe eine Behandlung vorzeitig beenden und kann dadurch eine Gesundheitsgefährdung des Patienten eintreten, so hat er im Rahmen seiner Möglichkeiten zu gewährleisten, daß eine Fortbehandlung sichergestellt ist.

IV. Stellung zu Kollegen und anderen Berufsgruppen

1. Kollegiales Verhalten

(1) Der Psychologe schuldet seinen Berufskollegen Respekt und übt keine sachliche Kritik an deren Berufsausübung. [...]

(3) Psychologen versuchen nicht, durch unlautere Handlungsweisen Kollegen aus ihren Tätigkeitsfeldern zu verdrängen oder ihnen Aufträge zu entziehen. [...]

(4) Glaubt ein Psychologe, daß ein Kollege standeswidrig handelt, so soll er diesen zunächst vertraulich darauf hinweisen. [...]

VIII. Ausstellung von Gutachten und Untersuchungsberichten

1. Sorgfaltspflicht

Allgemein gilt, daß die Erstellung und Verwendung von Gutachten und Untersuchungsberichten vom Psychologen größtmögliche Sachlichkeit, Sorgfalt und Gewissenhaftigkeit erfordert. [...]

4. Gefälligkeitsgutachten

Gefälligkeitsgutachten sind nicht zulässig. [...]

X. Forschung und Lehre

1. Planung des Forschungsvorhabens

(1) Die freie Entscheidung zur Durchführung eines Forschungsvorhabens beinhaltet die Verantwortung für dessen voraussehbare wissenschaftliche und außerwissenschaftliche Konsequenzen. Dazu gehört der Einfluß auf alle an der For-

schung beteiligten oder unmittelbar von ihr betroffenen Personen, Gruppen und Institutionen. Ebenso gehören dazu mittelbare Wirkungen wie der Einfluß, den die Wissenschaft Psychologie auf die öffentliche Meinung und auf die Entwicklung gesellschaftlicher Werthaltungen hat.

(2) Die Wahl der Forschungsmethoden erfordert oftmals gewissenhafte Abwägung wissenschaftlicher mit außerwissenschaftlichen Zielsetzungen, z. B. mit humanitären, ökonomischen oder kulturellen Werten wie der Rücksichtnahme auf das Wohlbefinden der Versuchspersonen oder der sparsamen Nutzung der verfügbaren Ressourcen. [...]

2. Forschungsprozeß

(1) Psychologische Forschung ist auf die Teilnahme von Menschen als Versuchspersonen angewiesen. Der Psychologe als Wissenschaftler ist sich der Besonderheit der Rollenbeziehung zwischen Versuchsleiter und Versuchsperson und der daraus resultierenden Verantwortung bewußt.

Diese Verantwortung ist besonders hoch zu bemessen, wenn es sich bei den Versuchspersonen um Abhängige oder um Personen handelt, die nicht in der Lage sind, eigenverantwortlich zu handeln, oder wenn die Forschungssituation geeignet ist, eigenverantwortliches Handeln der Versuchsperson zu reduzieren. [...]

(3) Psychologen setzen ihre Versuchspersonen keinen dauerhaft psychisch oder physisch schädigenden Einflüssen oder Gefährdungen aus. Versuche sind unverzüglich abzubrechen, wenn Versuchspersonen unerwartete Belastungsreaktionen zeigen. Treten unerwünschte Konsequenzen der Versuchsteilnahme auf, so hat der Psychologe diese zu beseitigen bzw. für ihre Beseitigung zu sorgen. [...]

(5) Tierexperimentelle Forschung ist im Rahmen der psychologischen Forschung unverzichtbar. [...] Tierexperimentell arbeitende Psychologen bemühen sich, Schmerz, Streß und Entbehrung für die Tiere möglichst gering zu halten.

3. Veröffentlichung von Forschungsergebnissen

(1) Die Ergebnisse psychologischer Forschung sind der Fachöffentlichkeit zugänglich zu machen. Durch korrekte, vollständige und eindeutige Darstellung sind Fehlinterpretationen zu verhindern. Individuell identifizierbare Daten sind zu anonymisieren. [. . .]

4. Lehre

(1) Die Lehrtätigkeit des Psychologen hat den Lernenden den gegenwärtigen Stand der Wissenschaft Psychologie in objektiver und verständlicher Weise nahezubringen. Persönliche Sichtweisen sind als solche kenntlich zu machen. [. . .]
(3) Bei Falldemonstrationen ist besondere Rücksicht auf Würde und Wohlbefinden der vorgestellten Personen geboten. Im übrigen gelten hierfür die Bestimmungen bezüglich der Stellung zu Patienten.
(4) Treten Mitarbeiter oder Studenten in die Funktion von Untersuchungsleitern, etwa bei der Anwendung psychodiagnostischer Verfahren, so ist unbeschadet ihrer eigenen Verantwortlichkeit Sorge zu tragen, daß ihr Handeln in Übereinstimmung mit den berufsethischen Richtlinien steht.

XI. Verstöße

Unabhängig von einer gerichtlichen Ahndung werden Verstöße gegen die obenstehenden Richtlinien durch das Ehrengericht des Berufsverbandes Deutscher Psychologen BDP verfolgt. Näheres regelt die Schieds- und Ehrengerichtsordnung. [. . .]

Vorschläge für hippokratische Eide
für Naturwissenschaftler und Ingenieure

Gene Weltfish (1946)[1]

»Ich gelobe, daß ich mein Wissen zum Besten der Menschheit gegen die Zerstörung und die Machtgier der Menschen gebrauchen werde, daß ich ferner mit allen Fachgenossen einer jeden Nation, eines jeden Glaubens und jeder Farbe für diese unsere gemeinsamen Ziele zusammenarbeiten werde.«

Reinhold Fürth (1956)[2]

»Da ich mir bewußt bin, daß meine wissenschaftlichen Kenntnisse mir erhebliche Macht über die Naturkräfte gegeben haben, gelobe ich, diese Kenntnisse und diese Macht nach bestem Wissen und Gewissen ausschließlich für die Wohlfahrt der Menschheit anzuwenden und mich jeder wissenschaftlichen Tätigkeit zu enthalten, die, soweit es mir bekannt ist, für schädigende Zwecke bestimmt ist.«[3]

Werner A. Luck (1962)[4]

»Nach bestem Wissen und Können will ich mich bemühen, meine Kenntnisse zum Wohl der gesamten Menschheit einzusetzen. Ich werde danach streben, ihr nie Schaden oder Unrecht anzutun. Naturwissenschaftler sein bedeutet für mich, mit allem meinem Wissen für die Optimierung der Erkenntnis und für die weitest mögliche Erhaltung der Natur einzutreten.«

Johannes Dullaart: Proposal of general, ethical statement for natural scientists (1970)[5]

»Zugelassen als Naturwissenschaftler, verpflichte ich mich, mein Wissen ganz in den Dienst der Menschheit zu stellen. Ich werde meinen Beruf verantwortungsbewußt und mit Würde ausüben. Ich werde niemals bei Forschungen mitarbeiten, die zum Ziel haben, Lebewesen ungerechtfertigt auszulöschen oder das biologische Gleichgewicht zu stören, was gefährlich für die Menschheit ist, noch werde ich solche Forschung in irgendeiner Weise unterstützen.

Maßstab für meine wissenschaftliche Arbeit ist die Förderung der menschlichen Wohlfahrt, und in diesem Zusammenhang werde ich keine Lebewesen töten, noch werde ich erlauben, daß Lebewesen für niedrige, kurzsichtige oder opportunistische Gründe getötet werden.

Ich akzeptiere die Verantwortung für unvorhersehbare gefährliche Folgen, die durch meine Arbeit verursacht werden. Ich werde diese Folgen ungeschehen machen, so weit dies in meiner Macht liegt.

Dies schwöre ich freiwillig und mit meinem Ehrenwort.«

Charles Susskind: An Engineer's Hippocratic Oath (1973)[6]

»Feierlich verpflichte ich mich, mein Leben dem Dienst an der Menschheit zu widmen. Ich werde meinen Lehrern den ihnen zustehenden Respekt und Dankbarkeit erweisen. Ich werde loyal zu der Gemeinschaft der Ingenieure und gerecht und großzügig zu ihren Mitgliedern sein. Ich werde ein Leben in Aufrichtigkeit und Ehre führen und ebenso meinen Beruf ausüben. Welche Aufgabe ich auch immer übernehme, es soll nach meinen ganzen Kräften zum Besten der Menschheit sein. Ich werde mich fernhalten von Falschem, von Korruption und dem Versuch, andere zu tadelnswerten Tätigkeiten zu verleiten. Ich werde meinen Beruf nur zum Wohle der

Menschheit ausüben und keine Handlung für einen kriminellen Zweck begehen, auch nicht, wenn ich darum ersucht werde; noch weniger werde ich solches vorschlagen. Ich werde gefährlichen und ungerechten Praktiken widersprechen, wo immer ich ihnen begegnen werde. Ich werde keine Überlegungen bezüglich Religion, Nationalität, Rasse, politischer Meinung oder sozialer Stellung anstellen, die dann zwischen meinen Pflichten und meine Arbeit treten. Auch bei Bedrohung werde ich mein Fachwissen nicht anders nutzen als gemäß den Gesetzen der Menschlichkeit. Ich werde mich anstrengen, Verschwendung und Verbrauch von nichterneuerbaren Resourcen zu vermeiden. Ich gebe dieses Versprechen feierlich, frei und bei meiner Ehre.«

Meredith Thring (1973)[7]

»Ich gelobe, mich zu bemühen, meine Fachkenntnisse nur bei solchen Aufgaben einzusetzen, die ich nach sorgfältiger Überprüfung, für vereinbar halte mit dem Ziel des Zusammenlebens aller Menschen in Frieden, Menschenwürde und Selbstverwirklichung.

Ich bin davon überzeugt, daß dieses Ziel die angemessene Bereitstellung von Lebensgrundlagen (gute Nahrung, Luft, Wasser, Kleidung und Wohnung, Zugang zu den natürlichen und den von Menschen geschaffenen Schönheiten), Erziehung und Möglichkeiten erfordert, die es jedem ermöglichen, seine Lebensziele herauszuarbeiten und Kreativität, handwerkliche Geschicklichkeit und geistige Fähigkeiten zu entwickeln.

Ich gelobe, durch meine Arbeit darauf hinzuwirken, daß Gefahr, Lärm, Druck auf oder Eindringen in die Privatsphäre des einzelnen, Verschmutzung von Erde, Luft und Wasser, Zerstörung natürlicher Schönheiten, fossiler Rohstoffe und freier Natur möglichst klein sein werden.«

Conference on Scientists, Disarmament and People
(Buenos Aires 1988)[8]

»In dem Bewußtsein, daß ohne ethische Steuerung die Wissenschaft und ihre Produkte die Gesellschaft und deren Zukunft schädigen oder gar zerstören können, gelobe ich, meine eigenen wissenschaftlichen Fähigkeiten niemals nur für Entlohnung oder Prestige oder ausschließlich auf Anweisung von Arbeitgebern oder politischen Führern anzuwenden, sondern nur aufgrund meiner persönlichen Meinung und sozialen Verantwortlichkeit, gestützt auf mein eigenes Wissen und auf Abwägung der Umstände und der möglichen Konsequenzen meiner Arbeit, so daß die wissenschaftliche oder technische Forschung, die ich unternehme, wahrhaft im besten Interesse der Gesellschaft und des Friedens ist.«

Hippokratischer Eid für Wissenschaftler, Ingenieure
und Technologen des Institute for Social Inventions
(London 1988)[9]

»Ich gelobe, meinen Beruf mit Gewissen und Würde auszuüben; ich will streben, mein erworbenes Können nur mit dem äußersten Respekt für das Wohlergehen der Menschheit, der Erde und all ihrer Arten anzuwenden; ich will nicht zulassen, daß Überlegungen der Nationalität, Politik, des Vorurteils oder materieller Vorteile störend zwischen meine Arbeit und diese Pflicht gegenüber gegenwärtigen und künftigen Generationen treten; ich gelobe diesen Eid feierlich, frei und bei meiner Ehre.«

Anmerkungen

1 Gene Weltfish, *Der Eid des Homo sapiens*, in: *Physikalische Blätter* 2 (1946) S. 25 f.
2 Reinhold Fürth, *A Hippocratic Oath for Scientists*, in: *Atomic Scientists Journal* 5 (1956) S. 163–165.
3 Werner A. Luck, *Homo investigans. Der soziale Wissenschaftler. Eine Orientierungshilfe*, Darmstadt 1976, S. 42.
4 Ebd.
5 Johannes Dullaart, *Proposal of General, Ethical Statement for Natural Scientists*, in: *Acta Biotheoretica* 19 (1970) S. 212–214.
6 Charles Susskind, *Understanding Technology*, Baltimore / London 1973, S. 118.
7 Meredith W. Thring, *Man, Machine and Tomorrow*, London / Boston 1973, S. 121.
8 *Newsletter of the American Association for the Advancement of Science* 1 (1988) S. 1.
9 Ebd.

Textnachweise

Manfred Eigen: »Wir müssen wissen, wir werden wissen«. – Überarbeitete Fassung eines Beitrags, der zuerst erschienen ist in: M. E.: Perspektiven der Wissenschaft. Stuttgart: Deutsche Verlagsanstalt, 1988.

Hubert Markl: Freiheit der Wissenschaft, Verantwortung der Forscher. Rundfunkvortrag: »Lebendige Verfassung – 40 Jahre Grundgesetz«. Süddeutscher Rundfunk, Heidelberger Studio. 1989. – Erstdruck.

Hans Lenk: Zu einer praxisnahen Ethik der Verantwortung in den Wissenschaften. – Originalbeitrag.

Hans Mohr: Homo investigans und die Ethik der Wissenschaft. – Originalbeitrag.

Carl Friedrich von Weizsäcker: Moralische Verantwortung in der Wissenschaft. In: C. F. v. W.: Wahrnehmung der Neuzeit. München/Wien: Hanser, 1983. S. 340–342.

Gerald L. Eberlein: Wertbewußte Wissenschaft: Eine pragmatische Alternative zu wertfreier und parteiischer Wissenschaft. – Originalbeitrag.

Herbert Keuth: Die Abhängigkeit der Wissenschaften von Wertungen und das Problem der Werturteilsfreiheit. – Originalbeitrag.

Matthias Maring: Institutionelle und korporative Verantwortung in der Wissenschaft. – Originalbeitrag.

Helmut F. Spinner: Die Wissenschaftsethik in der philosophischen Sackgasse: Ein Reformvorschlag mit geänderter Fragestellung. – Originalbeitrag.

Earl R. MacCormac: Die Wissenschaft und die Gerichte. – Originalbeitrag. Übers. von Uta Lenk und Matthias Maring.

Hans Jonas: Wissenschaft und Forschungsfreiheit. Ist erlaubt, was machbar ist? – Gekürzte und überarbeitete Fassung eines Beitrags, der zuerst erschienen ist in: Universitas. Zeitschrift für Wissenschaft, Kunst und Literatur 42 (1987) H. 10.

Rainer Hegselmann: Wissenschaftsethik und moralische Bildung. – Originalbeitrag.

Otfried Höffe: Plädoyer für eine judikativ-kritische Forschungsethik. – Überarbeitete Fassung eines Beitrags, der zuerst erschienen ist in: Merkur 43 (1989) H. 4.

Dieter Wandschneider: Das Gutachtendilemma – Über das Unethische partikularer Wahrheit. – Beitrag zum Symposium »Ethik der Wissenschaft / Technikphilosophie« an der Rheinisch-Westfälischen Technischen Hochschule Aachen (Oktober 1988), der zuerst erschienen ist in: Matthias Gatzemeier (Hrsg.): Verantwortung in Wissenschaft und Technik. Mannheim 1989.

John Ladd: Computer, Informationen und moralische Verantwortung. – Originalbeitrag. Übers. von Uta Lenk und Matthias Maring.

Kurt Bayertz: Wissenschaft als moralisches Problem. Die ethische Besonderheit der Biowissenschaften. – Originalbeitrag.

Albin Eser: Moderne Fortpflanzungsmedizin und Gentechnik: Rechtliche und sozialpolitische Aspekte der Humangenetik. – Überarbeitete Fassung eines Beitrags, der zuerst erschienen ist in: Josephine Gras / Thomas Schell [u. a.]: Biotechnik, Gentechnologie, Reproduktionsmedizin. Stuttgart 1988.

Heinz Schuler: Ethische Probleme der (sozial)psychologischen Forschung. – Überarbeitete Fassung eines Beitrags, der zuerst erschienen ist in: Hans Lenk (Hrsg.): Humane Experimente? Genbiologie und Psychologie. München/Paderborn 1985. (Ethik der Wissenschaften. Bd. 3.)

Hans Lenk / Matthias Maring: Moralprobleme der Sozialwissenschaftler. – Originalbeitrag.

Zu den Autoren der Beiträge

Kurt Bayertz

Geboren 1948. Mitglied des Universitätsschwerpunkts Wissenschaftsforschung der Universität Bielefeld. Wissenschaftlicher Leiter der Abteilung Technikfolgenabschätzung am Zentrum Technologietransfer Biomedizin, Bad Oeynhausen.

Gerald L. Eberlein

Geboren 1930. Professor für Soziologie und Direktor des Instituts für Sozialwissenschaften der Technischen Universität München.

Manfred Eigen

Geboren 1927. Professor für biochemische Kinetik und Direktor am Max-Planck-Institut für biophysikalische Chemie in Göttingen. Nobelpreisträger für Chemie 1967.

Albin Eser

Geboren 1935. Professor für Strafrecht, Strafprozeßrecht und Rechtsvergleichung an der Universität Freiburg i. Br. und Direktor des Max-Planck-Instituts für ausländisches und internationales Strafrecht.

Rainer Hegselmann

Geboren 1950. Professor für Philosophie an der Universität Bremen.

Otfried Höffe

Geboren 1943. Professor für Ethik und Sozialphilosophie und Direktor des Internationalen Instituts für Sozialwissenschaft und Politik an der Universität Freiburg (Schweiz).

Hans Jonas

Geboren 1903. Emeritierter Professor für Philosophie an der New School for Social Research, New York.

Herbert Keuth

Geboren 1940. Professor für Wissenschaftslehre und Methodologie der Sozialwissenschaften an der Universität Tübingen.

John Ladd

Geboren 1917. Professor für Philosophie an der Brown University von Providence (R. I.), USA.

Hans Lenk

Geboren 1935. Professor für Philosophie an der Universität Karlsruhe (TH) und ehrenamtlich Professor für Wissenschaftstheorie der Sozialwissenschaften und Planungstheorie an der Europäischen Fakultät für Bodenordnung, Straßburg. Präsident der Allgemeinen Gesellschaft für Philosophie in Deutschland.

Earl R. MacCormac

Geboren 1935. Professor für Industrial Engineering an der North Carolina State University, geschäftsführender Direktor des North Carolina Board of Science and Technology und Wissenschaftsberater des Gouverneurs von North Carolina, USA.

Matthias Maring

Geboren 1950. Wissenschaftlicher Mitarbeiter am Institut für Philosophie der Universität (TH) Karlsruhe.

Hubert Markl

Geboren 1938. Professor für Biologie an der Universität Konstanz. Präsident der Deutschen Forschungsgemeinschaft.

Hans Mohr

Geboren 1930. Professor für Biologie an der Universität Freiburg i. Br.

Heinz Schuler

Geboren 1945. Professor für Psychologie an der Universität Hohenheim.

Helmut F. Spinner

Geboren 1937. Professor für Philosophie (Schwerpunkt Wissenschafts- und Technikphilosophie) und Leiter des Studium Generale an der Universität (TH) Karlsruhe.

Dieter Wandschneider

Geboren 1938. Professor für Philosophie und Wissenschaftstheorie an der Rheinisch-Westfälischen Technischen Hochschule Aachen.

Carl Friedrich von Weizsäcker

Geboren 1912. Emeritierter Professor für Physik und Philosophie. Emeritiertes wissenschaftliches Mitglied der Max-Planck-Gesellschaft, München.

Ausgewählte Literatur

Allsopp, Bruce: Social Responsibility and the Responsible Society. Stocksfield 1984.

Barnes, J. A.: The Ethics of Enquiry and Social Science. Neu-Delhi 1977.

Bayertz, Kurt: GenEthik. Reinbek bei Hamburg 1987.

Ben-David, Joseph: The Scientist's Role in Society. Englewood Cliffs (N. J.) 1971.

Bender, David L. [u. a.] (Hrsg.): Opposing Viewpoints. Bd. 1: Science and Technology. St. Paul (Minn.) 1987.

Born, Max: Von der Verantwortung des Naturwissenschaftlers. München 1965.

Braun, Edmund (Hrsg.): Wissenschaft und Ethik. Bern / Frankfurt a. M. / New York 1986.

Broad, William / Wade, Nicholas: Betrug und Täuschung in der Wissenschaft. Übers. von Michael Martin. Basel 1984.

Brown, Martin (Hrsg.): The Social Responsibility of the Scientist. New York 1971.

Carroll, Mary A. / Schneider, Henry G. / Wesley, George R.: Ethics in the Practice of Psychology. Englewood Cliffs (N. J.) 1985.

Chalk, Rosemary / Frankel, Mark S. / Chafer, Sallie B.: AAAS Professional Ethics Project. Professional Ethics Activities in the Scientific and Engineering Societies. Washington (D. C.) 1980.

Diener, Edward / Crandall, Rick: Ethics in Social and Behavioral Research. Chicago / London 1978.

Eberlein, Gerald E.: Maximierung der Erkenntnisse ohne sozialen Sinn? Für eine wertbewußte Wissenschaft. Zürich / Osnabrück 1987.

Engelhardt, H. Tristram / Callaghan, Daniel (Hrsg.): Morals, Science and Sociality. Hastings (N. Y.) 1978.

Engelhardt, H. Tristram / Callaghan, Daniel (Hrsg.): Knowing and Valuing. Hastings (N. Y.) 1980.

Erben, Heinrich Karl: Wissenschaft zwischen Verantwortung und Freiheit der Forschung. Stuttgart 1989. (Akademie der Wissenschaften und der Literatur, Mainz. Abhandlungen der Mathematisch-Naturwissenschaftlichen Klasse. 1989,1.)

Eser, Albin / Schumann, Karl F. (Hrsg.): Forschung im Konflikt mit Recht und Ethik, Stuttgart 1976.

Freund, Paul A. (Hrsg.): Experimentation with Human Subjects. New York 1969.

Fülgraff, Georges / Falter, Annegret (Hrsg.): Wissenschaft in der Verantwortung. Möglichkeiten der institutionellen Steuerung. Frankfurt a. M. / New York 1990.

Gatzemeier, Matthias (Hrsg.): Verantwortung in Wissenschaft und Technik. Mannheim 1989.

Glass, Bentley: Science and Ethical Values. Chapel Hill (N. C.) 1965.

Hammer, Felix: Selbstzensur für Forscher? Schwerpunkte einer Wissenschaftsethik. Zürich / Osnabrück 1983.

Handschuh, Gerhard: Die gesellschaftliche Verantwortung der Wissenschaftler. Frankfurt a. M. 1982.

Hatfield, Charles: The Scientist and Ethical Decision. Downers Grove (Ill.) 1973.

Helmchen, Henfried / Winau, Rolf (Hrsg.): Versuche mit Menschen in Medizin, Humanwissenschaft, Politik. Berlin 1986.

Holton, Gerald / Morison, Robert S. (Hrsg.): Limits of Scientific Inquiry. New York 1978.

Hook, Sidney / Kurtz, Paul / Todorovich, Miro (Hrsg.): The Ethics of Teaching and Scientific Research. Buffalo (N. Y.) 1977.

Johnson, Deborah G.: Computer Ethics. Englewood Cliffs (N. J.) 1985.

Johnson, Deborah G. / Snapper, John W.: Ethical Issues in the Use of Computers. Belmont (Cal.) 1985.

Kruse, Lenelis / Kumpf, Martin (Hrsg.): Psychologische Grundlagenforschung: Ethik und Recht. Bern / Stuttgart / Wien 1981.

Labudde, Peter / Svilar, Maja (Hrsg.): Wissenschaft und Verantwortung. Bern 1980.

Lakoff, Sanford A. (Hrsg.): Science and Ethical Responsibility. Reading (Mass.) 1980.

Lenk, Hans: Ethische Probleme der Gentechnik. Königsteiner Forum. Königstein (Ts.) 1984.

Lenk, Hans (Hrsg.): Humane Experimente? Genbiologie und Psychologie. (Ethik der Wissenschaften. Bd. 3.) München / Paderborn 1985.

Lenk, Hans / Ropohl, Günter (Hrsg.): Technik und Ethik. Stuttgart 1987.

Lenk, Hans / Staudinger, Hansjürgen / Ströker, Elisabeth (Hrsg.): Ethik der Wissenschaften. 8 Bde. München / Paderborn 1984 bis 1989.

Lipscombe, Joan / Williams, Bill: Are Science and Technology Neutral? London/Boston 1979.

Lowrance, William: Modern Science and Human Values. New York 1985.

Luck, Werner A. P.: Homo investigans. Der soziale Wissenschaftler. Eine Orientierungshilfe. Darmstadt 1976.

Lukes, Rudolf (Hrsg.): Gefahren und Gefahrenbeurteilungen im Recht. Rechtliche und technische Aspekte von Risikobeurteilungen, insbesondere der neuen Technologien. 2 Bde. Köln 1980.

Margenau, Henry: Ethics and Science. Princeton/Toronto/New York/London 1964.

Markl, Hubert: Wissenschaft: Zur Rede gestellt. Über die Verantwortung der Forschung. München 1989.

Max-Planck-Gesellschaft (Hrsg.): Verantwortung und Ethik in der Wissenschaft. München 1984. – Auch: Stuttgart 1985. (Paperback der Zeitschrift Naturwissenschaftliche Rundschau.)

Melsen, Andreas G. M. van: Ethik und Naturwissenschaft. Köln 1967.

Mohr, Hans: Natur und Moral. Ethik in der Biologie. Darmstadt 1987.

Müller-Hill, Benno: Tödliche Wissenschaft. Die Aussonderung von Juden, Zigeunern und Geisteskranken 1933–1945. Reinbek bei Hamburg 1984.

Narnhofer, Heide / Schmetterer, Eva / Sobotka, Raimund: Die Rolle des Gewissens und der persönlichen Verantwortung in der Arbeit des Wissenschaftlers. Wien 1985.

Neumaier, Otto (Hrsg.): Wissen und Gewissen: Arbeiten zur Verantwortungsproblematik. Wien 1986.

Osnowski, Rainer (Hrsg.): Menschenversuche. Wahnsinn und Wirklichkeit. Köln 1988.

Pappworth, Maurice H.: Menschen als Versuchskaninchen. Experiment und Gewissen. Übers. von H. Kramer. Zürich 1968.

Passmore, John: Science and its Critics. New Brunswick (N.J.) 1978.

Portele, Gerhard: Entfremdung bei Wissenschaftlern. Soziale Vorstellungen von Wissenschaftlern verschiedener Disziplinen über »Wissenschaft« und »Moral«. Frankfurt a. M./New York 1981.

Reagan, Charles E.: Ethics for Scientific Researchers. Springfield (Ill.) 1969. [2]1970.

Reid, Robert W.: Wissenschaft und Gewissen. Forschung im Dienste der Rüstung. Übers. von Margaret Auer. München 1969.

Rescher, Nicholas: Forbidden Knowledge. Dordrecht 1987.

Roberts, Catherine: The Scientific Conscience. Fontwell (Sussex) 1974.

Sass, Hans-Martin (Hrsg.): Medizin und Ethik. Stuttgart 1989.

Schneider, Reinhart: Der Wert des Wissens und die Verantwortung des Wissenschaftlers. Untersuchungen am Beispiel der modernen Biologie. Meisenheim (Glan) 1976.

Schuler, Heinz: Ethische Probleme psychologischer Forschung. Göttingen 1980.

Schweitzer, Albert: Kultur und Ethik. München 1923. Reprogr. Nachdr. Ebd. 1960.

Siep, Ludwig (Hrsg.): Ethik als Anspruch an die Wissenschaft oder: Ethik in der Wissenschaft. München/Zürich 1988.

Sitter, Beat (Hrsg.): Wissenschaft in der Verantwortung. Analysen und Forderungen. Bern 1986.

Smith, Alice K.: A Peril and a Hope. The Scientists' Movement in America 1945–47. Cambridge (Mass.) 1970.

Spinner, Helmut F.: Das »wissenschaftliche Ethos« als Sonderethik des Wissens. Tübingen 1985.

Staudinger, Hansjürgen / Baumgartner, Hans Michael (Hrsg.): Entmoralisierte Wissenschaften? Physik und Chemie. München/Paderborn 1985. (Ethik der Wissenschaften. Bd. 2.)

Steinmetz, Rudolf (Hrsg.): Das Erbe des Sokrates. Wissenschaftler im Dialog über die Befriedung der Welt. München 1986.

Steinmüller, Wilhelm (Hrsg.): Verdatet und vernetzt. Sozialökologische Handlungsspielräume in der Informationsgesellschaft. Frankfurt a. M. 1988.

Ströker, Elisabeth (Hrsg.): Ethik der Wissenschaften? Philosophische Fragen. München/Paderborn 1984. (Ethik der Wissenschaften. Bd. 1.)

Stuhlhofer, Franz: Lohn und Strafe in der Wissenschaft. Wien/Köln/Graz 1987.

Waas, Lothar: Ethik und Wissenschaft. Diss. München 1982.

Wagner, Friedrich: Die Wissenschaft und die gefährdete Welt. München 1964.

Wessel, Milton R.: Science and Conscience. New York 1980.

Wils, Jean-Pierre / Mieth, Dietmar (Hrsg.): Ethik ohne Chance? Erkundigungen im technologischen Zeitalter. Tübingen 1989.

Deutsche Philosophie des 20. Jahrhunderts

IN RECLAMS UNIVERSAL-BIBLIOTHEK

Philipp Reclam jun. Stuttgart

Geschichte der Philosophie
in Text und Darstellung

Alle acht Bände auch in Kassette erhältlich.

»*Diese Unternehmung besticht durch einen gescheiten Ausweg aus dem Dilemma, in das uns die Einsicht führt, daß es einen unparteiischen Standpunkt vielleicht nur für den lieben Gott gibt. Sie verfügt über eine Konzeption, die die je verschiedene Eigenart der geistigen Standpunkte und Perspektiven schon durch die Kombination der literarischen Gattungen herausstellt. Die Brauchbarkeit für das philosophische Bildungswesen wird dadurch sehr gefördert. Besonders für die neu gestaltete Oberstufe des Gymnasiums, in der dem Fach Philosophie eine besondere Bedeutung zukommt, scheint die Mischung von Text und Darstellung geeignet.*
Der Philosophieunterricht, der sich dieses Angebot zunutze macht, stellt die geistespolitischen Kategorien bereit, die für das Verständnis der westlichen Staatstheorien im Fach Gemeinschaftskunde erforderlich sind.«   Eckhard Nordhofen, F. A. Z.

Philipp Reclam jun. Stuttgart